Folgende Hilfen bietet dir Praxis Sprache:

EINDRÜCKE UND STIMMUNGEN SCHILDERN — CHECKLISTE

Ich habe …
- … meine Schilderung in der Ich-Form und im Präsens verfasst.
- … in der Einleitung kurz zur Situation hingeführt.
- … die Schilderung mit einer kurzen Feststellung, einer Folgerung oder einem Wunsch sinnvoll abgerundet.
- …
- …

Eine strukturierte Inhaltszusammenfassung verfassen

Wenn du einen journalistischen Text zusammenfasst, gehe in folgenden fünf Schritten vor: **Gliedere** den Text **in Sinnabschnitte, markiere Schlüsselstellen, notiere** den **Inhalt stichpunktartig, suche eine Überschrift** für den Sinnabschnitt und **formuliere** die **Stichpunkte** schließlich aus.
Beachte: Bei der strukturierten Inhaltszusammenfassung musst du auf die **Struktur** des Textes eingehen, also die Sinnabschnitte zusammenfassen. Gib dabei immer die **Zeilenangaben** an und mache deutlich, was deren **Funktion** ist, z. B. informieren (*worüber?*), Ursachen benennen, Folgen aufzeigen usw.

Checklisten und **Merkkästen** helfen dir an passenden Stellen beim Lösen und Kontrollieren von Aufgaben.

heroisch
heldenhaft

Die **Hinweise** erklären dir kurz einzelne Wörter oder Begriffe, die für das Verständnis der Seite wichtig sind.

Tipp
Verwende in der Gliederung nur bei A) und C) den Verbalstil.

Tipps helfen dir oder geben Anregungen zum Weiterarbeiten.

Portal
WES-122966-001

Die Texte, die mit diesem Symbol gekennzeichnet sind, findest du als **Audiodatei** im Internetportal.
Gib dazu auf der Internetseite *www.westermann.de/webcode* den entsprechenden Mediencode, z. B. *WES-122966-001*, ein.

Portal
WES-122966-002

Im Internetportal erhältst du die mit diesem Symbol gekennzeichneten **Texte, Vorlagen** und **Lösungen der Überprüfe-Seiten** zum Ausdrucken.
Gib dazu auf der Internetseite *www.westermann.de/webcode* den entsprechenden Mediencode, z. B. *WES-122966-002*, ein.

AT → S. 280
Zitieren

Über Seitenverweise wirst du an passenden Stellen in das **Arbeitstechniken**-Kapitel verwiesen.

S. 311
Euphemismus

Wichtige Begriffe und Vorgehensweisen kannst du im **Merkwissen** am Ende des Bandes nachschlagen.

→ S. 178
Textbeschreibung

Auch **Kapitel** sind miteinander **verknüpft**, sodass du dich dort noch einmal informieren oder weiterarbeiten kannst.

* = Sternchen-Aufgabe

W = Wahl-Aufgabe

C / C = verbindende, zusammenfassende Aufgabe (ab S. 283 zur Vorbereitung auf die Abschlussprüfung)

Die **Aufgaben mit Sternchen** * bieten zusätzliches Übungsmaterial für dich an. Die **Aufgaben**, die mit einem W gekennzeichnet sind, fordern dich zum Wählen zwischen a) und b) auf. Im Anschluss an die Wahl-Aufgaben solltest du dich mit deinen Mitschüler/-innen über eure Lösungen austauschen, sodass jede/-r eine Musterlösung für a) und b) hat. Die mit C / C gekennzeichneten Seiten am Ende mancher Kapitel verbinden verschiedene Kompetenzen miteinander und ermöglichen ein selbstständiges Weiterarbeiten an einem Thema. Am Ende des Kapitels „Arbeitstechniken“ kannst du dich mit diesen Aufgaben auf deine **Abschlussprüfung vorbereiten**.

westermann

Bayern

Praxis Sprache 10

Sprach- und Lesebuch

Realschule

Herausgegeben von Wolfgang Menzel

Erarbeitet von
Dr. Daniel Grassert (Augsburg)
Markus Gürster (Kollnburg)
Birgit Kern (Regensburg)
Christian Knüttel (Würzburg)
Manuela Vollmuth (Neubessingen)

Vorbereiten. Organisieren. Durchführen.
BiBox ist das umfassende Digitalpaket zu diesem Lehrwerk mit zahlreichen Materialien und dem digitalen Schulbuch. Für Lehrkräfte und für Schülerinnen und Schüler sind verschiedene Lizenzen verfügbar. Nähere Informationen unter **www.bibox.schule**

Dieses Symbol im Buch verweist auf Kapitel, in denen Medienkompetenzen besonders gefördert werden.

westermann GRUPPE

Druck A[1] / Jahr 2022
Alle Drucke der Serie A sind inhaltlich unverändert.

Redaktion: Wiebke Jakobine Cramer, Theresia Lehner, Janina Weiß
Illustrationen: Hans-Jürgen Feldhaus, Volker Fredrich, Stephanie Mithoff, Anke Schäfer
Umschlaggestaltung: Janssen Kahlert Design & Kommunikation GmbH
Layout: Karo Creativ Süd | KCS GmbH
Druck und Bindung: Westermann Druck GmbH, Georg-Westermann-Allee 66, 38104 Braunschweig

ISBN 978-3-14-122966-0

Sprechen und Zuhören

Lesen – Umgang mit Texten und Medien

50 Literarische Zeitreise: Exilliteratur

76 Text- und Gedichtwerkstatt: Literatur nach 1945

108 Jung sein, erwachsen werden – Persönlichkeitsentwicklung in Werken des 20. und 21. Jahrhunderts

144 Pragmatische Texte

158 Literarische Textsorten

Schrei-ben

Schreiben

178 Textbeschreibung

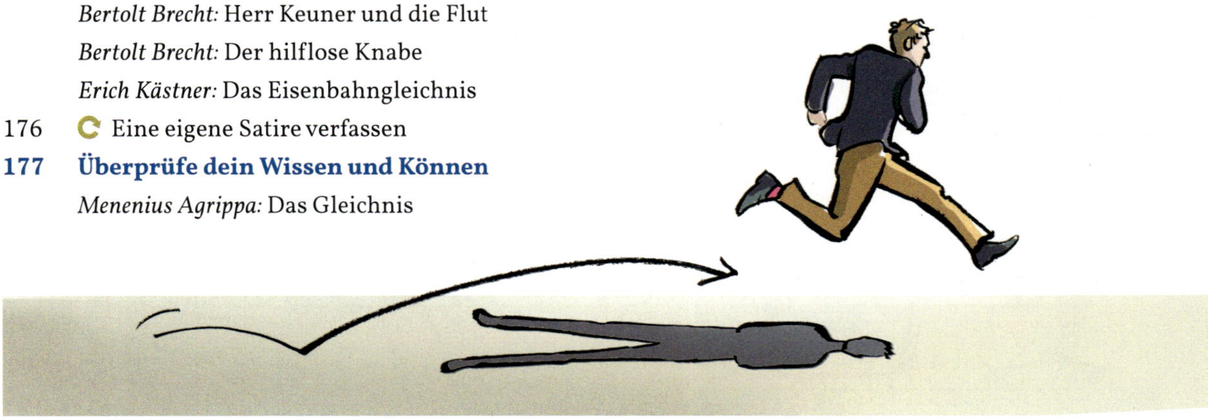

Sprache und Sprachgebrauch

Rechtschreibung und Zeichensetzung

Arbeitstechniken / Prüfungsvorbereitung

Merkwissen / Lexikon

Sprechen und Zuhören

Mit anderen kommunizieren

1 Werft einen Blick auf die folgenden Bilder. Stellt Vermutungen an, aus welchen Anlässen die Personen jeweils ins Gespräch gekommen sind und was der Inhalt ihrer Gespräche sein könnte.

2 Tauscht euch darüber aus, welche Gesprächssituation euch vertraut ist und in welche ihr eher selten oder noch gar nicht gekommen seid.

3 Besprecht, wann ihr eine Kommunikation als angenehm und wann als unangenehm empfindet.

In diesem Kapitel lernst du (,) …

- *Kommunikation zu beurteilen.*
- *ein Kommunikationsmodell kennen.*
- *Gesprächssituationen im Rollenspiel zu bewältigen.*

Mit anderen kommunizieren

Kommunikation beurteilen

Über eine alltägliche Gesprächssituation hat auch die Sängerin Namika einen Song geschrieben.

Namika

*(*1991, bürgerlich Hanan Hamdi) ist eine deutsche Sängerin und Rapperin mit marokkanischen Wurzeln.*

1 Lest den Songtext oder hört euch das Lied im Internet an.

Je ne parle pas français *(Ich spreche kein Französisch)*

Namika

Ich hab mich irgendwie verlaufen,
Hab keinen Plan, wohin ich geh.
Steh mit meinem kleinen Koffer
Hier auf der Champs-Elysées.
Auf einmal sprichst du mich an:
„Salut, qu'est-ce que vous cherchez?"
Ich sag: „Pardon, es tut mir leid,
Ich kann dich leider nicht verstehen."
Doch du redest immer weiter.
Ich find's irgendwie charmant
Und male zwei Tassen Kaffee
Mit 'nem Stift auf deine Hand.

Je ne parle pas français,
Aber bitte red weiter!
Alles, was du so erzählst,
Hört sich irgendwie nice an.
Und die Zeit bleibt einfach stehen,
Ich wünschte, ich könnte dich verstehen.
Je ne parle pas français.
Aber bitte red weiter!
[...]

Deine langen wilden Haare,
Die kleine Narbe im Gesicht,
Selbst der Staub auf deiner Jeans
Hat Esprit, wenn du sprichst.
Die Kippe schmeckt nach Liberté,
Solang wir beide sie uns teilen
Du erzählst in Körpersprache.
Und ich hör zwischen deinen Zeilen.

Champs-Elysées

Prachtstraße in Paris

Esprit

geistreiche Art

Liberté

Freiheit

1.1 Situationen beurteilen, in denen kommuniziert wird, um anderen Feedback zu geben, das eigene Gesprächsverhalten zu reflektieren und Verstehensprobleme zu beheben

Sprechen und Zuhören

Ich häng an deinen Lippen,
Ich will hier nicht mehr fort
Und du redest und redest,
Doch ich versteh kein Wort.
[...]
Die Sonne fällt hinter die Häuser,
Schiffe ziehen an uns vorbei
Und alles, was wir wollen,
Dass der Moment noch etwas bleibt.
Um uns über tausend Menschen,
Sie reden aufeinander ein,
Doch die Sprache, die wir sprechen,
Die verstehen nur wir zwei.

S. 301 *lyrisches Ich*

2 Im Liedtext versuchen zwei Personen, miteinander zu kommunizieren.
a) Die Kommunikation gestaltet sich zunächst schwierig. Erkläre, woran das liegt.
b) Das lyrische Ich im Lied ergreift die Initiative und findet eine andere Möglichkeit, um sich auszudrücken. Beschreibe, was es tut.
c) Auch das Gegenüber setzt andere Mittel ein als nur die Sprache. Erläutere, wie es sich verständlich macht.
d) Am Ende heißt es: „Doch die Sprache, die wir sprechen, die verstehen nur wir zwei." Erkläre, was damit gemeint ist.

3 In der Situation, von der die Sängerin Namika erzählt, kommen verschiedene Arten der Kommunikation zum Einsatz. Benenne mithilfe des Merkkastens die Mittel, die die Figuren im Lied dabei einsetzen.

4 Dass sich die Protagonisten im Song „Je ne parle pas francais" so gut „verstehen", ist keine Selbstverständlichkeit.
a) Begründe, an welcher Stelle die Kommunikation der beiden auch hätte beendet sein können.
b) Sammelt Voraussetzungen, die gegeben sein müssen, damit die Kommunikation zwischen zwei Menschen gelingen kann. Beachtet dabei auch den Merkkasten.

ⓘ Mit anderen kommunizieren

Mit **Kommunikation** meint man den Informationsaustausch oder den Vorgang der Verständigung zwischen Personen oder Gruppen. Kommunikation geschieht durch

- **verbale Mittel** (gesprochenes Wort, Schrift)
- **paraverbale Mittel** (Art der Artikulation z. B. Tonfall, Lautstärke, Sprechtempo)
- **nonverbale Mittel** (Mimik, Gestik, Körperhaltung, optische Signale).

Eine Kommunikation misslingt, wenn der Empfänger (der Hörer bzw. die Hörerin) etwas ganz anderes hört, als der Sender (der Sprecher bzw. die Sprecherin) übermitteln will. So entstehen Missverständnisse.

1.1 Situationen beurteilen, in denen kommuniziert wird, um anderen Feedback zu geben, das eigene Gesprächsverhalten zu reflektieren und Verstehensprobleme zu beheben

Mit anderen kommunizieren

Ein Kommunikationsmodell kennenlernen

1 Wie Kommunikation zustande kommt und verläuft, interessiert auch die Wissenschaft. Der Kommunikationswissenschaftler Paul Watzlawick hat diesbezüglich fünf Axiome (Grundsätze) erarbeitet, die auf jegliche Kommunikation zutreffen.

a) Lies dir seine Behauptungen zunächst durch.

1. Man kann nicht *nicht* kommunizieren.

2. Jede Kommunikation hat einen Inhalts- und Beziehungsaspekt.

3. Kommunikation ist immer Ursache und Wirkung.

4. Kommunikation ist analog (verbal) und digital (nonverbal).

5. Kommunikation ist symmetrisch (auf Augenhöhe) oder komplementär (unterschiedlichen Rangs).

Paul Watzlawick

*(*1921, †2007) war ein österreichischer Philosoph, Psychotherapeut und Kommunikationswissenschaftler.*

b) Die Axiome von Watzlawick sind auf den ersten Blick nicht so leicht nachvollziehbar. Ordne den Grundsätzen 1–5 die jeweiligen Erläuterungen a)–e) zu.

a) In einem Gespräch reagieren die Teilnehmenden ständig aufeinander, die Kommunikation verläuft quasi kreisförmig.

b) Wenn Personen auf einer Ebene sind, können sie sich auf Gemeinsamkeiten stützen und oft lockerer kommunizieren. Ist eine der beiden höheren Ranges, z. B. als Vorgesetzte/-r, verläuft die Kommunikation anders, da sich das Gegenüber mit dem niedrigeren Status eher zurückhalten wird, während die andere Person möglicherweise das Gespräch anführt. Beide Personen ergänzen sich durch ihr Verhalten.

c) Man kommuniziert immer auf eine Art und Weise. Auch die Körpersprache ist häufig sehr „aussagekräftig".

d) Kommunikation kann einerseits über Wörter und Sätze erfolgen, die Informationen vermitteln, aber andererseits durch Mimik und Gestik, mit denen man dem Gegenüber etwas „zwischen den Zeilen" mitteilen kann. Diese beiden Bereiche sollten sich im Idealfall nicht widersprechen.

e) In einer Kommunikation werden Inhalte mitgeteilt, aber auch (zum Teil unbewusst) geäußert, wie die Beziehung zu Gesprächsbeteiligten eingeschätzt wird. Nur wenn die Gesprächsbeteiligten die Inhalts- und Beziehungsebene klar voneinander trennen und die Botschaften auf der Beziehungsebene verstanden werden, gelingt die Kommunikation.

Axiom

Grundsatz, allgemeingültige Wahrheit

S. 296
fünf Axiome der Kommunikation von Watzlawick

1.1 komplexere Kommunikationsprozesse und Interaktionen nach selbständiger Analyse bewerten; zwischen Sach- und Beziehungsebene unterscheiden; literarische und pragmatische (Hör-)Texte erfassen und nutzen

Sprechen und Zuhören

2 Im Folgenden siehst du Szenen, die Watzlawicks Aussagen veranschaulichen. Begründe, welche der fünf Grundsätze auf den Bildern jeweils erkennbar sind.

✲ **3** Übertrage die fünf Axiome auf die Kommunikation der Personen in Namikas Song (S. 9 – 10) und finde im Liedtext Beispiele, die Watzlawicks Grundsätze bestätigen.

4 Erläutere anhand des folgenden Bildes Watzlawicks Behauptung, dass man nicht *nicht* kommunizieren kann, und stelle Vermutungen an, was die dargestellte Person ihrem Umfeld mitteilen möchte.

1.1 komplexere Kommunikationsprozesse und Interaktionen nach selbständiger Analyse bewerten; zwischen Sach- und Beziehungsebene unterscheiden

Mit anderen kommunizieren

Gesprächssituationen im Rollenspiel bewältigen

1 Im Alltag werden wir mit Gesprächssituationen unterschiedlicher Art konfrontiert. Nicht jede ist dabei angenehm.

a) Werft einen Blick auf folgende Beispiele und begründet, welcher Gesprächsanlass euch am ehesten Probleme bereiten würde.

A) Bei der letzten Englischschulaufgabe sind viele Vokabeln vorgekommen, die ihr im Unterricht noch nicht gelernt habt. Weil du der Klassensprecher/die Klassensprecherin bist, sollst du die Lehrkraft überzeugen, dies zu berücksichtigen und den Notenschlüssel anzupassen.

B) Als Tutor bzw. Tuorin einer 5. Klasse hast du mitbekommen, dass ein Schüler, sobald er sich unbeobachtet fühlt, einen anderen Mitschüler hänselt und schikaniert. Du willst ihn zur Rede stellen.

C) Deine Freundin oder dein Freund braucht etwas für den Abschlussball und hat sich gewünscht, dass du sie/ihn beim Einkauf begleitest und berätst. Wie immer kommt sie/er am Shoppingtag zu spät zum vereinbarten Treffpunkt. Aber dieses Mal willst du das Thema ansprechen.

D) Im Kino sitzt eine Person neben dir, die ständig mit ihrer Chipstüte raschelt, auf dem hellen Smartphonedisplay herumtippt oder halblaut mit ihrem Kumpel redet. Du wolltest eigentlich ungestört den Film sehen und sprichst die Fremde an.

E) Du hast mitbekommen, dass deine gleichaltrigen Freunde und Freundinnen viel mehr Freiheiten haben als du, und fühlst dich von deinen Eltern zu sehr bevormundet und eingeschränkt. Deshalb hast du dir vorgenommen, mit deinen Eltern darüber zu reden.

F) Du machst während deiner Ferien ein einwöchiges Praktikum bei einer Firma, für die du dich gerne bewerben möchtest. Nun sind schon vier Praktikumstage vorbei und du durftest lediglich Unterlagen sortieren. Teilweise hattest du stundenlang auch keine Aufgabe. Eigentlich hättest du gerne mehr über den Betrieb erfahren. Daher suchst du das Gespräch mit der Praktikumsleiterin.

b) Sammelt Ideen, was man tun könnte, um in den einzelnen Fallbeispielen fair Kritik zu äußern, ohne eine Eskalation zu provozieren.

1.1 Gesprächssituationen bewältigen; zielorientiert mit non- und paraverbalern sprachlichen Mittel, kommunizieren; Kommunikationsstuationen beurteilen, eigenes Gesprächsverhalten reflektieren und Verstehensprobleme beheben

Sprechen und Zuhören

2 Wählt nun in Zweiergruppen eine Gesprächssituation aus Aufgabe 1 aus und bereitet sie für ein Rollenspiel vor. Geht folgendermaßen vor:
- Konzipiert eure Rollenspiele jeweils für zwei Spieler bzw. Spielerinnen.
- Legt den Verlauf und das Ergebnis des Gesprächs genau fest. Orienitert euch am Beispiel für Situation E).
- Schreibt in wörtlicher Rede auf, was die einzelnen Spieler bzw. Spielerinnen sagen sollen. Beachtet dabei den Merkkasten unten.
- Notiert euch zu bestimmten Äußerungen Hinweise zu Gestik und Mimik. Der Merkkasten hilft euch auch hierbei.

Portal
WES-122966-001

Situation E)

Mutter oder Vater sitzt am Tisch (z. B. in der Küche), Tim kommt dazu.

Tim *(ernst)*: Mum/Dad, ich würd gern etwas mit dir bereden.

Mutter/Vater *(überrascht)*: Was ist denn los? Ist etwas passiert?

Tim *(beschwichtigend)*: Nichts, keine Angst. *(Zögernd)* Aber ich war doch am Wochenende mit Bari unterwegs und da ist mir aufgefallen, dass ...

3 Spielt euch die einzelnen Szenen gegenseitig vor und gebt einander Feedback. Berücksichtigt dabei folgende Aspekte:
- War die Darstellung realistisch und glaubwürdig?
- Haben die Personen Gestik und Mimik passend eingesetzt?
- Hat das Gespräch einen positiven Verlauf genommen?
- Wodurch hätte man das Ergebnis des Gesprächs verbessern können?

! Fair kritisieren und Kritik annehmen

Damit ein Gegenüber eher dazu bereit ist, Kritik anzunehmen, sollten folgende Voraussetzungen **beim Kritisieren** erfüllt sein:
- der **richtig gewählte Ort** und ein **günstiger Zeitpunkt** (nicht „zwischen Tür und Angel")
- einen **höflichen und freundlichen Umgangston** beibehalten, auch wenn die oder der Kritisierte unangemessenen reagiert
- eine **positive Körpersprache** (zugewandt, offener Gesichtsausdruck)
- das **Vermeiden von Vorwürfen** und **Herabsetzungen**
- **Verständnis** für die Situation der oder des Kritisierten **signalisieren**
- möglichst auch **positive Aussagen** über die oder den Kritisierten einbringen
- **Kritik sachlich äußern** und **Lösungswege vorschlagen**
- **klare Aussagen treffen**, welche Verhaltensänderung man sich wünscht

Ebenso sollte **die oder der Kritisierte** angemessen reagieren, dazu gehört:
- grundsätzlich **für Kritik offen** sein
- Kritikpunkte **ruhig und gelassen** anhören und sich **Unklarheiten** genauer **erklären lassen**
- berechtigte Kritik **annehmen** und **umsetzen**
- unzutreffende Kritik **sachlich abweisen** bzw. **zur Diskussion stellen**

1.1 zielorientiert mit non- und paraverbalern sprachlichen Mittel, kommunizieren; Kommunikationsstuationen beurteilen, anderen Feedback geben; 1.4 mit anderen Mittel und Ziele einer eigenen szenischen Darstellung reflektieren

Mit anderen kommunizieren

Überprüfe dein Wissen und Können

1 Ordne die folgenden Beispiele Ⓐ–Ⓔ jeweils einem Grundsatz von Watzlawick zu.

Ⓐ Isra nörgelt ständig an ihrem Freund Nico herum, weil der sich in jeder freien Minute mit seinen Freunden zum Fußballspielen oder -schauen trifft. Nico begründet sein Verhalten damit, dass seine Freundin ihn nerve und er lieber Zeit mit seinen Kumpels verbringe. Das regt Isra erst recht auf …

Ⓑ Ilja sagt mit schiefem Grinsen: „Mutig!", als er Jetmirs neue Frisur sieht.

Ⓒ Im Wartezimmer eines Arztes sitzt ein älterer Herr, der jeden, der in den Raum kommt, freundlich anlächelt und ihm zunickt.

Ⓓ Timo behauptet gegenüber Yeliz, sie wäre eine Streberin, weil er ihr die gute Note in der Matheschulaufgabe nicht gönnt.

Ⓔ Mathieu legt sich immer wieder mit seinem Klassenlehrer an. Als dieser ihn mit rotem Kopf und lauter Stimme im Beisein der Klassenkameraden warnt, dass er Mathieus Eltern über dessen unverschämtes Verhalten informieren werde, zuckt dieser nur mit den Schultern und meint mit verschränkten Armen: „Mach doch!"

2 Im Fallbeispiel Ⓔ liegt ein Kommunikationsproblem vor.

a) Beschreibe zunächst, mit welchen Mitteln hier auf beiden Seiten kommuniziert wird und was diese über die Gefühle der jeweiligen Person aussagen.

b) Beurteile, worin das Problem bei diesem Gespräch liegt. Berücksichtige dabei erneut Watzlawicks Grundsätze.

c) Mache Lösungsvorschläge, wie der Lehrer zur Deeskalation der Situation beitragen könnte.

3 Lies dir folgende Tipps ①–⑦ zum fairen Kritisieren und Annehmen von Kritik durch. Schreibe die richtigen ab und verbessere die falschen.

① Erwidere unangemessene Äußerungen einer oder eines Kritisierten nicht auf die gleiche Weise.

② Stelle klar, dass du kein Verständnis für das Verhalten des Gegenübers hast.

③ Äußere deine Kritik sachlich und zeige Lösungswege auf.

④ Sage möglichst auch etwas Gutes über die Kritisierte oder den Kritisierten.

⑤ Unterbrich dein Gegenüber, sobald es anfängt, dich unangemessen zu kritisieren.

⑥ Übe deine Kritik sofort an Ort und Stelle, warte nicht zu lange ab.

⑦ Erkläre, welche Verhaltensänderung du wünschst.

Portal
WES-122966-002

1.1 Situationen beurteilen, in denen kommuniziert wird, um anderen Feedback zu geben, das eigene Gesprächsverhalten zu reflektieren und Verstehensprobleme zu beheben

Vortragen und Präsentieren

1 Die Schülerinnen und Schüler der Klasse 10 c sollen in diesem Schuljahr Präsentationen über bekannte literarische Werke aus dem 20. Jahrhundert halten.

a) Milena und Joshua recherchieren zunächst einige Buchtitel, die zur Auswahl stehen, und stoßen dabei unter anderem auf folgende Buchcover. Seht euch diese zunächst aufmerksam an.

b) Stellt anhand der Titel und der Cover Vermutungen an, worum es in den einzelnen Büchern gehen könnte, und überprüft sie (z. B. Internet, Literaturlexikon).

2 Im Verlauf der letzten Schuljahre habt ihr bereits zu verschiedenen Themen Präsentationen gehalten.

a) Wiederholt, was bei einer gelungenen Präsentation zu beachten ist. Geht dabei unter anderem auf den Inhalt, den Vortrag sowie den Medieneinsatz ein.

b) Sammelt, welche Inhalte eine Präsentation zu einem literarischen Werk enthalten sollte.

In diesem Kapitel lernst du, …

- *literarische Werke anschaulich zu präsentieren.*
- *Informationen zu literarischen Werken auszuwerten.*
- *Medien sinnvoll einzusetzen.*
- *wichtige Aspekte deiner Präsentation zu visualisieren.*

Vortragen und Präsentieren

Eine Präsentation sinnvoll aufbauen

1 Milena und Joshua entscheiden sich, eine Präsentation zu Franz Kafkas „Die Verwandlung" zu erarbeiten.

a) In der Klasse haben die Schülerinnen und Schüler bereits zusammengetragen, welche Gliederungspunkte die Präsentationen enthalten sollen. Sieh dir diese zunächst an und überlege dir eine sinnvolle Reihenfolge, in welcher man diese in die Präsentation einbinden kann.

Interpretationsansätze – Biografie der Autorin/des Autors – Inhalt und Aufbau Personenkonstellation – zeitgeschichtlicher Hintergrund

b) Tauscht euch über eure Lösungen aus. Diskutiert, auf welche Inhalte man immer eingehen sollte, und welche man gegebenenfalls auch weglassen könnte.

2 Wichtig für eine gelungene Präsentation ist auch ein Einstieg, der gleich das Interesse der Zuhörerinnen und Zuhörer weckt.

a) Milena und Joshua überlegen, wie sie am besten in ihre Präsentation einsteigen könnten. Sieh dir folgende vier Alternativen an, die sie in Betracht ziehen, und benenne, welche Einstiegsmöglichkeit jeweils vorliegt.

1 *„Als Gregor Samsa eines Morgens erwachte, fand er sich in seinem Bett zu einem monströsen Ungeziefer verwandelt."*

2

3
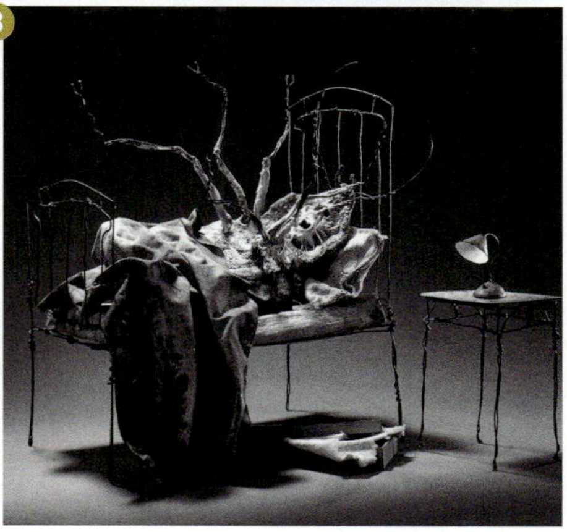

4 *„Kafka ist nicht leicht zu verdauen, so bedrohlich und düster. ‚Die Verwandlung' ist keine Feelgood-Literatur. Es handelt sich dabei um eine in sachlichem, stringentem Stil verfasste Parabel, die den Befreiungskampf eines Menschen aus seinem von Zwängen bestimmten Leben beschreibt."*

b) Sammelt nun weitere Möglichkeiten, wie man eine Präsentation beginnen kann.

In Franz Kafkas „Die Verwandlung" (1912) geht es um Gregor Samsa, der als Handelsreisender für den Lebensunterhalt seiner Familie sorgt, jedoch eines Morgens in einen Käfer verwandelt aufwacht. Eltern und Schwester sperren ihn ein und er erlebt hilflos seine immer mehr fortschreitende Verwandlung, bis er letztlich einsam verendet.

→ S. 116
„Verlust der eigenen Persönlichkeit in Franz Kafkas ‚Die Verwandlung'"

Sprechen und Zuhören

S. 297
Präsentationsprogramm

Vortragen und Präsentieren

Informationen auswerten und visualisieren

1 Milena und Joshua haben sich dazu entschieden, zunächst auf einige biografische Daten Franz Kafkas einzugehen. Diese wollen sie mithilfe eines Präsentationsprogrammes visualisieren.

a) Sieh dir zunächst den ersten Teil der Umsetzung Milenas und Joshuas an.

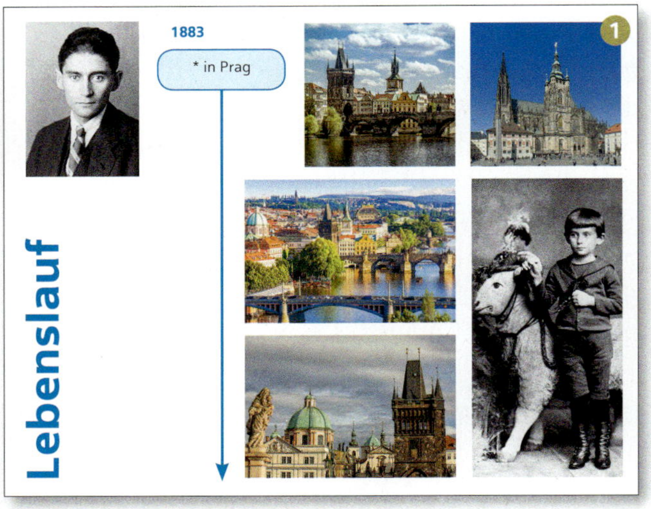

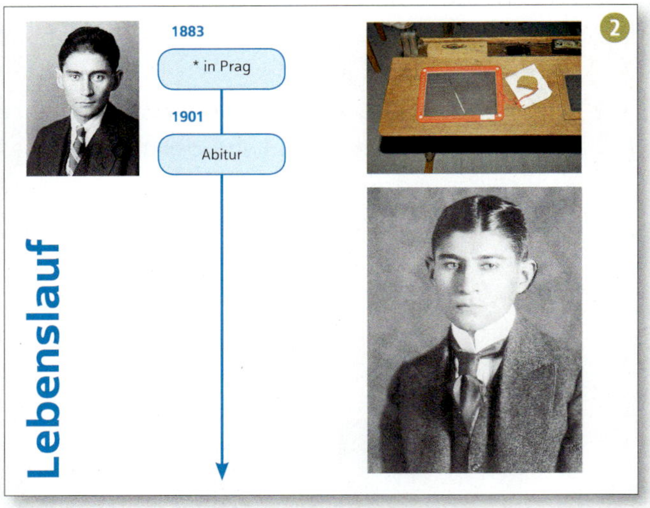

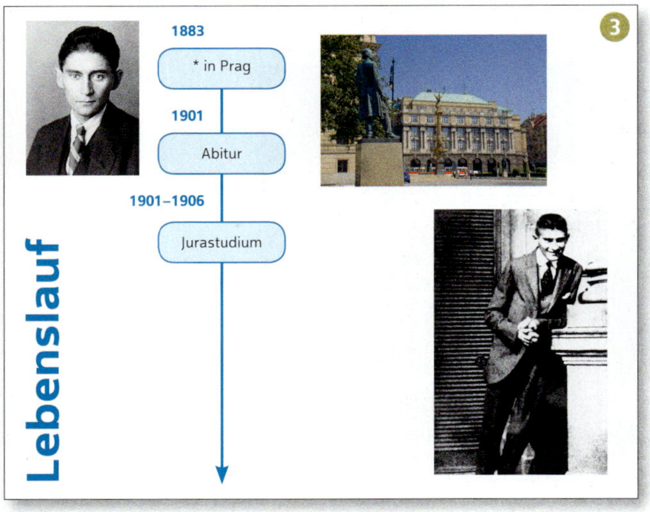

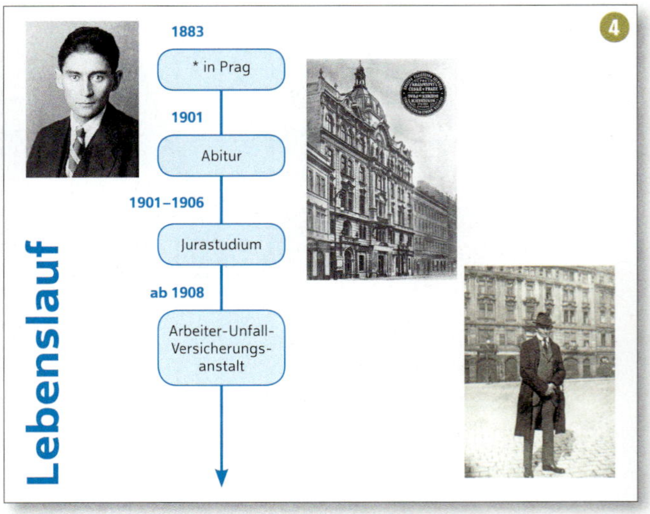

1.2 angemessen präsentieren und geeignete Materialien einbinden; differenzierte argumentative [...] Redebeiträge mit Bezug auf eigene Recherche und Überlegungen leisten; fremde und eigene Texte sinngestaltend vortragen

b) Beschreibt, wie Milena und Joshua den Lebenslauf Franz Kafkas visualisieren.
c) Sammelt mögliche Alternativen, um biografische Daten anschaulich zu präsentieren.
d) Recherchiert im Internet oder in Büchern zu Franz Kafka und dessen Biografie. Vervollständigt anschließend die Präsentation von Milena und Joshua. Ihr könnt dazu die Vorlage im Portal nutzen oder selbst eine Präsentation mit einem Präsentationsprogramm gestalten.

Portal
WES-122966-003

Tipp
Ihr könnt im Präsentationsprogramm die einzelnen Textfelder und Bilder auch nacheinander einblenden bzw. verschwinden lassen. Dann könnt ihr den Lebenslauf auf einer Folie nach und nach entstehen lassen. Achtet aber darauf, dass die Effekte nicht überhandnehmen.

2 Anschließend möchten Milena und Joshua ihren Mitschülerinnen und Mitschülern den Inhalt und die Figuren von Kafkas „Die Verwandlung" näherbringen. Hierzu wollen die beiden ein Erklärvideo erstellen.
a) Sieh dir im Internet ein Erklärvideo zu Kafkas „Die Verwandlung" an.
b) Tauscht euch darüber aus, inwiefern diese Form der Darstellung geeignet ist, um den Inhalt eines Buches zu vermitteln. Begründet dabei eure Meinungen.
c) Sammelt weitere Möglichkeiten, wie ihr eurer Klasse den Inhalt eines Buches anschaulich näherbringen könnt.

Tipp
*Verwende die Suchbegriffe **„Die Verwandlung"** + **„Erklärvideo"**.*

* **3** Zusätzlich zum Erklärvideo möchten Milena und Joshua eine zentrale Szene aus dem Buch in einem kurzen szenischen Spiel darstellen.
a) Lies dir den Textauszug aus *Die Verwandlung* auf S. 116–119 zunächst aufmerksam durch.
b) Arbeitet zu zweit und bereitet den Textauszug für ein szenisches Spiel vor. Geht dabei folgendermaßen vor:

- Überlegt euch zunächst, welche Figuren im Textauszug vorkommen und wer die Rolle welcher Figur übernimmt. Bedenkt dabei, dass ihr zu zweit mehrere Rollen übernehmen müsst. Macht euch auch Gedanken darüber, ob ihr eine Erzählerin oder einen Erzähler benötigt.
- Schreibt den Textauszug in ein kurzes Drehbuch um. Gebt dabei immer an, wer spricht.
- Macht euch Gedanken darüber, wie ihr den Schauplatz mit einfachen Mitteln nachbilden könnt und wie ihr die einzelnen Figuren kennzeichnet.
- Übt eure Redepassagen ein und spielt die kurze Szene vor. Achtet auch darauf, eure Stimmlage, die Lautstärke etc. an den Inhalt anzupassen.

c) Gebt euch gegenseitig Feedback. Tauscht euch auch darüber aus, inwiefern das szenische Spiel zur Veranschaulichung des Buchinhaltes geeignet ist.

4 Milena und Joshua wollen ihrer Klasse eine mögliche Interpretation des Werkes näherbringen. Sie entscheiden sich dabei für die biografische Deutung.
a) Lies dir die Interpretation aus einem Lektüreschlüssel auf der nächsten Seite genau durch.

Lektüreschlüssel
auch: Lektürehilfe; Bücher, die zum besseren Verständnis literarischer Texte dienen

1.4 literarische Texte künstlerisch umsetzen und interpretieren; 2.4 versch. Medien zur Ideenfindung, Planung und für den eigenen Lernprozess reflektiert einsetzen

Sprechen und Zuhören

Dominanz
Übermacht, Überlegenheit

Tipp
In den Auszügen aus dem Lektüreschlüssel sind Zitate aus anderen Werken Kafkas oder aus „Die Verwandlung“ grün hinterlegt. Zitate aus anderer Sekundärliteratur sind gelb hinterlegt.

Asbest
Wurde früher als Dämmstoff, z. B. beim Hausbau, eingesetzt.

Ruin
Untergang, Zusammenbruch

augenfällig
nicht zu übersehen

negiert
verneint

Indiskretion
Weitergeben einer vertraulichen Nachricht

Portal
WES-122966-004

Es ist unverkennbar, dass Kafkas Erzählung „stark autobiografische Züge“ aufweist. [...] Kafka lebte lange Zeit als erwachsener berufstätiger Sohn bei seinen Eltern. Hier erlebte Kafka, wie seine Erzählfigur Gregor, die Dominanz seines Vaters.

„Ich war ja schon niedergedrückt durch Deine bloße Körperlichkeit ... Ich mager, schwach, schmal, Du groß, breit.“

Ähnlich empfindet der verwandelte Gregor bei den Konfrontationen mit seinem Vater. Wie Gregor wird auch Kafka von seinem Vater gedemütigt.

„Insbesondere seinem Sohn Franz machte er (der Vater) stets schwere Vorwürfe wegen seiner Andersartigkeit. Diese Erfahrungen, dass er in seiner Art und mit seinen Neigungen nicht akzeptiert wurde und dass er andererseits den Erwartungen nicht entsprechen konnte ..., prägte die Persönlichkeit Kafkas entscheidend. Innerlich war er von permanenten Angstzuständen, Unsicherheiten, Minderwertigkeits- und Schuldgefühlen und Kontaktschwierigkeiten gedrängt ...“

[...] Selbst das (zunächst) gute Verhältnis Gregors zu seiner Schwester Grete kann man als literarische Spiegelung des Verhältnisses von Kafka zu seiner jüngeren (Lieblings-)Schwester Ottla deuten. Aber wie bei Gregor kam es auch bei Kafka zu einer Entfremdung zwischen den Geschwistern, als Ottla 1912 wie die Eltern der Meinung war, Kafka müsse sich mehr um die familieneigene Asbestfabrik kümmern. Kafka empfand dieses Verhalten als „Verschwörung“ gegen sich.

Dass Kafkas Vater zu dieser Zeit durch geschäftliche Misserfolge und Krankheit gezeichnet war und über Kafka die Gefahr schwebte, bei geschäftlichem Ruin oder einer Verschlimmerung der Krankheit des Vaters an dessen Stelle treten und seinen Lebensstil ändern zu müssen, spiegelt sich in Gregors Lebenslauf wider, der seine militärische Karriere aufgeben musste, um anstelle des Vaters für die Familie den Lebensunterhalt zu verdienen. Selbst Kafkas Beziehung zur Mutter und ihre Stellung zwischen Mann und Sohn, die er im Brief an den Vater folgendermaßen beschreibt:

„Es ist wahr, dass die Mutter grenzenlos gut zu mir war, aber ... die Mutter hatte unbewusst die Rolle eines Treibers in der Jagd ...“, findet sich nur kaum literarisch verkleidet in *Die Verwandlung* wieder.

So augenfällig diese autobiografischen Spiegelungen sind, so negiert Kafka doch eine Gleichsetzung Gregors mit seiner Person. Er räumt allerdings gewisse Parallelen ein:

„Samsa ist nicht restlos Kafka. *Die Verwandlung* ist kein Bekenntnis, obwohl es – in gewissem Sinne – eine Indiskretion ist.“

b) Unterstreiche auf einer Kopie des Textes oder der Vorlage aus dem Portal alle Parallelen zwischen Franz Kafka und Gregor Samsa.

1.2 angemessen präsentieren und geeignete Materialien einbinden; differenzierte argumentative [...] Redebeiträge mit Bezug auf eigene Recherche und Überlegungen leisten; fremde und eigene Texte sinngestaltend vortragen

5 Milena und Joshua bereiten die Informationen als Experteninterview vor. Dabei spielt Milena die Reporterin, die nach den Informationen aus dem Text fragt, und Joshua den Literaturwissenschaftler Herrn Faber, der die Antworten gibt.

a) Lest euch den Beginn des Interviews durch.

1.1. literarische und pragmatische (Hör-)Texte erfassen und nutzen; 2.4 versch. Medien zur Ideenfindung, Planung und für den eigenen Lernprozess reflektiert einsetzen

Sprechen und Zuhören

Portal
WES-122966-005

b) Unterstreicht auf einer Kopie des Interviews oder der Vorlage aus dem Portal diejenigen Stellen, an denen Informationen aus der Interpretation aufgegriffen wurden.
c) Vervollständigt das Interview mithilfe der Ergebnisse aus Aufgabe 4 b). Denkt dabei auch daran, das Interview angemessen zu beenden.

6 Tauscht euch über weitere Darstellungsformen aus, um die Interpretation anschaulich vorzustellen. Diskutiert dabei Vor- und Nachteile.

* **7** Es gibt zu Kafkas „Die Verwandlung" noch viele weitere Interpretationsansätze. Recherchiert in Lektürehilfen oder im Internet und stellt eine weitere Interpretation des Werkes anschaulich dar.

* **8** Zum Abschluss der Präsentation bietet es sich an, auf den Einstieg Bezug zu nehmen.
a) Sieh dir noch einmal die vier Einstiegsmöglichkeiten auf S. 17 an und überlege dir dazu je einen passenden Abschluss für die Präsentation.
b) Am Ende der Präsentation sollte dem Publikum die Möglichkeit gegeben werden, Fragen zu stellen. Überlege dir anhand der Informationen zu Franz Kafkas „Die Verwandlung" mögliche Fragen zu den einzelnen Gliederungspunkten. Sammelt diese und versucht sie mit geeigneten Hilfsmitteln zu beantworten.

1.1. literarische und pragmatische (Hör-)Texte erfassen und nutzen; 1.2 angemessen präsentieren und geeignete Materialien einbinden

Vortragen und Präsentieren

Überprüfe dein Wissen und Können

1 **Gib wieder, welche Inhalte die Präsentation eines literarischen Werkes beinhalten kann.**

2 **Begründe, weshalb folgende Folie eines Präsentationsprogramms nicht gelungen ist, und erläutere, was man beim Einsatz eines solchen Programmes beachten muss.**

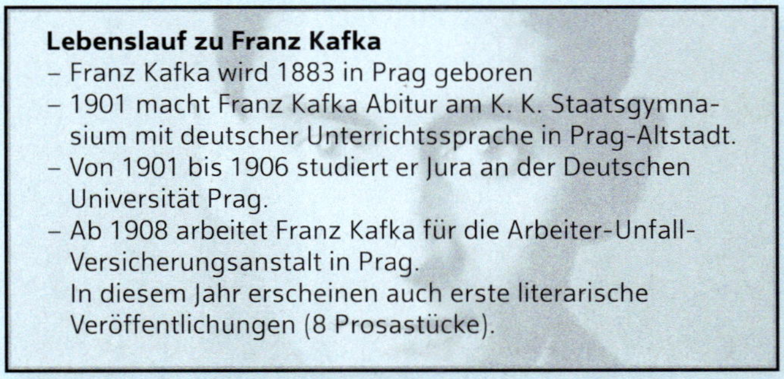

3 **Bei der Präsentation eines literarischen Werkes muss man sich auch mit möglichen Interpretationen auseinandersetzen.**

a) Lies folgende kurze Interpretationsmöglichkeit zu „Die Verwandlung".

Dieser mehr sozial- und gesellschaftskritische Ansatz lässt sich bei der Figur Gregors aber noch präzisieren. Gleich zu Beginn der Erzählung reflektiert Gregor über die negativen, ausbeuterischen und z. T. sogar unmenschlichen Arbeitsbedingungen, unter denen er offensichtlich leidet, und der Prokurist, der sein Fehlen überprüfen will, bestätigt diese Negativeinschätzung Gregors genau. Gregor glaubt, sich nur durch vollkommene Unterwerfung seinen Arbeitsplatz sichern zu können, empfindet sich selbst als „Kreatur des Chefs, ohne Rückgrat und Verstand".

„Die Entfremdung, die Gregor in seinem Beruf erfährt, führt zur Entfremdung von seinem eigenen Ich. Die Verwandlung zum Käfer könnte also Folge der unmenschlichen Arbeitsbedingungen sein; eingebunden in innerbetriebliche Mechanismen verliert der Mensch sein ihm eigenes Wesen und verwandelt sich zum Tier."

Aber nicht nur im Beruf, auch in seiner eigenen Familie wird Gregor ausgebeutet und hintergangen. So „darf" er zwar unter Aufgabe seiner eigenen Lebensziele die Familie ernähren, wird aber u. a. über ihre wahre (günstige) Vermögenslage nicht informiert. Auch wird ihm in keiner Weise ehrlicher Dank, menschliche Nähe oder angemessene Herzlichkeit entgegengebracht. Sein Einsatz wird im Gegenteil als selbstverständlich gesehen:

„Man hatte sich eben daran gewöhnt … man nahm das Geld dankbar an, er lieferte es gern ab, aber eine besondere Wärme wollte sich nicht mehr ergeben."

b) Markiere auf der Vorlage im Portal oder einer Kopie des Textes die wesentlichen Inhalte und fasse diese anschließend stichpunktartig zusammen.

Portal *WES-122966-006*

c) Überlege dir eine geeignete Präsentationsform für deine Ergebnisse und setze diese mit einem digitalen Präsentationsprogramm um.

Portal *WES-122966-007*

1.2 differenzierte argumentative und appellative Redebeiträge mit Bezug auf eigene Recherche und Überlegungen leisten; fremde und eigene Texte sinngestaltend vortragen

Sprechen und Zuhören

Eine Debatte führen

Die Debatte kennt ihr bereits aus der 8. und 9. Klasse. Sie setzt sich aus Eröffnungsrunde, freier Aussprache und Schlussrunde zusammen.

1 Im Folgenden findet ihr verschiedene Merkmale, die den drei Teilen der Debatte zuzuordnen sind.

a) Lest euch die einzelnen Merkmale zunächst durch.

ERÖFFNUNGSRUNDE | **FREIE AUSSPRACHE** | **SCHLUSSRUNDE**

- Dauer: maximal 8 Minuten
- Reihenfolge der Redner/-innen ist nicht festgelegt
- Festlegung des Debattenthemas
- keine neuen Argumente
- Möglichkeit, die eigene Meinung zu ändern
- Bezug zur Aussage des Vorredners wird hergestellt
- Dauer: 12 Minuten
- Dauer: 4 Minuten
- feste Reihenfolge der Redner/-innen

b) Ordnet sie den drei Teilen der Debatte richtig zu.

2 Sprecht darüber, was euch zur Debatte sonst noch im Gedächtnis geblieben ist.

In diesem Kapitel lernst du, …

- *die Themafrage der Debatte zu erschließen und das Thema festzulegen.*
- *Material für die Debatte auszuwerten.*
- *selbstständig eine Debatte zu führen.*

Eine Debatte führen

Das Thema der Debatte gemeinsam festlegen

Ihr plant in eurer Klasse, über das folgende Thema eine Debatte zu führen:

Sollten Schulen auf Klassenfahrten ins Ausland verzichten?

1 Zunächst müsst ihr die Themafrage erschließen.

a) Zerlegt dafür das Thema in Teilfragen und schreibt diese auf. Orientiert euch an den vorgegebenen Beispielfragen und nehmt den Merkkasten zu Hilfe.

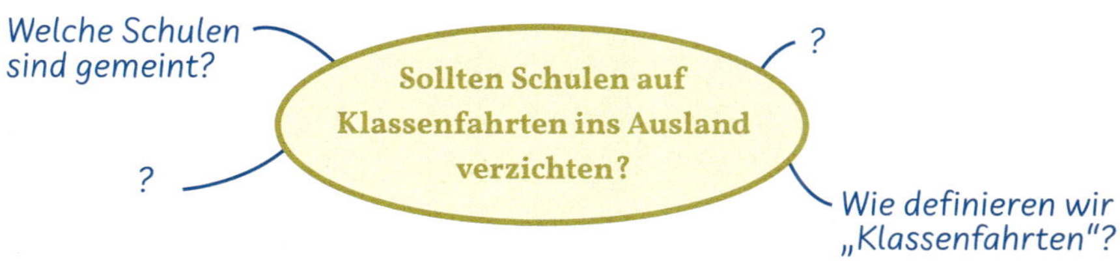

b) Sammelt zu jeder Teilfrage eure verschiedenen Antworten und notiert diese dazu.

c) Sprecht über die verschiedenen Möglichkeiten, das Thema festzulegen, und einigt euch anschließend in der Klasse auf eine gemeinsame Festlegung des Debattenthemas.

S. 296
Debatte

2 Formuliere mithilfe der Lösung von Aufgabe 1c die Festlegung des Debattenthemas. Du kannst folgendermaßen beginnen:
Wir haben uns auf folgende Festlegung des Debattenthemas geeinigt: …

Tipp
Den Aufbau aller Bestandteile einer Debatte findest du im Portal:

3 Vergleiche deine Lösung mit denen deiner Mitschülerinnen und Mitschüler.

✲ **4** Die Festlegung des Debattenthemas präsentiert Rednerin bzw. Redner Pro 1 in ihrer bzw. seiner Eröffnungsrede. Überlege dir eine vollständige Eröffnungsrede und trage sie im Anschluss deiner Banknachbarin oder deinem Banknachbarn vor.

Portal
WES-122966-008

ⓘ Das Thema gemeinsam festlegen

Bevor ihr mit dem Debattieren beginnen könnt, müsst ihr das Debattenthema erschließen, indem ihr es **in Teilfragen zerlegt** und **auf jede Frage eine passende Antwort sucht**. (Z. B. beim Thema „Sollten Schulen auf Klassenfahrten ins Ausland verzichten?" → Teilfrage: Welche Schulen sollen auf Klassenfahrten ins Ausland verzichten? → Antwort: Schulen mit sehr jungen Schülerinnen und Schülern.) **Mithilfe dieser Antworten** legt ihr das Thema genau fest. So vermeidet ihr, dass das Thema unterschiedlich interpretiert wird, und könnt sinnvoll debattieren.
Die **Festlegung des Debattenthemas** wird später in der Debatte von der ersten Rednerin bzw. dem ersten Redner **in der Eröffnungsrede** präsentiert.

1.3 Kommunikation und Debatten konstruktiv gestalten, verschiedene Rollen und Standpunkte einnehmen, Argumentationsstrategien anwenden

Sprechen und Zuhören

Eine Debatte führen

Eine Debatte vorbereiten

Bevor ihr die Debatte zum Thema „Sollten Schulen auf Klassenfahrten ins Ausland verzichten?" führt, sucht ihr nach geeignetem Material, das euch beim Formulieren überzeugender Argumente hilft.

1 Bei eurer Recherche stoßt ihr auf die folgenden Materialien.
a) Lies dir die Materialien 1–6 zunächst genau durch.

Material 1

Klassenfahrt nach London

Material 2

Klassenfahrten ins Ausland
Klassenfahrten ins Ausland werden immer beliebter, nicht nur bei Sprachkursen. Gerade auf Abschlussfahrten geht es gerne etwas weiter weg. Besonders hoch im Kurs stehen dabei Paris, Rom, London und Barcelona. Da es für Klassenfahrten oftmals günstige Gruppen- und Pauschalangebote gibt, öffnet sich so für viele Schüler/-innen das Tor zu Welt. Gemeinsam verbringt man Freizeit an Orten, die man sonst vielleicht nicht so einfach besuchen könnte. Darüber hinaus bieten Klassenfahrten ins Ausland die Möglichkeit, die eigenen Sprachkenntnisse zu verbessern und neue Kulturen kennenzulernen.

Quelle: klassenfahrt.de

Material 3

Trotz Fridays for Future
Umfrage an Hamburger Schulen: Jede vierte Klassenfahrt ist eine Flugzeugreise

Quelle: FOCUS online, 05.11.2019

Trotz aller Klima-Diskussionen – Klassenfahrt mit Kreuzfahrtschiff

Quelle: BILD, 17.09.2019

Angst vor Terror:
Dürfen Eltern die Klassenfahrt nach London absagen?

Quelle: DER SPIEGEL online, 14.06.2017

Wohin die Reise geht
Machen Klassenfahrten einen Bogen um die Bildung?

Quelle: Deutschlandfunk, 28.09.2019

1.2 Angemessen präsentieren und geeignete Materialien einbinden; 2.1 Lesestrategien zum kritischen Textverständnis einsetzen, Inhalte kontextualisieren

Material 4

http://www.eltern-schule-forum.xy

Klassenfahrt ins Ausland, das muss doch nicht sein, oder?

Hallo ihr Lieben,
ich würde gerne einmal eure Meinung erfahren: Meine Tochter fährt Ende dieses Schuljahres mit der Klasse in die Toskana. 398 € soll die Woche kosten!!!! Und da ist noch nicht einmal das Taschengeld miteingerechnet!!! Ich finde das ganz schön teuer!!!! Und dann dauert die Fahrt mit dem Bus auch noch 20 Stunden. Muss das wirklich sein? Es gibt doch auch in Deutschland tolle Ziele für eine Klassenfahrt. Oder sehe ich das falsch?
Liebe Grüße
Margit

Hallihallo,
ich war in der 8. Klasse im Skilager in Österreich und in der 10. Klasse auf Abschlussfahrt in London. An beide Fahrten denke ich gerne zurück. Ich finde es wichtig, dass die Schulen weiterhin solche Fahrten anbieten. Sie fördern die Klassengemeinschaft und gerade bei Reisen ins Ausland lernen die Schüler/-innen viel Neues kennen. Klar sind solche Klassenfahrten ins Ausland nicht gerade billig. Aber im Bedarfsfall kann man doch auch die Schule um finanzielle Unterstützung bitten.
Gruß
Natascha

@ Natascha
Viele Familien, die sich eine solche Fahrt nicht leisten können, schämen sich für ihre finanzielle Situation und wollen nicht, dass andere davon erfahren. Sie werden sich deshalb auch nicht von der Schule helfen lassen. Deshalb lieber gleich auf teure Fahrten verzichten, dann bringt man diese Familien gar nicht in eine so unangenehme Situation!
Gruß Michael

Hey!
Eine Klassenfahrt ins Ausland macht schon Sinn. Wenn man mit der Klasse unterwegs ist, lernt man einiges über Land und Leute. Wir sind damals für eine Woche nach Paris gefahren und haben dort in Gastfamilien gewohnt. Tagsüber haben wir ganz viele Sehenswürdigkeiten besucht, zum Beispiel den Eiffelturm, Schloss Versailles, den Triumphbogen, um nur ein paar zu nennen. Wie teuer diese Fahrt war, kann ich leider nicht mehr sagen. Wenn Kinder mit der eigenen Familie ins Ausland fahren, erfahren sie vielleicht seltener etwas über die Kultur des Landes. Bei vielen beschränkt sich der Urlaub doch darauf, den ganzen Tag am Strand oder am Hotelpool zu liegen. ☹
Tschüssi
Betty

Hallo,
ob Schulfahrten ins Ausland sein müssen, dazu hat wohl jeder seine Meinung. Ich war damals in der 10. mit meiner Klasse am Gardasee. Wir haben Venedig und Verona besucht und dort Stadtführungen gemacht (die nicht langweilig waren, sondern auch für uns Jugendliche echt interessant). Wir haben uns viele Dinge angeschaut, die ich mit meinen Eltern wohl niemals gesehen hätte. Mit denen war ich zwar immer mindestens zweimal im Jahr im Auslandsurlaub, aber jedes Mal nur am Strand.
Solche Fahrten stärken außerdem die Klassengemeinschaft: Wenn man zusammen die Nächte durchmacht, etwas zu viel feiert, gemeinsam Ärger mit den Lehrkräften bekommt oder sie auch mal von der privaten Seite kennenlernt – das alles sind Erlebnisse, die man nicht so schnell vergisst. Und auch 20 Stunden Busfahrt können etwas für sich haben! Man ist gezwungen, sich miteinander zu beschäftigen, miteinander zu reden, man spielt komische Spiele, um sich die Zeit zu vertreiben.
Grüße Bastian

Quelle: Internetforum für Eltern und Schulen

1.2 Angemessen präsentieren und geeignete Materialien einbinden; 2.1 Lesestrategien zum kritischen Textverständnis einsetzen, Inhalte kontextualisieren

Sprechen und Zuhören

Material 5

„Man muss reisen, um zu lernen."
(Mark Twain)

Material 6

Auf Klassenfahrt im Ausland

Portal
WES-122966-009

b) Sprecht darüber, um welche Art von Material es sich jeweils handelt.
c) Markiere im Material alle Informationen, die du für die Debatte verwenden kannst. Nutze dafür eine Kopie der Buchseiten oder die Vorlage aus dem Portal.
d) Erstelle in deinem Heft oder auf einem Blatt eine Tabelle nach der Vorlage unten, in der du alle gefundenen Informationen sammelst, die du für den Einleitungsgedanken sowie die Pro- und Kontra-Argumente nutzen kannst.

Einleitungsgedanke	Pro-Argumente	Kontra-Argumente
…	…	…

e) Vergleiche deine Lösung mit denen deiner Mitschülerinnen und Mitschüler.

2 Ergänze deine Tabelle durch weitere Informationen und Argumente. Recherchiere dazu beispielsweise im Internet.

1.2 Angemessen präsentieren und geeignete Materialien einbinden; 2.1 Lesestrategien zum kritischen Textverständnis einsetzen, Inhalte kontextualisieren

Eine Debatte führen

Eine Debatte durchführen

Nachdem ihr euch ausführlich auf das Debattenthema vorbereitet habt, könnt ihr jetzt mit der Debatte beginnen.

1 Teilt dafür die Klasse in Vierergruppen ein.

2 Entscheidet, welche beiden Schüler bzw. Schülerinnen aus der Gruppe die Pro-Position und welche die Kontra-Position übernehmen.

3 Führt in eurer Gruppe die Debatte zum Thema „Sollten Schulen auf Klassenfahrten ins Ausland verzichten?“ durch. Der Merkkasten und der Feedbackbogen auf der folgenden Seite geben euch Informationen darüber, worauf ihr beim Debattieren achten müsst.

Aufbau der Debatte

Eine Debatte ist ein **Gespräch**, in dem sich die Gesprächspartner an **feste Regeln** halten müssen. Einen Gesprächsleiter gibt es nicht.
Ziel der Debatte ist es, eine **Entscheidungsfrage** zu **beantworten**. Unter einer Entscheidungsfrage versteht man eine Frage, auf die man nur mit Ja oder Nein antworten kann. **Die Personen, die mit Ja antworten**, sprechen sich für das Gefragte aus. Sie **vertreten die Position „Pro“**. Im Gegensatz dazu vertreten **diejenigen, die die Frage mit Nein beantworten, die Position „Kontra“**.

Die Debatte besteht aus **drei Teilen**:

1. **Eröffnungsrunde (pro Person maximal 2 Minuten; Gesamtdauer: max. 8 Minuten)**
   Die **Reihenfolge der Redenden ist festgelegt** (**Pro 1, Kontra 1, Pro 2** und **zuletzt Kontra 2**). Die **Eröffnungsrede von Pro 1 unterscheidet sich** von den anderen Eröffnungsreden. Pro 1 beginnt die Rede mit einem **Einleitungsgedanken**. Auch die **genaue Festlegung des Themas** wird von Redner/-in Pro 1 präsentiert.
2. **Freie Aussprache (Gesamtdauer: 12 Minuten)**
   Hier ist die **Reihenfolge der Redenden nicht festgelegt**. Es gibt auch keine feste Redezeit, die jeder Person zur Verfügung steht. Achte darauf, dass du öfter das Wort ergreifst, damit dein Redeanteil nicht zu gering ausfällt.
3. **Schlussrunde (pro Person 1 Minute; Gesamtdauer: 4 Minuten)**
   Die **Reihenfolge der Redenden** ist fest vorgegeben (Pro 1, Kontra 1, Pro 2 und zuletzt Kontra 2). In der Schlussrunde hast du die **Möglichkeit, deine Meinung zu ändern**, wenn dich die Argumente der Gegenseite mehr überzeugt haben. Du musst nicht bei deiner ursprünglichen Position bleiben. **Neue Argumente** dürfen aber **nicht** angeführt werden!

1.3 Kommunikation und Debatten konstruktiv gestalten, dabei auch verschiedene Rollen und Standpunkte einnehmen; Argumentationsstrategien anwenden

Sprechen und Zuhören

Portal
WES-122966-010

4 Entscheidet, welche Gruppe vor der Klasse debattiert. Die übrigen Schülerinnen und Schüler der Klasse bewerten währenddessen die Leistung der Debattierenden hinsichtlich Sachkenntnis, Ausdrucksvermögen, Gesprächsfähigkeit und Überzeugungskraft. Nehmt dafür eine Kopie des folgenden Feedbackbogens oder die Vorlage aus dem Portal zu Hilfe.

Sachkenntnis: Weiß der Redner / die Rednerin, worum es geht?
- Kennt er / sie sich mit dem Thema aus (Tatsachen, Probleme, bisherige Regelung)?
- Sind alle Angaben richtig und auch aktuell?
- Wird die Position durchgehend beibehalten (außer in der Schlussrunde, wo die Meinung geändert werden darf)?

Ausdrucksvermögen: Wie wurden die Redebeiträge sprachlich gestaltet?
- Sind Gestik, Mimik und Stimme lebendig?
- Ist die Aussprache deutlich?
- Ist der Vortrag flüssig?
- Ist der Satzbau verständlich?
- Wird eine angemessene Wortwahl verwendet?

Gesprächsfähigkeit: Hat er / sie zugehört und die anderen berücksichtigt?
- Kann er / sie gut zuhören und andere ausreden lassen (keine unpassenden Unterbrechungen)?
- Wurde an die vorherigen Aussagen angeknüpft?
- Lässt er / sie auch die anderen zu Wort kommen?
- Greift er / sie gegnerische Schwachstellen an (konsequent, aber fair)?
- Zeigt er / sie Bereitschaft, bei besseren Argumenten einzulenken?

Überzeugungskraft: Wurde das Gesagte gut begründet?
- Sind die Argumente nachvollziehbar und überzeugend?
- Wird die eigenen Position begründet und nicht bloß eine Behauptung aufgestellt?
- Wird auf Wichtigkeit und Gewichtung der vorgetragenen Argumente geachtet?
- Hat er / sie einen Blick für das Wesentliche und schweift nicht ab?

5 Gebt euren Mitschülern und Mitschülerinnen im Anschluss ein Feedback zu ihrer Leistung.

Eine Debatte führen

Überprüfe dein Wissen und Können

1 **Im Jahr 1970 wurde beschlossen, das Wahlalter auf 18 Jahre zu senken. In letzter Zeit diskutieren Politiker erneut über eine Herabsetzung des Wahlalters. Deine Klasse plant daher, zu folgendem Thema eine Debatte zu führen:**

Soll das Wahlalter in Deutschland auf 16 Jahre herabgesetzt werden?

a) Lest euch den folgenden Ausschnitt aus einem Artikel über das Wahlalter in Deutschland durch.

Studie über Wahlrecht ab 16

So reif wie Erwachsene

Sind 16-Jährige reif genug, um an Wahlen teilzunehmen? Die Jugendministerin bejaht dies – eine neue Studie stützt ihre Position. Demnach müssen Jugendliche den Vergleich mit jungen Erwachsenen nicht scheuen.

Von Jonas Schaible

Jugendliche können den Friedensnobelpreis gewinnen wie Malala Yousafzai. Sie können eine globale Protestbewegung initiieren wie Greta Thunberg. Aber wählen dürfen sie in vielen Ländern nicht, auch nicht in Deutschland. In vier Bundesländern dürfen 16- und 17-Jährige zwar bei Landtagswahlen abstimmen, in elf Ländern bei Kommunalwahlen. Im Bund muss man aber volljährig sein, um wählen zu dürfen.

Umstritten ist das schon lange. Die Bundesjugendministerin fordert aktuell das aktive Wahlrecht im Bund schon für 16-Jährige. Unterstützung erhält sie von mehreren anderen Parteien. „Junge Menschen sollten mitbestimmen können, wenn es um die Gestaltung ihrer Zukunft geht. Das Wahlalter für die nächste Bundestagswahl auf 16 Jahre zu senken, wäre deshalb der richtige Schritt." […]

Quelle: SPIEGEL online, 2020 (Text verändert)

Malala Yousafzai

wurde 1997 in Pakistan geboren und ist die jüngste Friedensnobelpreisträgerin

b) Sprecht darüber, worum es in dem Zeitungsausschnitt genau geht.
c) Verfasse mithilfe des Artikels einen Einleitungsgedanken für eure Debatte.
d) Sammle Argumente, die für und gegen die Herabsetzung des Wahlalters sprechen. Recherchiere dazu auch im Internet. Erstelle eine Tabelle, in der du deine Ergebnisse in Stichpunkten einträgst.

Pro-Argumente	Kontra-Argumente
…	…

e) Tragt euch eure Ergebnisse gegenseitig vor.

Portal WES-122966-010

2 **Führt in der Klasse die Debatte zum Thema „Soll das Wahlalter in Deutschland auf 16 Jahre herabgesetzt werden?". Die Schülerinnen und Schüler, die nicht debattieren, geben den Debattierenden Rückmeldung. Nehmt dazu eine Kopie des Feedbackbogens auf Seite 30 oder die Vorlage aus dem Portal zu Hilfe.**

Portal WES-122966-011

1.2 geeignete Materialien einbinden; 1.3 Kommunikation und Debatten konstruktiv gestalten

Lesen – Umgang mit Texten und Medien

Literarische Zeitreise: Expressionismus

Ferdinand ist mittlerweile in der 10. Klasse und gerade auf Abschlussfahrt in Berlin. Dort steht auch ein Besuch in der Neuen Nationalgalerie auf dem Programm.

1 Im Ausstellungsraum erzählt eine Kunststudentin der Klasse mehr zu einem der ausgestellten Werke.
a) Stellt zunächst Vermutungen an, was auf diesem Bild zu sehen ist.
b) Lest nun die Erläuterungen der Studentin zum Gemälde.

Ernst Ludwig Kirchner malte dieses Bild 1914 im Stil des Expressionismus. Sehr expressiv, also ausdrucksstark, wird die Darstellung durch die übertrieben groß gemalten Frauen, die isoliert erscheinen, und die auffällige Farbgebung. Beide Damen sind Prostituierte, die eine erscheint als Kriegswitwe. Die andere, kühl und distanziert wirkende Frau scheint ihre Kollegin beiseitedrängen zu wollen, Neid und Missgunst spiegeln sich in der Farbigkeit ihrer Gesichter.

S. 299 *Expressionismus*

2 Die Symbolkraft der Farben spielte im Expressionismus eine wichtige Rolle, so auch in diesem Bild. Findet Beispiele für die nebenstehenden Farben in Kirchners Gemälde und erklärt, inwiefern die Farbwahl des Malers zum Dargestellten passt.

- Leuchtkraft, Neid, Feigheit
- Ruhe, Zärtlichkeit, Einsamkeit
- Klarheit, Kälte, Leere
- Aggression, Leidenschaft, Blut
- Reinheit, Unschuld, Leere
- Hoffnung, Faulheit, Gift
- Trauer, Tod, Eleganz

3 Die Expressionisten beschäftigen sich mit düsteren Themen ihrer Zeit, wie Krieg, Weltende und sozialen Problemen. Vermutet, welche Farben sich besonders für solche Themen eignen.

In diesem Kapitel lernst du, …

- *gesellschaftliche Hintergründe des Expressionismus kennen.*
- *Motive und sprachliche Besonderheiten des Expressionismus zu erkennen.*
- *Weltuntergangsfantasien im Expressionismus und in der Gegenwart zu vergleichen.*
- *ein expressionistisches Gedicht zu verfassen.*

Literarische Zeitreise: Expressionismus

Gesellschaftliche Hintergründe zur Zeit des Expressionismus kennenlernen

Weil er im Rahmen eines Referats seiner Klasse die Literaturepoche des Expressionismus vorstellen soll, recherchiert Ferdinand im Internet und stößt dabei auf den Text eines Journalisten, der die Zustände und Stimmung seiner Epoche treffend beschreibt.

Kurt Pinthus

(1886 – 1975) war ein deutscher Schriftsteller und Journalist.

1 Lest den Text oder hört die Audiodatei an.

Portal *WES-122966-012*

Die Überfülle des Erlebens

Kurt Pinthus

Welch ein Trommelfeuer von bisher ungeahnten Ungeheuerlichkeiten prasselt seit einem Jahrzehnt auf unsere Nerven nieder! Trotz sicherlich erhöhter Reizbarkeit sind durch diese täglichen Sensationen unsere Nerven trainiert und abgehärtet wie die Muskulatur eines Boxers gegen die schärfsten Schläge [...].

Man male sich zum Vergleich nur aus, wie ein Zeitgenosse Goethes oder ein Mensch des Biedermeier seinen Tag in Stille verbrachte, und durch welche Mengen von Lärm, Erregungen, Anregungen heute jeder Durchschnittsmensch täglich sich durchzukämpfen hat, mit der Hin- und Rückfahrt zur Arbeitsstätte, mit dem gefährlichen Tumult der von Verkehrsmitteln wimmelnden Straßen, mit Telefon, Lichtreklame, tausendfachen Geräuschen und Aufmerksamkeitsablenkungen.

Wer heute zwischen dreißig und vierzig Jahre alt ist, hat noch gesehen, wie die ersten elektrischen Bahnen zu fahren begannen, hat die ersten Autos erblickt, hat die jahrtausendelang für unmöglich gehaltene Eroberung der Luft in rascher Folge mitgemacht, hat die sich rapid übersteigernden Schnelligkeitsrekorde all dieser Entfernungsüberwinder, Eisenbahnen, Riesendampfer, Luftschiffe, Aeroplane miterlebt ...

Wie ungeheuer hat sich der Bewusstseinskreis jedes einzelnen erweitert durch die Erschließung der Erdoberfläche und die neuen Mitteilungsmöglichkeiten: Schnellpresse, Kino, Radio, Grammophon, Funktelegraphie. Stimmen längst Verstorbener erklingen; Länder, die wir kaum dem Namen nach kennen, rauschen an uns vorbei, als ob wir selbst sie durchschweiften. Der jahrzehntelang vergeblich umkämpfte Südpol ward, innerhalb 34 Tagen, gleich zweimal entdeckt, und der sagenhafte Nordpol wird bald von jedermann auf der Luftreise von Japan nach Deutschland überflogen werden können.

Vor kurzem noch ungeahnte Möglichkeiten der Elektrizitätsausnutzung, unheilbare Krankheiten, Diphtherie, Syphilis, Zuckerkrankheit durch neuentdeckte Mittel heilbar geworden, das unsichtbare Innere unseres Körpers durch die Röntgenstrahlen klar vor Augen gelegt, all diese „Wunder" sind Alltäglichkeiten geworden.

Biedermeier *Epoche von 1815 bis 1848*

Tumult *lautes Durcheinander*

rapid *sehr schnell*

Aeroplan *Flugzeug*

Grammophon *Plattenspieler*

Syphilis, Diphterie *Infektionskrankheiten*

2.2 Zusammenhänge zwischen Texten, Entstehungszeiten und Autorenbiografien an Beispielen aus der Literatur des 20. und 21. Jahrhunderts beschreiben; 3.2 begründet zu Aussagen eines Textes Stellung nehmen

Lesen – Umgang mit Texten und Medien

exzentrisch
ausgefallen

Revolte
Aufstand

Antlitz
Gesicht, Angesicht

Im Jahre 1913 noch erließ eine Zeitschrift ein Preisausschreiben: „Welche Nachricht würde sie am meisten verblüffen?" Wie harmlos erschienen die Antworten gegen die Ereignisse, die kurz darauf einsetzten. Der Krieg begann sich über Erde, Luft und Wasser zu verbreiten, mit Vernichtungsmöglichkeiten, die die Phantasie auch der exzentrischsten Dichter nicht zu ersinnen gewesen war. Unsere Heere überfluteten Europa [...].

Wer soll noch durch Menschenunglück erschüttert werden, der erlebte, dass vier Millionen Menschen durch Menschenhand im Krieg umgebracht wurden? Die Länder erbebten von Attentaten und Revolten; politische und soziale Ideen, von denen unsere Großeltern noch nichts ahnten, wuchsen über die Menschheit und veränderten das Antlitz der Völker und der Erde.

Das Geld, einziger Maßstab realen Besitzes, verlor seinen Wert und eroberte ihn wieder [...] und Maschinen, Maschinen eroberten unsere Planetenkruste. Zusammengeballt in zwei Jahrzehnte erlebten wir mehr als zwei Jahrtausende vor uns. Was haben wir noch zu erwarten, zu erleben? Vermögen wir uns noch zu wundern?

Text verändert

Portal
WES-122966-013

Medizin
Gesellschaft
Medien
Politik
Mobilität
Geografie
Technik
Wirtschaft

2 Kurt Pinthus berichtet über Ereignisse und Entwicklungen, die sich in einem Zeitraum von lediglich 20 Jahren (1905 – 1925) abgespielt haben.

a) Markiere auf einer Kopie der Seiten oder der Vorlage aus dem Portal Beispiele für die Veränderungen und Vorkommnisse in den Bereichen, die links am Rand stehen, und schreibe sie als Oberbegriffe neben die entsprechenden Stellen im Text.

b) Verfasse einen Tagebucheintrag aus der Sicht einer Person, die zur damaligen Zeit lebte. Stelle darin Vermutungen an, wie sich die Häufung von Ereignissen und Veränderungen auf ihre Lebenseinstellung und Zukunftsvorstellungen auswirkt.

* c) Auch in unserer Zeit gibt es Ereignisse und Erfindungen, die die Menschen beschäftigen. Sammelt aktuelle Entwicklungen und Neuerungen, die zu den Bereichen von Aufgabe 2a) passen.

Zu Beginn der Epoche des Expressionismus ahnen die Menschen noch nicht, was sie in den darauffolgenden Jahren alles erwartet. Ferdinand findet bei seiner Recherche den Tagebucheintrag eines jungen Autors des Expressionismus namens Georg Heym, der diese Unwissenheit zeigt und ihn neugierig macht.

Georg Heym
(1887 – 1912) war ein deutscher Schriftsteller. Er gilt als einer der wichtigsten Lyriker des frühen literarischen Expressionismus.

Misere
Elend

3 Lies den Ausschnitt und gib mit eigenen Worten wieder, was den jungen Heym beschäftigt und wem er die Schuld an seiner Situation gibt.

6.7. 1910 Ach, es ist furchtbar. [...]. Es ist immer das gleiche, so langweilig, langweilig, langweilig. Es geschieht nichts, nichts, nichts. Wenn doch einmal etwas geschehen wollte, was nicht diesen faden Geschmack von Alltäglichkeit hinterlässt. Wenn ich mich frage, warum ich bis jetzt gelebt habe. Ich wüsste keine Antwort. Nichts wie Quälerei, Leid und Misere aller Art. [...]. Ich bin schlecht aus Unlust, feige aus Mangel an Gefahr. Könnte ich nur einmal den Strick abschneiden, der an meinen Füßen hängt.

Text verändert

2.2 Textelemente und Zusammenhänge zwischen Texten, Entstehungszeiten und Autorenbiografien an Beispielen aus der Literatur des 20. und 21. Jahrhunderts (mit Fachbegriffen) beschreiben

4 Weil Ferdinand wissen möchte, warum der Schriftsteller seine Zeit als so langweilig empfindet, entscheidet er sich, dem Dichter einen Besuch abzustatten, und reist dafür ins Jahr 1910 in Heyms Heimatstadt Berlin. Dort stößt er auf den aufgebrachten Dichter.

a) Lest euch Ferdinands und Heyms Aussagen durch.

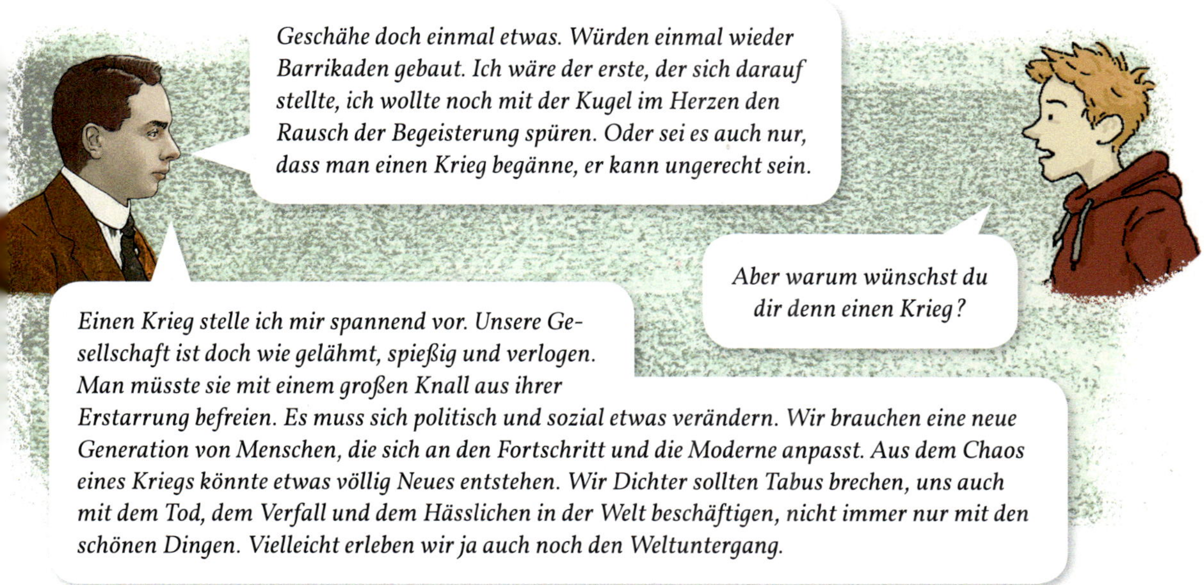

b) Fasse mit eigenen Worten zusammen, was der Dichter ablehnt und was er sich wünscht. Begründe mithilfe des Merkkastens, inwiefern dies typisch für den Expressionismus ist.

c) Setze dich mit Heyms Aussagen auseinander. Sind seine Ansichten auch auf die heutige Zeit übertragbar? Begründe, inwiefern du seine Meinung und Aussagen nachvollziehen kannst und/oder teilst bzw. ihnen widersprichst.

ⓘ Der Expressionismus

Die Epoche des Expressionismus wird von circa **1905 bis 1925** angesetzt. Ihre Bezeichnung hat ihren Ursprung in den lateinischen Wörtern „ex“ und „premere“, was wörtlich übersetzt **„ausdrücken“** bedeutet.

Ein Großteil der häufig jungen Autoren und Autorinnen entstammt dem **gebildeten Bürgertum**. Sie lehnten sich dagegen auf, dass die ständigen **Veränderungen der Lebenswirklichkeit** (Industrialisierung, Städtewachstum, Massengesellschaft, Entfremdung, 1. Weltkrieg) in der Literatur zu wenig berücksichtigt wurden.

Daher **provozierten** sie gerne, indem sie mit Wertvorstellungen und Tabus brachen, Hässliches thematisierten und (vor Ausbruch des 1. Weltkriegs) einen Krieg herbeisehnten, der die Bevölkerung aufrütteln und eine **neue Ordnung der Gesellschaft** ermöglichen sollte.

Allerdings änderten viele der Autoren und Autorinnen ihre Einstellung zum Krieg, nachdem sie selbst bzw. ihre Ehemänner/Söhne/Väter usw. als Soldaten im 1. Weltkrieg kämpfen mussten.

2.1 komplexeren literarischen und pragmatischen Texten selbstständig wesentliche Informationen entnehmen;
3.2 begründet zu Aussagen eines Textes Stellung nehmen

Lesen – Umgang mit Texten und Medien

S. 302
Motiv

Portal
WES-122966-014

Literarische Zeitreise: Expressionismus

Motive und sprachliche Besonderheiten des Expressionismus erkennen

Krieg und Tod als Motive beschreiben

1 Zum Thema „Krieg" hat Georg Heym ein Gedicht verfasst, das er dem Zeitreisenden zeigt.

a) Lest das Gedicht oder hört die Audiodatei an.

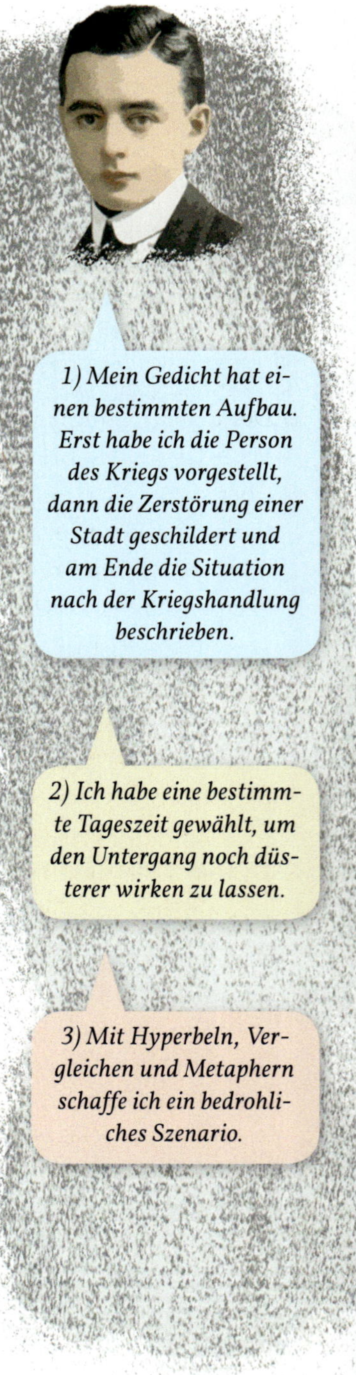

Der Krieg

Georg Heym

[1]
Aufgestanden ist er, welcher lange schlief,
Aufgestanden unten aus Gewölben tief.
In der Dämmrung steht er, groß und unbekannt,
Und den Mond zerdrückt er in der schwarzen Hand.

[2]
In den Abendlärm der Städte fällt es weit,
Frost und Schatten einer fremden Dunkelheit,
Und der Märkte runder Wirbel stockt zu Eis.
Es wird still. Sie sehn sich um. Und keiner weiß.

In den Gassen fasst es ihre Schulter leicht.
Eine Frage. Keine Antwort. Ein Gesicht erbleicht.
In der Ferne ein Geläute dünn
Und die Bärte zittern um ihr spitzes Kinn.

Auf den Bergen hebt er schon zu tanzen an
Und er schreit: Ihr Krieger alle, auf und an.
Und es schallet, wenn das schwarze Haupt er schwenkt,
[3] Drum von tausend Schädeln laute Kette hängt.

Einem Turm gleich tritt er aus die letzte Glut,
Wo der Tag flieht, sind die Ströme schon voll Blut.
Zahllos sind die Leichen schon im Schilf gestreckt,
Von des Todes starken Vögeln weiß bedeckt.

Über runder Mauern blauem Flammenschwall
Steht er, über schwarzer Gassen Waffenschall.
Über Toren, wo die Wächter liegen quer,
Über Brücken, die von Bergen Toter schwer.

In die Nacht er jagt das Feuer querfeldein
[4] Einen roten Hund mit wilder Mäuler Schrein.
Aus dem Dunkel springt der Nächte schwarze Welt,
Von Vulkanen furchtbar ist ihr Rand erhellt.

Und mit tausend roten Zipfelmützen weit
Sind die finstren Ebnen flackend überstreut,
Und was unten auf den Straßen wimmelt hin und her,
Fegt er in die Feuerwälder, dass die Flamme brenne mehr.

Und die Flammen fressen brennend Wald um Wald,
Gelbe Fledermäuse zackig in das Laub gekrallt.
Seine Stange haut er wie ein Köhlerknecht
In die Bäume, dass das Feuer brause recht.

Eine große Stadt versank in gelbem Rauch,
Warf sich lautlos in des Abgrunds Bauch.
Aber riesig über glühnden Trümmern steht
Der in wilde Himmel dreimal seine Fackel dreht

Über sturmzerfetzter Wolken Widerschein,
In des toten Dunkels kalten Wüstenein,
Dass er mit dem Brande weit die Nacht verdorr,
Pech und Feuer träufet unten auf Gomorrh.

4) Wie bei einem Gemälde habe ich starke Farben eingesetzt, deren Farbsymbolik eine wichtige Rolle spielt (z. B. blau = Kälte)

Köhler
jemand, der Holzkohle herstellt

Wüstenei
Wüste, Einöde

Gomorrh
biblische Stadt am Toten Meer

b) Folgende Formulierungen sind für Ferdinand nicht ganz nachvollziehbar. Stelle Vermutungen an, was Heym hierbei jeweils ausdrücken möchte.

A) Und den Mond zerdrückt er in der schwarzen Hand. (Z. 4) = *Es wird dunkel.*
B) Und der Märkte runder Wirbel stockt zu Eis. (Z. 7)
C) Drum von tausend Schädeln laute Kette hängt. (Z. 16)
D) Und mit tausend roten Zipfelmützen weit sind die finstren Ebnen flackend überstreut, (Z. 29 f.)

c) Am Rand des Gedichts finden sich Erklärungen Heyms, wie er sein Gedicht aufgebaut bzw. sprachlich gestaltet hat. Finde für jede Aussage Textbelege und markiere die entsprechenden Stellen auf einer Kopie der Seiten oder der Vorlage aus dem Portal. Verwende dabei verschiedene Farben. Du kannst dich an den vorgegebenen Beispielen orientieren.

Portal
WES-122966-015

2 Heym hat den Krieg personifiziert. Erkläre, welche menschlichen Eigenschaften dieser besitzt.

S. 303
Personifikation

3 Belege anhand von Textstellen und mithilfe des Merkkastens auf S. 35, warum dieses Gedicht klar dem Expressionismus zugeschrieben werden kann.

2.2 typische Merkmale expressionistischer Lyrik an ausgewählten Themenschwerpunkten beschreiben; komplexere produktive Methoden zur Erschließung von Texten anwenden; 3.2 begründet zu Aussagen eines Textes Stellung nehmen

4 Der Dichter bezieht sich in „Der Krieg“ bewusst auf die biblische Stadt Gomorrha.

a) Lies, was es mit diesem Ort auf sich hat.

Die Stadt Gomorrha wird in der Bibel im Alten Testament meist im Zusammenhang mit der Stadt Sodom erwähnt. Beide Orte lagen in der Nähe des Toten Meeres und waren für das sündige, gottlose Leben, das die Menschen dort führten, berüchtigt. Der Bibel nach suchte Gott Abraham in Gestalt dreier Engel auf und drohte, Sodom und Gomorrha zu zerstören, wenn sich nicht in jeder der beiden Städte zehn rechtschaffende, gute Menschen finden ließen. Weil diese nicht gefunden werden konnten, wurden beide Orte ausgelöscht. Im Alten Testament heißt es dazu: „Da ließ der Herr Schwefel und Feuer regnen von Himmel herab auf Sodom und Gomorrha.“

b) Finde Gemeinsamkeiten zwischen Gomorrha und der von Heym beschriebenen Stadt.

5 Einerseits ist Ferdinand fasziniert von Heyms bildhafter Sprache, andererseits kann er die Haltung des Expressionisten immer noch nicht ganz nachvollziehen.

a) Beantworte mithilfe des Merkkastens und Heyms Aussagen von S. 35 Ferdinands Frage:

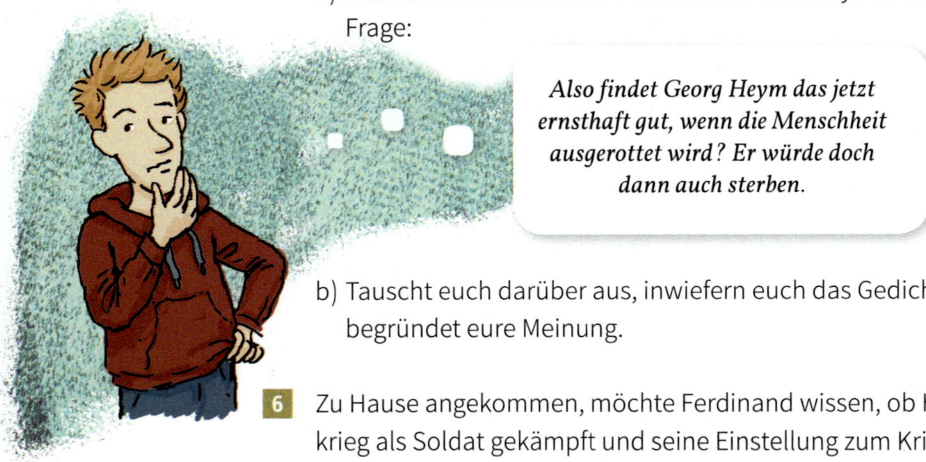

b) Tauscht euch darüber aus, inwiefern euch das Gedicht gefallen hat oder nicht und begründet eure Meinung.

6 Zu Hause angekommen, möchte Ferdinand wissen, ob Heym anschließend im 1. Weltkrieg als Soldat gekämpft und seine Einstellung zum Krieg daraufhin geändert hat. Es stellt sich jedoch heraus, dass Georg Heym bereits vor Kriegsbeginn in jungen Jahren gestorben ist.

* a) Recherchiere, wie er zu Tode kam.

b) Stelle Vermutungen an, inwiefern eine Kriegserfahrung seine Einstellung zum Leben und der Gesellschaft hätte verändern können.

ⓘ Motive und sprachliche Besonderheiten des Expressionismus

Die Expressionisten bevorzugen eher **düstere Themen** wie Krankheit, Verfall, Tod, Einsamkeit, Krieg, Weltende und Anonymität der Großstadt.
Ihre Sprache ist ausdrucksstark, sie enthält **oft bedrohliche Bilder**, die durch Vergleiche und Metaphern verdeutlicht werden. Bisweilen werden diese unzusammenhängend aneinandergereiht (**Reihungsstil**). Häufig wird die Grammatik vernachlässigt und die Gedichte erscheinen **formlos**, z. B. indem sie keine Strophen aufweisen.

2.1 Texte inhaltlich, formal und strukturell erschließen und interpretieren, Zusammenhänge mit entsprechenden Fachbegriffen darstellen

7 Da es Ferdinand interessiert, wie die Expressionisten persönliche Kriegserlebnisse in ihren Gedichten verarbeitet haben, forscht er, zu Hause angekommen, weiter. Dabei stößt er auf folgende Beispiele.

a) Lies dir die Gedichte durch, in denen August Stramm die Eindrücke während eines Erkundungsgangs in einem Kriegsgebiet und während eines feindlichen Angriffs schildert.

August Stramm

(1874–1915) war ein deutscher Dichter und Dramatiker. Ursprünglich arbeitete er als Postbeamter.

Patrouille

August Stramm

Die Steine feinden
Fenster grinst Verrat
Äste würgen
Berge Sträucher blättern raschlig
Gellen
Tod

Angststurm

August Stramm

Grausen
Ich und Ich und Ich und Ich
Grausen Brausen Rauschen Grausen
Träumen Splittern Branden Blenden
Sterneblenden Brausen Grausen
Rauschen
Grausen
Ich

gellen

durchdringend schallen

b) Ferdinand hat Probleme, die sprachlichen Bilder in den Gedichten zu verstehen. Stelle Vermutungen an, was Stramm mit den Personifikationen, den Aneinanderreihungen von Wörtern und den Lautmalereien veranschaulichen oder betonen möchte.

c) Im Gedicht „Angststurm" heißt es in der zweiten Zeile „Ich und Ich und Ich und Ich", am Ende steht dagegen nur noch ein einzelnes „Ich". Stellt Vermutungen an, was der Dichter damit verdeutlichen möchte.

d) Mit Sinneseindrücken gelingt es Stramm, dass man die Situation, in der sich das lyrische Ich befindet, miterleben kann. Nenne Sinne, die in den Gedichten angesprochen werden und gib dazu Textbeispiele.

e) August Stramms Gedichte unterscheiden sich in ihrer Form von einem klassischen Werk wie „Der Krieg". Erkläre, welche Besonderheiten sie im Hinblick auf das Reimschema und die Zeilenlänge aufweisen und inwiefern dies ebenfalls typisch für den Expressionismus ist. Beachte dabei den Merkkasten auf S. 38.

W **8** Wähle im Folgenden zwischen a) und b).

a) Formuliere einen Tagebucheintrag, in welchem du die Beobachtungen und Gefühle des lyrischen Ichs während der „Patrouille" deutlich machst.

b) Schreibe einen inneren Monolog aus der Sicht des lyrischen Ichs von „Angststurm" im Moment des Bombenangriffs.

2.2 expressionistische Lyrik beschreiben und in Beziehung zu eigenem Erleben und/oder Werken der Gegenwart setzen; ; 3.2 begründet zu Aussagen eines Textes Stellung nehmen

Lesen – Umgang mit Texten und Medien

Gottfried Benn

(1886 – 1956) war ein deutscher Arzt, Dichter und Schriftsteller.

Portal

WES-122966-016

Charité

traditionsreiches und bedeutungsvolles Krankenhaus in Berlin, ca. 1710 gegründet

Provokation als Motiv begreifen

1 Dass sich in der Zeit des Expressionismus auch ein Mediziner als Dichter versuchte, erfährt Ferdinand aus einem Zeitungsartikel aus dem Jahr 1912.

a) Lies dir den Artikel durch und erkläre, inwiefern Gottfried Benn in seinen Gedichten mit einem Tabu bricht.

Kunst oder Geschmacklosigkeit?

Berliner Medizindoktorand sorgt mit seinen Gedichten für Aufsehen

Der 26-jährige Mediziner veröffentlichte unter dem Titel „Morgue“, so auch der Name des Leichenschauhauses in der Berliner Charité, Gedichte, in denen er seine Erfahrungen im Anatomiesaal verarbeitet. Scheinbar nüchtern und sachlich wird dabei das Sezieren von Leichen thematisiert.

b) Erkläre, welche Erwartungen du an die Gedichte des Mediziners hast.

c) Lies dir das folgende Gedicht aus der „Morgue“-Sammlung durch oder höre dir die Audiodatei an.

Kleine Aster

Gottfried Benn

Ein ersoffener Bierfahrer wurde auf den Tisch gestemmt.
Irgendeiner hatte ihm eine dunkelhellila Aster
zwischen die Zähne geklemmt.
Als ich von der Brust aus
unter der Haut
mit einem langen Messer
Zunge und Gaumen herausschnitt,
muß ich sie angestoßen haben, denn sie glitt
in das nebenliegende Gehirn.
Ich packte sie ihm in die Brusthöhle
zwischen die Holzwolle,
als man zunähte.
Trinke dich satt in deiner Vase!
Ruhe sanft,
kleine Aster!

d) Beschreibe, wie das Gedicht auf dich wirkt und begründe, inwiefern das Gedicht deine Erwartungen inhaltlich, aber auch sprachlich erfüllt oder nicht.

2 In Benns Gedicht finden sich gleich mehrere Motive des Expressionismus. Benenne diese mithilfe des Merkkastens auf S. 38.

2.2 typische Merkmale expressionistischer Lyrik an ausgewählten Themenschwerpunkten beschreiben; 3.2 begründet zu Aussagen eines Textes Stellung nehmen

3 Stelle gegenüber, welche Eigenschaften die Leiche und die Blume jeweils verkörpern.

a) Ordne ihnen dazu die folgenden Adjektive zu.
farbig – leblos – weiblich – zart – gewöhnlich – grob – schön – lebendig – hässlich – außergewöhnlich – einfach – blass – elegant – männlich – geheimnisvoll – eklig

b) Vergleiche die Art der Eigenschaften, die die Leiche und die Blume besitzen.

* **4** Das Pink-Violett der Aster hat, wie oft in expressionistischen Gedichten, eine symbolische Bedeutung. Schaue auf der Auftaktseite (S. 32) nach, wofür diese Farbe steht und inwiefern sie zum Thema und der Grundstimmung des Gedichts passt.

5 Gottfried Benns „Kleine Aster" löste bei den Menschen der damaligen Zeit unterschiedliche Reaktionen aus.

a) Lies dir ihre Aussagen durch und sammle sowohl positive als auch negative Kritikpunkte.

A) Das ist respektlos gegenüber einem Toten. Was hat eine Blume in einer Leiche verloren?

B) Bei dem, was Benn schreibt, wird einem ja schlecht. Wer will so was Widerliches lesen?

C) So brutal ist eben die Realität. Mir ist so was lieber als diese verlogenen, kitschigen Liebesgedichte.

D) Bei aller Grausamkeit, irgendjemand wollte dem Toten diese schöne Blume mit auf seinen letzten Weg geben. Das ist doch ein schöner Gedanke.

E) Schönes und Hässliches gehören zum Leben dazu. Benn bringt hier beides zusammen.

F) Es gibt Themen, die haben in Gedichten nichts verloren, weil sie Gefühle verletzen. Das Sezieren einer Wasserleiche gehört für mich ganz klar dazu. Hier will einer nur mit allen Mitteln provozieren, um berühmt zu werden.

G) Mir macht die Vorstellung, dass man, wenn man tot ist, auf dem Seziertisch landet und so mit einem umgegangen wird, Angst.

b) Begründe, welcher Meinung du dich am ehesten anschließen würdest.

* **6** Manche Menschen und Gruppen provozieren auch heute noch bewusst und brechen mit Tabus.

a) Sammelt Beispiele aus den Medien für bewusste Provokation und Tabubruch (z. B. Körperwelten-Ausstellung, Rammstein-Konzerte).

b) Erklärt die jeweilige Absicht der Provokation bzw. des Tabubruchs eurer Beispiele.

c) Diskutiert, ob und inwiefern ihre Provokation ein angemessenes Mittel ist oder ob sie damit zu weit gehen.

2.4 neuere Medien zur Informationsgewinnung nutzen, bewerten und (gestalterisch) einsetzen; beschreiben; 3.2 begründet zu Aussagen eines Textes Stellung nehmen

Lesen – Umgang mit Texten und Medien

Die Großstadt als Motiv kennenlernen

Ferdinand bekommt im Internet zum Stichwort „Epoche des Expressionismus“ neben Texten auch zahlreiche Bildvorschläge.

1 Eine alte Postkarte von Berlin aus dem Jahr 1910 findet er besonders interessant.

a) Wirf einen Blick auf das Foto und beschreibe, was zu sehen ist.

b) Lies dir durch, was auf der Rückseite der Karte steht.

Liebe Klara,
Berlin ist ganz anders als unsere gemütliche Kleinstadt. Hier ist alles größer und moderner, aber auch anonymer. So richtig wohl fühle ich mich noch nicht. Die Berliner sind oft ganz schön unfreundlich. Überall in der Stadt gibt es Straßenbahnen. Ich habe noch nie so viele Autos gesehen. Am Spittelmarkt in Mitte herrschen immer Hektik, Lärm und Gestank. Daran muss ich mich erst noch gewöhnen.
Bitte kommt mich bald einmal besuchen. Zwar kann ich mir hier nur eine winzige Wohnung leisten, aber ihr seid jederzeit willkommen. Ich vermisse dich und Mutter sehr. Hier kenne ich niemanden.
Mit herzlichen Grüßen
Maria

Mitte
Bezirk in Berlin

c) Gib mit eigenen Worten wieder, wie Maria das Leben in Berlin zu Beginn des Jahrhunderts erlebt, was ihr daran gefällt und was weniger.

2.2 typische Merkmale expressionistischer Lyrik an ausgewählten Themenschwerpunkten; beschreiben; 3.2 begründet zu Aussagen eines Textes Stellung nehmen

2 Für die Expressionisten war die Großstadt ebenso ein interessantes Thema.

a) Lies dir das Gedicht durch oder höre die Audiodatei.

Städter

Alfred Wolfenstein

Dicht wie Löcher eines Siebes stehn
Fenster beieinander, drängend fassen
Häuser sich so dicht an, daß die Straßen
Grau geschwollen wie Gewürgte stehn.

Ineinander dicht hineingehakt
Sitzen in den Trams die zwei Fassaden
Leute, wo die Blicke eng ausladen
Und Begierde ineinander ragt.

Unsre Wände sind so dünn wie Haut,
Daß ein jeder teilnimmt, wenn ich weine.
Flüstern dringt hinüber wie Gegröhle:

Und wie stumm in abgeschlossner Höhle
Unberührt und ungeschaut
Steht doch jeder fern und fühlt: alleine.

Portal
WES-122966-017

Alfred Wolfenstein

(1883–1945) war ein deutscher Dichter, Dramatiker und Übersetzer.

b) Alfred Wolfenstein beschreibt das Leben in der Großstadt eher negativ. Finde Textbelege für die folgenden Aspekte und markiere sie auf einer Kopie der Seite oder der Vorlage aus dem Portal. Schreibe den entsprechenden Aspekt daneben:

Portal
WES-122966-018

A) Gefühl der Enge

B) keine wirkliche Privatsphäre

C) Oberflächlichkeit zwischen den Menschen

D) Einsamkeit, fehlende Nähe

E) Anonymität

c) Begründe, warum sich Wolfenstein als Expressionist in seinem Gedicht nur auf die negativen Seiten einer Stadt beschränkt. Berücksichtige dabei den Merkkasten auf S. 35.

d) Erläutere, inwiefern die Darstellung des Lebens in der Stadt auch auf die heutige Zeit übertragbar ist.

2.2 expressionistische Lyrik beschreiben und in Beziehung zu eigenem Erleben und/oder Werken der Gegenwart setzen; 3.2 begründet zu Aussagen eines Textes Stellung nehmen

Lesen – Umgang mit Texten und Medien

Das Motiv des Weltuntergangs in Expressionismus und in Gegenwart vergleichen

1 Eine unerwartete Bedrohung hat die Menschen zu Beginn des 20. Jahrhunderts beschäftigt und kurzzeitig eine Massenhysterie ausgelöst. Ferdinand erfährt davon durch einen Zeitschriftenausschnitt.

a) Lies dir den Artikel durch.

19.05.1910: Halley'scher Komet im Anflug

„Die letzten Stunden vor dem Weltuntergang", so lautete die Bildunterschrift einer Postkarte von 1910. Den Anlass dazu gab der Halley'sche Komet. Er näherte sich am 19. Mai des Jahres auf seiner 76 Jahre dauernden kosmischen Umlaufbahn wieder seinem erdnächsten Punkt. Dabei bewegte er sich mit 70 Kilometern pro Sekunde und in einer Entfernung, die das 117-Fache der Erde-Mond-Distanz betrug. In kosmischen Dimensionen kam er der Erde tatsächlich sehr nah. Die geringe Entfernung zur Sonne führte dazu, dass seine Leuchtkraft so hell war, dass er auch am Tag sichtbar war.

Für die Menschen stand fest, dass sich am Himmel ein unheilvolles Zeichen zeigte. Überall verbreitete sich eine regelrechte Kometenfurcht. Kam es zum Zusammenstoß mit der Erde? Verbreitete der Schweif giftige Gase? Ferngläser, Sauerstoffflaschen und Gasmasken waren bald ausverkauft. Es sollte sich keine der Befürchtungen bewahrheiten. Stattdessen machten einige findige Geschäftsleute und Scharlatane mit der Hysterie der Menschen Kasse.

b) Erkläre, wie es zu der „Kometenfurcht" bei den Menschen kam.

2 Einige Expressionisten nahmen diese Endzeitstimmung als Schreibanlass, so z. B. auch der Dichter Jakob van Hoddis.

a) Lest sein Gedicht oder hört euch die Audiodatei an.

Portal
WES-122966-019

Weltende

Jakob van Hoddis

Dem Bürger fliegt vom spitzen Kopf der Hut,
In allen Lüften hallt es wie Geschrei.
Dachdecker stürzen ab und gehn entzwei,
Und an den Küsten – liest man – steigt die Flut.

Der Sturm ist da, die wilden Meere hupfen
An Land, um dicke Dämme zu zerdrücken.
Die meisten Menschen haben einen Schnupfen.
Die Eisenbahnen fallen von den Brücken.

Jakob van Hoddis

(1887 – 1942) war ein deutscher Dichter.

2.2 komplexere produktive Methoden zur Erschließung von Texten anwenden setzen

b) Van Hoddis schildert verschiedene Beobachtungen, die den Weltuntergang ankündigen. Unterscheide, welche Begebenheiten bedrohlicher erscheinen und welche den Einzelnen weniger bedrohen. Lege dazu eine Tabelle nach folgendem Muster an.

bedrohlich	**weniger bedrohlich**
steigende Flut, …	

c) Finde für die folgenden sprachlichen Mittel Beispiele im Gedicht und stelle Vermutungen an, was der Lyriker damit ausdrücken möchte.

Euphemismus | Alliteration | Parenthese | Personifikation

S. 311 *Euphemismus*

S. 298 *Alliteration*

S. 313 *Parenthese*

S. 303 *Personifikation*

3 Ferdinand erhofft sich, aus folgender Interpretation zu „Weltende" mehr über die Hintergründe und Bezüge des Gedichts zu erfahren.

a) Lies dir den Interpretationsansatz durch.

Das Gedicht setzt sich mit einem möglichen Weltende auseinander, wobei die eigentliche Katastrophe sich noch anbahnt. Dabei schildert van Hoddis verschiedene Eindrücke, die zu Beginn noch harmlos erscheinen, wenn z.B. dem Bürger „vom spitzen Kopf der Hut" (V. 1) fliegt. Der Dichter macht sich dabei über das Spießbürgertum lustig, das nun, im wahrsten Sinne des Wortes, nicht mehr „behütet" ist.

Das lyrische Ich wirkt unbeeindruckt und distanziert, als wäre es vom Weltuntergang gar nicht betroffen und würde nur aus der Zeitung davon erfahren („liest man" (V. 4)). Trocken und emotionslos ist auch die Darstellung des Tods der Dachdecker, diese „gehen entzwei" (V. 3) als wären sie Gebrauchsgegenstände. Die Verdinglichung von Menschen ist dabei typisch für den Expressionismus.

Dagegen werden die Naturgewalten vermenschlicht, wenn die wilden Meere an Land hupfen, „um die dicken Dämme zu zerdrücken" (V. 6). Eine Katastrophe, die an die Sintflut der Bibel erinnert, kündigt sich an: „Der Sturm ist da" (V. 5).

Hilflos scheint der Mensch dem Weltuntergang ausgeliefert zu sein und er muss auch mitansehen, wie die hoch geschätzten technischen Errungenschaften der damaligen Zeit von der Katastrophe betroffen sind: „Die Eisenbahnen fallen von den Brücken" (V. 8). Dass die meisten Menschen einen Schnupfen haben (vgl. V. 7), wirkt angesichts des bevorstehenden Unheils lächerlich und zeigt dabei den ironischen Unterton und den schwarzen Humor des Jakob van Hoddis.

Spießbürgertum *Gesamtheit der Spießbürger (= kleingeistige, engstirnige Menschen)*

entzweigehen *kaputtgehen*

hupfen *hüpfen, springen*

schwarzer Humor *Humor, der ernste Themen (z. B. Tod, Verbrechen) satirisch oder bewusst verharmlosend behandelt*

b) Vergleiche die Beschreibungen der Wirkung der sprachlichen Mittel mit deinen Vermutungen und finde Gemeinsamkeiten und Unterschiede.

c) Begründe mithilfe des Interpretationstextes, warum der Humor von Jakob van Hoddis aus heutiger Sicht nicht so leicht nachvollziehbar ist.

2.2 typische Merkmale expressionistischer Lyrik an ausgewählten Themenschwerpunkten beschreiben; expressionistischer Lyrik in Beziehung zu eigenem Erleben sowie zu literarischen Texten der Gegenwart setzen

Lesen – Umgang mit Texten und Medien

Tipp
Suche im Internet nach der Interpretin und dem Songtitel.

Maren Kroymann
ist eine deutsche Schauspielerin, Kabarettistin und Sängerin.

5 Inwiefern sich eine Apokalypse, ein Weltuntergang, in der heutigen Zeit ankündigen könnte, schildert die Kabarettistin Maren Kroymann. Lies den Songtext oder hör dir das Lied im Internet an.

Apocalypso

Maren Kroymann

Das Wasser wird knapp, die Bienen sterben aus,
Orkane und Tornados überall.
Polkappen schmelzen und die Gletscher auch
und jeder Tag ein neuer Katastrophenfall.
Die halbe Welt vertrocknet, der Rest wird überschwemmt.

Die Luft ist dreckig,
die man atmen muss.
Und ständig irgendwo
noch ein Wald, der gerade brennt.
Zum Glück ist damit irgendwann mal Schluss.

Refrain:
Apocalypso, Apocalypso, Apocalypso number one.
Von Tokio bis San Francisco warten wir auf den Untergang.

Im Ozean mehr Müll als Fische und Korallen
und in den Fischen ist dann noch mehr Müll.
Wetterkatastrophen gibt's jetzt überall,
sogar wo man sie gar nicht haben will.
Wir ersticken in Gülle, zu viele Schweine
und wie Medien berichten,
multiresistente Killerkeime uns am Ende vernichten.

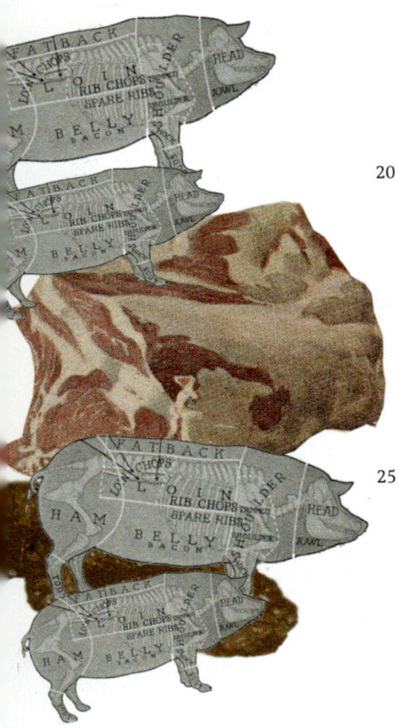

Refrain
Apocalypso, Apocalypso, Apocalypso number one
Durch Düsseldorf und San Francisco warten wir auf den Untergang.

Apocalypso, Apocalypso, Apocalypso number one
Von Tokio bis San Francisco muss man dann mit dem U-Boot fahren.

Die Rentner können die Mieten nicht mehr zahlen
und die Kriege hören einfach nicht mehr auf.
Und die Nazis gewinnen wieder Wahlen,
wir nehmen das einfach alles so in Kauf.

2.2 expressionistische Lyrik beschreiben und in Beziehung zu eigenem Erleben und/oder Werken der Gegenwart setzen

Aber irgendwann geht auch bei uns das Licht aus
und der letzte Mensch auf Erden sagt: „Das war's!"
Dann sind alle gestorben und Keith Richards zieht dann einfach auf den Mars.

Refrain
Apocalypso, Apocalypso, Apocalypso number one
Von Tokio bis San Francisco und wir warten schon so lang

Apocalypso, Apocalypso, Apocalypso number one
Von Tokio bis San Francisco und wir warten schon so lang,
ja wir warten schon so lang, wann fängt es endlich an?

Keith Richards
Gitarrist der Band Rolling Stones

6 Ähnlich wie van Hoddis zählt Maren Kroymann in ihrem Song mehrere bedrohliche Entwicklungen auf.

a) Markiere auf einer Kopie der Seiten oder der Vorlage aus dem Portal die genannten Katastrophen und ordne ihnen am Rand Oberbegriffe wie z. B. Natur oder Politik zu.

✲ b) Finde aktuelle Beispiele für die genannten Probleme.

Portal
WES-122966-020

7 Kroymann bedient sich ebenso wie der Lyriker des Expressionismus eines ironisch-satirischen Stils. Unterstreiche im Songtext Beispiele für Stilmittel der Satire (z. B. Ironie, Hyperbel) und benenne das jeweilige sprachliche Mittel.

→ **S. 163**
Die Textsorte Satire verstehen und erschließen

8 Vergleiche die Haltung von Maren Kroymann zum Weltende mit der des Expressionisten Jakob van Hoddis. Nenne Gemeinsamkeiten und Unterschiede.

W **9** Stelle dir vor, der halleysche Komet befindet sich wieder im Anflug auf die Erde und soll dieses Mal tatsächlich mit der Erde kollidieren. Wähle im Folgenden zwischen a) und b).

a) Verfasse einen inneren Monolog, nachdem du die Nachricht des bevorstehenden Aufpralls gehört hast.

b) Schildere einen Moment an deinem letzten Tag.

c) Tauscht euch über eure Ergebnisse aus.

2.2 mit komplexeren produktiven Methoden Texte erschließen und mit gewonnenen Erkenntnissen eigenes Handeln reflektieren; breites Spektrum literarischer Texte unterscheiden, spezifische Merkmale zur Interpretation nutzen

Literarische Zeitreise: Expressionismus

C Ein expressionistisches Gedicht verfassen und präsentieren

1 Im Anschluss findest du Bilder, deren Bildinhalt dich zu einem expressionistischen Gedicht inspirieren kann. Wähle eines und mache dir zunächst Notizen:

- Schreibe auf, was konkret zu sehen ist. Verwende dabei auch Farbadjektive.
- Notiere, was das lyrische Ich hören und spüren könnte.
- Veranschauliche einzelne Begriffe zusätzlich durch Vergleiche oder Personifikationen.

2 Formuliere deine Notizen zu einem Gedicht aus. Entscheide dich dabei im Vorfeld für eine klassische oder freie Form.

3 Überlege dir, wie du dein Gedicht präsentieren könntest. Folgende Möglichkeiten wären denkbar:

als Rap mit entsprechendem Beat oder rhythmisch gesprochen (aufgenommen oder live)	als PowerPoint-Präsentation mit passenden Bildern als Slideshow und/oder Hintergrundmusik	als Zeichnung oder Malerei (gestalteter Text, z. B. Handlettering und/oder Illustration)

4 Präsentiert eure Ergebnisse und gebt einander ein Feedback.

3.2 Inhalt und/oder Strukturelemente literarischer Vorbilder als Anregung und Vorlage für produktive Schreibformen nutzen

Literarische Zeitreise: Expressionismus

Überprüfe dein Wissen und Können

1 Übernimm die richtigen Aussagen zum Expressionismus und schreibe die falschen verbessert auf.

A) Die Epoche des Expressionismus wird auf die Jahre 1910 – 1925 datiert.
B) Der Begriff „Expressionismus" kommt vom lateinischen Wort für „beeindrucken".
C) Die Vertreter/-innen des Expressionismus kommen aus der Arbeiterklasse.
D) Sie greifen vor allem Themen auf wie z. B. Tod, Liebe, Krieg, Freundschaft, Einsamkeit.
E) Die Expressionisten möchten, dass die Menschen wieder zufriedener sind und zur Ruhe kommen.

2 Folgendes Gedicht entstammt der Epoche des Expressionismus.

a) Lies es zunächst.
b) Beschreibe, in welcher Situation und Stimmung sich das lyrische Ich zu Beginn befindet und begründe, inwiefern die ersten beiden Strophen untypisch für den Expressionismus erscheinen.
c) Erläutere, inwiefern sich die Sinneseindrücke anschließend verändern und stelle Vermutungen an, was der Autor damit zum Ausdruck bringen möchte.
d) Georg Trakl veranschaulicht den Verfall mit Beispielen aus der Natur. Nenne Textbeispiele, wie sich der Verfall ankündigt.

Verfall

Georg Trakl

Am Abend, wenn die Glocken Frieden läuten,
Folg ich der Vögel wundervollen Flügen,
Die lang geschart, gleich frommen Pilgerzügen,
Entschwinden in den herbstlich klaren Weiten.

Hinwandelnd durch den dämmervollen Garten
Träum ich nach ihren helleren Geschicken
Und fühl der Stunden Weiser kaum mehr rücken.
So folg ich über Wolken ihren Fahrten.

Da macht ein Hauch mich von Verfall erzittern.
Die Amsel klagt in den entlaubten Zweigen.
Es schwankt der rote Wein an rostigen Gittern,

Indes wie blasser Kinder Todesreigen
Um dunkle Brunnenränder, die verwittern,
Im Wind sich fröstelnd blaue Astern neigen.

Georg Trakl

(1887 – 1914) war ein österreichischer Lyriker, der als Sanitätsoffizier im 1. Weltkrieg starb.

e) Finde und benenne mindestens zwei sprachliche Mittel, mit denen in der dritten und vierten Strophe eine trostlose Stimmung erzeugt wird.
f) Auch in diesem Gedicht finden sich typische Farbadjektive des Expressionismus. Erkläre, wofür die erwähnten Farben stehen und inwiefern sie zu der vorherrschenden Stimmung passen.

Portal
WES-122966-021

2.2 breites Spektrum literarischer Texte unterscheiden, spezifische Merkmale zur Interpretation nutzen; expressionistische Lyrik beschreiben und in Beziehung zu eigenem Erleben und/oder Werken der Gegenwart setzen

Literarische Zeitreise: Exilliteratur

Während ihrer Abschlussfahrt in Berlin macht Ferdinands Klasse nach dem Besuch der neuen Nationalgalerie eine Stadtführung. Neben vielen anderen besonderen Orten besuchen sie auch den Bebelplatz. Dort befindet sich ein Mahnmal, welches an die Bücherverbrennung in der Zeit des Nationalsozialismus erinnert.

1 Betrachte zunächst die Fotos des Mahnmals auf dem Bebelplatz.
a) Beschreibe, was du darauf siehst.
b) Vermute, was das Werk des Künstlers Micha Ullmann darstellt. Wenn du nicht weiterweißt, kannst du auch im Internet recherchieren.

2 Die Stadtführerin erklärt, dass im Nationalsozialismus nicht nur in Berlin, sondern in ganz Deutschland Bücher bestimmter Autorinnen und Autoren verbrannt und verboten wurden. Informiere dich, in welchen Städten es weitere Mahnmale zur Bücherverbrennung gibt. Notiere die Titel der Werke und beschreibe kurz, wie sie aussehen.

3 Stellt euch gegenseitig eure Ergebnisse vor.

In diesem Kapitel lernst du (,) …

- *die politischen Einflüsse des Nationalsozialismus auf die Literatur kennen.*
- *die Merkmale der Exilliteratur zu benennen.*
- *einen bedeutenden Roman der Exilliteratur kennen.*
- *die Bedeutung von Radioansprachen aus dem Exil kennen.*
- *ein exemplarisches lyrisches Werk dieser Zeit kennen.*

Literarische Zeitreise: Exilliteratur

Politische Einflüsse des Nationalsozialismus auf die Literatur kennenlernen

Zu Hause möchte Ferdinand mehr über die Literatur zur Zeit des Nationalsozialismus erfahren.

1 Als Ferdinand im Internet zu recherchieren beginnt und in der Suchmaschine „Literatur in der Zeit des Nationalsozialismus" eingibt, stößt er zunächst auf folgenden Artikel. Lies diesen aufmerksam durch.

www.literaturinfos.de/zeit-ns

Als die Nationalsozialisten am 30. Januar 1933 an die Macht kamen, änderte sich das Leben in Deutschland grundlegend: Menschen mit jüdischer Abstammung wurden verfolgt, politische Gegner und kritische Journalisten wurden verhaftet oder vertrieben. Die Nationalsozialisten hatten es sich zur Aufgabe gemacht, die gesamte Gesellschaft und alle Gesellschaftsbereiche zu kontrollieren. So wollten sie nicht nur die politischen Verhältnisse ändern, sondern etwa auch auf Kunst und Kultur einwirken und diese nach ihren Vorstellungen gestalten, um so auf alle Bereiche des Lebens Einfluss zu nehmen. Dabei lehnten sie nicht nur abstrakte Malerei und moderne Musik ab, sondern auch jegliche Art von Literatur, die das nationalsozialistische System nicht unterstützte. All dies wurde als undeutsch angesehen und unter dem Begriff der „entarteten Kunst" strikt abgelehnt. Bereits wenige Monate nach der Machtübernahme ließen die Nationalsozialisten am 10. Mai 1933 sogenanntes „undeutsches Schrifttum" verbrennen. Dies war Teil der Kampagne „Wider den undeutschen Geist", die vom Hauptamt für Presse und Propaganda der Deutschen Studentenschaft vorbereitet worden war. Ziel war es, dass in Deutschland auch die Literatur die nationalsozialistische Politik und deren Ideale wie etwa die Rassenideologie unterstützen sollte. So gründete Reichspropagandaminister Joseph Goebbels noch im Jahr 1933 die sogenannte Reichskulturkammer. Hier wurden weder jüdische noch regimekritische Autoren aufgenommen. Nur wer Mitglied in der Reichskulturkammer war, durfte weiter als Autor arbeiten. In der nationalsozialistischen Literatur wurden der Faschismus und Gewalt sowie Krieg und Soldatentum verherrlicht.

2 Erkläre, warum es den Nationalsozialisten so wichtig war, auch auf Bereiche wie die Literatur Einfluss zu nehmen.

3 Erläutere die Bedeutung der Reichskulturkammer für die Autorinnen und Autoren der damaligen Zeit.

4 Tauscht euch mit eurem Banknachbarn bzw. eurer Banknachbarin aus und überlegt, in welcher Situation sich die Autorinnen und Autoren in Deutschland befanden und wie sie damit umgehen konnten.

2.2 Textelemente und Zusammenhänge zwischen Texten, Entstehungszeiten und Autorenbiografien an Beispielen aus der Literatur des 20. und 21. Jahrhunderts (mit Fachbegriffen) beschreiben

Lesen – Umgang mit Texten und Medien

Frank Thiess

(1890 – 1977) war ein deutscher Schriftsteller, der vor allem nach 1945 als Wortführer der Autoren der „inneren Emigration" galt.

5 Ferdinand recherchiert weiter und findet folgenden Text. Lies ihn aufmerksam durch.

Zahlreiche Autoren, die zum Teil auch weiter publizieren durften, sahen die Politik im Deutschen Reich zum Teil kritisch, mitunter auch ablehnend. Sie wollten sich von den Nationalsozialisten nicht vereinnahmen lassen. Hierzu gehörten etwa Erich Kästner oder Hans Fallada. Oftmals zogen sie sich ins Private zurück, veröffentlichten ausschließlich heitere Geschichten oder gar nichts mehr. Einige versuchten auch, zumindest in verschlüsselten Botschaften ihren Widerstand gegen die Machthaber auszudrücken. Der ebenfalls den Machthabern gegenüber kritische Schriftsteller Frank Thiess prägte hierfür den Begriff der „inneren Emigration".

Daneben erkannten viele Schriftsteller, dass sie nach der Machtergreifung Hitlers nicht in Deutschland bleiben konnten. Autoren, die etwa dem Kommunismus zugewandt galten wie Bert Brecht oder Anna Seghers, gehörten zu den Ersten, die fliehen mussten. Auch jüdische Autoren wie etwa Alfred Döblin mussten Deutschland nach der Machtübernahme der Nationalsozialisten verlassen, da sie um ihr Leben fürchteten. Die meisten Schriftsteller hofften und glaubten, dass die Macht Hitlers nur von kurzer Dauer sein würde, und so wählten sie daher vor allem die Nachbarländer wie Österreich, Frankreich, die Niederlande oder die skandinavischen Länder als Zufluchtsorte. Als jedoch 1939 der Zweite Weltkrieg begann, waren sie erneut zur Flucht gezwungen. So gingen viele von ihnen nach Amerika, Mexiko oder in die Sowjetunion. Das Leben im Exil war für viele der Autorinnen und Autoren äußerst entbehrungsreich. Neben der Fremde, dem Gefühl der Unsicherheit und der Einsamkeit gab es oftmals kaum die Möglichkeit, die eigenen Werke in deutscher Sprache zu veröffentlichen. So hatten viele Schriftstellerinnen und Schriftsteller im Exil große finanzielle Probleme. Nicht wenige von ihnen wählten aufgrund der Verzweiflung als letzten Ausweg den Selbstmord.

6 Erkläre den Unterschied zwischen „innerer Emigration" und „Exil".

7 Lege eine Tabelle nach folgender Vorlage an und schreibe die Aussagen aus dem Text in die entsprechende Spalte. Erkläre, welche Aussage sowohl für die innere Emigration als auch für das Leben im Exil gelten kann.

Autor/-innen in der inneren Emigration	Autor/-innen im Exil
...	...

- Sie zogen sich ins Private zurück und wollten sich von den Nationalsozialisten nicht vereinnahmen lassen.
- Neben der fremden Sprache war das Leben oftmals mit großen finanziellen Problemen behaftet.
- Nicht wenige wählten als letzten Ausweg den Selbstmord.
- Einige versuchten, mit verschlüsselten Botschaften ihren Widerstand auszudrücken.
- Oftmals veröffentlichten sie fast nur noch heitere Geschichten.
- Sie fühlten sich mitunter fremd und einsam.

2.1 komplexeren literarischen und pragmatischen Texten selbstständig wesentliche Informationen entnehmen

8 Nach dem Krieg kam es zu einem Streit zwischen den in der inneren Emigration lebenden und den ins Exil gegangenen Autorinnen und Autoren.

a) Exemplarisch steht hierfür der Streit zwischen dem im Exil lebenden Thomas Mann und dem in Deutschland gebliebenen Frank Thiess. Lies die folgenden Aussagen genau.

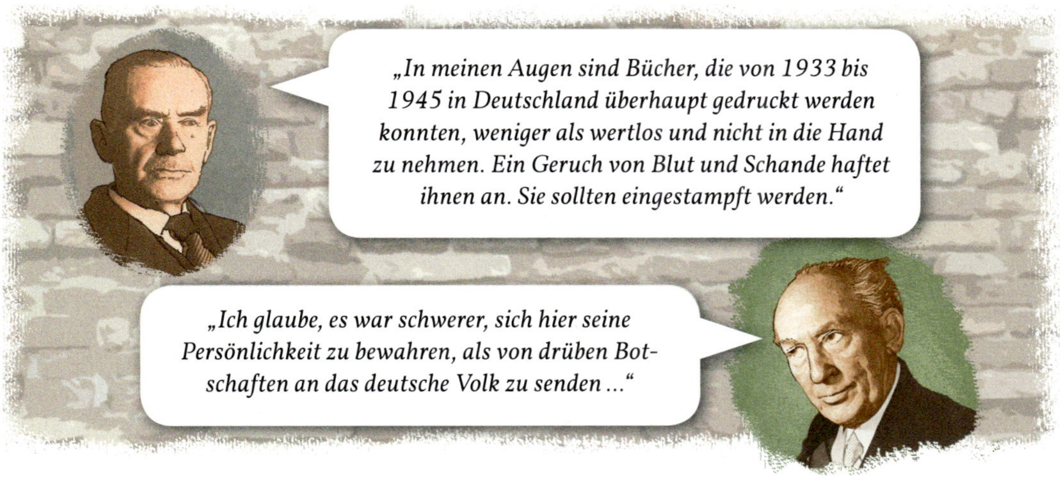

Thomas Mann

(1875–1955) war ein bedeutender deutscher Schriftsteller. Er war eine der prägenden Figuren der Exilliteratur und erhielt noch vor der Machtübernahme der Nationalsozialisten im Jahr 1929 den Literaturnobelpreis.

b) Erkläre, worüber sich die beiden streiten. Gehe dabei darauf ein, was die in Deutschland gebliebenen Autorinnen und Autoren den ins Exil gegangenen vorwarfen und umgekehrt.

✲ **9** Im Folgenden findet Ihr Autorinnen und Autoren, die zur Zeit des Nationalsozialismus lebten.

a) Wählt eine der unten aufgeführten Schriftstellerinnen und Schriftsteller aus.

Hans Fallada, Ernst Jünger, Werner Bergengruen, Ricarda Huch, Oskar Loerke, Gottfried Benn, Erika Mitterer, Heinrich Mann, Bertolt Brecht, Alfred Döblin, Lion Feuchtwanger, Hilde Domin, Oskar Maria Graf, Stefan Zweig, Erich Kästner

b) Recherchiert zu zweit oder zu dritt Informationen über die gewählte Person und geht je nach Lebensweg auf folgende Fragen ein:

in innerer Emigration lebend	ins Exil gegangen
• Warum ist sie/er in Deutschland geblieben?	• Warum und wann ist sie/er ins Exil gegangen?
• Wie hat sie/er dort in der Zeit des Nationalsozialismus gelebt?	• Wohin ist sie/er ins Exil gegangen?
• Wie zeigt sich die Kritik am Nationalsozialismus in ihrem/seinem Werk?	• Wie hat sie/er sich in der Zeit des Exils literarisch betätigt?

c) Stellt die von euch ausgewählte Person anschließend der Klasse vor.

2.4 neuere Medien zur Informationsgewinnung nutzen, bewerten und (gestalterisch) einsetzen

Lesen – Umgang mit Texten und Medien

Literarische Zeitreise: Exilliteratur

Merkmale der Exilliteratur kennenlernen

Ferdinand fand das Streitgespräch zwischen Thomas Mann und Frank Thiess so interessant, dass er deshalb mehr über Thomas Mann und sein Leben im Exil erfahren möchte. Daher beschließt er, Thomas Mann im Jahr 1952 in der Schweiz zu besuchen.

1 Ferdinand und Thomas Mann unterhalten sich. Lies das Gespräch aufmerksam durch.

utopisch
nicht real, unwirklich, unerfüllbar

2.1 komplexeren literarischen und pragmatischen Texten selbstständig wesentliche Informationen entnehmen

Es ging vor allem darum, über den Nationalsozialismus und dessen Schrecken aufzuklären. Anna Seghers, eine äußerst imponierende Autorin, hat in ihrem fantastischen Roman „Das siebte Kreuz" die Situation in Deutschland unglaublich beeindruckend beschrieben. Ohne Zweifel gehört dieser Roman zu den wichtigsten Werken der Literatur meiner Zeit. Wichtig ist in diesem Zusammenhang auch, dass viele Autoren, die aufgrund der Verfolgung durch die Nationalsozialisten fliehen mussten, unter starkem Heimweh litten und das geliebte Deutschland vermissten. Diese Sehnsucht nach Heimat schlug sich in ihren Werken nieder. Ein Beispiel ist hierfür das beeindruckende Gedicht „Gedanken über die Dauer des Exils" von Bert Brecht. Aber viele der im Exil lebenden Autoren waren auch der Meinung, dass man sich unbedingt gegen Nazideutschland wehren sollte. So sollte die ganze Welt erfahren, dass in Deutschland Grausamkeit und Unrecht herrschten.

2 Vor allem Romane galten in der Epoche der Exilliteratur als besonders bedeutend.
a) Erkläre, woran dies lag.
b) Erläutere, was unter einem Zeitroman zu verstehen ist.
c) Wähle aus den folgenden die Aussage aus, die verdeutlicht, warum die Gattung Drama im Exil eine untergeordnete Rolle spielte:

- Die Autoren fanden im Exil für ihre Stücke keinen passenden Stoff.
- Dramatische Texte sind für die Bühne geschrieben, im Exil waren solche Aufführungen kaum möglich.
- Aufgrund des Krieges war den Autorinnen und Autoren nicht danach, dramatische Texte zu verfassen.

3 Thomas Mann hat bei seiner Ankunft in Amerika den Satz gesagt: „Wo ich bin, ist Deutschland." Erkläre, was der Autor damit ausdrücken wollte.

4 Bei einem Treffen einiger Autorinnen und Autoren im Exil ist die Stimmung getrübt, da viele der Meinung sind, von den USA aus nichts bewirken zu können. Ein Autor hingegen ist davon überzeugt, dass es gerade jetzt wichtig sei, schriftstellerisch tätig zu sein. Er richtet daher eine Rede an seine Autorenkollegen. Er beginnt mit diesem Satz:
Liebe Freunde, wie die meisten von euch, so bin auch ich nicht freiwillig nach Amerika emigriert.
Schreibe den Text weiter und versuche, die Autorenkolleg/-innen zu überzeugen, dass es wichtig ist, auch im Exil als Autor zu arbeiten. Der Merkkasten hilft dir dabei.

ⓘ Merkmale der Exilliteratur

Hauptgattung während der Exilliteratur war die **Epik**. Vor allem Romane galten als die bedeutendste Ausdrucksform der Exilliteraten. Sowohl die Lyrik als auch das Drama spielten eine eher untergeordnete Rolle.
Neben dem **Motiv der Sehnsucht nach der Heimat** waren die Werke der Exilautoren vor allem durch die thematischen Schwerpunktsetzungen **Widerstand gegen die Nationalsozialisten** und Aufklärung über die **Grausamkeit des nationalsozialistischen Regimes geprägt**.
Vielen Autorinnen und Autoren war es zudem ein Anliegen, der Welt zu zeigen, dass **nicht alle Deutschen dem Nationalsozialismus verfallen waren**.

S. 299 *Epik*

2.2 Textelemente und Zusammenhänge zwischen Texten, Entstehungszeiten und Autorenbiografien an Beispielen aus der Literatur des 20. und 21. Jahrhunderts (mit Fachbegriffen) beschreiben

Lesen – Umgang mit Texten und Medien

Literarische Zeitreise: Exilliteratur

Epik der Exilliteratur – den Roman „Das siebte Kreuz“ kennenlernen

Anna Seghers

wurde 1900 in Mainz geboren. Ihr bürgerlicher Name war Netty Reiling. Sie gilt als eine der bedeutendsten Schriftstellerinnen der Exilliteratur. Nach ihrer Rückkehr aus dem Exil nach Berlin arbeitete sie in der DDR weiter als erfolgreiche Autorin. Seghers starb 1983 in Berlin.

Anna Seghers als bedeutende Autorin der Exilliteratur erkennen

Ferdinand reist ins Jahr 1948, um sich mit der Autorin Anna Seghers zu treffen. Er möchte mehr über die Autorin und ihr Werk „Das siebte Kreuz“ erfahren.

1 Als Ferdinand die Autorin über ihre Flucht aus Deutschland befragt, antwortet sie ihm Folgendes. Lies den Text.

Ich war 32 Jahre alt, als Hitler die Macht in Deutschland übernommen hat. Als Jüdin und Kritikerin der Politik der Nationalsozialisten war mir sofort klar, dass ich meine Heimat verlassen muss. Nachdem ich von der Geheimen Staatspolizei, der Gestapo, für kurze Zeit verhaftet wurde, floh ich anschließend gemeinsam mit meinem Mann und unseren beiden Kindern zunächst in die Schweiz, dann weiter nach Paris, wo ich wieder als Autorin arbeitete. Hier schrieb ich auch den Roman das „Siebte Kreuz“, der allerdings erst 1942 erschien. In dem Roman verarbeitete ich auch meine eigenen Fluchterfahrungen und es finden sich starke Bezüge zu meiner Heimat in Rheinhessen wieder. Als die Deutschen schließlich 1940 in Paris einmarschierten, wurde mein Mann verhaftet und in das Lager Le Vernet interniert. Meinen Kindern und mir gelang die Flucht in den noch unbesetzten Teil Frankreichs, nach Marseille. Doch auch hier konnten wir nicht bleiben, da die Deutschen immer näher kamen und wir großer Gefahr ausgesetzt waren, und so wollten wir möglichst weit weg von diesem Irrsinn des Krieges. Gott sei Dank schafften wir es, dass mein Mann freigelassen wurde, und so flohen wir 1941 gemeinsam unter abenteuerlichen Umständen unter anderem über Martinique und New York nach Mexiko-Stadt. Ich kann mich noch genau an den ersten Tag in Mexiko erinnern. Wir wurden großzügig aufgenommen und konnten bis zum Kriegsende in Mexiko bleiben. Zwei Jahre später kehrten wir schließlich nach Berlin zurück.

2 Erstelle einen Zeitstrahl nach vorgegebenem Muster, aus dem die Flucht Seghers bis zu ihrer Wiederkehr nach Deutschland dargestellt wird.

1933 *Verhaftung durch die Gestapo; Flucht nach Paris*

3 Ferdinand möchte den Roman „Das siebte Kreuz“ lesen.

a) Lies zunächst die Inhaltszusammenfassung des Buchs.

Gemeinsam mit sechs weiteren Gefangenen des Konzentrationslagers Westhofen in der Nähe von Worms gelingt dem politischen Gefangenen Georg Heisler die Flucht. Der Kommandant des Lagers Fahrenberg verkündet, dass die Flüchtigen innerhalb

2.2 Textelemente und Zusammenhänge zwischen Texten, Entstehungszeiten und Autorenbiografien an Beispielen aus der Literatur des 20. und 21. Jahrhunderts (mit Fachbegriffen) beschreiben

von sieben Tagen wieder gefangen sein werden. So lässt er auf dem Gelände des Konzentrationslagers sieben Platanen (Bäume) zurechtstutzen und an jeder einen Querbalken anbringen, symbolisch je ein Kreuz für jeden Gefangenen. Der Hauptprotagonist Georg hat das Ziel, zu seiner Freundin Leni zu flüchten, von der er glaubt, dass sie auf ihn wartet, was sich jedoch als Trugschluss erweist. Trotz einer schweren Handverletzung, großer Müdigkeit, Hunger und endloser Erschöpfung kämpft Georg weiter und gibt nicht auf. Auf seinem Fluchtweg begegnet er Menschen, die ihn unterstützen und sogar ihr Leben für ihn riskieren, aber er ist auch zahlreichen Gefahren ausgesetzt. Immer wieder stellt sich die Frage: Wem kann man vertrauen?

b) Vermute, welche Konsequenzen eine Flucht aus einem Konzentrationslager für die Gefangenen und deren Unterstützerinnen und Unterstützer hatte.

* c) Recherchiere, ob es erfolgreiche Fluchtversuche aus Konzentrationslagern gab. Sprecht anschließend in der Klasse darüber.

Den Beginn der Fluchtgeschichte kennenlernen

1 Lies den folgenden Textauszug aus Anna Seghers „Das siebte Kreuz", der die Flucht der Hauptfigur Georg Heisler beschreibt, oder höre dir die Audiodatei an.

Portal
WES-122966-022

[...] Wie lange er auch über die Flucht gegrübelt hatte, allein und mit Wallau, wie viele winzige Einzelheiten er auch erwogen hatte und auch den gewaltigen Ablauf eines neuen Daseins, in den ersten Minuten nach der Flucht war er nur ein Tier, das in die Wildnis ausbricht, die sein Leben ist, und Blut und Haare kleben noch an der Falle. Das Geheul der Sirenen drang seit der Entdeckung der Flucht kilometerweit über das Land und weckte ringsum die kleinen Dörfer, die der dicke Herbstnebel entwickelte. Dieser Nebel dämpfte alles, sogar die mächtigen Scheinwerfer, die sonst die schwärzeste Nacht aufgeblendet hatten. Jetzt gegen sechs Uhr früh erstickten sie in dem watteartigen Nebel, den sie kaum gelblich färbten. Georg duckte sich tiefer, obwohl der Boden unter ihm nachgab. Er konnte versinken, bevor er von dieser Stelle wegdurfte. Das dürre Gestrüpp sträubte sich ihm in den Fingern, die blutlos geworden waren und glitschig und eiskalt. Ihm schien es, als sänke er rascher und tiefer, er hätte nach seinem Gefühl bereits verschluckt sein müssen. Obwohl er geflohen war, um dem sicheren Tod zu entrinnen – kein Zweifel, dass sie ihn und die anderen sechs in den nächsten Tagen zugrunde gerichtet hätten –, erschien ihm der Tod im Sumpf ganz einfach und ohne Schrecken. Als sei er ein anderer Tod als der, vor dem er geflohen war, ein Tod in der Wildnis, ganz frei, nicht von Menschenhand. Zwei Meter über ihm auf dem Weidendamm rannten die Posten mit den Hunden. Hunde und Posten waren besessen von dem Sirenengeheul und dem dicken nassen Nebel. Georgs Haare sträubten sich und die Härchen auf seiner Haut. Er hörte jemand so nahe fluchen, dass er sogar die Stimme erkannte: Mannsfeld. Der Schlag mit dem Spaten, den ihm vorhin Wallau über den Kopf gegeben hatte, tat ihm also schon nicht mehr weh. Georg ließ das Gestrüpp los. Er rutschte noch tiefer. Jetzt kam er überhaupt erst

Wallau *war ein Mitgefangener Georgs, der für ihn eine Art Vorbild darstellte.*

2.1 Texte inhaltlich, formal und strukturell erschließen und interpretieren, Zusammenhänge mit entsprechenden Fachbegriffen darstellen

Lesen – Umgang mit Texten und Medien

mit beiden Füßen auf den Vorsprung, der einem an dieser Stelle Halt gab. Das hatte er damals auch gewusst, als er noch die Kraft hatte, alles mit Wallau vorauszuberechnen. Plötzlich fing etwas Neues an. Erst einen Augenblick später merkte er, dass gar nichts angefangen hatte, sondern etwas aufgehört hatte. Die Sirene. Das war das Neue, die Stille, in der man die scharf voneinander abgesetzten Pfiffe hörte und die Kommandos vom Lager her und von der Außenbaracke. Die Posten über ihm liefen hinter den Hunden zum äußersten Ende des Weidedamms. Von der Außenbaracke liefen die Hunde gegen den Weidedamm, ein dünner Knall und dann noch einer, ein Aufklatschen, und das harte Gebell zusammen, das gar nicht dagegen ankam und gar kein Hund sein kann, aber auch keine menschliche Stimme, und wahrscheinlich hat der Mensch, den sie jetzt abschleppten, auch nichts Menschliches mehr an sich. Sicher Albert, dachte Georg. Es gibt einen Grad von Wirklichkeit, der einen glauben macht, dass man träumte, obwohl man nie weniger geträumt hat. Den hätten sie, dachte Georg, wie man im Traum denkt, den hätten sie. Wirklich konnte das ja nicht sein, dass sie schon jetzt nur noch sechs waren. Der Nebel war noch immer zum Schneiden dick. Zwei Lichtchen glänzten auf, weit jenseits der Landstraße – gleich hinter den Binsen, hätte man meinen können. Diese einzelnen scharfen Pünktchen drangen leichter durch den Nebel als die flächigen Scheinwerfer. Nach und nach gingen die Lichter an in den Bauerstuben, die Dörfer wachten auf. Bald war der Kreis aus Lichtchen geschlossen. So was kann es ja gar nicht geben, dachte Georg, das ist zusammengeträumt. Er hatte jetzt die größte Lust, in die Knie zu gehen. Wozu sich in die ganze Jagd einlassen? Eine Kniebeuge, und es gluckst, und alles ist fertig – Wird mal zuerst ruhig, hatte Wallau immer gesagt. Wahrscheinlich hockte Wallau gar nicht weit weg in irgendeinem Weidenbusch. Wenn das der Wallau einem gesagt hatte: wird mal zuerst ruhig – war man immer schon ruhig geworden. Georg griff ins Gestrüpp. Er kroch langsam seitlich. Er war jetzt vielleicht noch sechs Meter von dem letzten Strunk weg. Plötzlich, in einer grellen, in nichts mehr traumhaften Einsicht, schüttelte ihn ein solcher Anfall von Angst, dass er einfach hängenblieb auf dem Außenabhang, den Bauch platt auf der Erde. Ebenso plötzlich war es vorbei, wie es gekommen war. Er kroch bis zum Strunk. Die Sirene heulte zum zweiten Mal los. Sie drang gewiss weit über das rechte Rheinufer. Georg drückte sein Gesicht in die Erde. Ruhig, ruhig, sagte ihm Wallau über die Schulter. Georg schnaufte mal, drehte den Kopf. Die Lichter waren schon alle ausgegangen. Der Nebel war zart geworden und durchsichtig, das reine Goldgespinst. Über der Landstraße sausten drei Motorradlampen, raketenartig. Das Geheul der Sirene schien anzuschwellen, obwohl es nur ständig ab- und zunahm, ein wildes Einbohren in alle Gehirne, stundenweit. Georg drückte sein Gesicht wieder in die Erde, weil sie über ihm auf dem Damm zurückliefen. Er schielt bloß aus den Augenwinkeln. Die Scheinwerfer hatten nichts mehr zum Greifen, sie wurden ganz matt im Tagesgrauen. Wenn nur jetzt nicht der Nebel gleich stieg. Auf einmal kletterten drei den äußeren Abhang herunter. Sie waren keine zehn Meter weit. Georg erkannte wieder Mannsfelds Stimme. Er erkannte Ibst, an seinen Flüchen, nicht an der Stimme, die war vor Wut ganz dünn, eine Weiberstimme. Die dritte Stimme, erschreckend dicht – man konnte ihm, Georg, auf den Kopf treten, war Meißners Stimme, die immer nachts in die Baracke kam, die

einzelnen aufrief, ihn, Georg, zuletzt vor zwei Nächten. Auch jetzt schlug Meißner nach jedem Wort die Luft mit etwas Scharfem. Georg spürte das feine Windchen. Hier unten rum – gradaus – wird's bald – dalli.

Ein zweiter Anfall von Angst, die Faust, die einem das Herz zusammendrückt. Jetzt nur kein Mensch sein, jetzt Wurzeln schlagen, ein Weidenstamm unter Weidenstämmen, jetzt Rinde bekommen und Zweige statt Arme. Meißner stieg in das Gelände hinunter und fing wie verrückt zu brüllen an. Plötzlich brach er ab. Jetzt sieht er mich, dachte Georg. Er war auf einmal vollständig ruhig, keine Spur von Angst mehr [...].

Meißner stieg tiefer hinunter zu den anderen. Sie wateten jetzt in dem Gelände herum zwischen Damm und Straße. Georg war für den Augenblick dadurch gerettet, dass er viel näher war, als sie glaubten. Wäre er einfach auf und davon, sie hätten ihn jetzt im Gelände geschnappt. Sonderbar genug, dass er sich also doch, wild und besinnungslos, eisern an seinen eigenen Plan gehalten hatte! Eigene Pläne, die man sich aufstellt in den schlaflosen Nächten, was sie für eine Macht behalten über die Stunde, wenn alles Planen zunichte wird; dass einem dann der Gedanke kommt, ein andrer hätte für einen geplant. Aber auch dieser andre war ich. [...]

Das ging vorbei. Er wurde fast ruhig. Er dachte kalt: Wallau und Füllgrabe und ich kommen durch. Wir drei sind die Besten. Beutler haben sie. Belloni kommt vielleicht auch durch. Aldinger ist zu alt. Pelzer ist zu weich. [...]

2 Ergänze die folgenden Sätze zu dieser Textpassage sinnvoll:
- Das Wetter war für eine Flucht ideal, denn ...
- Georg befindet sich in der beschriebenen Szene ...
- Georg vermutet, dass der mit ihm geflohene Albert Beutler ...
- Die Verfolger sind sehr nah an Georg, denn ...
- Auch die Verfolger sind nervös und aufgebracht, sie ...

3 Für Georg spielt auf der Flucht die Erinnerung an den Mithäftling und ebenfalls geflohenen Wallau eine wichtige Rolle. Zeige auf, wo dies im Textabschnitt auf S. 57 – 59 deutlich wird, und begründe, inwieweit diese Erinnerung Georg bei seiner Flucht hilft.

4 Mehrmals sind die Verfolger ganz nah an Georg herangekommen. In der markierten Passage ist sich Georg sicher, dass er im nächsten Moment gefangen genommen wird. Dennoch ist er auf einmal ganz ruhig. Verfasse einen inneren Monolog aus der Sicht Georgs. Du kannst wie folgt beginnen:
Vorbei, das war's also. Jetzt haben sie mich gleich. Spätestens in einer Minute werden sie mich sehen und dann ...

5 Erkläre, welche Stimmung der Textauszug bei dir erzeugt, und begründe, woran das liegt.

2.2 mit produktiven Methoden Texte erschließen und mit gewonnenen Erkenntnissen eigenes Handeln reflektieren

Lesen – Umgang mit Texten und Medien

6 Im Februar 1945 gelang Häftlingen des Konzentrationslagers Mauthausen ein Ausbruch.

a) Lies hierzu den folgenden Artikel.

„Sind beim Antreffen sofort umzulegen"

Johanne Lutteroth

Im Februar 1945 überwältigten KZ-Häftlinge in Mauthausen ihre Bewacher und flohen in die Freiheit [...].

Der Mauthausener Lagerkommandant sandte [...] SS-Mannschaften mit Bluthunden zur Suche nach den Ausgebrochenen aus. Zeitgleich alarmierte er die umliegenden Gendarmerieposten sowie die Angehörigen von Volkssturm und Hitlerjugend, um seine Männer zu unterstützen. Der Bürgermeister der ansässigen Gemeinde Schwertberg wiederholte öffentlich den vom KZ-Kommandanten ergangenen Befehl: „Es sind heute in der Nacht in Mauthausen lauter Schwerverbrecher ausgebrochen. Diese sind beim Antreffen sofort umzulegen." Es folgte ein erbarmungsloses Gemetzel an den wehrlosen Flüchtlingen, das im Nazi-Jargon als „Mühlviertler Hasenjagd" bekannt wurde. Nicht nur die ohnehin mörderische SS hetzte die zu Skeletten abgemagerten Menschen durch die Winterlandschaft, sondern auch die Gendarmerie, Leute vom Volkssturm, Hitlerjungen und ganz normale Bürger. Auch Zivilisten und Mitglieder des Volkssturms töteten in einem regelrechten Blutrausch. Der Kaufmann Leopold Böhmberger geriet in Rage, weil Gendarmen in Schwertberg sieben Häftlinge entgegen dem ausgegebenen Befehl festgesetzt und nicht ermordet hatten. Kurzerhand erschoss er die Wehrlosen eigenhändig. [...] Nach 24 Stunden hatten die Mörder bereits 300 der 419 Entflohenen gefasst und getötet. [...] Mit Ausnahme von drei Familien verrieten alle Bauern die halbtoten Männer, die in ihren Heuschobern, Ställen und Garagen Zuflucht gesucht hatten, und übergaben sie der SS. Sie hatten Angst – sowohl vor den ausgezehrten Häftlingen, die sie tatsächlich für Schwerverbrecher hielten, als auch vor den Repressalien der SS, die drohte, jeden selbst ins KZ zu bringen, der nicht mitzog. [...] Was keiner der Bauern wusste: Die 419 entflohenen Häftlinge waren keine Schwerverbrecher, sondern sowjetische Kriegsgefangene, die oft schon jahrelang als Zwangsarbeiter in Deutschland geknechtet worden waren, dann auf der Flucht gefasst wurden und daraufhin gemäß eines geheimen Erlasses in Mauthausen zu Tode gequält werden sollten. Text verändert

Quelle: spiegel.de, 02.02.2015

KZ Mauthausen

Das Konzentrationslager Mauthausen war das größte KZ der Nazis auf dem Gebiet Österreichs. Hier waren ca. 200.000 Menschen inhaftiert, rund die Hälfte von ihnen fand dort den Tod. Heute kann man auf dem Gelände des ehemaligen Konzentrationslagers eine Mahn- und Gedenkstätte besuchen.

b) Zeige auf, wie die Nationalsozialisten die Häftlinge in der Öffentlichkeit dargestellt haben, und erkläre, was sie damit bei der Bevölkerung erreichen wollten.

c) Erkläre, aus welchen Gründen ein Großteil der Bevölkerung den Nationalsozialisten bei der Suche nach den Flüchtigen behilflich war.

d) Einige Familien versteckten und beschützten die Häftlinge dennoch. Vermute, warum sie dies taten.

2.3 aus Texten gewonnene Informationen begründete Schlussfolgerungen ziehen, mit eigener Position vergleichen und bewerten.

Die angespannte Situation auf der Flucht nachvollziehen

1 Im weiteren Verlauf des Romans „Das siebte Kreuz“ gelingt es Georg, in die Stadt zu fliehen. Allerdings verletzt er sich bei seiner Flucht schwer an der Hand. Nach einer unruhigen Nacht, die er unbemerkt in einer Kirche verbringt, muss er dringend einen Arzt aufsuchen. Lies, wie die Geschichte weitergeht, oder höre dir die Audiodatei an.

Portal
WES-122966-023

[…] Georg ging weiter und weiter durch ein Gewirr von Gassen, das sich wie Garn um den Markt spulte, auf dem er auch schließlich wieder herauskam. Georg sah ein Schild: Dr. Herbert Löwenstein. Der war der, der mir helfen muss, dachte er. Er ging die Treppe hinauf. Das erste gewöhnliche Treppenhaus seit wie viel Monaten. Er erschrak bei dem Knarren der Dielen, als sei er auf einen Einbruch aus. Es riecht auch hier nach Kaffee. Hinter den Wohnungstüren beginnt der gewöhnliche Tag mit Gähnen und Kinderwecken und dem Mahlen der Kaffeemühlen. Einen Augenblick war es still, als er ins Sprechzimmer eintrat. Alle sahen ihn an. Zwei Gruppen von Patienten. Auf dem Sofa beim Fenster eine Frau und ein Kind und ein jüngerer Mann in einem Regenmantel – am Tisch ein alter Bauer und ein älterer städtischer Mann mit einem Knaben und jetzt noch Georg. Der Bauer fuhr fort: „Jetzt bin ich zum fünften Mal hier, geholfen hat er mir auch nicht, aber eine gewisse Erleichterung, eine gewisse Erleichterung. Dass es nur hält, bis unser Martin vom Militär daheim ist und heiratet.“ Seiner eintönigen Stimme waren Schmerzen anzuhören, die ihm das Sprechen bereitete. Aber er nahm sie auf sich für den Genuss der Mitteilung. Er fügte hinzu: „Und Sie?“ – „Ich bin ja nicht wegen mir hier“, sagte der andere trocken, „sondern wegen dem Bub da. Der ist von meiner einzigen Schwester das einzige Kind. Der Vater von dem Kind hat ihr verboten, dass sie zum Löwenstein geht. Da hab ich ihr den Bub mal hergebracht!“ Der Alte sagte (er hielt sich den Bauch, in dem wohl sein Schmerz saß, mit den Händen zusammen): „Als ob‘s keinen andern Arzt gäbe.“ Der andre sagte gleichmütig: „Sie sind ja auch hier.“ – „Ich? Ich war aber auch schon bei allen anderen, beim Doktor Schmidt, beim Doktor Wagenseil, beim Doktor Reisinger, beim Doktor Hartlaub.“

2 In der Diskussion macht der alte Mann deutlich, dass er nichts von Dr. Löwenstein hält, obwohl ihm dieser bereits eine „gewisse Erleichterung“ verschafft hat.
a) Vermute, woran es liegt, dass der alte Mann den Arzt so kritisch betrachtet.
b) Lies, wie es für Georg weitergeht, oder höre die Audiodatei an.

Portal
WES-122966-024

Er wandte sich plötzlich an Georg: „Warum sind Sie denn da?“ – Wegen meiner Hand.“ – „Das ist doch kein Arzt für Hände, der ist doch für innen.“ – „Ich hab auch noch innen was abbekommen.“ – „Einen Autounfall?“ Die Sprechzimmertür wurde aufgemacht. Der Alte stützte sich, ganz geblendet vor Schmerz, auf den Tisch und auf Georgs Schulter. Nicht aus Furcht – die unbezähmbare Bangigkeit eines Kindes erfüllte Georg, die er einmal als Junge in den Sprechzimmern durchgemacht hatte, als er so klein gewesen war wie der gelbliche Junge da. Wie damals zupfte er unaufhörlich an den Fransen der Sessellehne. Es schellte an der Flurtür. Georg fuhr zusammen. Doch nur der nächste Patient trat ein, ein halbwüchsiges dunkles Mädchen, das an dem Tisch vorbeiging. Schließlich stand er vor dem Arzt. Er wurde nach Name, Adresse, Beruf gefragt. Er machte irgendwelche Angaben. Die Wände schwankten schon, er glitt in einen Abgrund aus Weiß und Glas und Nickel, einen vollkommen reinlichen Abgrund. Beim Abgleiten machte man ihn aufmerksam auf die Rassenzugehörigkeit des Arztes. Dieser Geruch, der ihn an das Nachspiel aller Verhöre gemahnte, wenn man gejodet und verbunden wurde. „Setzen Sie sich“, sagte der Arzt. Er hatte sich schon in der Tür gedacht, dass dieser Patient einen überaus ungünstigen Eindruck machte. Er kannte seine Vorzeichen: keine klaffenden Wunden, keine Geschwüre, der zarteste dünnste Hauch über und unter den Augen, bei diesem Mann war er schon ein schwärzlicher dichter Schatten. Was mochte ihm fehlen? Er war inzwischen an Patienten gewöhnt, die zu ihm liefen, ganz frühmorgens, damit es die Nachbarn nicht merkten, im allerletzten Moment, wie man früher zu einer Hexe lief. Er begann den Verbandfetzen abzuwickeln. Ein Unfall? Ja. Durch den starken Bann hindurch, in den ihn sofort jede Wunde schlug und jede Krankheit, weil er ganz und gar Arzt war, spürte er wieder eine Beklommenheit beim bloßen Anblick des Mannes, stärker noch als vorhin, was war denn das für ein Verband? Aus einem Jackenfutter. Er rollte ihn ganz langsam ab. Was war das überhaupt für ein Mensch? Alt? Jung? Seine Beklommenheit wuchs, schnürte ihm den Hals zu, als sei ihm der Tod noch nie so nah gewesen in den neunzehn Jahren, in denen er Kranke heilte. Er sah auf die Hand, die jetzt offen vor ihm lag. Sie war gewiss bös zugerichtet, so bös aber doch nicht, dass sie das Vorzeichen rechtfertigte auf der Stirn und den Augen des Mannes – wovon war der Mann so erschöpft? Er kam wegen der Hand. Er hatte sicher noch eine andere, ihm vielleicht selbst unbekannte Krankheit. Man musste die Glassplitter jetzt herausnehmen. Der Mann musste eine Spritze bekommen, er sackte ihm sonst ab. Der Mann sei Autoschlosser, hatte er angegeben. „In vierzehn Tagen“, sagte er, „sind Sie wieder arbeitsfähig.“ Der Mann erwiderte nichts. Wird er die Spritze vertragen? Doch auch das Herz dieses fremden Mannes ist, wenngleich nicht ganz in Schuss, so schlecht nicht dran. Was fehlt dem Mann also? Warum folgte er eigentlich nicht seinem Drang, die Krankheit des Mannes herauszufinden? Warum war der Mann nicht sofort nach dem Unfall ins nächste Spital gelaufen? Der Dreck steckte doch schon mindestens über Nacht drin. Er wollte

2.1 komplexeren literarischen und pragmatischen Texten selbstständig wesentliche Informationen entnehmen

fragen, auch um den Mann, wenn er jetzt mit der Pinzette anrückte, von seiner Hand abzulenken. Der Blick des Mannes hielt ihn zurück. Er stockte. Er sah sich die Hand nochmals genau an, dann kurz das Gesicht des Mannes, seine Jacke, den ganzen Mann. Der Mann verschob ein wenig den Mund und sah ihn schräg, aber fest an. Der Arzt wandte sich langsam ab, wobei er selbst fühlte, wie er bis in die Lippen erbleichte. Und wie er sich selbst in dem Spiegel erblickte über dem Waschbecken, da lag es schon schwärzlich auf seinem eigenen Gesicht. Er schloss die Augen. Er seifte sich seine Hände und wusch sie mit unendlicher Langsamkeit und ließ das Wasser laufen. Ich habe Frau und Kinder. Warum kommt der Mensch zu mir? Bei jedem Schellen zittern müssen. Und was man mir Tag für Tag alles antut. Georg sah auf den weißen Rücken des Arztes. Er dachte: Doch Ihnen nicht allein. Der Arzt hielt die Hände unter das Wasser, dass es spritzte. Nicht mehr zum Aushalten, was man mir antut. Jetzt noch das dazu. Das gibt es doch gar nicht, dass man so leiden muss. Georg dachte mit zusammengezogenen Brauen, während das Wasser floss wie ein Quell: Aber doch Sie nicht allein. Da drehte der Arzt seinen Kran ab, er trocknete seine Hände mit einem frischen Handtuch, er roch das Chloroform zum ersten Mal so, wie es sonst nur seine Patienten riechen – warum ist der Mann gerade zu mir gekommen? Gerade zu mir? Warum? Er drehte den Kran wieder an. Dann wusch er sich zum zweiten Mal. Das geht dich überhaupt nichts an. Zu dir ist bloß eine Hand ins Sprechzimmer gekommen, eine kranke Hand. Ob die aus dem Ärmel eines Spitzbuben heraushängt oder unter dem Flügel eines Erzengels, das kann dir ganz egal sein. Er drehte den Kran wieder ab und trocknete seine Hände. Dann machte er seine Spritze zurecht. Als er Georgs Ärmel zurückschlug, merkte er, dass der Mann kein Hemd unter der Jacke trug. Das geht mich nichts an, sagte er sich, mich geht die Hand an. Georg schob seine verbundene Hand in die Jacke und sagte: „Vielen Dank." Der Arzt hatte ihn nach Geld fragen wollen, aber der Mann hatte sich in einem Ton bedankt, als sei er umsonst behandelt worden. Wenn er auch im Hinausgehen taumelte, kam es dem Arzt jetzt doch vor, als sei die Hauptkrankheit nur in der Hand gewesen. Als Georg die Treppe hinunterstieg, pflanzte sich vor ihm auf dem untersten Absatz ein Männchen in Hemdsärmeln auf: „Kommen Sie aus dem zweiten Stock?" Georg log rasch, weil ihm keine Zeit blieb nachzudenken, was besser sei, Wahrheit oder Lüge: „Aus dem dritten." „Ach so", sagte das Männchen, das der Hausmeister war, „ich dachte schon von Löwenstein."

3 Finde eine passende Überschrift für die Passage auf S. 61 – 63.

4 Der Besuch bei Dr. Löwenstein ist sowohl für diesen als auch für Georg eine nervliche Belastung.

a) Markiere auf einer Kopie der Seiten oder der Vorlage aus dem Portal, an welchen Stellen deutlich wird, dass Dr. Löwenstein erkennt, dass Georg kein gewöhnlicher Patient ist.

b) Vermute, warum Dr. Löwenstein versucht, Georg auf seine Hand zu reduzieren.

Portal
WES-122966-025

5 Viele Menschen scheinen großes Vertrauen in Dr. Löwenstein zu haben. Zeige auf, wo dies deutlich wird.

2.1 komplexeren literarischen und pragmatischen Texten selbstständig wesentliche Informationen entnehmen

Lesen – Umgang mit Texten und Medien

6 Anna Seghers reiht in ihrem Roman an bestimmten Stellen immer wieder viele kurze Sätze aneinander. So auch in den markierten Zeilen 47 – 53 (S. 63). Lies diese Stelle noch einmal und erläutere, was die Aneinanderreihung der kurzen Sätze bei Lesenden bewirkt.

W **7** Wähle zwischen den Aufgaben a) und b) aus:

a) Als Dr. Löwenstein am nächsten Morgen die Zeitung aufschlägt, sieht er ein Bild des geflohenen Georg Heislers. Verfasse einen inneren Monolog aus der Sicht Dr. Löwensteins.

b) Als Dr. Löwenstein am Abend nach Hause kommt, erzählt er seiner Frau von dem ungewöhnlichen Patienten. Verfasse dieses Gespräch als Dialog, in welchem auch die Frau ihre Meinung äußert.

Sich in Romanfiguren hineinversetzen

S. 303
Roman

1 In dem Roman geht es immer wieder um die Frage, wem man vertrauen kann.

a) Lies die kurze Zusammenfassung dessen, was Georg nach seinem Besuch bei Dr. Löwenstein geschieht.

> Während die anderen Flüchtlinge nach und nach gefangen genommen werden, gelingt es Georg, bei seinem alten Schulfreund Paul Röder Unterschlupf zu finden. Sie haben sich seit vielen Jahren nicht mehr gesehen. Als Georg plötzlich bei ihm und seiner Familie auftaucht, freut sich Röder riesig, da er nichts von Georgs Verhaftung und Flucht mitbekommen hat. Als Georg ihm schließlich seine Situation schildert, ist er zunächst bestürzt, entscheidet sich aber sofort, Georg zu helfen. Georg bittet ihn, einen seiner alten Verbündeten aufzusuchen, um dessen Hilfe zu erbitten. Paul macht sich sofort auf den Weg.

b) Stelle Vermutungen an, wie der Besuch von Röder bei Georgs Bekanntem ablaufen könnte.

Portal
WES-122966-026

2 Lies nun die Fortsetzung des Romans oder höre dir die Audiodatei an.

Röder atmete auf, als er diesmal den Namen bereits von der Treppe erblickte, in gotischen Buchstaben aus dem Metallschild herausgetrieben, das er erstaunt antippte, bevor er schellte. Sauer, Architekt. Röder ärgerte sich über sein Herzklopfen. Eine hübsche, weiß geschürzte Person war noch nicht die Frau, sondern erst das Mädchen. Gleich darauf kam die Frau, ebenfalls jung und hübsch, unbeschürzt, ebenso braun, wie die erste blond war. „Was? Jetzt? Mein Mann?“ – „Beruflich, nur zwei Minuten.“ Er hatte kein Herzklopfen mehr. Er dachte: Dieser Sauer lebt gar nicht schlecht. „Kommen Sie rein“, sagte die Frau.

„Hier herein!“, rief der Mann. Röder warf ein paar Blicke rechts und links. Er war neugierig von Natur. Sogar jetzt reizte die Glasröhre an der Wand, in der das Licht stand, seine Neugierde und die Bettgestelle aus Nickel. Eine Ahnung, dass alles im

2.2 mit komplexeren produktiven Methoden Texte erschließen und mit gewonnenen Erkenntnissen eigenes Handeln reflektieren

Leben wert sei, gefühlt, beguckt und geschmeckt zu werden, hinderte ihn, ausschließlich bei einer furchtbaren Einzelheit zu verweilen. Er ging der Stimme nach durch die zweite Tür. So schwer ihm ums Herz war, wunderte ihn die eingelassene Wanne, in die man nicht stieg, sondern plumpste, und der dreiteilige Spiegel über dem Waschbecken. „Heil Hitler", sagte der Mann, ohne sich umzudrehen. Röder sah ihn im Spiegel über dem umgebundenen Handtuch. Wie eine Maske bedeckte Seifenschaum das unbekannte Gesicht. Nur die Augen musterten ihn im Spiegel mit einem scharfen Blick, der nichts verriet als Verstand. Röder suchte sich seine Worte zusammen. „Bitte", sagte der Mann. Er zog seine Rasierklinge ab mit äußerster Sorgfalt. Röders Herz klopfte, und Sauers Herz klopfte nicht minder. Diesen Menschen hat er nie im Leben gesehen. Er war nie auf dem städtischen Straßenbaubüro.

Unbekannte Besucher zu ungewohnten Zeiten konnten alles bedeuten. Nur nichts wissen. Niemand kennen. Sich nicht überrumpeln lassen. „Na?", sagte er noch einmal. Seine Stimme war rau, aber Röder kannte seine gewöhnliche Stimme nicht. „Ich soll Sie grüßen von einem gemeinsamen Freund", sagte Paul. „Ob Sie sich noch an ihn erinnern? Er hat damals die schöne Paddelbootpartie auf der Nidda mit Ihnen gemacht." – Das wird die Probe, dachte der andere, ob ich mich schneide. Er fing an sich zu rasieren mit schlaffen Handgelenken. Er schnitt sich nicht und zitterte nicht. Das ist ja nun gemacht, dachte Paul, warum wischt er sich sein Gesicht nicht ab und spricht vernünftig mit mir? So lang schabt er doch sonst nicht an sich herum. Der ist doch eher hui-hui. – Sauer sagte: „Ich verstehe Sie überhaupt nicht. Was wollen Sie von mir? Von wem grüßen Sie mich?" – „Von Ihrem Paddelfreund", wiederholte Röder. „Von dem Bootchen Annemarie." Er wischte den schrägen Blick des anderen über den Spiegel hin weg ums Eck. Sauer bekam etwas Schaum in die Wimper, er wischte sie mit dem Handtuchzipfel. Dann fuhr er mit dem Rasieren fort. Ohne den Mund richtig zu öffnen, sagte er: „Ich verstehe noch immer kein Wort. Entschuldigen Sie bitte. Ich bin außerdem eilig. Sie haben sicher eine Adresse falsch nachgeschlagen."

Röder war einen Schritt näher getreten, er war viel kleiner als Sauer. Jetzt sah er Sauers linke Gesichtshälfte in dem Seitenspiegel. Er spähte unter den Schaum, aber er sah nur den mageren Hals, das vorgestreckte Kinn. Sauer dachte: Wie er lauert! Aber er kriegt mein Gesicht nicht zu sehen. Kann er lang lauern. Wieso sind die auf mich verfallen? Also doch ein Argwohn. – Also doch beobachtet. – Wie er um mich rum schnüffelt! Die kleine Ratte! – Er sagte: „Dann hat eben Ihr Freund falsch nachgeschlagen. Ich bin sehr eilig. Bitte, stören Sie mich nicht mehr. – Heidi!"

Lesen – Umgang mit Texten und Medien

Röder fuhr zusammen. Er hatte nicht gemerkt, dass sie zu dritt waren. Hinter der Tür stand ein Kind, zog ein Halskettchen zwischen den Zähnen, hatte ihn wohl die ganze Zeit über ebenso stumm betrachtet. „Zeig ihm die Treppe!“ Röder, während er hinter dem Kind auf den Flur ging, dachte: Scheißkerl! Hat doch alles verstanden. Will nichts riskieren, vielleicht wegen dem Fratz da. Hab ich denn nicht auch Kinder?

Als er die Tür zuschlug, wischte sich Sauer übers Gesicht mit einem Hui, wie's ihm der Röder zugetraut hatte. Er sprang ans Schlafzimmerfenster, ganz wild, ganz atemlos riss er den Laden hoch. Er sah noch einmal den Röder, wie er die Straße überquerte. Hab ich mich richtig gehalten? Was wird er über mich melden? Ruhig, ich bin sicher nicht der Einzige. Fühlen vielleicht heute ein paar Dutzend verdächtigen Leuten auf den Zahn. Komischer Vorwand! Ausgerechnet diese Flucht. Gar kein dummer Vorwand! Etwas muss sie doch auf den Gedanken gebracht haben, dass ich früher mit dem Heisler zu tun hatte. Oder fragen sie alle durchweg dasselbe?

Plötzlich lief's ihm den Rücken herunter. Wie, wenn es ernst war, wenn es kein Dreh von der Gestapo war? Wenn ihn wirklich der Georg geschickt hat! Wenn es nun doch kein Achtgroschenjunge war –? Ach was! Wenn es wirklich nicht bloß ein Gerücht war, dass der Georg Heisler hier in der eigenen Stadt herumlief, konnte man andere Mittel finden, an ihn heranzukommen. Dieser komische Kleine da hat nur gespitzelt. Plump und ungeschickt! Er atmete auf. Er trat zurück vor den Spiegel, um sein Haar zu scheiteln. Sein Gesicht war erbleicht, wie braune Gesichter erbleichen, als welke ihnen die Haut. Hellgraue Augen starrten aus dem Spiegel zurück, tiefer in ihn hinein als jemals fremde Augen. Dumpfe Luft! Das verdammte Fenster immer vergipst! Er seifte sich rasch frisch ein. – Immerhin, sie müssen doch einen Anlass haben, dass sie mir diesen Köder heraufschicken. Muss ich fliehen? Kann ich denn überhaupt noch anfragen, ob ich fliehen soll, ohne andere zu gefährden? – Er fing an mit Rasieren, doch seine Hände zitterten jetzt. Er schnitt sich sofort, er fluchte. [...]

Achtgroschenjunge

ein für die Polizei arbeitender Spitzel

Er band den Schlips um, ein gesunder, magerer, vertrauenswürdiger Mann gegen vierzig. Er zeigte sich die Zähne. Vorige Woche hab ich noch zu Hermann gesagt: Diese Herrschaften werden ihre Stellen eher verlieren als wir die unseren, und ich werde euch noch quer durch die neue Republik ein paar ordentliche Straßen bauen.

Er trat zurück ans Schlafzimmerfenster. Er warf einen Blick auf die leere Straße, durch die der Kleine vorhin gesegelt war. Ihm wurde kalt. Der hat ja nicht wie

ein Spitzel ausgesehen. Der hatte ja gar keine Spitzelmanieren. Seine Stimme war ja aufrichtig. Auf welche Weise hätte mich Georg sonst erreichen können? Er hat diesen Mann zu mir geschickt.

Er war fast überzeugt. Was aber hätte er tun sollen? Er hatte ja keine Beweise. Er hätte selbst bei dem geringsten Zweifel den Mann fortschicken müssen. Er sagte sich: Ich bin unschuldig.

3 Paul Röder möchte mit dem Architekten Sauer über Georg sprechen.
a) Erkläre, warum er den Architekten nicht direkt auf Georg anspricht.
b) Beschreibe, wie Röder stattdessen versucht, mit dem Architekten über Georg ins Gespräch zu kommen.

4 Zeige auf, wie der Architekt auf Röders Gesprächsversuch reagiert, mache dabei auch deutlich, was ihn ihm vorgeht.

5 In der markieren Stelle auf S. 66 wird ersichtlich, dass Röder vom Verhalten des Architekten enttäuscht ist.
a) Begründe, ob du die Enttäuschung Röders nachvollziehen kannst.
b) Erläutere, welche Gründe Sauer haben könnte, dass er nicht auf Röders Gesprächsversuch eingeht, und begründe, ob du dies nachvollziehen kannst.

6 Am Ende der Passage wird Sauer immer mehr bewusst, dass Georg wohl tatsächlich Röder zu ihm geschickt hat. Obwohl er Röder wieder gehen ließ, ohne zu helfen, sagt er zu sich: „Ich bin unschuldig.“ Erkläre, was Sauer mit dieser Aussage meint, und nimm dazu Stellung.

7 Lies die kurze Zusammenfassung zum Fortgang der Geschichte.

Röder lässt sich nicht entmutigen und es gelingt ihm trotz großer Risiken für sich und seine Familie, in seinem Arbeitsumfeld Hilfe für Georg zu finden. So erklärt sich ein gewisser Dr. Kreß bereit, Georg so lange bei sich und seiner Frau aufzunehmen, bis Georg von weiteren Unterstützern zur endgültigen Flucht aus dem nationalsozialistischen Deutschland geholfen werden soll. Währenddessen zieht sich das Netz um Georg immer enger zusammen. Die Nationalsozialisten verhören viele Menschen, die mit Georg früher in Kontakt waren. So wird schließlich auch Röder vorgeladen. Röders Frau ist völlig aufgelöst, doch wider Erwarten kommt ihr Mann am nächsten Tag nach dem Verhör unbeschadet nach Hause.

8 Während es für Röder selbstverständlich ist, Georg zu helfen, sieht seine mit dem vierten Kind schwangere Frau das zunächst anders. Es kommt zu folgendem kurzem Dialog:
Paul: „Liesel, es ist um sein Leben gegangen.“
Liesel: „Ja, aber auch um unseres.“
Diskutiert in der Klasse, welche Position ihr besser verstehen könnt.

2.1 Texte inhaltlich, formal und strukturell erschließen und interpretieren, Zusammenhänge mit entsprechenden Fachbegriffen darstellen

Lesen – Umgang mit Texten und Medien

9 Als Paul seiner Frau vom Verhör bei der Gestapo berichtet, sagt er ihr:

„Dabei haben sie mich mit allem bedroht, womit man einem drohen kann. Bloß das höllische Feuer hat gefehlt. Aber sonst haben sie durchaus gewollt, dass ich sie mit dem Jüngstem Gericht verwechsle. Aber sie sind keine Spur von allwissend. Sie wissen, was man ihnen sagt."

a) Erkläre, was Röder damit meint, dass die Gestapo wollte, dass man sie mit dem Jüngsten Gericht verwechselt.
b) Mache deutlich, was Anna Seghers damit ausdrücken will, wenn sie Röder sagen lässt: „Aber sie sind keine Spur von allwissend. Sie wissen, was man ihnen sagt."

Sich die Bedeutung der Fluchthelfer bewusst machen

Portal
WES-122966-027

1 Dr. Kreß holt Georg ab und bringt ihn zu sich, beide kennen sich nicht und so lässt der Doktor zunächst auch seine Frau im Unklaren und erzählt ihr nicht, dass Georg ein Geflüchteter ist. Lies, wie die Geschichte weitergeht, oder höre die Audiodatei an.

Sie legte das aufgeschlagene Buch über ein Knie, sie fing an zu rauchen. Dann sagte sie: „Wen hast du da eigentlich aufgelesen? Ein sonderbarer Gesell." Der Mann schwieg. Sie zog unwillkürlich die Brauen zusammen und sah ihn schärfer an. In der Dämmerung konnte sie seine Züge nicht unterscheiden. Wovon glänzte sein Gesicht? War er denn so bleich? Er sagte schließlich: „Die Frieda bleibt doch bis morgen weg?" – „Bis übermorgen früh." – „Hör mal, Gerda, du sollst keinem Menschen erzählen, dass wir Besuch haben. Fragt dich jemand, dann sag: ein Schulfreund."

Sie sagte ohne Erstaunen: „Gut." Der Mann war auf sie zugetreten. Jetzt konnte sie sein Gesicht fast unterscheiden. „Hast du das Radio gehört, diese Flucht aus Westhofen?"

„Ich? Radio? Nein." – „Es sind ein paar durchgebrannt", sagte Kreß. – „So." – „Sie haben alle wieder gefangen." – „Schade." – „ Bis auf einen."

Die Augen der Frau glänzten auf. Sie hob ihr Gesicht. So hell war es nur einmal gewesen, am Anfang ihres gemeinsamen Lebens. Damals wie jetzt verging es sogleich. Sie betrachtete ihn genau von oben bis unten, sie sagte: „Sieh mal an." Er wartete. „Ich hab dir das wirklich nicht zugetraut. Sieh mal an."

Er trat zurück. Er sagte: „Was? Nicht zugetraut?" – „Das! Das alles! Also, wirklich – entschuldige." Kreß sagte: „Wovon sprichst du jetzt eigentlich?" – „Von uns beiden."

2 Beschreibe, wie die Frau auf dich wirkt, und stelle Vermutungen an, was sie mit dem Satz meint: „Ich hab dir das wirklich nicht zugetraut. Sieh mal an."

Portal
WES-122966-028

3 Lies die Geschichte weiter oder höre dir die Audiodatei an.

2.1 Lesestrategien zum kritischen Textverständnis einsetzen, Inhalte kontextualisieren

Georg dachte in seinem Zimmer: Ich will herunter. [...]

Er hörte schon auf der Treppe die Stimmen von Mann und Frau, nicht laut, aber eindringlich. Er wunderte sich. Die beiden waren ihm beinah stumm erschienen, oder bis zum Äußersten schweigsam. Er zögerte vor der Tür. Kreß sagte: „Warum quälst du mich eigentlich?“ Georg hörte die etwas tiefe Stimme der Frau: „Ist denn das für dich quälend?“

Kreß erwiderte ruhiger: „Dann will ich dir auch etwas sagen, Gerda, dir ist's einerlei, warum der Mensch in Gefahr ist, einerlei, wer er selbst ist – das ist dir alles vollständig einerlei. Die Gefahr ist dir die Hauptsache. Ob's eine Flucht ist oder ein Autorennen, da lebst du auf. So warst du, so bist du.“ – „Du hast halb recht, halb unrecht. Ich war vielleicht früher einmal so, vielleicht bin ich's jetzt wieder geworden. Willst du wissen, wodurch?“ Sie wartete einen Augenblick. Ob der Mann alles zu wissen wünschte oder viel lieber gar nichts, sie fuhr entschlossen fort: „All die Zeit über hast du gesagt, dagegen hilft nichts, dagegen kann man nicht aufkommen, man muss abwarten. Abwarten, hab ich bei mir gedacht, er will abwarten, bis man alles zertrampelt hat, was ihm teuer war. Also verstehe mich doch. Wie ich von meinen Leuten weg bin zu dir, damals, ich war noch nicht zwanzig, und ich bin weg von daheim, weil mir alles daheim zuwider war, mein Vater, meine Brüder, diese Stille jeden Abend in unserem Wohnzimmer. Aber hier bei uns war es zuletzt ebenso still wie daheim.“

Kreß horchte vielleicht noch erstaunter als Georg vor der Tür. Tausend Abende lang hatte er ihr die Worte zwischen den Zähnen herausziehen müssen. „Und dann noch was: Bei uns daheim gab es nichts, das sich jemals verändern durfte. Das war ihr Stolz, dass alles blieb, wie es war. – Und dann du! Der mir plötzlich erklärt hat, dass selbst in den Steinen keine Sekunde lang etwas steinern bleibt und erst recht nicht in den Menschen. – Mich freilich ausgenommen! Wie? Denn von mir sagst du ja, so warst du, so bist du.“

[...] Kreß lehnte wieder an der Wand. Georg versuchte, Gott weiß warum, ihn anzulächeln; der Widerschein seines Lächelns erschien auf dem Gesicht seines Gastgebers genauso schief und mühselig. Kreß schlug vor: „Jetzt wollen wir doch noch trinken.“ Er brachte seine Flaschen zurück. Er schenkte ein, wobei seine Hand ein wenig zitterte, sodass er verkleckerte. Gerade dieses zittrige Einschenken war's, was Georg ganz und gar beruhigte. Ein anständiger Mann, ein Mann, den es allerlei kostet, dass er mich aufnimmt. Er hat mich aber aufgenommen.

Die Frau kam zurück, sie setzte sich an den Tisch und rauchte stumm, da auch die beiden verstummt waren.

Man hörte den Sand auf der Straße knirschen von raschen

Lesen – Umgang mit Texten und Medien

leichten Schritten. Die Schritte hielten vor der Haustür. Man hörte das Scharren auf den Fliesen, als suche jemand die Schelle. Die beiden Männer zuckten zusammen, obwohl sie das Schellen erwartet hatten. „Sie haben mich zufällig vor dem Kino getroffen“, sagte Georg fest und leise. „Sie kennen mich aus dem Chemiekurs.“ Kreß nickte. Wie viele ängstliche Menschen war er ruhig, sobald die Gefahr wirklich da war. Die Frau stand auf und ging ans Fenster. Auf ihrem Gesicht lag ein Ausdruck von Hochmut und etwas Spott, den es immer hatte bei aller Art von gewagten Unternehmungen. Sie zog den Laden an, spähte hinaus und meldete: „Eine Frau.“ – „Machen Sie ihr auf“, sagte Georg, „aber lassen Sie sie draußen.“ *Text verändert*

4 In den ersten beiden Absätzen kommt es zum Gespräch zwischen den Eheleuten.
a) Beschreibe, wie diese auf dich wirken.
b) Welchen Vorwurf erhebt Frau Kreß gegenüber ihrem Mann.

5 Als Dr. Kreß Georg etwas zu trinken einschenkt, bemerkt Georg, dass Kreß‘ Hand dabei zittert. Begründe, warum Georg das „ganz und gar“ beruhigt.

Portal WES-122966-029

6 Die Situation ist sowohl für Georg als auch für Dr. Kreß und seine Frau äußerst belastend. Unterstreiche auf einer Kopie der Buchseiten oder der Vorlage aus dem Portal zwei Textstellen, aus denen dies besonders deutlich hervorgeht.

7 Nach seiner Flucht fällt Georg auf, dass er sich von Dr. Kreß und dessen Frau nie richtig verabschiedet hat, geschweige denn den beiden gedankt hat. Verfasse einen Brief, den Georg nach Kriegsende seinen beiden Helfern schickt.

Portal WES-122966-030

* **8** Wenn du wissen möchtest, wie der Roman endet, kannst du entweder das Buch oder die Zusammenfassung im Portal lesen.

2.2 mit komplexeren produktiven Methoden Texte erschließen und mit gewonnenen Erkenntnissen eigenes Handeln reflektieren

Literarische Zeitreise: Exilliteratur

Etwas über Radioansprachen aus dem Exil erfahren

1 Ferdinand trifft noch einmal den Autor Thomas Mann, um mit ihm über seine Radioansprachen aus dem Exil zu sprechen. Lies hierzu folgenden Dialog.

British Broadcasting Corporation (BBC)
ist eine öffentlich rechtliche Rundfunkanstalt in Großbritannien.

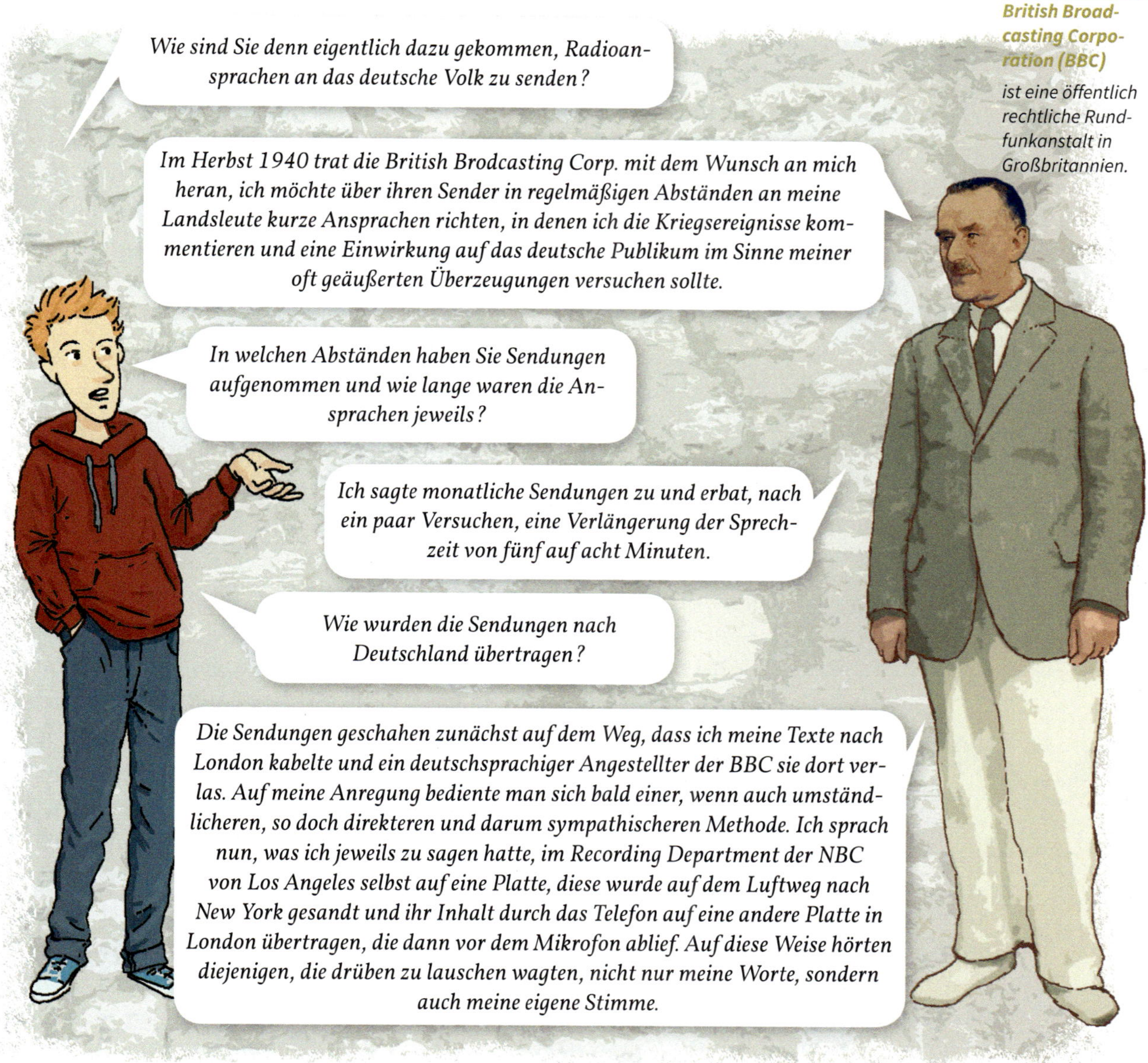

2 Erkläre, welches Ziel die BBC mit den Radioansprachen verfolgte.

3 Thomas Mann war es wichtig, dass die Menschen in Deutschland seine Stimme hören konnten.
a) Vermute, warum dies für Mann so große Bedeutung hatte.
b) Erkläre, was Mann damit meint, wenn er davon spricht, dass Menschen in Deutschland seinen Ansprachen „zu lauschen wagten".

2.4 verschiedene mediale Darstellungen reflektieren und vergleichen

Lesen – Umgang mit Texten und Medien

Portal
WES-122966-031

verfemen
ächten, verstoßen

neue Welt
Vereinigte Staaten von Amerika

4 Lies nun die erste Radioansprache von Thomas Mann oder höre dir die Audiodatei an.

Deutsche Hörer! Oktober 1940

Thomas Mann

Deutsche Hörer! Ein deutscher Schriftsteller spricht zu euch, dessen Werk und Person von euren Machthabern verfemt sind, und dessen Bücher, selbst wenn sie vom Deutschesten handeln, von Goethe zum Beispiel, nur noch zu fremden, freien Völkern in ihrer Sprache reden können, während sie euch stumm und unbekannt bleiben müssen. Mein Werk wird eines Tages zu euch zurückkehren, das weiß ich, wenn auch ich selbst es nicht mehr kann. Solange ich lebe aber, und selbst als Bürger der neuen Welt, werde ich ein Deutscher sein, und leide unter dem Schicksal Deutschlands und all dem, was es nach dem Willen verbrecherischer Gewaltmenschen seit sieben Jahren, moralisch und physisch, der Welt zugefügt hat. Die unerschütterliche Überzeugung, dass dies kein gutes Ende nehmen kann, hat mir in diesen Jahren immer wieder warnende Äußerungen eingegeben, von denen einzelne, wie ich glaube, zu euch gedrungen sind. Im Kriege jetzt gibt es für das geschriebene Wort keine Möglichkeit mehr, den Wall zu durchdringen, den die Tyrannei um euch errichtet hat. Darum ergreife ich gern die Gelegenheit, die die englische Behörde mir bietet, euch von Zeit zu Zeit über das zu berichten, was ich hier sehe, in Amerika, dem großen und freien Land, in dem ich eine Heimstatt gefunden habe.

Als vor fünf Monaten deutsche Truppen in Holland einfielen und in Rotterdam in wenigen Minuten Zehntausende von Menschen durch Bomben zu Grunde gingen, schrieb der Herausgeber der amerikanischen Zeitschrift Life, einer illustrierten Zeitschrift, die sonst nie zu politischen Fragen Stellung nimmt und die jedermann liest: „Das ist die größte Herausforderung, die Amerika als ein Land der Freiheit in achtzig Jahren erfahren hat … Mächtige, ruchlose Militärvölker haben das angegriffen, was unsere amerikanische Art zu leben ist … Ob wir je mit der Waffe an der Seite Englands kämpfen müssen, wissen wir nicht; aber das wissen wir, dass der Kampf Englands zutiefst auch unser eigener ist. „So hieß es damals, nach dem zehnten Mai, und so heißt es heute noch. So denken die Arbeiter und die Geschäftsleute, die Republikaner und die Demokraten, die Anhänger Roosevelts und die Anhänger seines Gegners. Von dem alten Amerika, das glaubte für sich leben zu können, ohne sich um die Welt jenseits des Ozeans zu kümmern, ist wenig übrig geblieben. Woher kommt diese tiefe Wandlung? Ihr wisst es ganz gut. In diesem Lande leben hundertunddreißig Millionen gut williger, freundlicher Menschen. Sie wollen in Frieden arbeiten und bauen. An den großen Fragen, welche sie gemeinsam angehen, nehmen sie aktiv Teil, so wie jeder es für Recht hält. Krieg, Eroberungen fremder Länder, Allianzen, Achsen, heimliche Begegnungen, Vertragsbrüche erscheinen ihnen überflüssig und verrückt. Aber dann kommen nun ihre Zeitungen und Radioberichterstatter und erzählen ihnen, was in Europa vorgeht. Wie in Norwegen, in Holland, Belgien, Polen, Böhmen, wie überall das gleiche Bild ist, wie deutsche Truppen, die niemand gerufen hat, in diesen Ländern stehen, die ihnen nichts getan haben, und sie bedrücken und

2.1 komplexeren literarischen und pragmatischen Texten selbstständig wesentliche Informationen entnehmen

ausplündern. Und wie die als Verbrecher totgeschossen werden, die ihr Vaterland lieben und nicht für den fremden Eindringling Waffen schmieden wollen. Natürlich ist ein Amerikaner vor allem amerikanischer Bürger; aber es ist doch oft so, dass er oder sein Vater oder Großvater in Norwegen, in Holland, in Belgien, im beschützten Dänemark, im Generalgouvernement, im Protektorat geboren sind, dass er noch Verwandte in einem dieser Länder und gute Erinnerungen von ihm hat. Und selbst, wenn er das nicht hätte, und selbst dann und gerade dann, wenn seine Familie aus Deutschland stammt, so muss er doch als ein geradeaus denkender Mensch von all dem Unrecht, all der Gewalt empört sein, die er erfährt. Nein, ich habe keinen Unterschied gefunden zwischen Deutsch-Amerikanern und Anglo-Amerikanern und Italo-Amerikanern. Alle fühlen sie, dass das nicht der rechte Weg ist, Europa zu einigen, und dass so viel Verbrechen früher oder später seine Strafe finden muss.

So hat der amerikanische Bürger heute vor allem drei Hoffnungen. Die eine ist Amerika selbst, seine ungeheuere wirtschaftliche Kraft, seine guten und bewährten Führer. Die zweite ist England. Es mag sein, dass früher auch die Amerikaner mit etwas Spott auf die Engländer geblickt haben. Man hielt sie für müde, für überfeinert. Heute aber, angesichts der Verteidigung Londons, gibt es nur eine Stimme der Bewunderung. England trägt das Banner der Freiheit. Es spricht und kämpft für alle die leidenden, nur heimlich Widerstand leistenden Völker; darum ist hier der Wunsch, ihm zu helfen, so groß. Die dritte, leider nicht mehr sehr starke Hoffnung beruht noch immer auf dem deutschen Volk. Werden denn, so fragt man sich hier, die Deutschen nicht endlich erkennen, dass ihre Siege nur Schritte sind in einem endlosen Sumpf? Dass, wenn ihre Soldaten nun noch in drei Ländern einfallen, ihre U-Boote noch drei Schiffe voller Flüchtlingskinder versenken, wenn sie noch mehr Menschen in Elend, Verbannung und Selbstmord treiben und den Hass der Welt auf sich laden, sie doch dem erwünschten Ziel damit gar nicht näher kommen? Dass es viel bessere Wege gibt zu dem Ziel, das wir alle ersehnen: einen gerechten Frieden für alle Welt?

Text verändert

5 Zu Beginn der Ansprache macht Thomas Mann deutlich, dass er sich als deutscher Schriftsteller an die Hörerinnen und Hörer wendet.
a) Belege am Text, dass es Mann wichtig ist, als deutscher Autor wahrgenommen zu werden.
b) Stelle Vermutungen an, warum dies dem Schriftsteller so wichtig erscheint und was er damit bei der Hörerschaft erreichen möchte.

6 Zeige anhand von Textbeispielen auf, wie Thomas Mann Amerika beschreibt. Erkläre anschließend, was er mit dieser Darstellung bei den Hörerinnen und Hörern in Deutschland bewirken möchte.

7 Mann nennt drei Hoffnungen, die die amerikanischen Bürgerinnen und Bürger damals hatten. Nenne und erläutere diese.

Lesen – Umgang mit Texten und Medien

Literarische Zeitreise: Exilliteratur

Ein lyrisches Werk der Exilzeit kennenlernen

1 Lies das folgende Gedicht von Bertolt Brecht.

Gedanken über die Dauer des Exils

Bertolt Brecht

I
Schlage keinen Nagel in die Wand
Wirf den Rock auf den Stuhl.
Warum vorsorgen für vier Tage?
Du kehrst morgen zurück.

Lass den kleinen Baum ohne Wasser.
Wozu noch einen Baum pflanzen?
Bevor er so hoch wie eine Stufe ist
Gehst du fort von hier.

Zieh die Mütze ins Gesicht, wenn Leute vorbeigehn!
Wozu in fremden Grammatiken blättern?
Die Nachricht, die dich heimruft
Ist in bekannter Sprache geschrieben.

So wie der Kalk vom Gebälk blättert
(Tue nichts dagegen!)
Wird der Zaun der Gewalt zermorschen
Der an der Grenze aufgerichtet ist
Gegen die Gerechtigkeit.

II
Sieh den Nagel in der Wand, den du eingeschlagen hast:
Wann, glaubst du, wirst du zurückkehren?
Willst du wissen, was du im Innersten glaubst?

Tag um Tag
Arbeitest du an der Befreiung
Sitzend in der Kammer schreibst du.
Willst du wissen, was du von deiner Arbeit hältst?
Sieh den kleinen Kastanienbaum im Eck des Hofes
Zu dem du die Kanne voll Wasser schlepptest!

2 Das Gedicht besteht aus zwei Teilen, die sich inhaltlich stark unterscheiden.
a) Ordne die beiden Begriffe Resignation und Hoffnung dem jeweiligen Teil des Gedichts zu und erläutere diese anhand passender Belege.
b) Finde einen alternativen Titel für das Gedicht, bei dem die unterschiedliche Sichtweise der beiden Teile deutlich wird.

Bert Brecht

wurde 1898 in Augsburg geboren. Er ist einer der bedeutendsten deutschen Dramtiker und Lyriker des 20. Jahrhunderts. 1956 starb er in Ost-Berlin.

3 In beiden Teilen spielt das Motiv des Baumes eine wichtige Rolle. Zeige auf, wie sich das lyrische Ich um den Baum kümmert und wie sich die Bedeutung des Baumes im Laufe des Gedichts ändert.

4 Erläutere, inwiefern die vierte Strophe des ersten Teils den Nationalsozialismus zum Thema macht.

✲ **5** Verfasse einen dritten Teil, der die Situation des lyrischen Ichs nach Kriegsende und seiner Heimkehr aus dem Exil darstellt.

2.1 Texte inhaltlich, formal und strukturell erschließen und interpretieren, Zusammenhänge mit entsprechenden Fachbegriffen darstellen

Literarische Zeitreise: Exilliteratur

Überprüfe dein Wissen und Können

1 **Finde in den folgenden Sätzen die fehlenden Wörter. Bestimmte Buchstaben der fehlenden Wörter ergeben ein Lösungswort. Du findest es, indem du die Buchstaben nacheinander aufschreibst. Die Zahl in Klammern hinter den einzelnen Sätzen zeigt dir, welchen Buchstaben des Wortes du aufschreiben sollst.**

- Der Nachname des Hauptprotagonisten in Anna Seghers Roman lautet … (1)
- Um als Autor im Nationalsozialismus arbeiten zu dürfen, musste man Mitglied in der … sein. (2)
- Die Exilautoren setzten in ihren Werken einen inhaltlichen Schwerpunkt im … gegen den Nationalsozialismus. (2)
- In diesem Land befand sich Thomas Mann, als er die Radioansprachen aufnahm: … (2)
- In Seghers Roman verletzte sich Georg bei seiner Flucht an der …, daher suchte er Dr. Löwenstein auf. (2)
- In Brechts Gedicht „Gedanken über die Dauer des Exils“ steht im Eck des Hofes ein …baum. (4)

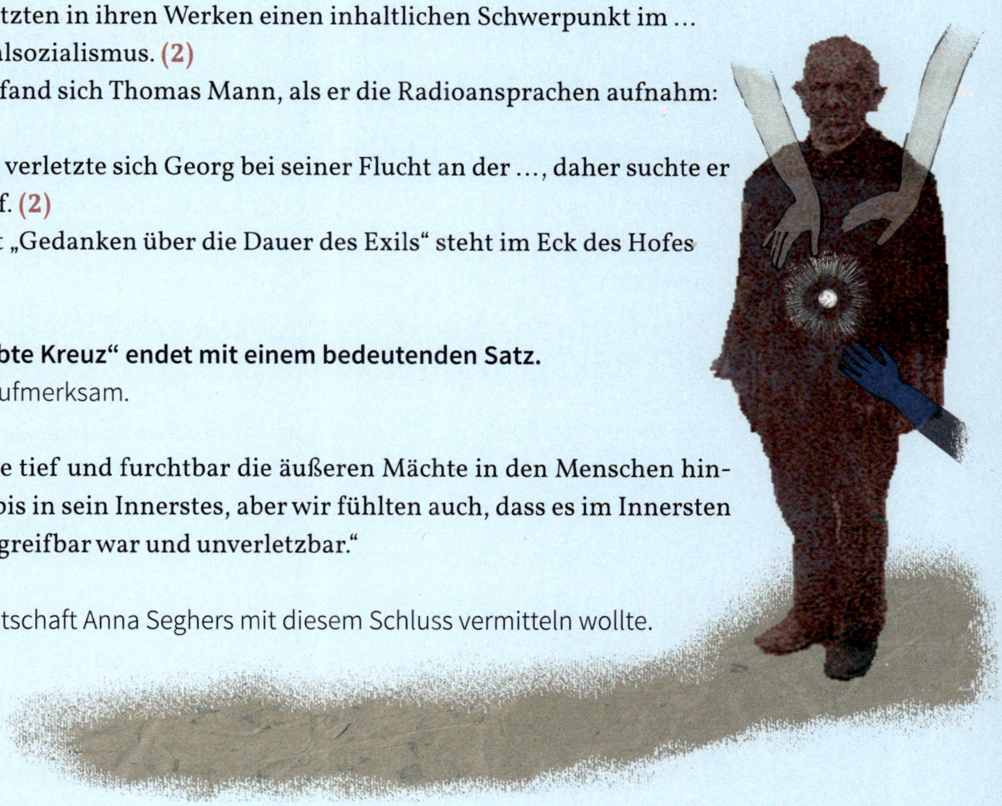

2 **Der Roman „Das siebte Kreuz“ endet mit einem bedeutenden Satz.**

a) Lies den Schluss aufmerksam.

„Wir fühlten alle, wie tief und furchtbar die äußeren Mächte in den Menschen hineingreifen können, bis in sein Innerstes, aber wir fühlten auch, dass es im Innersten etwas gab, das unangreifbar war und unverletzbar.“

b) Erkläre, welche Botschaft Anna Seghers mit diesem Schluss vermitteln wollte.

3 **Im Gedicht „An die Nachgeborenen“ von Bertolt Brecht sind die ersten drei Verse der zweiten Strophe zu einem berühmten Zitat geworden.**

S. 309
Zitat

a) Lies die Verse aufmerksam.

Was sind das für Zeiten, wo
Ein Gespräch über Bäume fast ein Verbrechen ist
Weil es ein Schweigen über so viele Untaten einschließt!

b) Erläutere, was in diesen Versen ausgedrückt wird, und vermute, warum Brecht hierfür das Motiv des Baumes wählte.

Portal
WES-122966-032

Lesen – Umgang mit Texten und Medien

Text- und Gedichtwerkstatt: Literatur nach 1945

1 Betrachtet die folgenden Bilder und Schlagzeilen und beschreibt, was darauf zu sehen bzw. zu lesen ist.

1947: Das zerstörte Hamburg nach dem Zweiten Weltkrieg

1945: Befreiung des Konzentrationslagers Dachau durch die US-Armee

Kriegsheimkehrer

Ein fremder Mann in abgerissener Kleidung – das soll mein Vater sein?

Die deutschen Soldaten, die nach dem Zweiten Weltkrieg aus der Gefangenschaft nach Hause kamen, waren besiegt, verwundet, traumatisiert. Im Frieden fanden sie sich nur schwer zurecht.

2 Sprecht über die Lebensumstände der auf den Bildern und in der Schlagzeile erwähnten Menschengruppen nach dem Ende des Zweiten Weltkriegs. Tauscht euch dabei auch darüber aus, was die Menschen der jeweiligen Zeit bewegt haben könnte.

3 Stellt Vermutungen an, inwieweit die Literatur nach 1945 von den dargestellten Ereignissen beeinflusst wurde.

In diesem Kapitel lernst du (,) …

- *sowohl epische als auch lyrische Werke der Trümmerliteratur zu erschließen und zu interpretieren.*
- *inhaltliche und sprachliche Merkmale der Trümmerliteratur kennen.*
- *wesentliche Elemente von Texten sowie Zusammenhänge zwischen Texten, Entstehungszeit und Autorenbiografien zu beschreiben.*
- *Mittel und Ziele politischer Lyrik im historischen Kontext zu vergleichen.*
- *ein dramatisches Werk zu erschließen und dessen Aufführung zu bewerten.*

Text- und Gedichtwerkstatt: Literatur nach 1945

Eine Kurzgeschichte der Trümmerliteratur erschließen

Die Kurzgeschichte „Die rote Katze“ spielt unmittelbar nach dem Ende des Zweiten Weltkriegs in Deutschland.

1 Lest euch die Geschichte aufmerksam durch oder hört euch die Audiodatei an.

Portal
WES-122966-033

Luise Rinser

(1911–2002) war eine der erfolgreichsten Schriftstellerinnen der deutschen Nachkriegsliteratur. Von den Nazis wegen Wehrkraftzersetzung mit Berufsverbot belegt und später inhaftiert, arbeitete sie nach dem Krieg als Journalistin.

S. 301
Kurzgeschichte

Die rote Katze

Luise Rinser

Ich muss immer an diesen roten Teufel von einer Katze denken, und ich weiß nicht, ob das richtig war, was ich getan hab. Es hat damit angefangen, dass ich auf dem Steinhaufen neben dem Bombentrichter in unserem Garten saß. Der Steinhaufen ist die größere Hälfte von unserem Haus. Die kleinere steht noch, und da wohnen wir, ich und die Mutter und Peter und Leni, das sind meine kleinen Geschwister.

Also, ich sitz da auf den Steinen, da wächst überall schon Gras und Brennnesseln und anderes Grünes. Ich halt ein Stück Brot in der Hand, das ist schon hart, aber meine Mutter sagt, altes Brot ist gesünder als frisches. In Wirklichkeit ist es deswegen, weil sie meint, am alten Brot muss man länger kauen und dann wird man von weniger satt. Bei mir stimmt das nicht. Plötzlich fällt mir ein Brocken herunter. Ich bück mich, aber im nächsten Augenblick fährt eine rote Pfote aus den Brennnesseln und angelt sich das Brot. Ich hab nur dumm schauen können, so schnell ist es gegangen. Und da seh ich, dass in den Brennnesseln eine Katze hockt, rot wie ein Fuchs und ganz mager. „Verdammtes Biest“, sag ich und werf einen Stein nach ihr. Ich hab sie gar nicht treffen wollen, nur verscheuchen. Aber ich muss sie doch getroffen haben, denn sie hat geschrien, nur ein einziges Mal, aber so wie ein Kind. Fortgelaufen ist sie nicht. Da hat es mir leid getan, dass ich geworfen hab, und ich hab sie gelockt. Aber sie ist nicht aus den Nesseln rausgegangen. Sie hat ganz schnell geatmet. Ich hab gesehen, wie ihr rotes Fell über dem Bauch auf und ab gegangen ist. Sie hat mich immerfort angeschaut mit ihren grünen Augen. Da hab ich sie gefragt: „Was willst du eigentlich?“ Das war verrückt, denn sie ist doch kein Mensch, mit dem man reden kann. Dann bin ich ärgerlich geworden über sie und auch über mich, und ich hab einfach nicht mehr hingeschaut und hab ganz schnell mein Brot hinuntergewürgt. Den letzten Bissen, das war noch ein großes Stück, den hab ich ihr hingeworfen und bin ganz zornig fortgegangen.

Im Vorgarten, da waren Peter und Leni und haben Bohnen geschnitten. Sie haben sich die grünen Bohnen in den Mund gestopft, dass es nur so geknirscht hat, und Leni hat ganz leise gefragt, ob ich noch ein Stückchen Brot hab. „Na“, hab ich gesagt, „du hast doch genauso ein großes Stück bekommen wie ich und du bist erst neun, und ich bin dreizehn. Größere brauchen mehr.“ – „Ja“, hat sie gesagt, sonst nichts. Da hat Peter gesagt: „Weil sie ihr Brot doch der Katze gegeben hat.“ „Was für einer

Lesen – Umgang mit Texten und Medien

Katze?", hab ich gefragt. „Ach", sagt Leni, „da ist so eine Katze gekommen, eine rote, wie so ein kleiner Fuchs und so schrecklich mager. Die hat mich immer angeschaut, wie ich mein Brot hab essen wollen." – „Dummkopf", hab ich ärgerlich gesagt, „wo wir doch selber nichts zu essen haben." Aber sie hat nur mit den Achseln gezuckt und ganz schnell zu Peter hingeschaut, der hat einen roten Kopf gehabt, und ich bin sicher, er hat sein Brot auch der Katze gegeben. Da bin ich wirklich ärgerlich gewesen und hab ganz schnell weggehen müssen.

Wie ich auf die Hauptstraße komm, steht da ein amerikanisches Auto, so ein großer langer Wagen, ein Buick, glaub ich, und da fragt mich der Fahrer nach dem Rathaus. Auf Englisch hat er gefragt, und ich kann doch ein bisschen Englisch. „The next street", hab ich gesagt, „and then left and then" – geradeaus hab ich nicht gewusst auf Englisch, das hab ich mit dem Arm gezeigt, und er hat mich schon verstanden. – „And behind the church is the marketplace with the Rathaus." Ich glaub, das war ein ganz gutes Amerikanisch, und die Frau im Auto hat mir ein paar Schnitten Weißbrot gegeben, ganz weißes, und wie ich's aufklapp, ist Wurst dazwischen, ganz dick. Da bin ich gleich heimgerannt mit dem Brot.

Wie ich in die Küche komm, da versteckten die zwei Kleinen was unterm Sofa, aber ich hab es doch gesehen. Es ist die rote Katze gewesen. Und auf dem Boden war ein bisschen Milch verschüttet, und da hab ich alles gewusst. „Ihr seid wohl verrückt", hab ich geschrien, „wo wir doch nur einen halben Liter Magermilch haben im Tag, für vier Personen." Und ich hab die Katze unterm Sofa herausgezogen und hab sie zum Fenster hinausgeworfen. Die beiden Kleinen haben kein Wort gesagt. Dann hab ich das amerikanische Weißbrot in vier Teile geschnitten und den Teil für Mutter im Küchenschrank versteckt. „Woher hast du das?", haben sie gefragt und ganz ängstlich geschaut. „Gestohlen", hab ich gesagt und bin hinausgegangen. Ich hab nur schnell nachsehn wollen, ob auf der Straße keine Kohlen liegen, weil nämlich ein Kohlenauto vorbeigefahren war, und die verlieren manchmal was.

Da sitzt im Vorgarten die rote Katze und schaut so an mir rauf. „Geh weg", hab ich gesagt und mit dem Fuß nach ihr gestoßen. Aber sie ist nicht weggegangen. Sie hat bloß ihr kleines Maul aufgemacht und gesagt: „Miau." Sie hat nicht geschrien wie andere Katzen, sie hat es einfach so gesagt, ich kann das nicht erklären. Dabei hat sie mich ganz starr angeschaut mit den grünen Augen. Da hab ich ihr voll Zorn einen Brocken von dem amerikanischen Weißbrot hingeworfen. Nachher hat's mich gereut.

Portal
WES-122966-034

2 Die Familienmitglieder gehen ganz unterschiedlich mit der Katze um.

a) Markiere im ersten Teil der Geschichte Textstellen, an denen deutlich wird, wie die Geschwister des Ich-Erzählers die rote Katze behandeln. Nutze hierfür eine Kopie der Seiten oder die Vorlage auf dem Portal.

b) Vergleiche deren Verhalten mit dem des Ich-Erzählers.

c) Stellt Vermutungen an, weshalb der Ich-Erzähler der Geschichte die Katze zweimal füttert, obwohl er eigentlich zornig auf sie ist.

Portal
WES-122966-035

3 Lest nun, wie es weitergeht oder hört die Audiodatei.

Wie ich auf die Straße komm, da sind schon zwei andere da, Größere, die haben die Kohlen aufgehoben. Da bin ich einfach vorbeigegangen. Sie haben einen ganzen Eimer voll gehabt. Ich hab schnell hineingespuckt. Wär das mit der Katze nicht gewesen, hätte ich sie alle allein abgekriegt. Und wir hätten ein ganzes Abendessen damit kochen können. Es waren so schöne glänzende Dinger. Nachher hab ich dafür einen Wagen mit Frühkartoffeln getroffen, da bin ich ein bisschen drangestoßen, und da sind ein paar runtergekollert und noch ein paar. Ich hab sie in die Taschen gesteckt und in die Mütze. Wie sich der Fuhrmann umgeschaut hat, hab ich gesagt: „Sie verlieren Ihre Kartoffeln." Dann bin ich schnell heimgegangen. Die Mutter war allein daheim, und auf ihrem Schoß, da war die rote Katze. „Himmeldonnerwetter", hab ich gesagt, „ist das Biest schon wieder da?" – „Red doch nicht so grob", hat die Mutter gesagt, „das ist eine herrenlose Katze, und wer weiß, wie lange sie nichts mehr gefressen hat. Schau nur, wie mager sie ist." – „Wir sind auch mager", hab ich gesagt. „Ich hab ihr ein bisschen was von meinem Brot gegeben", hat sie gesagt und mich schief angeschaut. Ich hab an unsere Brote gedacht und an die Milch und an das Weißbrot, aber gesagt hab ich nichts. Dann haben wir Kartoffeln gekocht, und die Mutter war froh. Aber woher ich sie hab, hat sie nicht gefragt. Meinetwegen hätte sie schon fragen können. Nachher hat die Mutter ihren Kaffee schwarz getrunken, und sie haben alle zugeschaut, wie das rote Biest die Milch ausgesoffen hat. Dann ist sie endlich durchs Fenster gesprungen. Ich hab schnell zugemacht und richtig aufgeatmet. Am Morgen, um sechs, hab ich mich für Gemüse angestellt. Wie ich um acht Uhr heimkomm, sitzen die Kleinen beim Frühstück, und auf dem Stuhl dazwischen hockt das Vieh und frisst eingeweichtes Brot aus Lenis Untertasse. Nach ein paar Minuten kommt die Mutter zurück, die ist seit halb sechs beim Metzger angestanden. Die Katze springt gleich zu ihr hin, und wie die Mutter denkt, ich geb nicht acht, lässt sie ein Stück Wurst fallen. Es war zwar markenfreie Wurst, so graues Zeug, aber wir hätten sie uns auch gern aufs Brot gestrichen, das hätte Mutter doch wissen müssen.

Ich hab das alte Rad aus dem Keller geholt und bin vor die Stadt gefahren. Da ist ein Teich, in dem gibt's Fische. Ich hab keine Angel, nur so einen Stecken mit zwei spitzen Nägeln drin, mit dem stech ich nach den Fischen. Ich hab schon oft Glück gehabt und diesmal auch. Es ist noch nicht zehn Uhr, da hab ich zwei ganz nette Dinger, genug für ein Mittagessen. Ich fahr heim, so schnell ich kann, und daheim leg ich die Fische auf den Küchentisch. Ich geh nur rasch in den Keller und sag's der Mutter, die hat Waschtag. Sie kommt auch gleich mit herauf. Aber da ist nur mehr ein Fisch da und ausgerechnet der kleinere. Und auf dem Fensterbrett, da sitzt der rote Teufel und frisst den letzten Bissen. Da krieg ich aber die Wut und werf ein Stück Holz nach ihr, und ich treff sie auch. Sie kollert vom Fensterbrett, und ich hör sie wie einen Sack im Garten aufplumpsen. „So", sag ich, „die hat genug." Aber da krieg ich von der Mutter eine Ohrfeige, dass es nur so klatscht. Ich bin dreizehn und hab sicher seit fünf Jahren keine mehr gekriegt. „Tierquäler", schreit die Mutter und ist ganz blass vor Zorn über mich. Ich hab nichts anderes tun können als fortgehen.

4 Stellt Vermutungen an, warum die Mutter so heftig reagierte, nachdem der Ich-Erzähler ein Stück Holz auf die Katze geworfen hatte.

2.2 Textelemente und Zusammenhänge zwischen Texten, Entstehungszeiten und Autorenbiografien an Beispielen aus der Literatur des 20. und 21. Jahrhunderts (mit Fachbegriffen) beschreiben

Lesen – Umgang mit Texten und Medien

Portal
WES-122966-036

5 Lest nun, wie die Kurzgeschichte weitergeht oder hört die Audiodatei.

Mittags hat es dann doch Fischsalat gegeben mit mehr Kartoffeln als Fisch. Jedenfalls sind wir das rote Biest los gewesen. Aber glaub ja keiner, dass das besser gewesen ist. Die Kleinen sind durch die Gärten gelaufen und haben immer nach der Katze gerufen, und die Mutter hat jeden Abend ein Schälchen Milch vor die Tür gestellt, und sie hat mich vorwurfsvoll angeschaut. Und da hab ich selber angefangen, in allen Winkeln nach dem Vieh zu suchen, es hätte ja irgendwo krank oder tot liegen können. Aber nach drei Tagen war die Katze wieder da. Sie hat gehinkt und hat eine Wunde am Bein gehabt, am rechten Vorderbein, das war von meinem Scheit. Die Mutter hat sie verbundenen, und sie hat ihr auch was zu fressen gegeben. Von da an ist sie jeden Tag gekommen. Es hat keine Mahlzeit gegeben ohne das rote Vieh, und keiner von uns hat irgendwas vor ihm verheimlichen können. Kaum hat man was gegessen, so ist sie schon dagesessen und hat einen angestarrt. Und alle haben wir ihr gegeben, was sie hat haben wollen, ich auch. Obwohl ich wütend war. Sie ist immer fetter geworden, und eigentlich war sie eine schöne Katze, glaub ich. Und dann ist der Winter 46 auf 47 gekommen. Da haben wir wirklich kaum mehr was zu essen gehabt. Es hat ein paar Wochen lang kein Gramm Fleisch gegeben und nur gefrorene Kartoffeln, und die Kleider haben nur so geschlottert an uns. Und einmal hat Leni ein Stück Brot gestohlen beim Bäcker vor Hunger. Aber das weiß nur ich. Und Anfang Februar, da hab ich zur Mutter gesagt: „Jetzt schlachten wir das Vieh.“ – „Was für ein Vieh?“, hat sie gefragt und hat mich scharf angeschaut. „Die Katze halt“, hab ich gesagt und hab gleichgültig getan, aber ich hab schon gewusst, was kommt. Sie sind alle über mich hergefallen. „Was? Unsere Katze? Schämst du dich nicht?“ – „Nein“, hab ich gesagt, „ich schäm mich nicht. Wir haben sie von unserem Essen gemästet, und sie ist fett wie ein Spanferkel, jung ist sie auch noch, also?“ Aber Leni hat angefangen zu heulen, und Peter hat mir unterm Tisch einen Fußtritt gegeben, und Mutter hat traurig gesagt: „Dass du so ein böses Herz hast, hab ich nicht geglaubt.“ Die Katze ist auf dem Herd gesessen und hat geschlafen. Sie war wirklich ganz rund, und sie war so faul, dass sie kaum mehr aus dem Haus zu jagen war.

Wie es dann im April keine Kartoffeln mehr gegeben hat, da haben wir nicht mehr gewusst, was wir essen sollen. Eines Tages, ich war schon ganz verrückt, da habe ich sie mir vorgenommen und hab gesagt: „Also hör mal, wir haben nichts mehr, siehst du das nicht ein?“ Und ich hab ihr die leere Kartoffelkiste gezeigt und den leeren Brotkasten. „Geh fort“, hab ich ihr gesagt, „du siehst ja, wie‘s bei uns ist.“ Aber sie hat nur geblinzelt und sich auf dem Herd herumgedreht. Da hab ich vor Zorn geheult und auf den Küchentisch geschlagen. Aber sie hat sich nicht drum gekümmert.

6 Beschreibt das Verhältnis der Mutter zur Katze und erklärt, weshalb dieses in ihrer Situation ungewöhnlich ist.

Portal
WES-122966-037

7 Lest anschließend den Rest der Geschichte oder hört die Audiodatei.

Da hab ich sie gepackt und untern Arm genommen. Es war schon ein bisschen dunkel draußen, und die Kleinen waren mit der Mutter fort, Kohlen am Bahndamm zusammensuchen. Das rote Vieh war so faul, dass es sich einfach forttragen hat lassen. Ich bin an den Fluss gegangen. Auf einmal ist mir ein Mann begegnet, der hat gefragt, ob ich die Katze verkauf. „Ja“, hab ich gesagt, und hab mich schon gefreut. Aber er hat nur gelacht und ist weitergegangen. Und dann war ich auf einmal am Fluss. Da war Treibeis und Nebel und kalt war es. Da hat sich die Katze ganz nah an mich gekuschelt, und dann hab ich sie gestreichelt und mit ihr geredet. „Ich kann das nicht mehr sehen“, hab ich ihr gesagt, „es geht nicht, dass meine Geschwister hungern, und du bist fett, ich kann das einfach nicht mehr mit ansehen.“ Und auf einmal hab ich ganz laut geschrien, und dann hab ich das rote Vieh an den Hinterläufen genommen und habs an einen Baumstamm geschlagen. Aber sie hat bloß geschrien. Tot war sie noch lange nicht. Da hab ich sie an eine Eisscholle gehaut, aber davon hat sie nur ein Loch im Kopf bekommen, und da ist das Blut herausgeflossen, und überall im Schnee waren dunkle Flecken. Sie hat geschrien wie ein Kind. Ich hätt gern aufgehört, aber jetzt hab ich‘s schon fertig tun müssen. Ich hab sie immer wieder an die Eisscholle geschlagen, es hat gekracht, ich weiß nicht, ob es ihre Knochen waren oder das Eis, und sie war immer noch nicht tot. Eine Katze hat sieben Leben, sagen die Leute, aber die hat mehr gehabt. Bei jedem Schlag hat sie laut geschrien, und auf einmal hab ich auch laut geschrien, und ich war ganz nass vor Schweiß bei aller Kälte. Aber einmal war sie dann doch tot. Da hab ich sie in Fluss geworfen und hab mir meine Hände im Schnee gewaschen, und wie ich noch einmal nach dem Vieh schau, da schwimmt es schon weit draußen mitten unter den Eisschollen, dann war es im Nebel verschwunden. Dann hat mich gefroren, aber ich hab noch nicht heimgehen mögen. Ich bin noch in der Stadt herumgelaufen, aber dann bin ich doch heimgegangen.

„Was hast du denn?“, hat die Mutter gefragt. „Du bist ja käsweiß. Und was ist das für Blut an deiner Jacke?“ – „Ich hab Nasenbluten gehabt“, hab ich gesagt. Sie hat mich nicht angeschaut und ist an den Herd gegangen und hat mir Pfefferminztee gemacht. Auf einmal ist mir schlecht geworden, da hab ich schnell hinausgehen müssen, dann bin ich gleich ins Bett gegangen. Später ist die Mutter gekommen und hat ganz ruhig gesagt: „Ich versteh dich schon. Denk nimmer dran.“ Aber nachher hab ich Peter und Leni die halbe Nacht unterm Kissen heulen hören. Und jetzt weiß ich nicht, ob es richtig war, dass ich das rote Biest umgebracht hab. Eigentlich frisst so ein Tier doch gar nicht viel.

Lesen – Umgang mit Texten

8 Die Kurzgeschichte endet äußerst grausam.
a) Stellt Vermutungen an, was den Ich-Erzähler zu der brutalen Tat getrieben haben könnte.
b) Erklärt, was an der markierten Aussage der Mutter im letzten Absatz deutlich wird.

9 Die Handlung der Kurzgeschichte spielt unmittelbar nach dem Ende des Zweiten Weltkriegs.
a) Unterstreicht mithilfe des Merkkastens Textstellen, an denen dies deutlich wird. Beachtet in diesem Zusammenhang auch die Not der damaligen Bevölkerung.
b) Erklärt ebenfalls mithilfe des Merkkastens, was man unter Trümmerliteratur versteht und weshalb die vorliegende Geschichte zu dieser Gattung gehört.
c) Stellt Vermutungen an, warum in der vorliegenden Kurzgeschichte der Vater der Familie keine Erwähnung findet.

W **10** Wähle im Folgenden zwischen a) und b).
a) Verfasse einen Tagebucheintrag aus der Sicht des Ich-Erzählers, in welchem dessen Zweifel an der grausamen Tat deutlich werden (*„Und jetzt weiß ich nicht, ob es richtig war, dass ich das rote Biest umgebracht hab“*).
b) Versetze dich in die Lage der Mutter und verfasse einen inneren Monolog, nachdem sie dem Jungen mitteilte, dass sie ihn schon verstehe.

Die Trümmerliteratur

Die Epoche der Trümmerliteratur beginnt **1945** mit dem Ende des Zweiten Weltkriegs und endet mit dem wirtschaftlichen Aufschwung **Anfang der 1950er Jahre**.
Die Menschen damals standen vor den Trümmern ihrer Existenz. Durch den Krieg hatten sie **Familie, Freunde und ihr Zuhause verloren**, die **Städte waren völlig zerstört**. Viele Männer mussten im Krieg ihr Leben lassen oder befanden sich in Kriegsgefangenschaft und kehrten erst spät heim. Ihre Familien führten ein **elendes Leben in den Ruinen der Städte**, welches von **Armut und Hunger** geprägt war. Der Begriff der Trümmerliteratur bezieht sich auch auf die **Träume und Wertvorstellungen der Menschen, die der Krieg ebenfalls zerstört hatte**. Die Autoren der Trümmerliteratur waren oftmals selbst aus Krieg oder Gefangenschaft heimgekehrte Soldaten, die ihre Erlebnisse schilderten. Ein weiteres zentrales Thema war die **Frage nach der Schuld an Krieg und Holocaust**.
Weitere Merkmale der Trümmerliteratur waren:

- **einfache und sachliche Sprache nach Vorbild der amerikanischen „Short Stories“**
- **wahre und realistische, direkte und ungeschönte Ausdrucksweise**
- **Wortwiederholungen**
- **keine emotionale oder wertende Sprache**
- **kein Reimschema und kein Metrum**

Text- und Gedichtwerkstatt: Literatur nach 1945

Lyrische Werke der Trümmerliteratur erschließen

Günther Eich: „Inventur“

1 Lest euch das folgende Gedicht aufmerksam durch.

Inventur

Günter Eich

Dies ist meine Mütze,
dies ist mein Mantel,
hier mein Rasierzeug
im Beutel aus Leinen.

Konservenbüchse:
Mein Teller, mein Becher,
ich hab in das Weißblech
den Namen geritzt.

Geritzt hier mit diesem
kostbaren **Nagel**,
den vor begehrlichen
Augen ich berge.

Im **Brotbeutel** sind
ein Paar wollene Socken
und einiges, was ich
niemand verrate,

so dient es als Kissen
nachts meinem Kopf.
Die **Pappe** hier liegt
zwischen mir und der Erde.

Die Bleistiftmine
lieb ich am meisten:
Tags schreibt sie mir Verse,
die nachts ich erdacht.

Dies ist mein Notizbuch,
dies meine Zeltbahn,
dies ist mein Handtuch,
dies ist mein Zwirn.

Günter Eich

(1907 – 1972) war ein deutscher Hörspielautor und Lyriker, der als Soldat im Zweiten Weltkrieg kämpfte. An dessen Ende kam er ins amerikanische Kriegsgefangenenlager Goldene Meile bei Sinzig und Remagen, wo er eine Reihe von Gedichten verfasste.

2 Sprecht darüber, was mit dem Begriff „Inventur“ im Allgemeinen bezeichnet wird.

3 Auch das lyrische Ich des vorliegenden Gedichts führt eine Inventur durch.

a) Markiert auf der Vorlage im Portal oder einer Kopie der Seite all die Dinge, die es dabei aufzählt.
b) Betrachtet die fett gedruckten Gegenstände im Gedicht und vergleicht: Welche Bedeutung haben diese für heutige Menschen, welche für das lyrische Ich? Begründet eure Antwort.
c) Nennt den Gegenstand, der für das lyrische Ich am wertvollsten ist, und erklärt, weshalb diesem eine so hohe Bedeutung zukommt.
d) Erläutert mithilfe der Autoreninformation, des Gedichtinhalts und eurer bisherigen Antworten, in welcher Situation sich das lyrische Ich befindet.

Portal
WES-122966-038

2.2 Textelemente und Zusammenhänge zwischen Texten, Entstehungszeiten und Autorenbiografien an Beispielen aus der Literatur des 20. und 21. Jahrhunderts (mit Fachbegriffen) beschreiben

Lesen – Umgang mit Texten und Medien

4 Beschreibt mit treffenden Adjektiven, wodurch sich das lyrische Ich in der im Gedicht beschriebenen Situation wohlfühlt.

5 Beim Durchlesen des Gedichts fällt einem die Wiederholung des Wörtchens „mein“ auf. Erklärt, was der Autor damit zum Ausdruck bringen wollte.

Portal
WES-122966-038

✲ **6** Finde für die folgenden sprachlichen Auffälligkeiten ebenfalls Textbeispiele. Unterstreiche sie auf der Vorlage aus dem Portal oder einer Kopie der Seite und gib deren textbezogene Wirkung an.

Enjambements | **Aufzählung**

einfache Verben | **häufige Verwendung von Nomen** | **Superlativ**

S. 309
Tagebucheintrag

7 Erläutert mithilfe des Merkkastens auf Seite 82 und eurer bisherigen Antworten, weshalb es sich beim vorliegenden Werk um ein typisches Gedicht der Trümmerliteratur handelt.

W **8** Wähle im Folgenden zwischen a) und b).

a) Verfasse zum vorliegenden Gedicht „Inventur“ ein Parallelgedicht, in welchem deutlich wird, welche Gegenstände in deinem Leben eine Bedeutung haben. Lest euch eure Texte anschließend vor und vergleicht sie mit dem Original.

b) Das lyrische Ich sitzt am Abend mit seiner Bleistiftmine im Lager. Versetze dich in dessen Lage und verfasse einen Tagebucheintrag, in welchem deutlich wird, welche Gedanken und Gefühle in ihm vorgehen. Mit dem folgenden Ausschnitt aus dem Tagebuch eines in Russland gefangenen deutschen Soldaten kannst du beginnen:

[...] Als der Abend nahte, versuchten wir, uns auf dem Boden, so gut es ging, einzurichten. Der Hunger wurde aus der noch vorhandenen Notverpflegung gestillt. Man musste aber schon auf der Hut sein. Es waren welche dabei, die wohl Hunger, aber nichts zu essen mehr hatten. Es ging schon los mit den ersten Diebstählen oder mit der gewaltsamen Wegnahme von Lebensmitteln, wenn einer sich nicht wehren konnte. In der Nacht wurde es empfindlich kalt. Ich war froh über meine gefütterte Tarnjacke.

Nelly Sachs: „Chor der Geretteten“

1 Lest euch das folgende Gedicht aufmerksam durch.

Chor der Geretteten

Nelly Sachs

Wir Geretteten,
Aus deren hohlem Gebein der Tod schon seine Flöten schnitt,
An deren Sehnen der Tod schon seinen Bogen strich –
Unsere Leiber klagen noch nach
Mit ihrer verstümmelten Musik.
Wir Geretteten,
Immer noch hängen die Schlingen für unsere Hälse gedreht
Vor uns in der blauen Luft –
Immer noch füllen sich die Stundenuhren mit unserem tropfenden Blut.
Wir Geretteten,
Immer noch essen an uns die Würmer der Angst.
Unser Gestirn ist vergraben im Staub.
Wir Geretteten
Bitten euch:
Zeigt uns langsam eure Sonne.
Führt uns von Stern zu Stern im Schritt.
Lasst uns das Leben leise wieder lernen.
Es könnte sonst eines Vogels Lied,
Das Füllen des Eimers am Brunnen
Unseren schlecht versiegelten Schmerz aufbrechen lassen
Und uns wegschäumen –
Wir bitten euch:
Zeigt uns noch nicht einen beißenden Hund –
Es könnte sein, es könnte sein
Dass wir zu Staub zerfallen –
Vor euren Augen zerfallen in Staub.
Was hält denn unsere Webe zusammen?
Wir odemlos gewordene,
Deren Seele zu Ihm floh aus der Mitternacht
Lange bevor man unseren Leib rettete
In die Arche des Augenblicks.
Wir Geretteten,
Wir drücken eure Hand,
Wir erkennen euer Auge –
Aber zusammen hält uns nur noch der Abschied,
Der Abschied im Staub
Hält uns mit euch zusammen.

Nelly Sachs

(1891–1970) war eine jüdische deutsch-schwedische Schriftstellerin und Lyrikerin, die 1940 nach Schweden emigrierte und 1966 den Nobelpreis für Literatur verliehen bekam.

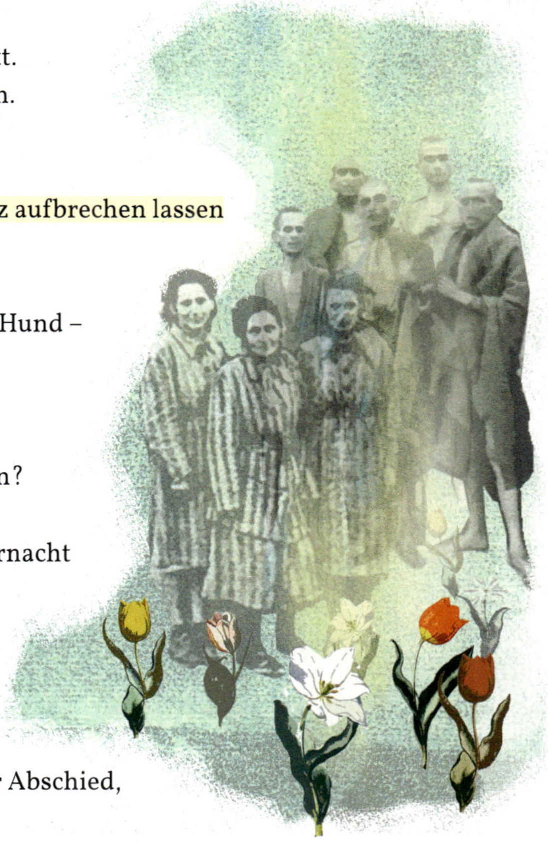

Webe
Körper

odemlos
atemlos

2.2 Textelemente und Zusammenhänge zwischen Texten, Entstehungszeiten und Autorenbiografien an Beispielen aus der Literatur des 20. und 21. Jahrhunderts (mit Fachbegriffen) beschreiben

Lesen – Umgang mit Texten und Medien

2 Erklärt anhand des Gedichtinhalts und des Fotos (S. 76 oben rechts), wer mit dem „Chor der Geretteten“ gemeint sein könnte.

3 Das Gedicht besteht lediglich aus einer Strophe, lässt sich aber in zwei Sinnabschnitte einteilen. Benenne diese beiden und begründe deine Antwort mithilfe des Gedichtinhalts.

Portal
WES-122966-039

4 Im ersten Teil des Gedichts werden die Geretteten näher beschrieben.
a) Markiere Formulierungen, die darauf hinweisen, dass sie dem Tod nur knapp entkommen sind. Nutze hierfür die Vorlage auf dem Portal oder eine Kopie der Seite.
b) Markiere nun mit einer anderen Farbe Textstellen, die darüber Auskunft geben, dass der Tod ihnen trotz der Rettung näher steht als das Leben.

5 Im zweiten Teil des Gedichts werden mehrere Bitten laut.
a) Unterstreiche, was sich die Befreiten in ihrer Situation wünschen.
b) Stellt Vermutungen an, an wen sie ihre Bitten richten.
c) Die markierten Verse geben die Folgen an, was passiert, wenn die Bitten der Geretteten nicht erfüllt werden. Sprecht darüber, was mit ihnen gemeint sein könnte.

6 Betrachtet nochmals das Ende des Gedichts.
a) Erklärt, was mit der Seele der befreiten Menschen geschehen ist. Geht in diesem Zusammenhang darauf ein, wer mit „Ihm“ gemeint ist.
b) Nennt die Textstelle, die wiedergibt, was die Geretteten mit den Überlebenden verbindet. Erläutert deren Bedeutung.

7 Nelly Sachs geht sehr stark auf die Gefühle der Befreiten ein.
a) Finde für folgende Emotionen passende Textbeispiele aus dem Gedicht.

Angst | Trauer | Einsamkeit
??? | ???

b) Benenne für die Fragezeichen weitere Gefühle, welche die Geretteten in ihrer Situation haben könnten. Finde auch hierzu – wenn möglich – Textbelege.

8 Erkläre anhand des Merkkastens von Seite 82, weshalb es sich auch beim vorliegenden Gedicht von Nelly Sachs um Trümmerliteratur handelt. Gehe dabei sowohl auf inhaltliche als auch sprachliche Merkmale ein.

* **9** Recherchiere im Internet zur Biografie von Nelly Sachs und stelle einen Zusammenhang zwischen ihrem Leben und dem Gedicht „Chor der Geretteten“ her.

2.2 breites Spektrum literarischer Texte unterscheiden, spezifische Merkmale zur Interpretation nutzen

Text- und Gedichtwerkstatt: Literatur nach 1945

Kritik an der Konsum- und Leistungsgesellschaft üben

1 Lest euch den ersten Teil der folgenden Geschichte zunächst durch oder hört euch die Audiodatei an.

Portal
WES-122966-040

Anekdote zur Senkung der Arbeitsmoral

Heinrich Böll

In einem Hafen an einer westlichen Küste Europas liegt ein ärmlich gekleideter Mann in seinem Fischerboot und döst. Ein schick angezogener Tourist legt eben einen neuen Farbfilm in seinen Fotoapparat, um das idyllische Bild zu fotografieren: blauer Himmel, grüne See mit friedlichen, schneeweißen Wellenkämmen, schwarzes Boot, rote Fischermütze. Klick. Noch einmal: klick, und da aller guten Dinge drei sind und sicher sicher ist, ein drittes Mal: klick. Das spröde, fast feindselige Geräusch weckt den dösenden Fischer, der sich schläfrig aufrichtet, schläfrig nach seiner Zigarettenschachtel angelt. Aber bevor er das Gesuchte gefunden, hat ihm der eifrige Tourist schon eine Schachtel vor die Nase gehalten, ihm die Zigarette nicht gerade in den Mund gesteckt, aber in die Hand gelegt, und ein viertes Klick, das des Feuerzeuges, schließt die eilfertige Höflichkeit ab. Durch jenes kaum messbare, nie nachweisbare Zuviel an flinker Höflichkeit ist eine gereizte Verlegenheit entstanden, die der Tourist – der Landessprache mächtig – durch ein Gespräch zu überbrücken versucht. „Sie werden heute einen guten Fang machen."

Kopfschütteln des Fischers. „Aber man hat mir gesagt, dass das Wetter günstig ist." Kopfnicken des Fischers. „Sie werden also nicht ausfahren?" Kopfschütteln des Fischers, steigende Nervosität des Touristen. Gewiss liegt ihm das Wohl des ärmlich gekleideten Menschen am Herzen, nagt an ihm die Trauer über die verpasste Gelegenheit. „Oh? Sie fühlen sich nicht wohl?" Endlich geht der Fischer von der Zeichensprache zum wahrhaft gesprochenen Wort über. „Ich fühle mich großartig", sagt er. „Ich habe mich nie besser gefühlt." Er steht auf, reckt sich, als wollte er demonstrieren, wie athletisch er gebaut ist. „Ich fühle mich fantastisch."

Der Gesichtsausdruck des Touristen wird immer unglücklicher, er kann die Frage nicht mehr unterdrücken, die ihm sozusagen das Herz zu sprengen droht: „Aber warum fahren Sie dann nicht aus?" Die Antwort kommt prompt und knapp. „Weil ich heute Morgen schon ausgefahren bin." „War der Fang gut?" „Er war so gut, dass ich nicht noch einmal ausfahren brauche, ich habe vier Hummer in meinen Körben gehabt, fast zwei Dutzend Makrelen gefangen." Der Fischer, endlich erwacht, taut jetzt auf und klopft dem Touristen auf die Schulter. Dessen besorgter Gesichtsausdruck erscheint ihm als ein Ausdruck zwar unangebrachter, doch rührender Kümmernis. „Ich habe sogar für morgen und übermorgen genug!" sagt er, um des Fremden Seele zu erleichtern. „Rauchen Sie eine von meinen?" „Ja, danke."

Heinrich Böll

(1917–1985) war einer der bedeutendsten deutschen Schriftsteller der Nachkriegszeit. Im Jahr 1972 erhielt er für sein literarisches Schaffen den Nobelpreis für Literatur.

2.2 Textelemente und Zusammenhänge zwischen Texten, Entstehungszeiten und Autorenbiografien an Beispielen aus der Literatur des 20. und 21. Jahrhunderts (mit Fachbegriffen) beschreiben

Lesen – Umgang mit Texten und Medien

2 Charakterisiert sowohl den Touristen als auch den Fischer und begründet eure Antwort mithilfe des Textinhalts. Die folgenden Adjektive helfen euch dabei:

hektisch unsicher zufrieden wortkarg irritiert erholt
nervös glücklich bescheiden

3 Erklärt, wie der Fischer auf die Frage des Touristen, warum er nicht ausfahre, reagiert.

4 Lest euch die markierte Stelle noch einmal durch und erläutert, wie der Fischer den besorgten Gesichtsausdruck des Touristen deutet.

Portal
WES-122966-041

5 Lest, wie die Geschichte weitergeht oder hört euch die Audiodatei an.

Zigaretten werden in Münder gesteckt, ein fünftes Klick, der Fremde setzt sich kopfschüttelnd auf den Bootsrand, legt die Kamera aus der Hand, denn er braucht jetzt beide Hände, um seiner Rede Nachdruck zu verleihen. „Ich will mich ja nicht in Ihre persönlichen Angelegenheiten mischen", sagt er, „aber stellen Sie sich mal vor, Sie führen heute ein zweites, ein drittes, vielleicht sogar ein viertes Mal aus, und Sie würden drei, vier, fünf, vielleicht sogar zehn Dutzend Makrelen fangen, stellen Sie sich das mal vor!"

Der Fischer nickt. „Sie würden", fährt der Tourist fort, „nicht nur heute, sondern morgen, übermorgen, ja, an jedem günstigen Tag zwei-, dreimal, vielleicht viermal ausfahren – wissen Sie, was geschehen würde?" Der Fischer schüttelt den Kopf.

„Sie würden sich in spätestens einem Jahr einen Motor kaufen können, in zwei Jahren ein zweites Boot, in drei oder vier Jahren könnten Sie vielleicht einen kleinen Kutter haben, mit zwei Booten oder dem Kutter würden Sie natürlich viel mehr fangen – eines Tages würden Sie zwei Kutter haben, Sie würden …", die Begeisterung verschlägt ihm für ein paar Augenblicke die Stimme, „Sie würden ein kleines Kühlhaus bauen, vielleicht eine Räucherei, später eine Marinadenfabrik, mit einem eigenen Hubschrauber rundfliegen, die Fischschwärme ausmachen und Ihren Kuttern per Funk Anweisung geben, sie könnten die Lachsrechte erwerben, ein Fischrestaurant eröffnen, den Hummer ohne Zwischenhändler direkt nach Paris exportieren – und dann …" – wieder verschlägt die Begeisterung dem Fremden die Sprache. Kopfschüttelnd, im tiefsten Herzen betrübt, seiner Urlaubsfreude schon fast verlustig, blickt er auf die friedlich hereinrollende Flut, in der die ungefangenen Fische munter springen. „Und dann", sagt er, aber wieder verschlägt ihm die Erregung die Sprache. Der Fischer klopft ihm auf den Rücken wie einem Kind, das sich verschluckt hat. „Was dann?", fragt er leise. „Dann", sagt der Fremde mit stiller Begeisterung, „dann könnten Sie beruhigt hier im Hafen sitzen, in der Sonne dösen – und auf das herrliche Meer blicken."

2.2 breites Spektrum literarischer Texte unterscheiden, spezifische Merkmale zur Interpretation nutzen

6 Der fremde Tourist ist irritiert davon, dass der Fischer am helllichten Tag dösend in seinem Boot liegt.

a) Nenne alle Vorschläge des Touristen, die darüber Auskunft geben, was der Fischer tun könnte, um noch mehr Geld zu verdienen.

b) Markiere auf einer Kopie der Seite oder der Vorlage auf dem Portal, was der Fischer nach Meinung des Touristen alles tun könnte, wenn er sich ein großes Fischereiunternehmen aufgebaut hat.

7 Lest nun das Ende der Geschichte.

„Aber das tu ich ja schon jetzt“, sagt der Fischer, „ich sitze beruhigt am Hafen und döse, nur Ihr Klicken hat mich dabei gestört.“ Tatsächlich zog der solcherlei belehrte Tourist nachdenklich von dannen, denn früher hatte er auch einmal geglaubt, er arbeite, um eines Tages einmal nicht mehr arbeiten zu müssen, aber es blieb keine Spur von Mitleid mit dem ärmlich gekleideten Fischer in ihm zurück, nur ein wenig Neid.

8 Erklärt, wie der Fischer auf die Visionen des Touristen reagiert, und was diese Antwort beim Touristen bewirkt.

9 Verfasse einen inneren Monolog, in welchem deutlich wird, was im Touristen vorgeht, als er den Fischer verlässt.

S. 302
(innerer) Monolog

10 Stelle einen Zusammenhang her zwischen dem vorliegenden Text und der Redewendung „Der Mensch lebt nicht, um zu arbeiten, sondern arbeitet, um zu leben“.

11 Heinrich Böll schrieb seine „Anekdote zur Senkung der Arbeitsmoral“ mitten im deutschen Wirtschaftsboom für eine Sendung des Norddeutschen Rundfunks zum Tag der Arbeit am 1. Mai 1963.

a) Lies dir folgenden Textauszug zu den Auswüchsen des Wirtschaftswachstums der 1950er Jahre durch.

[…] Nach dem Zweiten Weltkrieg wurde Wirtschaftswachstum zu einem wichtigen Ziel der Industrieländer, etwas später auch für „Entwicklungsländer“. In der Nachkriegszeit wurden Infrastruktur, Wohnungen und Fabriken wieder aufgebaut. Vorherrschend war das „quantitative Wachstumsparadigma“, das auf der Annahme beruht, dass sich wirtschaftliche, soziale und ökologische Probleme durch Wirtschaftswachstum (Anstieg des Bruttoinlandsprodukts) lösen lassen. Gleichzeitig führte Wirtschaftswachstum zu einer Zunahme des Energie- und Ressourcenverbrauchs, der Abfallproduktion und weiterer Eingriffe in natürliche Lebensräume. Ende der 1950er Jahre begann die gesellschaftliche Thematisierung dieser negativen Auswirkungen des Wirtschaftswachstums, auch wenn der Wachstumsglaube ungebrochen blieb. […]

Wirtschaftswachstum hat zu einer Steigerung von Wohlstand geführt, die damit einhergehende Zunahme an materiellen Werten und Zielen hat jedoch auch negati-

Entwicklungsland
ein Land, bei dem die Mehrzahl seiner Bewohner einen relativ niedrigen Lebensstandard hat

quantitatives Wachstum
Erhöhung der Menge der erzeugten Waren und Dienstleistungen

Bruttoinlandsprodukt
Wert aller Waren und Dienstleistungen, die in einem Jahr innerhalb der Grenzen einer Volkswirtschaft produziert werden

2.2 Textelemente und Zusammenhänge zwischen Texten, Entstehungszeiten und Autorenbiografien an Beispielen aus der Literatur des 20. und 21. Jahrhunderts (mit Fachbegriffen) beschreiben

Lesen – Umgang mit Texten und Medien

ve Effekte. Moderne Lebensstile sind von einem Konsumniveau geprägt, das oft weit über der Erfüllung der Grundbedürfnisse liegt. Umfangreiche empirische Studien in den Industrieländern zeigen, dass die großen Zuwächse an Wirtschaftswachstum und Konsum seit den 1960ern nicht mit einer Steigerung der Lebensqualität einhergehen. Wirtschaftswachstum und Überkonsum führen nicht notwendigerweise zu gesteigertem individuellen und gesamten Wohlbefinden. [...]

Einer der wichtigsten Treiber von Wirtschaftswachstum ist die Steigerung der Produktivität. Ein Ansteigen der Arbeitsproduktivität bedeutet oftmals eine Intensivierung der Arbeit – mehr in weniger Zeit schaffen – und ein höherer arbeitsbezogener Stress. Stress führt nicht nur zu physischen Gesundheitsproblemen wie Kopfschmerzen, erhöhtem Blutdruck und Herzattacken, sondern auch zu psychischen Krankheiten wie Depressionen und Burnout sowie allgemein zu geringerer Lebenszufriedenheit. [...]

b) Erläutere, weshalb das Wirtschaftswachstum nach dem Zweiten Weltkrieg zu einem wichtigen Ziel erklärt wurde.
c) Nenne einige der im Artikel aufgeführten negativen Folgen des Wirtschaftswachstums sowohl für die Gesellschaft als auch für die einzelnen Bürgerinnen und Bürger.
d) Stellt Vermutungen an, was Heinrich Böll mit dieser Geschichte bei dem Leser bzw. der Leserin erreichen will. Bezieht sowohl den Artikel als auch die Überschrift der Geschichte in eure Ausführungen mit ein.

12 Erklärt, inwieweit die Thematik des vorliegenden Textes auch heute noch aktuell ist. Folgende Bilder und Schlagwörter helfen euch dabei.

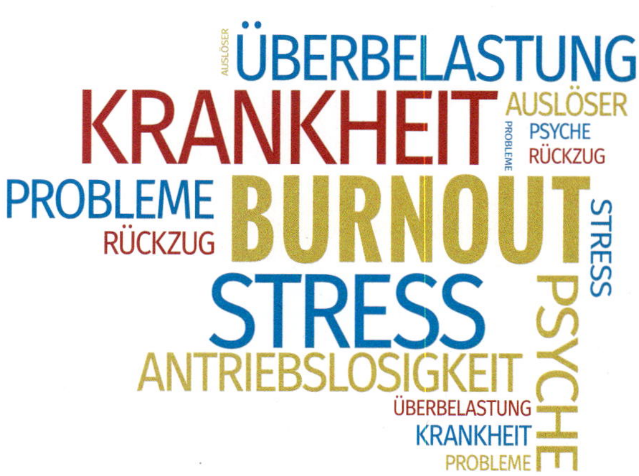

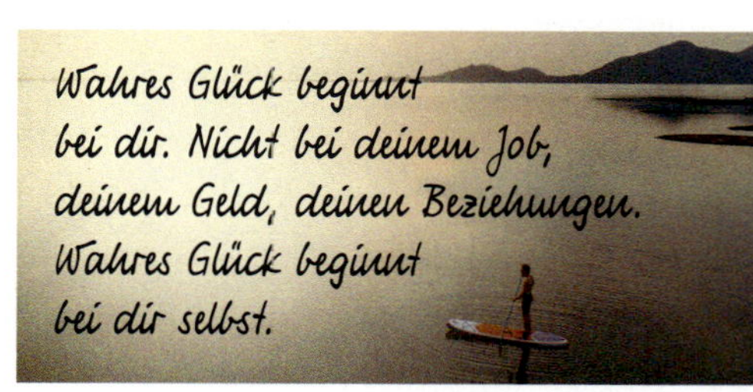

* **13** Formuliere sinnvolle Tipps, wie man im Arbeitsleben dauerhaft gesund bleiben kann. Tauscht euch anschließend in der Klasse darüber aus.

2.2 Textelemente und Zusammenhänge zwischen Texten, Entstehungszeiten und Autorenbiografien an Beispielen aus der Literatur des 20. und 21. Jahrhunderts (mit Fachbegriffen) beschreiben

Text- und Gedichtwerkstatt: Literatur nach 1945

Politische Lyrik im historischen Kontext verstehen

1 Lest euch den folgenden Liedtext durch oder hört euch den Song im Internet an.

Ermutigung

Wolf Biermann

Du, lass dich nicht verhärten
In dieser harten Zeit
Die allzu hart sind, brechen
Die allzu spitz sind, stechen
Und brechen ab sogleich
Und brechen ab sogleich

Du, lass dich nicht verbittern
In dieser bitt'ren Zeit
Die Herrschenden erzittern
Sitzt du erst hinter Gittern
Doch nicht vor deinem Leid
Auch nicht vor deinem Leid

Du, lass dich nicht erschrecken
In dieser Schreckenszeit
Das woll'n sie doch bezwecken
Dass wir die Waffen strecken
Schon vor dem großen Streit
Schon vor dem großen Streit

Du, lass dich nicht verbrauchen
Gebrauche deine Zeit
Du kannst nicht untertauchen
Du brauchst uns und wir brauchen
Grad deine Heiterkeit
Grad deine Heiterkeit

Wir woll'n es nicht verschweigen
In dieser Schweigezeit
Das Grün bricht aus den Zweigen
Wir wolln das allen zeigen
Dann wissen sie Bescheid
Dann wissen sie Bescheid

Karl Wolf Biermann
*(*1936) ist ein deutscher Liedermacher und Lyriker. Er siedelte 1953 in die DDR über, wurde aber rasch zu einem Kritiker der SED und DDR, weswegen 1965 gegen ihn ein Auftritts- und Publikationsverbot verhängt wurde. 1976 wurde er ausgebürgert.*

2 Um die Aussage des Liedes und die Intention Biermanns zu verstehen, ist es wichtig zu erfahren, unter welchen Umständen der Text entstand.
a) Lies dir folgenden kurzen Informationstext dazu durch.

Wolf Biermann schrieb das Gedicht „Ermutigung" für seinen Freund Peter Huchel. Der Lyriker war seit der Gründung der literarischen Zeitschrift Sinn und Form in Berlin im Jahr 1949 ihr Chefredakteur. 1962 wurde er gezwungen, seinen Posten als Chefredakteur zu kündigen, da seine Beiträge immer wieder in Konflikt gerieten mit den offiziellen Stellen der DDR. Vom Ministerium für Staatssicherheit (Stasi) wurde er daraufhin überwacht und lebte bis auf den Besuch weniger Freunde von der Außenwelt isoliert in seinem Haus bei Potsdam. Reisen waren ihm untersagt, seine Post wurde konfisziert; erst 1971 gestattete man Huchels Ausreise aus der DDR.

Lesen – Umgang mit Texten und Medien

b) Fasse zusammen, welches Schicksal Peter Huchel, für den sein Freund Wolf Biermann dieses Gedicht schrieb, widerfuhr.
c) Sprecht mithilfe eures Geschichtswissens darüber, was ihr noch alles über die Deutsche Demokratische Republik und das Leben der Menschen dort wisst.

Portal
WES-122966-042

3 Das Gedicht trägt den Titel „Ermutigung“.
a) Markiere auf der Vorlage auf dem Portal oder einer Kopie der Seite in den ersten vier Strophen Textstellen, die für das angesprochene „Du“ ermutigend klingen.
b) Erkläre, wie diese Verse sprachlich gestaltet sind.
c) Stellt Vermutungen an, welche Folgen es hätte, wenn man sich „verhärten“, „verbittern“, „erschrecken“ und „verbrauchen“ lassen würde.

4 Die fünfte Strophe des Liedes unterscheidet sich von den ersten vier.
a) Erläutere, was in dieser mit dem angesprochenen „Du“ passiert und was mit der „Schweigezeit“ gemeint sein könnte.
b) Erkläre, wozu der Autor mit den markierten Versen aufrufen möchte.

5 Recherchiere im Internet über die Biografie Biermanns und erkläre, weshalb er das Lied auch für sich und viele andere Künstler und Künstlerinnen der DDR geschrieben hat. Folgende Schlagzeile hilft dir dabei.

> **Kritisch, unerwünscht, ausgebürgert:**
> **Künstler in der DDR**

6 Wolf Biermann gab selbst an, dass seine „Ermutigung“ auf Bertolt Brechts Gedicht „Gegen Verführung“ zurückgehe.
a) Lest euch dieses zunächst einmal durch.

Gegen Verführung

Bertolt Brecht

Lasst euch nicht verführen!
Es gibt keine Wiederkehr.
Der Tag steht in den Türen;
Ihr könnt schon Nachtwind spüren:
Es kommt kein Morgen mehr.

Lasst euch nicht betrügen!
Das Leben wenig ist.
Schlürft es in vollen Zügen!
Es wird euch nicht genügen
Wenn ihr es lassen müsst!

Lasst euch nicht vertrösten!
Ihr habt nicht zu viel Zeit!
Lasst Moder den Erlösten!
Das Leben ist am größten:
Es steht nicht mehr bereit.

Lasst euch nicht verführen
Zu Fron und Ausgezehr!
Was kann euch Angst noch rühren?
Ihr sterbt mit allen Tieren
Und es kommt nichts nachher.

Fron
einem Herrn geschuldete, erzwungene Arbeit

2.2 Textelemente und Zusammenhänge zwischen Texten, Entstehungszeiten und Autorenbiografien an Beispielen aus der Literatur des 20. und 21. Jahrhunderts (mit Fachbegriffen) beschreiben

b) Benennt sowohl inhaltliche als auch sprachliche Gemeinsamkeiten der beiden Gedichte.

c) Erklärt, inwieweit sich die letzte Strophe der beiden Gedichte unterscheiden. Geht dabei besonders auf die Stimmung ein, die darin jeweils vermittelt wird.

7 Das Lied Biermanns wurde zur „heimlichen Nationalhymne der DDR“ und zum „beliebtesten Lied in den Gefängnissen der DDR“. Erklärt, welche Gründe es dafür wohl geben mag.

8 Auch in Westdeutschland gibt es zu der Zeit Schriftsteller und Sänger, die mit ihren Texten gesellschaftliche oder politische Zustände kritisieren. Lest euch dazu den folgenden Liedtext durch oder hört euch den Song im Internet an.

Wozu sind Kriege da?

Udo Lindenberg

Keiner will sterben, das ist doch klar
wozu sind denn dann Kriege da
Herr Präsident, du bist doch einer von diesen Herren
du musst das doch wissen
Kannst du mir das mal erklären
Keine Mutter will ihre Kinder verlieren
und keine Frau ihren Mann
Also warum müssen Soldaten losmarschieren
Um Menschen zu ermorden – mach mir das mal klar
Wozu sind Kriege da

Herr Präsident, ich bin jetzt zehn Jahre alt
und ich fürchte mich in diesem Atomraketenwald
Sag mir die Wahrheit, sag mir das jetzt
wofür wird mein Leben aufs Spiel gesetzt
Und das Leben all der andern – sag mir mal warum
sie laden die Gewehre und bringen sich gegenseitig um
Sie stehn sich gegenüber und könnten Freunde sein
doch bevor sie sich kennenlernen, schießen sie sich tot
Ich find das so bekloppt, warum muss das so sein

Habt ihr alle Milliarden Menschen überall auf der Welt
gefragt, ob sie das so wollen
oder geht's da auch um Geld
Viel Geld für die wenigen Bonzen,
die Panzer und Raketen bauen
und dann Gold und Brillanten kaufen
für ihre eleganten Frauen
Oder geht's da nebenbei auch um so religiösen Zwist

Udo Lindenberg

*(*1946 in Gronau) ist ein deutscher Rockmusiker, Schriftsteller und Maler. Als einer der ersten Rockmusiker sang er Texte in deutscher Sprache.*

Bonzen
reiche oder einflussreiche Personen

Zwist
Konflikt

Lesen – Umgang mit Texten und Medien

dass man sich nicht einig wird
welcher Gott nun der wahre ist

Oder was gibt's da noch für Gründe
die ich genauso bescheuert find
Na ja, vielleicht kann ich's noch nicht verstehen
wozu Kriege nötig sind
Ich bin wohl noch zu klein
ich bin ja noch ein Kind

9 Mit seinem Lied tritt Udo Lindenberg entschieden gegen Kriege ein und macht die Präsidenten eines Landes für deren Entstehung mitverantwortlich.

a) Gib wieder, was du im Lied über das lyrische Ich erfährst.
b) Markiere auf einer Kopie der Seiten oder der Vorlage auf dem Portal die negativen Folgen des Krieges, welche im Lied genannt werden.
c) Markiere mit einer anderen Farbe Fragen, die das lyrische Ich an den Präsidenten stellt, und erkläre, was es mit diesen Fragen bezwecken möchte.
d) Nennt Textstellen, die Auskunft über die Ursachen von Kriegen geben.

Portal
WES-122966-043

10 Lest euch die letzten vier Verse des Liedes noch einmal durch und sprecht darüber, ob das lyrische Ich mit seiner Einstellung recht hat.

11 Erklärt mithilfe des Merkkastens, weshalb es sich auch beim Lied von Udo Lindenberg um politische Lyrik handelt.

W **12** Wähle im Folgenden zwischen a) oder b).

a) Versetze dich in die Lage des lyrischen Ichs und verfasse eine weitere Strophe im Stil der Vorlage.
b) Schreibe einen Brief an den Präsidenten aus dem Liedtext und unterbreite ihm in diesem Vorschläge, was er tun kann, um Kriege zu verhindern.

Politische Lyrik

Unter **politischer Lyrik** versteht man Gedichte, die **politische und soziale Themen, Ereignisse oder Ideen** zum Inhalt haben und dazu Stellung nehmen. Mit diesen möchte man die **Menschen zum Nachdenken über die aktuelle Situation ermutigen** und auf **Vorgänge in Staat und Gesellschaft einwirken**.
Oftmals wird politische Lyrik in der **Ich- oder Wir-Form** geschrieben und ein direktes oder indirektes **Gegenüber angesprochen**. Man fordert zu **Kritik oder Handeln** auf.
Politische Lyrik enthält häufig **Ironie, Spott**. Diese werden z. B. eingesetzt, um die Kritisierten mit ihren eigenen Aussagen zu treffen, indem sie ironisch oder spöttisch ins Gegenteil verkehrt werden.

2.2 interpretierend Mittel und Ziele politischer Lyrik im historischen Kontext vergleichen

Text- und Gedichtwerkstatt: Literatur nach 1945

Drama: Der Besuch der alten Dame

1 Sprecht zunächst darüber, welche Erwartungen ein Drama mit dem Titel „Der Besuch der alten Dame“ bei euch weckt.

2 Im Folgenden findet ihr eine Inhaltszusammenfassung vom Beginn des Dramas „Der Besuch der alten Dame“ von Friedrich Dürrenmatt.
a) Lest euch diese zunächst durch.

Am heruntergekommenen Bahnhof des verarmten Städtchens Güllen warten Bürger auf die Ankunft ihrer ehemaligen Mitbürgerin Klara Wäscher, die jetzt Claire Zachanassian heißt und Multimilliardärin ist. Sie erhoffen sich von einer großzügigen Spende der Zachanassian einen wirtschaftlichen Aufschwung der Gemeinde.

Während ein Pfändungsbeamter die letzten Besitztümer der Stadt pfänden will, unterhalten sich der Bürgermeister und Alfred Ill, ein Jugendfreund Klara Wäschers, über die Feierlichkeiten zum Empfang des Gastes. Nachdem Claire Zachanassian früher als erwartet mit ihrem Gefolge dem Schnellzug „Rasender Roland“ entsteigt, beginnen die mehr oder weniger improvisierten Feierlichkeiten, bei der sich einzelne Persönlichkeiten des Ortes (Polizist, Pfarrer, Arzt und Lehrer) vorstellen. Während Claire Zachanassian in Begleitung Ills alte gemeinsame Liebesorte aufsucht, wundern sich die Güllener über ihr Gepäck, zahlreiche Koffer und einen schwarzen Sarg, über zwei blinde Männer aus ihrer Begleitung, ihren seltsamen Ehemann und einen schwarzen Panther, den sie ebenfalls mit sich führt.

Beim Gespräch Ills mit Claire Zachanassian erfährt man, dass dieser Claire wegen seiner jetzigen Frau verlassen hat. Claire verließ daraufhin Güllen, arbeitete als Prostituierte in Hamburg und heiratete später den alten Zachanassian, der ihr Milliarden hinterließ. Ill bittet Claire im Laufe des Gesprächs zudem, das Städtchen nicht im Stich zu lassen, was diese ihm zusagt.

Friedrich Dürrenmatt
(1921–1990) war ein Schweizer Schriftsteller, Dramatiker und Maler. Zu seinen bekanntesten Werken zählen neben „Der Besuch der alten Dame“ der Kriminalroman „Der Richter und sein Henker“ und das Drama „Die Physiker“.

b) Benennt wesentliche Figuren des Dramas und sprecht darüber, was ihr über diese erfahrt.
c) Erklärt, in welcher Lage sich die Stadt Güllen befindet und was die Bürgerinnen und Bürger der Stadt sich vom Besuch der alten Dame erhoffen. Vergleicht diese Erwartungen mit euren eigenen aus Aufgabe 1).
d) Stellt Vermutungen an, weshalb Claire Zachanassian einen schwarzen Sarg mit sich führt.

Tipp
Lege eine Figurenkonstellation an, die du im Verlauf des Dramas ergänzt. Nutze dafür die Vorlage aus dem Portal:

Portal
WES-122966-044

3 Lest nun, wie der erste Akt des Dramas endet.

CLAIRE ZACHANASSIAN Bürgermeister, Güllener. Eure selbstlose Freude über meinen Besuch rührt mich. Ich war zwar ein etwas anderes Kind, als ich nun in der Rede des Bürgermeisters vorkomme, in der Schule wurde ich geprügelt, und

2.2 Textelemente und Zusammenhänge zwischen Texten, Entstehungszeiten und Autorenbiografien an Beispielen aus der Literatur des 20. und 21. Jahrhunderts (mit Fachbegriffen) beschreiben

Lesen – Umgang mit Texten und Medien

Kupplerin
eine Frau, die fremde Menschen zusammenbringt, meist mit der Absicht einer Partnerschaft oder Ehe

die Kartoffeln für die Witwe Boll habe ich gestohlen, gemeinsam mit Ill, nicht um die alte Kupplerin vor dem Hungertode zu bewahren, sondern um mit Ill einmal in einem Bett zu liegen, wo es bequemer war als im Konradsweilerwald oder in der Peterschen Scheune. Um jedoch meinen Beitrag an eure Freude zu leisten, will ich gleich erklären, dass ich bereit bin, Güllen eine Milliarde zu schenken. Fünfhundert Millionen der Stadt und fünfhundert Millionen verteilt auf alle Familien.

Totenstille

DER BÜRGERMEISTER *stotternd* Eine Milliarde.

Alle immer noch in Erstarrung.

CLAIRE ZACHANASSIAN Unter einer Bedingung.

Alle brechen in einen unbeschreiblichen Jubel aus. Tanzen herum, stehen auf den Stühlen, der Turner turnt usw. Ill trommelt sich begeistert auf die Brust.

ILL Die Klara! Goldig! Wunderbar! Zum Kugeln! Voll und ganz mein Zauberhexchen! *Er küsst sie.*

DER BÜRGERMEISTER Unter einer Bedingung, haben gnädige Frau gesagt. Darf ich diese Bedingung wissen?

CLAIRE ZACHANASSIAN Ich will die Bedingung nennen. Ich gebe euch eine Milliarde und kaufe mir dafür die Gerechtigkeit.

Totenstille.

DER BÜRGERMEISTER Wie ist dies zu verstehen, gnädige Frau?

CLAIRE ZACHANASSIAN Wie ich es sagte.

DER BÜRGERMEISTER Die Gerechtigkeit kann man doch nicht kaufen!

CLAIRE ZACHANASSIAN Man kann alles kaufen.

DER BÜRGERMEISTER Ich verstehe immer noch nicht.

CLAIRE ZACHANASSIAN Tritt vor, Boby.

Der Butler tritt von rechts in die Mitte zwischen die drei Tische, zieht die dunkle Brille ab.

DER BUTLER Ich weiß nicht, ob mich noch jemand von euch erkennt.

DER LEHRER Der Oberrichter Hofer.

DER BUTLER Richtig. Der Oberrichter Hofer. Ich war vor fünfundvierzig Jahren Oberrichter in Güllen und kam dann ins Kaffiger Appellationsgericht, bis mir vor nun fünfundzwanzig Jahren Frau Zachanassian das Angebot machte, als Butler in ihre Dienste zu treten. Ich habe angenommen. Eine für einen Akademiker vielleicht etwas seltsame Karriere, doch die angebotene Besoldung war derart fantastisch –

CLAIRE ZACHANASSIAN Komm zum Fall, Boby.

DER BUTLER Wie ihr vernommen habt, bietet Frau Claire Zachanassian eine Milliarde und will dafür Gerechtigkeit. Mit anderen Worten: Frau Claire Zachanassian bietet eine Milliarde, wenn ihr das Unrecht wiedergutmacht, das Frau Zachanassian in Güllen angetan wurde. Herr Ill, darf ich bitten.

Ill steht auf, bleich, gleichzeitig erschrocken und verwundert.

ILL Was wollen Sie von mir?

DER BUTLER Treten Sie vor, Herr Ill.

ILL Bitte. *Er tritt vor den Tisch rechts. Lacht verlegen. Zuckt die Achseln.*

DER BUTLER Es war im Jahre 1910. Ich war Oberrichter in Güllen und hatte eine

2.1 komplexeren literarischen und pragmatischen Texten selbstständig wesentliche Informationen entnehmen

Vaterschaftsklage zu behandeln. Claire Zachanassian, damals Klara Wäscher, klagte Sie, Herr Ill, an, der Vater ihres Kindes zu sein.

Ill schweigt.

DER BUTLER Sie bestritten damals die Vaterschaft, Herr Ill. Sie hatten zwei Zeugen mitgebracht.

ILL Alte Geschichten. Ich war jung und unbesonnen.

CLAIRE ZACHANASSIAN Führt Koby und Loby vor, Toby und Roby.

Die beiden kaugummikauenden Monstren führen die beiden blinden Eunuchen, die sich fröhlich an der Hand halten, in die Mitte der Bühne. […]

Eunuch kastrierter Mensch

DER BUTLER 1910 war ich der Richter und ihr die Zeugen. Was habt ihr geschworen, Ludwig Sparr und Jakob Hühnlein, vor dem Gericht zu Güllen?

DIE BEIDEN Wir hätten mit Klara geschlafen, wir hätten mit Klara geschlafen.

DER BUTLER So habt ihr vor mir geschworen. Vor dem Gericht, vor Gott. War dies die Wahrheit?

DIE BEIDEN Wir haben falsch geschworen, wir haben falsch geschworen.

DER BUTLER Warum, Ludwig Sparr und Jakob Hühnlein?

DIE BEIDEN Ill hat uns bestochen, Ill hat uns bestochen.

DER BUTLER Womit?

DIE BEIDEN Mit einem Liter Schnaps, mit einem Liter Schnaps.

CLAIRE ZACHANASSIAN Erzählt nun, was ich mit euch getan habe, Koby und Loby.

DER BUTLER Erzählt es.

DIE BEIDEN Die Dame ließ uns suchen, die Dame ließ uns suchen.

DER BUTLER So ist es. Claire Zachanassian ließ euch suchen. In der ganzen Welt. Jakob Hühnlein war nach Kanada ausgewandert und Ludwig Sparr nach Australien. Aber sie fand euch. […]

DER BUTLER Dies ist die Geschichte: Ein Richter, ein Angeklagter, zwei falsche Zeugen, ein Fehlurteil im Jahre 1910. Ist es nicht so, Klägerin?

Claire Zachanassian steht auf.

ILL *stampft auf den Boden* Verjährt, alles verjährt! Eine alte, verrückte Geschichte.

DER BUTLER Was geschah mit dem Kind, Klägerin?

CLAIRE ZACHANASSIAN *leise* Es lebte ein Jahr.

DER BUTLER Was geschah mit Ihnen?

CLAIRE ZACHANASSIAN Ich wurde eine Dirne.

Dirne eine Prostituierte

DER BUTLER Weshalb?

CLAIRE ZACHANASSIAN Das Urteil des Gerichts machte mich dazu.

DER BUTLER Und nun wollen Sie Gerechtigkeit, Claire Zachanassian?

CLAIRE ZACHANASSIAN Ich kann sie mir leisten. Eine Milliarde für Güllen, wenn jemand Alfred Ill tötet.

Totenstille.

FRAU ILL *stürzt auf Ill zu, umklammert ihn* Fredi!

ILL Zauberhexchen! Das kannst du doch nicht fordern! Das Leben ging doch längst weiter!

CLAIRE ZACHANASSIAN Das Leben ging weiter, aber ich habe nichts vergessen,

Lesen – Umgang mit Texten und Medien

ILL. Weder den Konradsweilerwald noch die Petersche Scheune, weder die Schlafkammer der Witwe Boll noch deinen Verrat. Nun sind wir alt geworden, beide, du verkommen und ich von den Messern der Chirurgen zerfleischt, und jetzt will ich, dass wir abrechnen, beide: Du hast dein Leben gewählt und mich in das meine gezwungen. Du wolltest, dass die Zeit aufgehoben würde, eben, im Wald unserer Jugend, voll von Vergänglichkeit. Nun habe ich sie aufgehoben, und nun will ich Gerechtigkeit, Gerechtigkeit für eine Milliarde.

Der Bürgermeister steht auf, bleich, würdig.

DER BÜRGERMEISTER Frau Zachanassian: Noch sind wir in Europa, noch sind wir keine Heiden. Ich lehne im Namen der Stadt Güllen das Angebot ab. Im Namen der Menschlichkeit. Lieber bleiben wir arm denn blutbefleckt.

Riesiger Beifall.

CLAIRE ZACHANASSIAN Ich warte.

Heiden

Menschen, die keiner oder einer anderen als der christlichen, jüdischen oder muslimischen Religion angehören

4 Im obigen Textteil des Dramas wird klar, weshalb Claire Zachanassian ihre alte Heimatstadt Güllen besucht.

a) Nennt das Angebot, welches Claire der Stadt unterbreitet, und geht darauf ein, unter welcher Bedingung sie bereit ist, dieses zu erfüllen.

b) Erklärt mithilfe des Drameninhalts, wie sie dazu kommt, ein solches Angebot auszusprechen. Sprecht in diesem Zusammenhang auch darüber, welche Rolle Ill dabei spielt und was für Claire Gerechtigkeit bedeutet.

c) Erläutert, wie der Bürgermeister in Namen der Güllener auf das Angebot reagiert, und nennt seine Beweggründe.

5 Lest im Folgenden, wie der zweite Akt des Dramas verläuft.

Es scheint zunächst so, als verhalten sich die Güllener gegenüber Ill völlig normal. Selbst seine Kinder suchen sich Arbeit, um nicht auf das Geld von Claire Zachanassian angewiesen zu sein, die im „Goldenen Apostel“ residiert. Ill wird jedoch bald eines Besseren belehrt. Nach und nach kommen immer mehr Güllener in seinen Krämerladen, kaufen teurere Sachen als sonst üblich und lassen anschreiben. Ihm wird allmählich klar, dass die Güllener ihren Konsum nur durch seinen Tod bezahlen können. Beim Polizisten der Stadt verlangt er vergebens die Verhaftung Zachanassians. Auch bei einem Besuch beim Bürgermeister, der bereits ein neues Stadthaus plant, wird Ill klar, dass dieser nicht auf seiner Seite steht. Er erkennt, dass er schon zum Tode verurteilt ist, und sucht schlussendlich Zuflucht beim Pfarrer, welcher ihn anfleht zu fliehen. Nachdem auch der Versuch, Claire umzustimmen, scheitert, bleibt in der Tat nur noch die Flucht.

6 Zunächst scheint es so, als würden die Bewohner Güllens zu Ill halten.

a) Gebt wieder, inwieweit sich ihr Verhalten im Laufe des zweiten Aktes ändert, und nennt mögliche Beweggründe dafür.

b) Erklärt, weshalb Ill den Rat des Pfarrers befolgt, und plant, zu fliehen.

7 Lest nun, wie der Fluchtversuch Ills am Ende des zweiten Aktes abläuft.

[...] Aus dem Hintergrund kommt Ill mit einem alten Köfferchen in der Hand, schaut sich um. Langsam, wie zufällig, kommen von allen Seiten Güllener hinzu. Ill zögert, bleibt stehen.

DER BÜRGERMEISTER Grüß Gott, Ill.

ALLE Grüß Gott!

ILL *zögernd* Grüß Gott.

DER LEHRER Wo geht's denn hin mit dem Koffer?

ALLE Wo geht's denn hin?

ILL Zum Bahnhof.

DER BÜRGERMEISTER Wir begleiten Sie!

DER ERSTE Wir begleiten Sie!

DER ZWEITE Wir begleiten Sie!

Immer mehr Güllener erscheinen.

ILL Das müsst ihr nicht, wirklich nicht. Es ist nicht der Rede wert.

DER BÜRGERMEISTER Sie verreisen, Ill?

ILL Ich verreise.

DER POLIZIST Wohin denn?

ILL Ich weiß nicht. Nach Kalberstadt und dann weiter –

DER LEHRER So – und dann weiter.

ILL Nach Australien am liebsten. Irgendwie werde ich das Geld schon auftreiben. *Er geht wieder auf den Bahnhof zu.*

DER DRITTE Nach Australien!

DER VIERTE Nach Australien!

DER MALER Warum denn?

ILL *verlegen* Man kann schließlich nicht immer am gleichen Ort leben – jahraus, jahrein.

Er beginnt zu rennen, erreicht den Bahnhof. Die andern rücken gemächlich nach, umgeben ihn.

DER BÜRGERMEISTER Nach Australien auswandern. Das ist doch lächerlich.

DER ARZT Und für Sie am gefährlichsten.

DER LEHRER Einer der beiden kleinen Eunuchen ist schließlich auch nach Australien ausgewandert.

DER POLIZIST Hier sind Sie am sichersten.

ALLE Am sichersten, am sichersten.

Ill schaut sich ängstlich um, wie ein gehetztes Tier.

ILL *leise* Ich schrieb dem Regierungsstatthalter nach Kaffigen.

DER BÜRGERMEISTER Na und?

ILL Keine Antwort.

DER LEHRER Ihr Misstrauen ist unbegreiflich.

DER ARZT Niemand will Sie töten.

ALLE Niemand, niemand.

ILL Die Post schickte den Brief nicht ab.

DER MALER Unmöglich.

2.2 Textelemente und Zusammenhänge zwischen Texten, Entstehungszeiten und Autorenbiografien an Beispielen aus der Literatur des 20. und 21. Jahrhunderts (mit Fachbegriffen) beschreiben

Lesen – Umgang mit Texten und Medien

DER BÜRGERMEISTER Der Postbeamte ist Mitglied des Stadtrates.

DER LEHRER Ein Ehrenmann.

[...]

ILL Man baut!

DER BÜRGERMEISTER Na und?

ILL Immer reicher werdet ihr, immer wohlhabender!

ALLE Na und?

Glockenton.

DER LEHRER Sie sehen ja, wie beliebt Sie sind.

DER BÜRGERMEISTER Das ganze Städtchen begleitet Sie.

DER DRITTE Das ganze Städtchen!

DER VIERTE Das ganze Städtchen!

ILL Ich habe euch nicht hergebeten.

DER ZWEITE Wir werden doch noch von dir Abschied nehmen dürfen.

DER BÜRGERMEISTER Als alte Freunde.

ALLE Als alte Freunde! Als alte Freunde!

Zuggeräusch. Der Bahnhofsvorstand nimmt die Kelle. Links erscheint der Kondukteur, als wäre er eben vom Zuge gesprungen.

Kondukteur Schaffner

DER KONDUKTEUR *mit langgezogenem Schrei* Güllen!

DER BÜRGERMEISTER Das ist Ihr Zug.

ALLE Ihr Zug! Ihr Zug!

DER BÜRGERMEISTER Nun, Ill, ich wünsche eine gute Reise.

ALLE Eine gute Reise, eine gute Reise!

DER ARZT Ein schönes weiteres Leben!

ALLE Ein schönes weiteres Leben!

Die Güllener scharen sich um Ill.

DER BÜRGERMEISTER Es ist so weit. Besteigen Sie nun in Gottes Namen den Personenzug nach Kalberstadt.

DER POLIZIST Und viel Glück in Australien!

ALLE Viel Glück, viel Glück!

Ill steht bewegungslos, starrt seine Mitbürger an.

ILL *leise* Warum seid ihr alle hier?

DER POLIZIST Was wollen Sie denn noch?

DER BAHNHOFVORSTAND Einsteigen!

ILL Was schart ihr euch um mich?

DER BÜRGERMEISTER Wir scharen uns doch gar nicht um Sie.

ILL Macht Platz!

DER LEHRER Aber wir haben doch Platz gemacht.

ALLE Wir haben Platz gemacht, wir haben Platz gemacht!

ILL Einer wird mich zurückhalten.

DER POLIZIST Unsinn. Sie brauchen nur in den Zug zu steigen, um zu sehen, dass dies Unsinn ist.

ILL Geht weg!

Niemand rührt sich. Einige stehen da, die Hände in den Hosentaschen.

DER BÜRGERMEISTER Ich weiß nicht, was Sie wollen. Es ist an Ihnen, fortzugehen. Steigen Sie nun in den Zug.

ILL Geht weg!

DER LEHRER Ihre Furcht ist einfach lächerlich.

Ill fällt auf die Knie.

ILL Warum seid ihr so nah bei mir!

DER ARZT Der Mann ist verrückt geworden.

ILL Ihr wollt mich zurückhalten.

DER BÜRGERMEISTER Steigen Sie doch ein!

ALLE Steigen Sie doch ein! Steigen Sie doch ein!

Schweigen.

ILL *leise* Einer wird mich zurückhalten, wenn ich den Zug besteige.

ALLE *beteuernd* Niemand! Niemand!

ILL Ich weiß es.

DER POLIZIST Es ist höchste Zeit.

DER LEHRER Besteigen Sie endlich den Zug, guter Mann.

ILL Ich weiß es! Einer wird mich zurückhalten! Einer wird mich zurückhalten!

DER BAHNHOFSVORSTAND Abfahrt!

Er hebt die Kelle, der Kondukteur markiert Aufspringen, und Ill bedeckt, zusammengebrochen, von den Güllenern umgeben, sein Gesicht mit den Händen.

DER POLIZIST Sehen Sie! Da ist er Ihnen davongerumpelt!

Alle verlassen den zusammengebrochenen Ill, gehen nach hinten, langsam, verschwinden.

ILL Ich bin verloren!

8 Als Ill zum Bahnhof läuft, kommen immer mehr Güllener hinzu.

a) Erklärt, wie die Bewohnerinnen und Bewohner Güllens sich dort verhalten, als Ill ihnen von seinen Reiseplänen erzählt.

b) Erläutert, wie sich die Anwesenheit und das Verhalten der Güllener auf Ill auswirkt.

c) Stellt die Situation am Bahnhof kurz vor Abfahrt des Zuges als Standbild dar.

d) Gebt wieder, wie der zweite Akt des Dramas endet. Stellt in diesem Zusammenhang Vermutungen an, was Ill mit dem Satz „Ich bin verloren!" meint und wie er auf diese Erkenntnis kommt.

9 Lest, wie der dritte Akt des Dramas und die Gemeindeversammlung verlaufen.

Im Laufe des dritten Aktes erklärt Claire Zachanassian den Vertretern der Stadt, dass sie Güllen bewusst in den Ruin getrieben hat, indem sie als verspätete Rache die ortsansässigen Werke aufkaufen und stilllegen ließ. Währenddessen distanzieren sich die Güllener stetig von Ill, der seine Schuld mittlerweile anerkennt, und fordern ihn zum Selbstmord auf. Auch Ills Familie nimmt immer mehr Abstand von Ill. Es kommt zu einer Gemeindeversammlung, bei der es offiziell um die Annahme einer Stiftung geht: Claire wolle der Gemeinde eine Milliarde schenken.

DER LEHRER Güllener. Wir müssen uns klar sein, dass Frau Zachanassian mit die-

2.2 Textelemente und Zusammenhänge zwischen Texten, Entstehungszeiten und Autorenbiografien an Beispielen aus der Literatur des 20. und 21. Jahrhunderts (mit Fachbegriffen) beschreiben

Lesen – Umgang mit Texten und Medien

ser Schenkung etwas Bestimmtes will. Was ist dieses Bestimmte? Will sie uns mit Geld beglücken, mit Gold überhäufen, die Wagnerwerke sanieren, die Platz-an-der-Sonne-Hütte, Bockmann? Ihr wisst, dass dies nicht so ist. Frau Claire Zachanassian plant Wichtigeres. Sie will für ihre Milliarde Gerechtigkeit, die Gerechtigkeit. Sie will, dass sich unser Gemeinwesen in ein gerechtes verwandle. Diese Forderung lässt uns stutzen. Waren wir denn nicht ein gerechtes Gemeinwesen?

DER ERSTE Nie!

DER ZWEITE Wir duldeten ein Verbrechen!

DER DRITTE Ein Fehlurteil!

DER VIERTE Meineid!

EINE FRAUENSTIMME Einen Schuft!

ANDERE STIMMEN Sehr richtig!

DER LEHRER Gemeinde von Güllen! Dies ist der bittere Tatbestand: Wir duldeten die Ungerechtigkeit. Ich erkenne nun durchaus die materielle Möglichkeit, die uns die Milliarde bietet; ich übersehe keineswegs, dass die Armut die Ursache von so viel Schlimmem, Bitterem ist, und dennoch: Es geht nicht um Geld – *Riesenbeifall* –, es geht nicht um Wohlstand und Wohlleben, nicht um Luxus, es geht darum, ob wir Gerechtigkeit verwirklichen wollen, und nicht nur sie, sondern auch all die Ideale, für die unsere Altvordern gelebt und gestritten hatten und für die sie gestorben sind, die den Wert unseres Abendlandes ausmachen! *Riesenbeifall.* Die Freiheit steht auf dem Spiel, wenn die Nächstenliebe verletzt, das Gebot, die Schwachen zu schützen, missachtet, die Ehe beleidigt, ein Gericht getäuscht, eine junge Mutter ins Elend gestoßen wird. *Pfuirufe.* Mit unseren Idealen müssen wir nun eben in Gottes Namen Ernst machen, blutigen Ernst. *Riesenbeifall.* Reichtum hat nur dann Sinn, wenn aus ihm Reichtum an Gnade entsteht: Begnadet aber wird nur, wer nach der Gnade hungert. Habt ihr diesen Hunger, Güllener, diesen Hunger des Geistes, und nicht nur den anderen, profanen, den Hunger des Leibes? Das ist die Frage, wie ich als Rektor des Gymnasiums ausrufen möchte. Nur wenn ihr das Böse nicht aushaltet, nur wenn ihr unter keinen Umständen in einer Welt der Ungerechtigkeit mehr leben könnt, dürft ihr die Milliarde der Frau Zachanassian annehmen und die Bedingung erfüllen, die mit dieser Stiftung verbunden ist. Dies, Güllener, bitte ich zu bedenken.

Tosender Beifall.

DER RADIOREPORTER Sie hören den Beifall, meine Damen und Herren. Ich bin erschüttert. Die Rede des Rektors bewies eine sittliche Größe, wie wir sie heute leider nicht mehr allzuoft finden. Mutig wurde auf Missstände allgemeiner Art hingewiesen, auf Ungerechtigkeiten, wie sie ja in jeder Gemeinde vorkommen, überall, wo Menschen sind.

DER BÜRGERMEISTER Alfred Ill –

DER RADIOREPORTER Der Bürgermeister ergreift wieder das Wort.

DER BÜRGERMEISTER Alfred Ill, ich habe an Sie eine Frage zu stellen.

Der Polizist gibt Ill einen Stoß. Der erhebt sich. Der Radiosprecher kommt mit dem Mikrophon zu ihm.

DER RADIOREPORTER Nun die Stimme des Mannes, auf dessen Vorschlag hin die Zachanassian-Stiftung gegründet wurde, die Stimme Alfred Ills, des Jugendfreundes der Wohltäterin. Alfred Ill ist ein rüstiger Mann von etwa siebzig Jahren, ein senkrechter Güllener von altem Schrot und Korn, natürlicherweise ergriffen, voll Dankbarkeit, voll stiller Genugtuung.

DER BÜRGERMEISTER Ihretwegen wurde uns die Stiftung angeboten, Alfred Ill. Sind Sie sich dessen bewusst?

Ill sagt leise etwas.

DER RADIOREPORTER Sie müssen lauter reden, guter alter Mann, damit unsere Hörerinnen und Hörer auch etwas verstehen.

ILL Ja.

DER BÜRGERMEISTER Werden Sie unseren Entscheid über Annahme oder Ablehnung der Claire-Zachanassian-Stiftung respektieren?

ILL Ich respektiere ihn.

DER BÜRGERMEISTER Hat jemand an Alfred Ill eine Frage zu stellen?

Schweigen.

DER BÜRGERMEISTER Hat jemand zur Stiftung der Frau Zachanassian eine Bemerkung zu machen?

Schweigen.

DER BÜRGERMEISTER Herr Pfarrer?

Schweigen.

DER BÜRGERMEISTER Herr Stadtarzt?

Schweigen.

DER BÜRGERMEISTER Die Polizei?

Schweigen.

DER BÜRGERMEISTER Die politische Opposition?

Schweigen.

DER BÜRGERMEISTER Ich schreite zur Abstimmung.

Stille. Nur das Surren der Filmapparate, das Aufblitzen der Blitzlichter.

DER BÜRGERMEISTER Wer reinen Herzens die Gerechtigkeit verwirklichen will, erhebe die Hand.

Alle außer Ill erheben die Hand.

DER RADIOREPORTER Andächtige Stille im Theatersaal. Nichts als ein einziges Meer von erhobenen Händen, wie eine gewaltige Verschwörung für eine bessere, gerechtere Welt. Nur der alte Mann sitzt regungslos, vor Freude überwältigt. Sein Ziel ist erreicht, die Stiftung dank der wohltätigen Jugendfreundin errichtet.

DER BÜRGERMEISTER Die Stiftung der Claire Zachanassian ist angenommen. Einstimmig. Nicht des Geldes –

DIE GEMEINDE Nicht des Geldes –

DER BÜRGERMEISTER sondern der Gerechtigkeit wegen –

DIE GEMEINDE sondern der Gerechtigkeit wegen –

DER BÜRGERMEISTER und aus Gewissensnot.

DIE GEMEINDE und aus Gewissensnot.

DER BÜRGERMEISTER Denn wir können nicht leben, wenn wir ein Verbrechen unter uns dulden –

Lesen – Umgang mit Texten und Medien

DIE GEMEINDE Denn wir können nicht leben, wenn wir ein Verbrechen unter uns dulden –
DER BÜRGERMEISTER welches wir ausrotten müssen –
DIE GEMEINDE welches wir ausrotten müssen –
DER BÜRGERMEISTER damit unsere Seelen nicht Schaden erleiden –
DIE GEMEINDE damit unsere Seelen nicht Schaden erleiden –
DER BÜRGERMEISTER und unsere heiligsten Güter.
DIE GEMEINDE und unsere heiligsten Güter.
ILL *schreit auf* Mein Gott!

10 Im vorigen Textauszug rechtfertigt der Lehrer die Gründung der Claire-Zachanassian-Stiftung, indem er eine Art Gerichtsrede hält.

a) Gebt deren Inhalt mit eigenen Worten wieder.

b) Markiert für folgende rhetorische Mittel, die der Lehrer in seiner Rede verwendet, Beispiele im Textauszug. Verwendet hierzu eine Kopie der Seiten oder die Vorlage auf dem Portal:
rhetorische Fragen, Anaphern, Alliterationen, Anreden, parataktische Reihung.

Portal
WES-122966-045

c) Erläutert, worüber bei der Gemeindeversammlung eigentlich abgestimmt wird. Beachtet dabei den markierten Aufschrei Ills am Ende des Textauszugs (S. 104) und erklärt, was die Güllener unter Gerechtigkeit verstehen.

11 Lest nun, wie das Drama endet.

Ill raucht. Der Pfarrer steht langsam auf.
DER PFARRER Gott sei uns gnädig.
Der Pfarrer geht langsam in die Reihen der andern.
DER BÜRGERMEISTER Erheben Sie sich, Alfred Ill.
Ill zögert.
DER POLIZIST Steh auf, du Schwein. *Er reißt ihn in die Höhe.*
DER BÜRGERMEISTER Polizeiwachtmeister, beherrschen Sie sich.
DER POLIZIST Verzeihung. Es ging mit mir durch.
DER BÜRGERMEISTER Kommen Sie, Alfred Ill.
Ill lässt die Zigarette fallen, tritt sie mit dem Fuß aus. Geht dann langsam in die Mitte der Bühne, kehrt dem Publikum den Rücken.
DER BÜRGERMEISTER Gehen Sie in die Gasse.
Ill zögert.
DER POLIZIST Los, geh.
Ill geht langsam in die Gasse der schweigenden Männer. Ganz hinten stellt sich ihm der Turner entgegen. Ill bleibt stehen, kehrt sich um, sieht, wie sich unbarmherzig die Gasse schließt, sinkt in die Knie. Die Gasse verwandelt sich in einen Menschenknäuel, lautlos, der sich ballt, der langsam niederkauert. Stille. Von links vorne kommen Journalisten. Es wird hell.
PRESSEMANN I Was ist denn hier los?
Der Menschenknäuel lockert sich auf. Die Männer sammeln sich im Hintergrund, schweigend. Zurück bleibt nur der Arzt, vor einem Leichnam kniend, über den ein kariertes Tisch-

tuch, wie es in Wirtschaften üblich ist, gebreitet ist. Der Arzt steht auf. Nimmt das Stethoskop ab.

DER ARZT Kein Herzschlag.

Stille.

DER BÜRGERMEISTER Tod aus Freude.

PRESSEMANN I Tod aus Freude.

PRESSEMANN II Das Leben schreibt die schönsten Geschichten.

PRESSEMANN I An die Arbeit.

12 Erklärt, inwieweit sich die Einstellung und das Verhalten der Güllener gegenüber Ill im Laufe des Dramas geändert haben. Beachtet dabei die markierte Aussage des Polizisten im oberen Textauszug.

13 Sprecht darüber, ob der Bürgermeister mit seiner Feststellung „Tod aus Freude" recht hat.

* **14** Friedrich Dürrenmatt gab seiner Komödie ursprünglich den Untertitel „Komödie der Hochkonjunktur". Erklärt, inwieweit dieser Untertitel auf das Drama zutrifft und welche Kritik Dürrenmatt damit zum Ausdruck bringen wollte.

Hochkonjunktur

Phase im Wirtschaftssystem, in der der wirtschaftliche Aufschwung einen Höchststand erreicht

15 Das Drama Dürrenmatts wurde mehrfach verfilmt. Schaut euch die Aufzeichnung aus dem Jahr 2008 im Internet an.

16 Ordnet die folgenden inhaltlichen Stichpunkte mithilfe des Merkkastens auf Seite 106 den Elementen eines Dramas zu.
- Tod Alfred Ills
- Treibjagd
- gescheiterter Fluchtversuch Ills
- unmoralisches Angebot Claire Zachanassians
- Reise der Claire Zachanassian nach Güllen und missglückter Empfang

Treibjagd

Art der Jagd, bei der das Wild durch Treiber (z. B. Hunde) zu den Jagenden getrieben wird.

17 Der Fernsehfilm aus dem Jahr 2008 wurde wegen seiner Werkstreue von Kritikern gelobt. Dennoch lassen sich einige Unterschiede finden.

a) Benenne wesentliche Unterschiede zwischen der filmischen Umsetzung und den in diesem Kapitel abgedruckten Textausschnitten in eine Tabelle. Folgende Stichpunkte helfen dir dabei:

Ankunft Claires – Ills Beruf – Familienverhältnisse Ills – Fluchtversuch Ills – Grund für die Rache der Zachanassian – Höhe der Summe für Ills Tod – Darstellung Ills – Darstellung der Zachanassian

b) Sprecht mithilfe eurer Aufzeichnungen darüber, weshalb man diese Änderungen vorgenommen hat. Welches Ziel soll dadurch erreicht werden?

Der Besuch der alten Dame

DVD-Cover der Verfilmung des Dramas aus dem Jahr 2008 von Regisseur Nikolaus Leytner.

Lesen – Umgang mit Texten und Medien

18 Kurz vor der damaligen Fernsehausstrahlung erschien folgende Rezension.
a) Lest sie euch aufmerksam durch.

Der Film basiert auf dem gleichnamigen Theaterstück von Friedrich Dürrenmatt, dessen Werke neben der gesellschaftlichen Brisanz vor allem für den feinsinnigen und subtilen Humor bekannt sind. [...] Die Figuren der Geschichte sind, abgesehen vom hoffnungslos überzeichneten Vorsitzenden der örtlichen Sparkasse, glaubwürdig und lebensnah charakterisiert. Auch die Besetzung kann weitestgehend überzeugen. Vor allem Dietrich Hollinderbäumer als Bürgermeister sticht aus dem Cast hervor. Christiane Hörbinger, die am Sendetermin ihren 70. Geburtstag feiert, spielt die eiskalte Milliardärin einen Tick zu unterkühlt [...]. Die Thematik ist sehr interessant und auch die moralische Zwickmühle der Güllener regte den Zuschauer zum Mitdenken an. Doch die geniale Grundidee ist zäh umgesetzt [...]. Die wenigen dramatischen Szenen kommen unverhofft und verpuffen leider wieder genauso schnell. Ein überzeugendes, optisches Mittel ist die allgegenwärtige Erneuerung der anfangs sehr heruntergekommenen Stadt. Im Hintergrund wird nach der Bekanntgabe des Angebots ständig gebaut, saniert und verschönert. Die Bewohner scheinen schon früh mit dem Geld fest zu rechnen und warten nur noch darauf, dass endlich jemand den Wunsch der alten Dame erfüllt. Es bleibt ein banales Fernsehfilmchen zurück, das nur durch die gekonnte Besetzung und die Rudimente der guten Vorlage überzeugen kann. Ein totaler Reinfall ist «Der Besuch der alten Dame» daher nicht, aber für einen wirklich gelungenen Abend sollte man lieber das Original aus seinem Bücherschrank hervorkramen.

b) Sprecht darüber, was der Verfasser an der filmischen Umsetzung lobt und was er kritisiert.

c) Verfasse eine eigene Rezension zum Film. Du kannst dabei auf folgende Kriterien eingehen:
- *Inwieweit entspricht die Verfilmung inhaltlich dem Buch?*
- *Inwieweit kommt der Komödiencharakter zum Vorschein?*
- *Wie werden die Hauptpersonen dargestellt?*
- *Inwieweit wird die Entwicklung zum tragischen Ende deutlich?*
- *Ist die Verfilmung originell? Wenn ja: Wie wird dies deutlich?*
- *Inwieweit kann die Verfilmung die Aktualität des Themas verdeutlichen?*

ⓘ Der Aufbau eines Dramas

Das Drama ist neben der Epik und Lyrik eine der drei Großformen der Dichtung. Dramentexte sind in Dialogform verfasst und für eine Theateraufführung vorgesehen. Die klassische Form des Dramas weist einen strengen Aufbau in Akte und Szenen auf.

1. **Exposition:** Einführung in Ort, Zeit, Atmosphäre; Vorstellung der Hauptfiguren; Anbahnung des dramatischen Konflikts
2. **Steigende Handlung:** Ausgestaltung/Zuspitzung des Konflikts
3. **Höhepunkt/Peripetie:** Wendepunkt/unerwartetes Umschlagen der Handlung
4. **Fallende Handlung:** Verlangsamung der Handlung/retardierendes Moment
5. **Katastrophe:** Auflösung der Handlung zum Schlimmen oder Guten

Text- und Gedichtwerkstatt: Literatur nach 1945

Überprüfe dein Wissen und Können

1 **Schreibe folgenden Fehlertext zur Trümmerliteratur verbessert auf. Insgesamt befinden sich sechs Fehler darin.**

Portal
WES-122966-046

Die Epoche der Trümmerliteratur beginnt 1930 mit dem Ende des Zweiten Weltkriegs und endet mit dem wirtschaftlichen Aufschwung Anfang der 1970er-Jahre. Die Menschen damals standen vor den Trümmern ihrer Existenz. Durch den Mauerfall hatten sie Familie, Freunde und ihr Zuhause verloren, die Städte waren völlig zerstört. Viele Frauen mussten im Krieg ihr Leben lassen oder befanden sich in Kriegsgefangenschaft und kehrten erst spät heim. Der Begriff der Trümmerliteratur bezieht sich auch auf die zerstörten Träume und Wertvorstellungen der Menschen. Die Autoren der Gegenwartsliteratur waren oftmals selbst aus Krieg oder Gefangenschaft heimgekehrte Soldaten, die ihre Erlebnisse schilderten. Ein weiteres zentrales Thema war die Frage nach dem Sinn des Lebens.

2 **Nenne drei weitere Merkmale der Trümmerliteratur.**

3 **Erkläre anhand inhaltlicher und sprachlicher Merkmale, weshalb es sich beim folgenden Songtext um politische Lyrik handelt.**

Tipp
Höre dir das Lied im Internet an.

Madsen
ist eine deutsche Indie-Rockband.

Wenn du am Boden liegst *Madsen*

(Strophe 1:) Stell dir vor bei dir zu Haus
Wird gemordet und geraubt
Deine Freunde sind längst weg
Deine Würde liegt im Dreck
Stell dir vor, du rennst davon
Schutt und Asche hinter dir
Du gehst drei mal durch die Hölle
Und dann landest du hier
(Pre-Refrain:) Öffnet eure Arme, öffnet euer Herz
Wir sind alle unterschiedlich
Doch alle gleich viel wert
(Refrain:) Wenn du am Boden liegst
Dann reich ich dir die Hand
Egal woher du kommst
Aus welchem Ort, aus welchem Land
Wenn du am Boden liegst
Dann tret ich nicht nach dir
Was wär ich für ein Mensch
Was wär ich für ein Tier
(Strophe 2:) Stell dir vor, du fängst neu an
Zeigst der Welt, dass du es kannst
Du hattest nichts, du warst allein
Jetzt stehst du auf eigenen Beinen
Stell dir vor, man gönnt's dir nicht
Und sie schreien dir ins Gesicht
Voller Hass und voller Wut
Du bist nicht deutsch genug
(Bridge:) Wenn du stolz sein willst auf dieses Land
Dann reich den Schwachen und den Fremden deine Hand
Faust hoch gegen Faschismus, leiste Widerstand
Sieh nicht weg, steck den Kopf nicht in den Sand
Das ist nicht extrem und nicht linksradikal
Das ist Menschenverstand gegen falsche Moral
Und ist dein Leben eine einzige Qual
Dann lass dir helfen, verdammt noch mal
(Pre-Refrain)
(Refrain)

2.2 interpretierend Mittel und Ziele politischer Lyrik im historischen Kontext vergleichen

Lesen – Umgang mit Texten und Medien

Jung sein, erwachsen werden – Persönlichkeitsentwicklung in Werken des 20. und 21. Jahrhunderts

1 Autoren des 20. und 21. Jahrhunderts haben sich in ihren Werken immer wieder mit dem Thema des Erwachsenwerdens auseinandergesetzt.

a) Lest die folgenden Zitate aus Büchern, die in diesem Kapitel vorkommen.

„Es war der letzte Sonntag vor den großen Ferien. Was war damals los? Die Krim hatten sie, und Rommel war in Nordafrika wieder mal im Kommen. […] Esch und Hotten Sonntag hatten sich freiwillig gemeldet, beide zur Luftwaffe, kamen aber später, genau wie ich, der ich zögerte und zögerte, […] zu den Panzergrenadieren […] Mahlke meldete sich nicht, machte wie immer eine Ausnahme, sagte: ‚Bei euch piept's wohl!'" (Günter Grass, Katz und Maus)

„Wenn ein Baum entgipfelt wird, treibt er gern in Wurzelnähe neue Sprossen hervor, und so kehrt auch oft seine Seele, die in der Blüte krank wurde und verdarb, in die frühlingshafte Zeit der Anfänge und ahnungsvollen Kindheit zurück, als könnte sie neue Hoffnungen entdecken und den abgebrochenen Lebensfaden aufs neue anknüpfen." (Hermann Hesse, Unterm Rad)

„Als Kinder sind Drissa und ich immer in die Bäckerei des Viertels gegangen, die Verkäuferin hat uns angelächelt […] und uns Naschwerk geschenkt. […] Erst später, mit dreizehn, vierzehn, wurden wir Fremde, Verbrecher, ‚Integration', ‚Immigration', Illegale […]. Uns steht das Elend der Welt ins Gesicht geschrieben, und dafür will sie nicht aufkommen müssen." (Wilfried N'Sondé, Das Herz der Leopardenkinder)

„Wer hatte in dieser abgearbeiteten und übermüdeten Familie Zeit, sich um Gregor mehr zu kümmern, als unbedingt nötig war? Der Haushalt wurde immer mehr eingeschränkt; das Dienstmädchen wurde nun doch entlassen; […] alles andere besorgte die Mutter neben ihrer vielen Näharbeit. Es geschah sogar, dass verschiedene Familienschmuckstücke […] verkauft wurden." (Franz Kafka, Die Verwandlung)

b) Überlegt anhand der Zitate, in welchen Situationen sich die Protagonist/-innen befinden und mit welchen Herausforderungen sie eventuell zu kämpfen haben.

2 Tauscht euch darüber aus, welche Herausforderungen das Erwachsenwerden für Jugendliche mit sich bringt. Erzählt dabei auch von eigenen Erfahrungen.

In diesem Kapitel lernst du(,) …

- *verschiedene Werke der Literatur des 20. und 21. Jahrhunderts kennen.*
- *deutsche Literaturnobelpreisträger/-innen mit exemplarischen Werken kennen.*
- *wie Protagonistinnen und Protagonisten in einzelnen Werken mit den Herausforderungen des Erwachsenwerdens zu unterschiedlichen Zeiten umgehen.*

Jung sein, erwachsen werden – Persönlichkeitsentwicklung in Werken des 20. und 21. Jahrhunderts

Leistungsdruck in Hermann Hesses „Unterm Rad“

In „Unterm Rad“ aus dem Jahr 1906 geht es um den hochbegabten Schüler Hans Giebenrath, der als Einziger seines Jahrgangs ein Stipendium für das theologische Seminar in Maulbronn erhält. Der folgende Textauszug thematisiert die Ferien des Schülers zwischen den bestandenen Prüfungen und dem Beginn des Seminars.

Hermann Hesse

(1877–1962) war ein bedeutender deutsch-schweizerischer Schriftsteller, dessen Werke während der NS-Zeit verboten waren. Er erhielt 1946 den Nobelpreis für Literatur. In „Unterm Rad“ verarbeitet Hesse seine eigenen negativen Erfahrungen, die er in der Schule und im Klosterseminar durchlebt hat.

1 Lies dir diesen Textauszug aufmerksam durch.

Seit drei Jahren war man auf ihn aufmerksam, hatten die Lehrer, der Stadtpfarrer, der Vater und namentlich der Rektor ihn angespornt und gestachelt und in Atem gehalten. Die ganze lange Zeit, von Klasse zu Klasse, war er unbestrittener Primus gewesen. Und nun hatte er allmählich selber seinen Stolz dareingesetzt, obenan zu sein und keinen neben sich zu dulden. Und die dumme Examensangst war jetzt vorbei. Freilich, Ferien haben war doch eigentlich das Schönste. Wie ungewohnt schön der Wald nun wieder war in diesen Morgenstunden, wo es keinen Spaziergänger darin gab als ihn! […] Eigentlich hatte Hans einen großen Spaziergang machen wollen, mindestens bis zum Lützeler Hof oder zur Krokuswiese. Nun lag er im Moos, aß Heidelbeeren und staunte träge in die Luft. Es fing ihn selber an zu wundern, dass er so müde war. Früher war ihm ein Gang von drei, vier Stunden doch gar nichts gewesen. Er beschloß, sich aufzuraffen und ein tüchtiges Stück zu marschieren. Und er ging ein paar hundert Schritte. Da lag er schon wieder, er wußte nicht, wie es kam, im Moos und ruhte. Er blieb liegen, sein Blick irrte blinzelnd durch Stämme und Wipfel und am grünen Boden hin. Dass diese Luft so müd machte!

Als er gegen Mittag heimkam, hatte er wieder Kopfweh. Auch die Augen taten ihm weh, auf dem Waldsteig hatte die Sonne so heillos geblendet. Den halben Nachmittag saß er verdrossen im Haus herum, erst beim Baden wurde er wieder frisch. Es war jetzt Zeit, zum Stadtpfarrer zu gehen. […] Der Stadtpfarrer kam bald, vertauschte den Gehrock mit einer leichten schwarzen Hausjacke, gab dem Schüler eine griechische Textausgabe des Lukasevangeliums in die Hand und forderte ihn auf zu lesen. […] Er bekam ein Lexikon und eine Grammatik geliehen und arbeitete daheim noch den ganzen Abend weiter. Nun spürte er, über wieviel Berge von Arbeit und Wissen der Weg zur wahren Forschung führe, und er war bereit, sich hindurchzuschlagen

Primus

Bester seines Jahrgangs

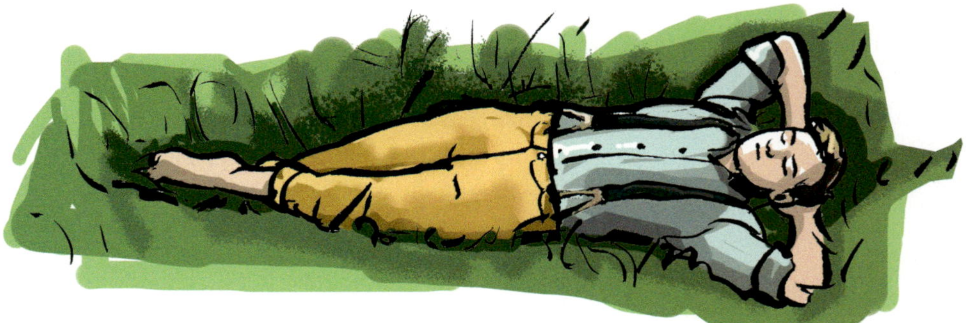

Lesen – Umgang mit Texten und Medien

und nichts am Wege liegenzulassen. [...] Der in Angst und im Triumph des Examens untergetauchte Ehrgeiz war wieder wach und ließ ihm keine Ruhe. Zugleich begann wieder das eigentümliche Gefühl im Kopf sich zu regen, das er in den letzten Monaten so oft gefühlt hatte – kein Schmerz, sondern ein hastig triumphierendes Treiben beschleunigter Pulse und heftig aufgeregter Kräfte, ein eilig ungestümes Vorwärtsbegehren. Nachher kam freilich das Kopfweh [...] Mit diesem gesteigerten Arbeitsfieber und Erkenntnisdurst traf dann ein stolzes Selbstgefühl zusammen, als lägen Schule und Lehrer und Lehrjahre schon längst hinter ihm und als schreite er schon eine eigene Bahn, der Höhe des Wissens und Könnens entgegen. Das kam nun wieder über ihn und zugleich der leichte, oft unterbrochene Schlaf mit sonderbar klaren Träumen. Wenn er nachts mit leichtem Kopfweh erwachte und nicht wieder einschlafen konnte, befiel ihn eine Ungeduld, vorwärtszukommen, und ein überlegener Stolz, wenn er daran dachte, um wieviel er allen Kameraden voraus war und wie Lehrer und Rektor ihn mit einer Art von Achtung und sogar Bewunderung betrachtet hatten.

2 Hans Giebenrath nutzt die Ferien kaum zur Erholung, sondern um zu lernen.
a) Gib wieder, welche Auswirkungen dies auf den Jungen hat.
b) Erläutere die Gründe für Hans' Lerneifer.

3 Lies nun, wie es weitergeht.

Dem Rektor war es ein inniges Vergnügen gewesen, diesen von ihm geweckten, schönen Ehrgeiz zu leiten und wachsen zu sehen. [...] Das Strolchen und Spielen hatte er fast von selber abgelegt, das dumme Lachen in den Lektionen kam bei ihm längst nimmer vor, auch die Gärtnerei, das Kaninchenhalten und das leidige Angeln hatte er sich abgewöhnen lassen. Eines Abends erschien der Herr Rektor persönlich im Hause Giebenrath. Nachdem er den geschmeichelten Vater mit Höflichkeit losgeworden war, trat er in Hansens Stube und fand den Knaben am Evangelium Lukä sitzen. Er begrüßte ihn freundlichst. „Das ist schön, Giebenrath, schon wieder fleißig! Aber warum zeigst du dich denn gar nicht mehr? Ich erwartete dich jeden Tag." „Ich wäre schon gekommen", entschuldigte sich Hans, „aber ich hätte Ihnen gern wenigstens einen schönen Fisch mitgebracht." „Fisch? Was denn für einen Fisch?" „Nun, einen Karpfen oder so was." „Ah so. Ja, angelst du denn wieder?" „Ja, nur ein bißchen. Der Vater hat's erlaubt." „Hm. So. Macht's dir viel Vergnügen?" „Ja, schon." „Schön, ganz schön, du hast dir ja deine Ferien wacker verdient. Da hast du wahrscheinlich jetzt wenig Lust, nebenher noch zu lernen?" „O doch, Herr Rektor, natürlich." „Ich möchte dir aber nichts aufzwingen, wozu du nicht selber Lust hast." „Freilich hab' ich Lust." Der Rektor tat ein paar tiefe Atemzüge, strich sich den dünnen Bart und setzte sich auf einen Stuhl. „Sieh, Hans", sagte er, „die Sache liegt so. Es ist eine alte Erfahrung, dass gerade auf ein sehr gutes Examen oft ein plötzlicher Rückschlag folgt. Im Seminar gilt es, sich in mehrere neue Fächer einzuarbeiten. Da kommt nun immer eine Anzahl von Schülern, die in den Ferien vorgearbeitet haben – oft gerade solche, denen es im Examen weniger gut gegangen war. Die rücken dann plötzlich in die Höhe auf Kosten von solchen, die sich während der Vakanz auf ihren Lorbeeren ausgeruht haben." Er seufzte wieder. „Hier in der Schule hast du es ja leicht gehabt, immer der Erste zu sein. Im Seminar findest du aber andere Kameraden, lauter begabte oder sehr fleißige Leute, die sich nicht so spielend überholen lassen. Du begreifst das?" „Oh, ja." „Nun wollte ich dir vorschlagen, in diesen Ferien ein wenig vorauszuarbeiten. Selbstverständlich mit Maß! Du hast jetzt das Recht und die Pflicht, dich tüchtig auszuruhen. Ich dachte, so eine Stunde oder zwei im Tag wären etwa das richtige. Ohne das kommt man leicht aus dem Geleise und braucht nachher Wochen, bis man wieder flott im Zug ist. Was meinst du?" „Ich bin ganz bereit, Herr Rektor, wenn Sie so gütig sein wollen ..." [...] Das dicke Ende kam aber nach. Der Rektor räusperte sich und fuhr freundlich fort: „Offen gestanden wäre es mir auch lieb, wenn du der Mathematik einige Stunden widmen wolltest. Du bist ja kein schlechter Rechner, doch war die Mathematik bisher immerhin nicht gerade deine Stärke. Im Seminar wirst du Algebra und Geometrie anfangen müssen, und da wäre es doch wohl angezeigt, ein paar vorbereitende Lektionen zu nehmen." „Jawohl, Herr Rektor." „Bei mir bist du immer willkommen, das weißt du schon. Mir ist es Ehrensache, etwas Tüchtiges aus dir werden zu sehen. Wegen der Mathematik aber müßtest du eben deinen Vater bitten, dass er dich beim Herrn Professor Privatstunden nehmen läßt. Vielleicht drei bis vier in der Woche." „Jawohl, Herr Rektor."

4 Der Stadtpfarrer und der Rektor üben einen großen Einfluss auf Hans aus.
a) Gib in eigenen Worten wieder, welche Absichten sie mit dem Jungen verfolgen.
b) Erläutere, wie es ihnen gelingt, Hans von ihren Absichten zu überzeugen.

5 Der Schüler widmet sich nun wieder ausschließlich dem Lernen. Lies, wie es ihm dabei ergeht.

Die Arbeit stand nun wieder in erfreulichster Blüte, und wenn Hans je und je doch wieder eine Stunde angelte oder spazieren lief, hatte er ein schlechtes Gewissen. Die gewohnte Badestunde hatte der aufopfernde Mathematiklehrer zu seinen Lektionen gewählt. Diese Algebrastunden konnte Hans bei allem Fleiße nicht vergnüglich finden. Es war doch bitter, mitten am heißen Nachmittag statt auf die Badwiese in die warme Stube des Professors zu gehen und in der staubigen, mückendurchsummten Luft mit müdem Kopf und trockener Stimme das a plus b und a minus b herzusagen. Es lag dann etwas Lähmendes und überaus Drückendes in der Luft, das an schlechten Tagen sich in Trostlosigkeit und Verzweiflung verwandeln konnte. [...] Hausarbeit hatte er nun wieder genug, und manchen Abend saß er wieder, in irgendeine Aufgabe festgebissen, bis spät am Tisch. Vater Giebenrath sah diesen Fleiß mit Stolz. In seinem schwerfälligen Kopf lebte dunkel das Ideal so vieler beschränkter Leute, aus seinem Stamme einen Zweig über sich hinaus in eine Höhe wachsen zu sehen, die er mit dumpfem Respekt verehrte. [...] Ein paarmal kam Hans noch zum Angeln. Er hatte viel Kopfweh und saß ohne rechte Aufmerksamkeit am Ufer des Flusses, der nun einen lichtblauen Frühherbsthimmel spiegelte. Es war ihm rätselhaft, weshalb er sich eigentlich seinerzeit so auf die Sommervakanz gefreut hatte. Jetzt war er eher

Lesen – Umgang mit Texten und Medien

froh, dass sie vorüber war und er ins Seminar kam, wo ein ganz anderes Leben und Lernen beginnen würde. Da ihm nichts daran lag, fing er auch fast gar keine Fische mehr, und als der Vater einmal einen Witz darüber machte, angelte er nicht mehr und tat seine Schnüre wieder in den Mansardenkasten hinauf. Erst in den letzten Tagen fiel ihm plötzlich ein, dass er wochenlang nicht mehr beim Schuhmacher Flaig gewesen war. Auch jetzt mußte er sich dazu zwingen, ihn aufzusuchen. [...] „Nun, wie geht's denn?" fragte dieser. „Bist fleißig beim Stadtpfarrer gewesen?" „Ja, ich war jeden Tag dort und hab' viel gelernt." „Was denn?" „Hauptsächlich Griechisch, aber auch allerlei sonst." „Und zu mir hast nimmer kommen mögen?" „Mögen schon, Herr Flaig, aber's hat nie dazu kommen wollen. Beim Stadtpfarrer jeden Tag eine Stunde, beim Rektor jeden Tag zwei Stunden, und viermal in der Woche mußte ich zum Rechenlehrer." „Jetzt in den Ferien? Das ist ein Unsinn!" „Ich weiß nicht. Die Lehrer meinten so. Und das Lernen fällt mir ja nicht schwer." „Mag sein", sagte Flaig und ergriff des Knaben Arm. „Mit dem Lernen wär's schon recht, aber was hast du da für ein paar Ärmlein? Und auch 's Gesicht ist so mager. Hast auch noch Kopfweh?" „Hie und da." „'s ist ein Unsinn, Hans, und eine Sünde dazu. In deinem Alter muß man ordentlich Luft und Bewegung und sein richtiges Ausruhen haben. Zu was gibt man euch denn Ferien? Doch nicht zum Stubenhocken und Weiterlernen. Du bist ja lauter Haut und Knochen!" Hans lachte. „Na ja, du wirst dich schon durchbeißen. Aber was zuviel ist, ist zuviel." [...] Mit Vorbereitungen und Abschiednehmen vergingen die paar Tage schnell und unruhig. Eine Kiste mit Bettzeug, Kleidern, Wäsche und Büchern war schon abgeschickt, nun wurde noch der Reisesack gepackt, und eines kühlen Morgens fuhren Vater und Sohn nach Maulbronn ab. Es war doch seltsam und bedrückend, die Heimat zu verlassen und aus dem Vaterhause weg in eine fremde Anstalt zu ziehen.

6 Hans' Lerneifer wird von den Figuren im Buch unterschiedlich beurteilt.
a) Erkläre anhand der markierten Textstelle, inwiefern der Erzähler hier Kritik am Vater übt.
b) Am Ende des Textausschnittes besucht Hans den Schustermeister Flaig. Erläutere, inwiefern und warum dieser eine komplett andere Einstellung vertritt als Pfarrer, Rektor und Vater.
c) Tauscht euch darüber aus, welcher Person ihr euch bezüglich deren Sichtweise anschließen würdet und begründet eure Meinung.

Portal
WES-122966-047

7 Hans Giebenrath ist ein ehrgeiziger Junge.
a) Unterstreiche auf der Vorlage im Portal oder einer Kopie des Textes Stellen, an denen dies deutlich wird.
b) Erläutert am Beispiel von Hans Giebenrath, wieso übermäßiger Ehrgeiz mehr schadet als nützt.
c) Tauscht euch darüber aus, wieso maßvoller Ehrgeiz – auch in der Schule – eigentlich eine positive Eigenschaft ist.

✱ **8** Charakterisiere die Figur des Hans Giebenrath mithilfe geeigneter Textpassagen.

2.1 Texte inhaltlich, formal und strukturell erschließen und interpretieren, Zusammenhänge mit entsprechenden Fachbegriffen darstellen

9 Versetze dich in die Lage einer Freundin oder eines Freundes von Hans. Du bemerkst, dass es Hans nicht gut geht und er sich immer mehr zurückzieht. In einem Gespräch möchtest du ihn davon überzeugen, seine Ferien auch etwas zu genießen und sich zu erholen.

a) Sammle zunächst Argumente, mit deren Hilfe du Hans überzeugen willst.
b) Schreibe das Gespräch zwischen dir und Hans anschließend in Dialogform auf. Berücksichtige dabei auch mögliche Einwände, die Hans vorbringen könnte.

10 In „Unterm Rad" kritisiert Hermann Hesse das Schulsystem seiner Zeit deutlich.

a) Lies dir dazu zunächst folgenden kurzen Auszug durch.

Vor nichts graut Lehrern so sehr wie vor den seltsamen Erscheinungen, die am Wesen früh entwickelter Knaben in dem ohnehin gefährlichen Alter der beginnenden Jünglingsgärung hervortreten. [...] Für sie sind Genies jene Schlimmen, die keinen Respekt vor ihnen haben, die mit vierzehn Jahren zu rauchen beginnen, mit fünfzehn sich verlieben, mit sechzehn in die Kneipen gehen, welche verbotene Bücher lesen, freche Aufsätze schreiben, den Lehrer gelegentlich höhnisch fixieren. [...] Ein Schulmeister hat lieber einige Esel als ein Genie in seiner Klasse, und genau betrachtet hat er ja Recht, denn seine Aufgabe ist es nicht, extravagante Geister heranzubilden, sondern gute Lateiner, Rechner und Biedermänner. Wer aber mehr und Schweres vom andern leidet, der Lehrer vom Knaben oder umgekehrt, wer von beiden mehr Tyrann, mehr Quälgeist ist und wer von beiden es ist, der dem anderen Teil seiner Seele und seines Lebens verdirbt und schändet, das kann man nicht untersuchen, ohne mit Zorn und Scham an die eigene Jugend zu denken. Doch ist das nicht unsere Sache, und wir haben den Trost, daß bei den wirklich Genialen fast immer die Wunden vernarben und daß aus ihnen Leute werden, die der Schule zu Trotz ihre guten Werke schaffen. [...] Und so wiederholt sich von Schule zu Schule das Schauspiel des Kampfes zwischen Gesetz und Geist, und immer wieder sehen wir Staat und Schule atemlos bemüht, die alljährlich auftauchenden paar tieferen und wertvolleren Geister an der Wurzel zu knicken. Und immer wieder sind es vor allem die von den Schulmeistern Gehaßten, die Oftbestraften, Entlaufenen, Davongejagten, die nachher den Schatz unseres Volkes bereichern. Manche aber – und wer weiß wie viele? – verzehren sich in stillem Trotz und gehen unter.

b) Gib in eigenen Worten wieder, wie Schule und Lehrkräfte in dem Textauszug dargestellt werden.
c) Sprecht darüber, welche Aufgabe Schule für euch hat. Bezieht dabei den Textauszug in eure Überlegungen mit ein.
d) Für Schülerinnen und Schüler, die sich nicht mit diesem System abfinden, werden am Schluss des Textauszuges zwei mögliche Schicksale angedeutet. Erkläre diese. Tauscht euch auch darüber aus, welche der Möglichkeiten auf Hans zutrifft.
e) Im Textauszug von S. 109 – 112 wird an einigen Stellen bereits angedeutet, welches Schicksal Hans Giebenrath erleidet. Markiere Textstellen, an denen schon deutlich wird, dass Hans dem Druck nicht gewachsen sein wird.

2.1 Lesestrategien zum kritischen Textverständnis einsetzen, Inhalte kontextualisieren

Lesen – Umgang mit Texten und Medien

11 Letztlich zerbricht Hans an den Anforderungen, die an ihn gestellt werden, und stirbt. Auf der Beerdigung kommt es zu einem Gespräch zwischen dem Schustermeister und dem Vater.

a) Lies dir dieses zunächst aufmerksam durch.

„Dort laufen ein paar Herren“, sagte er *[der Schustermeister]* leise, „die haben auch mitgeholfen, ihn so weit zu bringen.“ „Was?“, fuhr der andere auf und starrte den Schuster zweifelnd und erschrocken an. „Ja, sackerlot, wieso denn?“ „Seien Sie ruhig, Herr Nachbar. Ich hab‘ bloß die Schulmeister gemeint.“ „Wieso? Wie denn?“ „Ach, nichts weiter. Und Sie und ich, wir haben vielleicht auch mancherlei an dem Buben versäumt, meinen Sie nicht?“

b) Der Schustermeister gibt sowohl dem Pfarrer und dem Rektor als auch dem Vater eine gewisse Schuld am tragischen Ausgang. Begründe mithilfe des Textausschnittes (S. 113), inwiefern er mit seiner Ansicht Recht hat.

c) Erkläre, wieso der Schustermeister die Schuld auch ein stückweit bei sich selbst sieht, und ob du diese Meinung teilst.

12 Im Seminar sagt der Schulleiter zu Hans Giebenrath einmal, als dessen Leistungen nachlassen: *„Nur nicht matt werden, sonst kommt man unters Rad.“*

a) Erläutere, was mit der Aussage „unters Rad kommen“ gemeint ist, und was der Schulleiter damit gemeint hat.

b) Der Titel des Romans greift diese Aussage auf, verkehrt sie aber genau ins Gegenteil. Erkläre dies, indem du darauf eingehst, unter welchem „Rad“, das ihn erdrückt, sich Hans befindet. Die vorigen Textauszüge helfen dir dabei.

13 Die Thematik des Romans ist auch heute noch aktuell.

a) Lies dir zunächst den folgenden Ausschnitt aus einem Zeitungsartikel durch.

Alarmierende Studie: Immer mehr Jugendliche sind psychisch krank

Kopfschmerzen, Schlafstörungen, Depressionen: Immer mehr Schüler leiden an psychischen Erkrankungen bis hin zum Burnout, wie eine neue Studie zeigt. Eltern sind daran nicht unschuldig.

Hannover

Sie büffeln bis spät in die Nacht und am Wochenende, checken ständig ihre Sozialen Medien, spielen Hockey, Playstation und lernen ein Musikinstrument, dazu kommt Streit mit Familie und Freunden. Am Ende stehen Schüler unter einem riesigen Druck, der sich in psychischen Krankheiten niederschlägt. Das ist das alarmierende Ergebnis einer Studie, die die Kaufmännische Krankenkasse KKH am Mittwoch in Hannover vorgestellt hat.

2.1 Lesestrategien zum kritischen Textverständnis einsetzen, Inhalte kontextualisieren

Wegen meist stressbedingter psychischer Krankheiten sind laut der Studie immer mehr Schüler in ärztlicher oder therapeutischer Behandlung. […]

Studie verzeichnet enormen Anstieg bei Älteren

„Die Auswertung ist alarmierend. Immer mehr Schüler fühlen sich unter Druck – viele von ihnen so sehr, dass sie davon krank werden", sagte Psychologin Franziska Klemm bei der Vorstellung der Studie. Im vergangenen Jahr litten demnach rund 8300 Sechs- bis 18-Jährige unter sogenannten Anpassungsstörungen, also unter depressiven Reaktionen aufgrund körperlicher und seelischer Belastungen wie sie etwa bei hohem Leistungsdruck und Mobbing entstehen. Den größten Anstieg mit 90 Prozent im Vergleich zu 2007 gab es hier bei den 13- bis 18-Jährigen. „Das zeigt: Der Stress nimmt mit den Schuljahren und den Anforderungen zu", so die Psychologin.

Die Symptome bei Anpassungsstörungen reichen vom Gedankenkarussell bis hin zu Frustration, Reizbarkeit und Mutlosigkeit. Von Angststörungen wie Panikattacken waren außerdem rund 3400 Schüler betroffen. Auch hier gab es bei den Älteren den größten Anstieg mit 76 Prozent. Nicht selten mündeten permanenter Stress, Druck und Mobbingerfahrungen in eine Depression. […]

Als Ursachen nennt die Studie den hohen Leistungsdruck durch Schule und Eltern, digitale Reizüberflutung, Mobbing in sozialen Netzwerken sowie Versagensängste. […]

Normale Leistungen werden abgewertet

Marcel Romanos, Leiter der Klinik für Kinder- und Jugendpsychiatrie, Psychosomatik und Psychotherapie der Universität Würzburg, ist der Ansicht, dass nicht unbedingt die Schule mehr Anforderungen an die Jugendlichen stellt. Vielmehr würden von ihnen Zuhause und im sozialen Umfeld immer bessere Leistungen erwartet. „Normale, durchschnittliche Leistungen werden dagegen oft abgewertet oder problematisiert." […]

Quelle: maz ONLINE, 24.10.2018

b) Gib die Hauptaussagen des Artikels in eigenen Worten kurz wieder.

c) Hans Giebenrath hat mit ähnlichen Problemen zu kämpfen wie heutige Jugendliche, dennoch gibt es auch Unterschiede. Erläutere dies mithilfe des Zeitungsartikels und der Textauszüge aus „Unterm Rad".

d) Tauscht euch darüber aus, ob es euch schon einmal ähnlich ergangen ist. Diskutiert gleichzeitig mögliche Auswege und Hilfsangebote, die betroffenen Jugendlichen helfen können.

Lesen – Umgang mit Texten und Medien

Jung sein, erwachsen werden – Persönlichkeitsentwicklung in Werken des 20. und 21. Jahrhunderts

Verlust der eigenen Persönlichkeit in Franz Kafkas „Die Verwandlung"

Franz Kafka

(1883 – 1924) war ein deutschsprachiger Schriftsteller, dessen Werke zum größten Teil nach seinem Tod und gegen seinen eigentlichen Willen veröffentlicht wurden. Für seine ungewöhnliche Art zu schreiben wurde ein eigenes Wort entwickelt: „kafkaesk", was soviel bedeutet wie „auf rätselhafte Weise unheimlich, bedrohlich".

1 Franz Kafkas Erzählung „Die Verwandlung" (1912) beginnt mit folgendem Satz:

„Als Gregor Samsa eines Morgens erwachte, fand er sich in seinem Bett zu einem ungeheuren Ungeziefer verwandelt."

a) Stelle anhand des Beginns Vermutungen darüber an, worum es in der Erzählung gehen könnte und ob es sich um eine lustige, traurige, spannende etc. Geschichte handelt.
b) Lies nun, wie die Erzählung weitergeht und überprüfe deine Vermutung.

Er lag auf seinem panzerartig harten Rücken und sah, wenn er den Kopf ein wenig hob, seinen gewölbten, braunen, von bogenförmigen Versteifungen geteilten Bauch, auf dessen Höhe sich die Bettdecke, zum gänzlichen Niedergleiten bereit, kaum noch erhalten konnte. Seine vielen, im Vergleich zu seinem sonstigen Umfang kläglich dünnen Beine flimmerten ihm hilflos vor den Augen.

„Was ist mit mir geschehen?" dachte er. Es war kein Traum. Sein Zimmer, ein richtiges, nur etwas zu kleines Menschenzimmer, lag ruhig zwischen den vier wohlbekannten Wänden. [...]

„Wie wäre es, wenn ich noch ein wenig weiterschliefe und alle Narrheiten vergäße," dachte er, aber das war gänzlich undurchführbar, denn er war gewöhnt, auf der rechten Seite zu schlafen, konnte sich aber in seinem gegenwärtigen Zustand nicht in diese Lage bringen. Mit welcher Kraft er sich auch auf die rechte Seite warf, immer wieder schaukelte er in die Rückenlage zurück. Er versuchte es wohl hundertmal, schloss die Augen, um die zappelnden Beine nicht sehen zu müssen, und ließ erst ab, als er in der Seite einen noch nie gefühlten, leichten, dumpfen Schmerz zu fühlen begann.

c) Gib kurz wieder, was zu Beginn der Erzählung mit der Hauptfigur Gregor Samsa passiert.
d) Tauscht euch darüber aus, wie ihr die Reaktion Gregors auf die Geschehnisse empfindet.

2 Gregor müsste um diese Zeit eigentlich zur Arbeit, weshalb er sich vor allem Sorgen um seinen Beruf macht.
a) Lies, was ihm durch den Kopf geht.

„Ach Gott," dachte er, „was für einen anstrengenden Beruf habe ich gewählt! Tag aus, Tag ein auf der Reise. Die geschäftlichen Aufregungen sind viel größer, als im eigentlichen Geschäft zu Hause, und außerdem ist mir noch diese Plage des Reisens auferlegt, die Sorgen um die Zuganschlüsse, das unregelmäßige, schlechte Essen, ein immer wechselnder, nie andauernder, nie herzlich werdender menschlicher Verkehr. Der Teufel soll das alles holen!" [...]

Er glitt wieder in seine frühere Lage zurück. „Dies frühzeitige Aufstehen", dachte er, „macht einen ganz blödsinnig. Der Mensch muss seinen Schlaf haben. Andere Reisende leben wie Haremsfrauen. Wenn ich zum Beispiel im Laufe des Vormittags ins Gasthaus zurückgehe, um die erlangten Aufträge zu überschreiben, sitzen diese Herren erst beim Frühstück. Das sollte ich bei meinem Chef versuchen; ich würde auf der Stelle hinausfliegen. Wer weiß übrigens, ob das nicht sehr gut für mich wäre. Wenn ich mich nicht wegen meiner Eltern zurückhielte, ich hätte längst gekündigt, ich wäre vor den Chef hingetreten und hätte ihm meine Meinung von Grund des Herzens aus gesagt. [...] Nun, die Hoffnung ist noch nicht gänzlich aufgegeben, habe ich einmal das Geld beisammen, um die Schuld der Eltern an ihn abzuzahlen – es dürfte noch fünf bis sechs Jahre dauern –, mache ich die Sache unbedingt. Dann wird der große Schnitt gemacht. Vorläufig allerdings muss ich aufstehen, denn mein Zug fährt um fünf."

Und er sah zur Weckuhr hinüber, die auf dem Kasten tickte. „Himmlischer Vater!" dachte er, Es war halb sieben Uhr, und die Zeiger gingen ruhig vorwärts, es war sogar halb vorüber, es näherte sich schon dreiviertel. Sollte der Wecker nicht geläutet haben? Man sah vom Bett aus, dass er auf vier Uhr richtig eingestellt war; gewiss hatte er auch geläutet. [...] Was aber sollte er jetzt tun? Der nächste Zug ging um sieben Uhr; um den einzuholen, hätte er sich unsinnig beeilen müssen, und die Kollektion war noch nicht eingepackt, und er selbst fühlte sich durchaus nicht besonders frisch und beweglich. Und selbst wenn er den Zug einholte, ein Donnerwetter des Chefs war nicht zu vermeiden, denn der Geschäftsdiener hatte beim Fünfuhrzug gewartet und die Meldung von seiner Versäumnis längst erstattet. Es war eine Kreatur des Chefs, ohne Rückgrat und Verstand. Wie nun, wenn er sich krank meldete? Das wäre aber äußerst peinlich und verdächtig, denn Gregor war während seines fünfjährigen Dienstes noch nicht einmal krank gewesen. Gewiss würde der Chef mit dem Krankenkassenarzt kommen, würde den Eltern wegen des faulen Sohnes Vorwürfe machen und alle Einwände durch den Hinweis auf den Krankenkassenarzt abschneiden, für den es ja überhaupt nur ganz gesunde, aber arbeitsscheue Menschen gibt. [...]

b) Erkläre, wie Gregor zu seinem Beruf steht, und markiere entsprechende Stellen auf einer Kopie des Textes oder der Vorlage aus dem Portal.

c) Gib wieder, wieso Gregor nicht kündigt. Markiere auch hier die entsprechende Textstelle.

3 Im weiteren Verlauf des Textes erscheint der Prokurist, ein Vorgesetzter Gregors.

a) Lies, wie sich die Ereignisse entwickeln.

Prokurist

Angestellter mit bestimmten Vollmachten

„Das ist jemand aus dem Geschäft," sagte er sich und erstarrte fast, während seine Beinchen nur desto eiliger tanzten. [...] Gregor brauchte nur das erste Grußwort des Besuchers zu hören und wusste schon, wer es war – der Prokurist selbst. Warum war nur Gregor dazu verurteilt, bei einer Firma zu dienen, wo man bei der kleinsten Versäumnis gleich den größten Verdacht fasste? [...]

Warum ging denn die Schwester nicht zu den anderen? Sie war wohl erst jetzt aus dem Bett aufgestanden und hatte noch gar nicht angefangen sich anzuziehen. Und warum weinte sie denn? Weil er nicht aufstand und den Prokuristen nicht herein-

Lesen – Umgang mit Texten und Medien

ließ, weil er in Gefahr war, den Posten zu verlieren und weil dann der Chef die Eltern mit den alten Forderungen wieder verfolgen würde? […]

„Herr Samsa," rief nun der Prokurist mit erhobener Stimme, „was ist denn los? Sie verbarrikadieren sich da in Ihrem Zimmer, antworten bloß mit ja und nein, machen Ihren Eltern schwere, unnötige Sorgen und versäumen – dies nur nebenbei erwähnt – Ihre geschäftlichen Pflichten in einer eigentlich unerhörten Weise. Ich spreche hier im Namen Ihrer Eltern und Ihres Chefs und bitte Sie ganz ernsthaft um eine augenblickliche, deutliche Erklärung. Ich staune, ich staune. Ich glaubte Sie als einen ruhigen, vernünftigen Menschen zu kennen, und nun scheinen Sie plötzlich anfangen zu wollen, mit sonderbaren Launen zu paradieren. […] Und Ihre Stellung ist durchaus nicht die festeste. […]"

„[…] Herr Prokurist! Schonen Sie meine Eltern! Für alle die Vorwürfe, die Sie mir jetzt machen, ist ja kein Grund; man hat mir ja davon auch kein Wort gesagt. Sie haben vielleicht die letzten Aufträge, die ich geschickt habe, nicht gelesen. Übrigens, noch mit dem Achtuhrzug fahre ich auf die Reise, die paar Stunden Ruhe haben mich gekräftigt." […]

„Haben Sie auch nur ein Wort verstanden?" fragte der Prokurist die Eltern, „er macht sich doch wohl nicht einen Narren aus uns?" […]

b) Erläutere, wie sich der Prokurist Gregor gegenüber verhält.

4 Schließlich gelingt es Gregor, die Zimmertüre zu öffnen.

a) Lies weiter und achte dabei darauf, wie die einzelnen Personen auf den verwandelten Gregor reagieren.

Gregor schob sich langsam mit dem Sessel zur Tür hin, ließ ihn dort los, warf sich gegen die Tür, hielt sich an ihr aufrecht – die Ballen seiner Beinchen hatten ein wenig Klebstoff – und ruhte sich dort einen Augenblick lang von der Anstrengung aus. Dann aber machte er sich daran, mit dem Mund den Schlüssel im Schloss umzudrehen. […] Er war noch mit jener schwierigen Bewegung beschäftigt und hatte nicht Zeit, auf anderes zu achten, da hörte er schon den Prokuristen ein lautes „Oh!" ausstoßen […]. Die Mutter – sie stand hier trotz der Anwesenheit des Prokuristen mit von der Nacht her noch aufgelösten, hoch sich sträubenden Haaren – sah zuerst mit gefalteten Händen den Vater an, ging dann zwei Schritte zu Gregor hin und fiel inmitten ihrer rings um sie herum sich ausbreitenden Röcke nieder, das Gesicht ganz unauffindbar zu ihrer Brust gesenkt. Der Vater ballte mit feindseligem Ausdruck die Faust, als wolle er Gregor in sein Zimmer zurückstoßen, sah sich dann unsicher im Wohnzimmer um, beschattete dann mit den Händen die Augen und weinte, dass sich seine mächtige Brust schüttelte. […]

„Nun," sagte Gregor und war sich dessen wohl bewusst, dass er der einzige war, der die Ruhe bewahrt hatte, „ich werde mich gleich anziehen, die Kollektion zusammenpacken und wegfahren. […] Man kann im Augenblick unfähig sein zu arbeiten, aber dann ist gerade der richtige Zeitpunkt, sich an die früheren Leistungen zu erinnern und zu bedenken, dass man später, nach Beseitigung des Hindernisses, gewiss

2.2 Textelemente und Zusammenhänge zwischen Texten, Entstehungszeiten und Autorenbiografien an Beispielen aus der Literatur des 20. und 21. Jahrhunderts (mit Fachbegriffen) beschreiben

desto fleißiger und gesammelter arbeiten wird. Ich bin ja dem Herrn Chef so sehr verpflichtet, das wissen Sie doch recht gut. Andererseits habe ich die Sorge um meine Eltern und die Schwester. Ich bin in der Klemme, ich werde mich aber auch wieder herausarbeiten. […]“

Aber der Prokurist hatte sich schon bei den ersten Worten Gregors abgewendet, und nur über die zuckende Schulter hinweg sah er mit aufgeworfenen Lippen nach Gregor zurück. […] Leider schien nun auch diese Flucht des Prokuristen den Vater, der bisher verhältnismäßig gefasst gewesen war, völlig zu verwirren, denn statt selbst dem Prokuristen nachzulaufen oder wenigstens Gregor in der Verfolgung nicht zu hindern, packte er mit der Rechten den Stock des Prokuristen, den dieser mit Hut und Überzieher auf einem Sessel zurückgelassen hatte, holte mit der Linken eine große Zeitung vom Tisch und machte sich unter Füßestampfen daran, Gregor durch Schwenken des Stockes und der Zeitung in sein Zimmer zurückzutreiben. Kein Bitten Gregors half, kein Bitten wurde auch verstanden, er mochte den Kopf noch so demütig drehen, der Vater stampfte nur stärker mit den Füßen. […] Unerbittlich drängte der Vater und stieß Zischlaute aus, wie ein Wilder. […] Als er aber endlich glücklich mit dem Kopf vor der Türöffnung war, zeigte es sich, dass sein Körper zu breit war, um ohne weiteres durchzukommen. […] Die eine Seite seines Körpers hob sich, er lag schief in der Türöffnung, seine eine Flanke war ganz wundgerieben, an der weißen Tür blieben hässliche Flecke, bald steckte er fest und hätte sich allein nicht mehr rühren können, die Beinchen auf der einen Seite hingen zitternd oben in der Luft, die auf der anderen waren schmerzhaft zu Boden gedrückt – da gab ihm der Vater von hinten einen jetzt wahrhaftig erlösenden starken Stoß, und er flog, heftig blutend, weit in sein Zimmer hinein. Die Tür wurde noch mit dem Stock zugeschlagen, dann war es endlich still.

b) Vervollständigt auf einem Blatt Papier oder der Vorlage aus dem Portal nun die folgende Übersicht, indem ihr die Reaktionen der einzelnen Personen auf Gregor ergänzt. Vergleicht anschließend eure Ergebnisse.

Portal
WES-122966-048

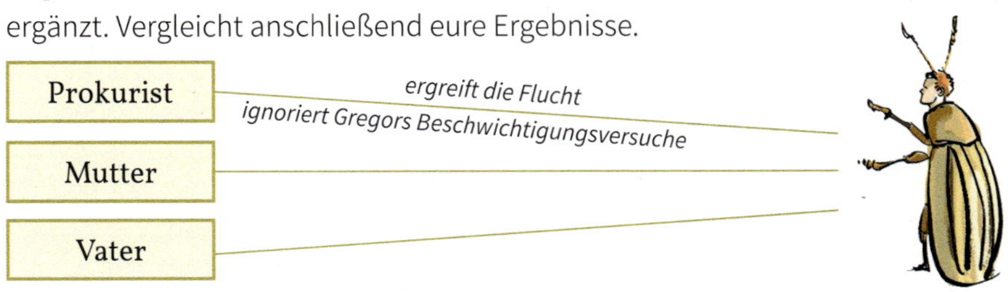

5 Die Verwandlung Gregors in einen Käfer kann ganz unterschiedlich interpretiert werden. Eine mögliche Interpretation ist die Unterdrückung der eigenen Persönlichkeit, da Gregor bereits als junger Erwachsener für seine Familie sorgen muss.

a) Erläutere anhand des Textes, inwieweit Gregor Samsa unter seinem Beruf leidet.
b) Tauscht euch darüber aus, weshalb Fanz Kafka hierfür das Bild eines Käfers wählt. Sprecht auch darüber, ob ihr das Bild passend findet.
c) Viele Menschen leiden auch heute unter den teilweise stetig wachsenden beruflichen Anforderungen. Sammelt Beispiele hierfür.
d) Diskutiert, was für euch entscheidend ist bei der Berufswahl.

2.2 Textelemente und Zusammenhänge zwischen Texten, Entstehungszeiten und Autorenbiografien an Beispielen aus der Literatur des 20. und 21. Jahrhunderts (mit Fachbegriffen) beschreiben

Lesen – Umgang mit Texten und Medien

Portal
WES-122966-049

6 Häufig wird die Verwandlung Gregors auch autobiografisch gedeutet, da Franz Kafka zu Lebzeiten stark unter dem angespannten Verhältnis zu seinem sehr dominanten Vater litt.

a) Unterstreiche auf einer Kopie des Textes oder der Vorlage aus dem Portal Stellen, an denen deutlich wird, dass der Vater Gregor gegenüber wenig Mitgefühl empfindet.
b) Auch bezüglich Gregors Stellung in der Familie ist das Bild des Käfers passend gewählt. Erkläre dies, indem du noch einmal auf Gregors Rolle innerhalb der Familie eingehst.

W **7** Gregor leidet sowohl unter der für ihn unbefriedigenden beruflichen Situation als auch unter seiner Rolle in der Familie. Wähle dazu im Folgenden Aufgabe a) oder b) und bearbeite diese.

S. 307 *persönlicher Brief*

a) Verfasse aus der Sicht Gregors einen Brief an seine Eltern, in welchem du ihnen deine Gedanken und Gefühle mitteilst. Gehe dabei auch auf die Beziehung zu Vater und Mutter ein.

S. 309 *Tagebucheintrag*

b) Gregor geht am Abend vor seiner Verwandlung ins Bett und schreibt zuvor in sein Tagebuch, wobei er seine Gefühle zu Familie und Beruf verarbeitet. Versetze dich in seine Lage und schreibe den Tagebucheintrag.

✲ **8** Vermute, wie sich Gregors Schicksal als Käfer weiterentwickelt. Recherchiert anschließend das tatsächliche Ende der Geschichte.

✲ **9** Franz Kafkas Erzählung „Die Verwandlung" eignet sich gut, um sie als Comic darzustellen. Versuche dies mit dem Beginn der Erzählung. Achte dabei auch darauf, die Stimmung mit entsprechender Farbgestaltung wiederzugeben. Du kannst dich dabei an den ersten beiden Seiten aus der Graphic Novel von Eric Corbeyran und Richard Horne orientieren.

2.2 mit komplexeren produktiven Methoden Texte erschließen und mit gewonnenen Erkenntnissen eigenes Handeln reflektieren

Jung sein, erwachsen werden – Persönlichkeitsentwicklung in Werken des 20. und 21. Jahrhunderts

Suche nach Anerkennung in Günter Grass' „Katz und Maus"

In Günter Grass' Novelle „Katz und Maus" (1961) schreibt der Erzähler Pilenz rückblickend von seinem Jugendfreund Joachim Mahlke. Dieser entwickelt sich im Laufe der Geschichte zum Helden, sowohl in seinem Freundeskreis als auch später als Soldat an der Front.

Günter Grass

(1927–2015) war ein deutscher Schriftsteller, Bildhauer, Maler und Grafiker. Er war einer der bedeutendsten deutschen Nachkriegsautoren und wurde 1999 mit dem Nobelpreis für Literatur ausgezeichnet.

suspendiert

ausgeschlossen

drillen

einem harten Training unterziehen

1 Lies dir den Beginn des folgenden Auszugs aus „Katz und Maus" zunächst aufmerksam durch.

Als Joachim Mahlke kurz nach Kriegsbeginn vierzehn Jahre alt wurde, konnte er weder schwimmen noch radfahren, fiel überhaupt nicht auf. [...] Vom Turnen und Schwimmen war er suspendiert, weil er sich als kränklich ausweisen konnte, indem er Atteste vorzeigte. Noch bevor Mahlke das Radfahren lernte und steif verbissen, mit hochrot abstehenden Ohren und seitlich verbogenen, auf- und untertauchenden Knien eine komische Figur abgab, meldete er sich während der Wintersaison im Hallenbad Niederstadt zum Schwimmen, wurde aber vorerst nur zum Trockenschwimmen mit Acht- bis Zehnjährigen zugelassen. Auch im folgenden Sommer war er noch nicht so weit. Der Bademeister der Anstalt Brösen, eine typische Bademeisterfigur mit Bojenleib und dünnen haarlosen Beinen unter dem stoffbespannten Seezeichen, mußte Mahlke zuerst im Sand drillen und dann an die Angel nehmen. Doch als wir ihm Nachmittag um Nachmittag davonschwammen und Wunderdinge von dem abgesoffenen Minensuchboot erzählten, bekam er mächtigen Auftrieb, schaffte es innerhalb von zwei Wochen – und schwamm sich frei.

Ernst und beflissen zog er zwischen dem Seesteg, dem Großen Sprungturm und der Badeanstalt hin und her und mochte im Schwimmen schon einige Ausdauer haben, als er vom Wellenbrecher des Seesteges mit Tauchübungen begann, zuerst simple Ostseemuscheln hochholte, dann nach einer sandgefüllten Bierflasche tauchte, die er ziemlich weit rauswarf. Wahrscheinlich gelang es Mahlke bald, die Buddel regelmäßig vom Grund hochzuholen, denn als er bei uns auf dem Kahn zu tauchen anfing, war er kein Anfänger mehr.

Er bettelte, mitschwimmen zu dürfen. Gerade wollten wir, sechs oder sieben Mann stark, unseren täglichen Kurs einschlagen, feuchteten uns umständlich vorsorglich im seichten Quadrat des Familienbades an, da stand Mahlke auf dem Laufsteg des Herrenbades: „Nehmt mich doch mit. Ich schaff es bestimmt."

2 Joachim Mahlke wird hier als ein eher kränklicher Junge beschrieben.
a) Gib in eigenen Worten kurz wieder, was du über ihn erfährst.
b) Nenne den Grund, wieso Joachim Mahlke einen solchen Ehrgeiz in Bezug auf das Schwimmen entwickelt.

3 Lies auf der nächsten Seite, wie es mit dem Jungen weitergeht.

Lesen – Umgang mit Texten und Medien

Ein Schraubenzieher hing ihm unter der Gurgel und lenkte von seiner Gurgel ab.

„Na schön!" Mahlke kam mit, überholte uns zwischen der ersten und der zweiten Sandbank, und wir gaben uns keine Mühe, ihn einzuholen: „Der soll sich mal abstrampeln."

Wenn Mahlke in Brustlage schwamm, tanzte ihm der Schraubenzieher deutlich, denn das Ding hatte einen Holzgriff, zwischen den Schulterblättern. Schwamm Mahlke auf dem Rücken, torkelte der Holzgriff auf seiner Brust, verdeckte aber nie vollkommen jenen fatalen Knorpel zwischen Kinnlade und Schlüsselbein, der als Rückenflosse ausgefahren blieb und eine Kielspur riß.

Und dann zeigte Mahlke es uns. Er tauchte mehrmals kurz nacheinander mit seinem Schraubenzieher und brachte hoch, was sich nach zwei- oder dreimaligem Tauchen abschrauben ließ: Deckel, Verschalungsteile, ein Stück von der Lichtmaschine, fand unten ein Seil, seilte mit dem brüchigen Drussel einen waschechten Minimax aus dem Vorschiff hoch; und das Ding – deutsches Fabrikat übrigens – war noch brauchbar; Mahlke bewies es uns, löschte mit Schaum, zeigte uns, wie man mit Schaum löscht, löschte mit Schaum die glasgrüne See – und stand vom ersten Tag an ganz groß da.

Drussel
Büschel

Minimax
Feuerlöscher

Die Flocken lagen noch in Inseln und verzogenen Streifen auf flacher gleichatmiger Dünung, lockten wenige Möwen, stießen die Möwen ab, fielen zusammen und trieben, eine einzige Sauerei sauer gewordener Schlagsahne, gegen den Strand; da machte auch Mahlke Feierabend, hockte sich in den Schatten des Kompaßhäuschens und bekam nun, nein, hatte schon lange, noch bevor verirrte Schaumfetzen auf der Brücke ermüdeten und unter jedem Lüftchen zitterten, diese körnige schrumpfende Haut. Mahlke bibberte, ließ die Gurgel fliegen; und sein Schraubenzieher machte über geschüttelten Schlüsselbeinen Tänzchen. Aber auch Mahlkes Rücken, eine streckenweis käsige, von den Schultern abwärts krebsrot verbrannte Fläche, der sich immer wieder beiderseits der reibbrettartig durchtretenden Wirbelsäule neuverbrannt die Haut schälte, wurde mit Graupeln beworfen und von wandernden Schauern verzogen. Gelbliche Lippen hatten blaue Ränder und entblößten Mahlkes klappernde Zähne. Mit großen ausgelaugten Händen versuchte er, beide Knie, die sich an den muschelüberzogenen Schotts aufgescheuert hatten, festzuhalten und so seinem Körper, auch seinen Zähnen Widerstand zu bieten. Hotten Sonntag – oder war ich es? – rieb Mahlke ab: „Mensch, hol dir bloß nischt. Wir müssen ja noch zurück." Der Schraubenzieher wurde vernünftiger.

Hin brauchten wir von der Mole aus fünfundzwanzig, von der Badeanstalt aus fünfunddreißig Minuten. Eine gute Dreiviertelstunde verlangte der Rückweg. Er mochte noch so ausgepumpt sein, immer war er eine deutliche Minute vor uns auf dem Molengranit. Den Vorsprung des ersten Tages hielt er auch weiterhin. Jedesmal, bevor wir den Kahn – so hieß bei uns der Minensucher – erreichten, war Mahlke schon einmal unten gewesen und zeigte uns, sobald wir mit Waschfrauenhänden ziemlich gleichmäßig nach dem Rost und Möwenmist der Brücke oder den ausladenden Drehkränzen langten, irgendein Scharnier, etwas, das sich leicht hatte lösen lassen, wortlos vor und fröstelte schon, obgleich er sich vom zweiten oder dritten Herausschwimmen an dick und verschwenderisch mit Nivea eincremte; denn Taschengeld hatte Mahlke genug. Mahlke war einziges Kind zu Hause. Mahlke war

Mole
Aufschüttung, die in ein Gewässer ragt

Halbwaise. Mahlkes Vater lebte nicht mehr. Mahlke trug im Winter wie im Sommer altmodische hohe Schuhe, die er von seinem Vater geerbt haben mochte.

An einem Schnürsenkel für hohe schwarze Schuhe trug Mahlke den Schraubenzieher am Hals. [...]

4 Mahlkes Entwicklung und sein Streben nach Anerkennung steht auch in Zusammenhang mit einem körperlichen Makel, von dem er mit allen Mitteln ablenken will.

a) Tauscht euch anhand der fett gedruckten Stellen darüber aus, welchen Schönheitsfehler der Junge kompensieren will.

b) In der Novelle wird immer wieder von Versuchen berichtet, wie Mahlke nicht nur durch Taten von seinem Makel ablenken will, sondern auch äußerlich. Erkläre kurz, wie Mahlke dies in vorliegendem Auszug versucht.

S. 302
Novelle

5 Lies, wie sich Mahlke in der Folge verhält.

Ein gewöhnlicher Schraubenzieher: stabil und billig. Oft mußte Mahlke, um ein schmales Schildchen, nicht größer als ein Namensschild seitlich einer Wohnungstür, das von zwei Schrauben gehalten wurde, lösen und hochbringen zu können, fünf- bis sechsmal tauchen, besonders, wenn das Schildchen an Metallteilen haftete und beide Schrauben eingerostet waren. Dafür gelang es ihm manchmal, größere Schilder mit viel Text schon nach zweimaligem Tauchen und indem er den Schraubenzieher als Brecheisen benutzte, samt Schrauben aus morscher Holzverschalung zu stemmen und die Beute auf der Brücke vorzuzeigen. Gesammelt hat er die Schildchen nachlässig, hat Winter und Jürgen Kupka, die hemmungslos alles Abschraubbare, auch Straßenschilder und die Schildchen der öffentlichen Toiletten sammelten, viel geschenkt und nur jene Brocken nach Hause genommen, die zu seinem Kram paßten.

Mahlke machte es sich nicht leicht: Wenn wir auf dem Kahn dösten, arbeitete er unter Wasser. Wir kratzten am Möwenmist, wurden zigarrenbraun, und wer blonde Haare hatte, bekam strohblondes Haar; doch Mahlke holte sich allenfalls einen neuen Sonnenbrand. Wenn wir den Schiffsverkehr nördlich der Ansteuerungstonne verfolgten, hatte er unverrückbar den Blick nach unten: gerötete, bißchen entzündete Lider mit wenig Wimpern um, glaube, hellblaue Augen, die erst unter Wasser neugierig wurden. Mehrmals kam Mahlke ohne Schildchen, ohne Beute, aber mit abgebrochenem oder hoffnungslos verbogenem Schraubenzieher zurück. Auch den zeigte er und machte Eindruck. Jene Geste, mit der er das Ding über die Schulter in die See warf und sogleich Möwen irritierte, wurde weder von flauer Enttäuschung noch von zielloser Wut gesteuert.

Nie warf Mahlke kaputtes Werkzeug mit gespielter oder tatsächlicher Gleichgültigkeit hinter sich. Auch das Wegwerfen besagte noch: Jetzt zeige ich es Euch bald von der anderen Seite! [...]

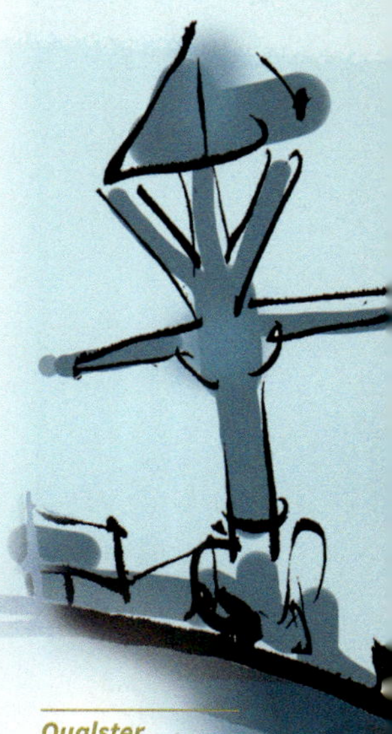

Wir hielten unsere leicht zitternden Knie, mahlten Möwenmist zu Qualster, waren mäßig gespannt, halb ermüdet halb gefesselt, zählten Marinekutter, die im Verband fuhren, hielten uns an den immer noch senkrecht Rauch zeichnenden Schornsteinen des Lazarettschiffes fest, schauten uns seitlich an – er blieb lange unten [...] – da

Qualster
Schleim

Lesen – Umgang mit Texten und Medien

kam er hochgeschossen: blaurot ums Kinn und gelblich über den Backenknochen, riß Wasser aus der Luke, streng in der Mitte gescheitelt, taumelte kniehoch umspült übers Vorschiff, griff nach den ragenden Halterungen, ging auf die Knie, glotzte wäßrig, und wir mußten ihn auf die Brücke ziehen. Aber während es ihm noch aus der Nase und den Mundwinkeln lief, zeigte er uns schon das Ding, einen stählernen Schraubenzieher aus einem Stück. War englisches Werkzeug. Stand eingestanzt drauf: Sheffield. Kein bißchen Rost, ohne Narben, noch mit der Fettschicht gefirmt: Wasser kugelte sich und rollte ab.

Diesen schweren, sagen wir, unzerbrechlichen Schraubenzieher trug Joachim Mahlke über ein Jahr lang, auch als wir nicht mehr oder seltener zu dem Kahn hinschwammen, tagtäglich am Schnürsenkel um den Hals und trieb damit, obgleich oder weil er katholisch war, eine Art Kult, gab das Ding, zum Beispiel, vor der Turnstunde Studienrat Mallenbrandt, da er Diebe fürchtete, in Verwahrung und nahm den Brocken auch in die Marienkapelle mit; denn nicht nur am Sonntag, auch während der Woche ging Mahlke, noch vor Schulbeginn, zur Frühmesse in die Kapelle auf dem Marineweg, unterhalb der Genossenschaftssiedlung Neuschottland.

6 Mahlke übertrumpft seine Freunde in vielen Bereichen.

a) Gib wieder, welcher Freizeitbeschäftigung Mahlke und seine Freunde im Text nachgehen.

b) Erläutere, wie sich die Überlegenheit Mahlkes seinen Freunden gegenüber äußert, und markiere entsprechende Textstellen auf einer Kopie des Textes oder der Vorlage aus dem Portal.

Portal
WES-122966-050

c) Tauscht euch anhand des Textinhaltes über folgendes Zitat aus:

[…] „Soziale Anerkennung ist ein Grundbedürfnis wie das nach Essen und Trinken, ohne sie kann kein Mensch existieren.“ […]

Quelle: ZEIT ONLINE

7 Der Beginn der Novelle erzählt davon, dass Joachim Mahlke wegen seines Makels auch geärgert wurde.

a) Lies dazu den folgenden Textauszug und gib wieder, was Mahlke widerfährt.

… und einmal, als Mahlke schon schwimmen konnte, lagen wir neben dem Schlagballfeld im Gras. Ich hätte zum Zahnarzt gehen sollen, aber sie ließen mich nicht, weil ich als Tickspieler schwer zu ersetzen war. Mein Zahn lärmte. Eine Katze strich diagonal durch die Wiese und wurde nicht beworfen. […] Die Katze übte. Mahlke schlief oder sah so aus. Neben ihm hatte ich Zahnschmerzen. Die Katze kam übend näher. Mahlkes Adamsapfel fiel auf, weil er groß war, immer in Bewegung und einen Schatten warf. Des Platzverwalters schwarze Katze spannte sich zwischen mir und Mahlke zum Sprung. Wir bildeten ein Dreieck. Mein Zahn schwieg, trat nicht mehr auf der Stelle: denn Mahlkes Adamsapfel wurde der Katze zur Maus. So jung war die Katze, so beweglich Mahlkes Artikel – jedenfalls sprang sie Mahlke an die Gurgel; oder einer von uns griff die Katze und setzte sie Mahlke an den Hals; oder ich,

Adamsapfel
bei Männern sichtbarer und tastbarer Knorpel des Kehlkopfes

2.1 komplexeren literarischen und pragmatischen Texten selbstständig wesentliche Informationen entnehmen

mit wie ohne Zahnschmerz, packte die Katze, zeigte ihr Mahlkes Maus: und Joachim Mahlke schrie, trug aber nur unbedeutende Kratzer davon.

b) Joachim Mahlke entwickelt sich in vielen Bereichen zum Besten in seiner Altersklasse, dennoch bleibt er eher ein Außenseiter. Begründe dies anhand der gelesenen Textstellen.

✲ c) Verfasse eine Charakterisierung der Figur des Mahlke mithilfe von Textbelegen und gehe dabei auch auf die Beziehung zu seinen Altersgenossen ein.

8 Nicht selten werden Menschen aufgrund äußerlicher Auffälligkeiten verspottet oder ausgegrenzt. Mahlke reagiert darauf, indem er immer der Beste sein möchte und einen enormen Ehrgeiz entwickelt. Diskutiert darüber, welche anderen Auswirkungen solche Angriffe auf Betroffene haben können. Bezieht die folgende Zusammenfassung ein.

S. 306
Charakterisierung

Im weiteren Verlauf von „Katz und Maus" wird Joachim Mahlke aufgrund seines Ehrgeizes dann als Soldat mit dem Eisernen Kreuz ausgezeichnet. Jedoch will er nicht zurück an die Front, weshalb er sich mithilfe von Pilenz auf dem Schiff versteckt, dann aber nie wieder gesehen wird. Der Erzähler äußert im Buch Schuldgefühle aufgrund der Szene mit der Katze. Er meint, schuld zu sein an der Entwicklung Mahlkes und letztlich auch an seinem vermuteten Tod, weshalb er ihn lange Zeit gesucht hat.

W **9** Wähle im Folgenden zwischen a) und b).

a) Stell dir vor, Pilenz und Joachim Mahlke treffen sich nach Jahren als erwachsene Menschen wieder. Verfasse ein kurzes Gespräch der beiden, in dessen Verlauf sich Pilenz auch entschuldigt.

b) Stell dir vor, Pilenz erfährt, dass Joachim Mahlke tatsächlich gestorben ist. Verfasse aus seiner Sicht einen Tagebucheintrag, in dem er sich noch einmal mit der Frage seiner Schuld auseinandersetzt.

2.1 Lesestrategien zum kritischen Textverständnis einsetzen, Inhalte kontextualisieren; 2.2 mit komplexeren produktiven Methoden Texte erschließen und mit gewonnenen Erkenntnissen eigenes Handeln reflektieren

Lesen – Umgang mit Texten und Medien

Jung sein, erwachsen werden – Persönlichkeitsentwicklung in Werken des 20. und 21. Jahrhunderts

Hass, Gewalt und Ausgrenzung in Wilfried N'Sondés „Das Herz der Leopardenkinder"

Wilfried N'Sondé

(geb. 1968) ist ein französischer Schriftsteller und Musiker, der im Kongo geboren wurde und zwischenzeitlich 25 Jahre in Berlin lebte. „Das Herz der Leopardenkinder" war sein Debütroman, für den er mehrere Preise erhielt.

In „Das Herz der Leopardenkinder" (2007) von Wilfried N'Sondé sitzt ein junger Mann in einer Gefängniszelle und wird immer wieder mit brutalen Methoden verhört. Nach und nach wird deutlich, dass er in einen Polizistenmord verwickelt ist, sich aber nicht erinnern kann, da er unter Alkohol- und Drogeneinfluss stand. Während der Haft gehen ihm viele Gedanken zu seiner Herkunft, seiner Jugendliebe Mireille und seinem Jugendfreund Drissa durch den Kopf.

1 Zu Beginn des Textausschnittes erinnert sich der Protagonist an seine Ankunft in Frankreich. Lies dir diesen Teil zunächst aufmerksam durch.

Dann erinnere ich mich an meine ersten Schritte auf französischem Boden, staunend, es war im Januar. Der erste winzige Hopser des Kindes beim Aussteigen aus dem Flugzeug, die Enttäuschung bei der Ankunft, dass es in dieser lang erträumten Welt auch Regen gibt, kaltes, graues Wetter, untermalt von furchterregenden mechanischen Geräuschen. Ich hatte mir ein Wunderland mit einer sanften Sonne vorgestellt, wo die Weißen unter einer riesigen Glaskuppel in Harmonie lebten. Bestimmt hatten sie eine Welt von großer Menschlichkeit geschaffen und sich der materiellen Zwänge weitgehend entledigt.

Als Erstes empfing mich die unerbittliche Kälte, die ins Gesicht beißt und die Finger steif werden lässt, ein stechendes, äußerst unangenehmes Gefühl, und dann die böse Überraschung nach dem Öffnen der Koffer. Dem erschrockenen Kind blieb nur die Klage, es hatte den Weg verloren und konnte nicht mehr zurück nach Hause. Nach und nach richtete ich mich in den Kerkern der Differenz ein.

Was bistn du, ein Chinese? Meine Angst vor hellen Augen macht mich heute lächeln, sie erinnerten an gehäutetes Fleisch, ganz zu schweigen von diesen Nasen mit den engen Löchern, wie die spitzigen Pfeile der Krieger bei den Paraden zum Unabhängigkeitstag. Mein Kinderherz litt entsetzlich für dieses Volk, das zu einem ewigen Martyrium verdammt war, nur um richtig atmen zu können. Aber es gab ja Mireille, die in der Vorschule neben mir saß, die meine verkrampfte Hand aus der Hand der Lehrerin löste und mit mir eine Runde im Schulhof machte. Mireille, die Wunderbare, die instinktiv die Wunde des Exils begriff – und wir waren erst fünf! Sie trug kurze Kleinmädchenkleider, und ich lugte bei jeder Gelegenheit nach ihren weißen Baumwollhöschen, die oft verrutschten und ihren rosa Popo entblößten. Sie hat mich gerettet, als in der Klasse Dreikönig gefeiert wurde, ich kannte ja weder die Sprache noch diese Tradition mit der eingebackenen Bohne im Kuchen, als ich hineinbiss. Er hat sie, riefen alle im Chor, und da man, wenn man nichts versteht, Begeisterung leicht für einen Angriff hält, begann ich zu weinen und laut zu schluchzen. Gewandt stellte Mireille sich neben mich und legte mir gebieterisch ihren zarten Arm um die Taille, sie war

vom ersten Moment an meine Königin, meine Retterin in der Not.

Und auch später, wenn die Worte des Ahnen so laut in meiner kleinen Brust widerhallten, dass ich ins Taumeln kam: Das Wichtigste ist die Schule. Vergiss nie, dass du nicht zu Hause bist, als Fremder hast du es schwerer. Du musst immer besser sein als der Weiße, sonst verachtet er dich! Aber es gab ja Mireilles kleine Hand in der meinen, die sie fröhlich auf und ab schwang. Sie schenkte mir Blau, ein wenig Grün und alle Töne von Rot, die ich zum Durchhalten brauchte.

2 Die Zeit nach der Ankunft in Frankreich war für den Jungen nicht immer leicht.

a) Markiere auf der Vorlage aus dem Portal oder einer Kopie des Textes Stellen, an denen Probleme deutlich werden, vor denen der Junge aus Afrika nach seiner Ankunft stand.

b) Tauscht euch darüber aus, wie sich der Erzähler als Kind nach seiner Ankunft wohlgefühlt hat und wie er rückblickend darüber denkt.

c) Mireille steht ihm schon in der Kindheit zur Seite und unterstützt ihn. Gib wieder, wie das Mädchen sich für den Jungen einsetzt, und erläutere anhand des Textauszuges, welche Gefühle er für Mireille hegt.

d) Lies weiter, wie sich der Gefangene an seine Jugendzeit erinnert.

Portal
WES-122966-051

Du hast recht, Kommissar, es ist wahr, das Leben in dem Betonblock ist mir nicht gut bekommen, ich habe dort nie gelernt, den Puls in meinen Adern pochen zu fühlen. Ich erinnere mich nur an den Ärger und die kleinen Dramen des Alltags, an die du dich unmerklich gewöhnst. Treffen am Bahnhof, um unter uns zu bleiben, im Winter und im Herbst ist alles trist und still, im Sommer gibts ständig Ärger, Ferien im Jugendkulturzentrum, um den Betreuer zu nerven, abends Telefonkabinen zertrümmern, Straßenlaternen mit einem gezielten Fußtritt löschen, Joints rauchen und Billigbier saufen im Gelände zwischen den Blocks oder, wenns regnet, im Keller. Es gibt nichts zu tun, also sucht man Streit, egal aus welchem Grund, pöbelt erschrockene Fußgänger an, und wenn sie sich weigern, mit uns zu sprechen, kriegen sie obszöne Sprüche hinterhergeschmissen.

Ich aber hatte Mireille und ihre Bücher, sie liebte unsere endlosen Diskussionen, den Zauber der Wörter und Sätze, so verreisten wir gemeinsam für wenig Geld, ihr Gesicht leuchtet, wenn sie über eine schöne Formulierung spricht, die wochenlang die Fantasie beflügelt. Von sich und ihrer Familie hat sie nie viel erzählt, nur von diesen Kaskaden von Versen und Strophen, den Tonnen von Prosa, die sie unbedingt mit mir teilen will, bei einem Spaziergang, auf einer Bank oder auf dem Boden sitzend, Hand in Hand. Waren die Worte zu schön oder der Sinn unendlich tief, küssten wir uns, Magma im Mund. So nah seit jeher, mit der Gewissheit, einander fürs Leben gefunden zu haben, wie man sagt.

Kaskade
stufenförmig angelegter, künstlicher Wasserfall

2.1 Lesestrategien zum kritischen Textverständnis einsetzen, Inhalte kontextualisieren

Lesen – Umgang mit Texten und Medien

3 Die Hauptfigur schildert ein düsteres Bild seiner sozialen Umgebung.
a) Fasse stichpunktartig zusammen, wie der Häftling sein Milieu beschreibt.
b) Erkläre, wie es ihm gelungen ist, sich aus dem Ärger herauszuhalten.
c) Drissa, ein Freund des Erzählers, schlug einen anderen Weg ein. Lies, welche Gedanken sich der Junge zu seinem Jugendfreund macht.

Drissa hatte zu jener Zeit schon andere Wege genommen. [...] Drissa verkauft gestohlene Fernseher, Luxusware, die er bei Drogenbrüchen geklaut hat. Ich finds geil, Alter, bin supergut drauf, mir egal, geh doch zurück auf deine Bonzenuni, was glaubst du denn, wer du bist? Und nimm deine Weiße da gleich mit, was schaut die mich so schief an, als würde sie mich nicht mehr kennen, sie ist nicht besser als ich, wir sind doch zusammen groß geworden, oder nicht? Die soll zur Hölle fahren! Drissa, das ist Mireille, erinnere dich, als Kinder sind wir drei Hand in Hand durchs Gelände gelaufen.

Hüte deine Zunge vor bösen Worten, Drissa, du spuckst sie aus, um andere zu verletzen, aber sie vergiften vor allem dein eigenes Blut. Ich habe Geld, ich scheiß auf alles, fick dich mit diesem Quatsch, was bist du naiv. [...]

Drissa, mein Bruder, mein Freund, hing immer mit einer Gruppe von Jungs rum, die laut, unhöflich und ordinär waren, untereinander aggressiv und gnadenlos gegen andere. Rechnungen wurden beglichen, Schüsse fielen, ein Toter und ein Schwerverletzter, der lebenslang behindert blieb, Gruppenvergewaltigung, schwere Misshandlung, Drogenhandel, Widerstand gegen die Staatsgewalt, Seriendiebstahl von Autos und illegale Rennen mit zigtausend Euro Schaden. Die Schulen des Viertels wurden zu Brutstätten des Verbrechens, es gab groß angelegte Polizeiaktionen, Übergriffe und Verdienstorden für den Einsatz. Alle fürchten sich vor dir, Drissa, deine Mutter, harmlose Passanten und deine frühere Freundin Mireille, manchmal richtet dein Zorn sich sogar gegen mich. [...] Ich war nie so weit, dass ich sie wirklich satthatte, Drissa und die anderen, meine Freunde aus dem Viertel, mein Leben, ich hing an der Erinnerung, an der noch fühlbaren Wärme der Abende und der Tage, an denen wir einfach zusammen waren, lachten, miteinander teilten und chillten. Ich hätte es lieber vergessen, nicht gesehen und nicht gewusst, dass die Zeit eine Reise rückwärts macht, zu den Momenten des Lächelns, weg von dem ewigen Imperativ, zu entscheiden und Stellung zu beziehen. Wir könnten uns doch im Gelände treffen und laufen, bis uns die Luft ausgeht, wie damals, als wir noch Kinder waren, oder uns in einen Hauseingang setzen, rauchen und die neuesten Nachrichten aus der Fußballliga kommentieren oder Busen, Gesicht und Hintern des neulich ins Viertel gezogenen Mädchens.

2.1 komplexeren literarischen und pragmatischen Texten selbstständig wesentliche Informationen entnehmen

4 Drissa gelingt es nicht, sich aus seinem kriminellen Umfeld zu befreien.

a) Markiere auf der Vorlage im Portal oder einer Kopie des Textes Stellen, an denen deutlich wird, wie sich das Leben des Freundes entwickelt.

b) Der Erzähler erinnert sich daran, dass er Drissa wieder auf den richtigen Weg bringen wollte. Fasse in eigenen Worten zusammen, wie das Gespräch der beiden verlaufen ist.

Portal
WES-122966-051

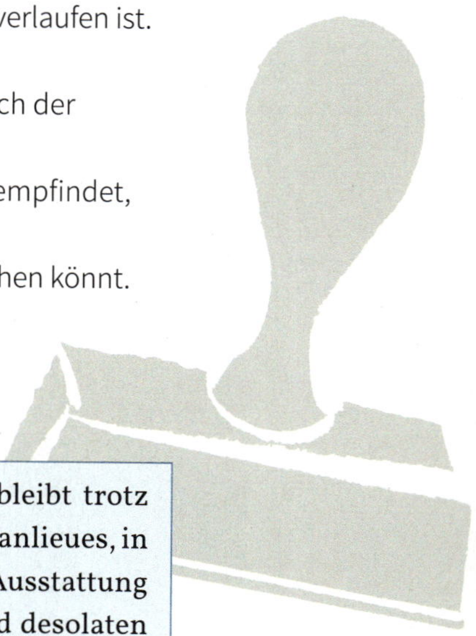

5 Trotz der Gewalt, in die Drissa und dessen Umfeld verstrickt sind, wendet sich der Erzähler nicht von ihm ab.

a) Erläutere anhand des letzten Absatzes, welche Gefühle der Jugendliche empfindet, als er an seinen Freund denkt.

b) Tauscht euch darüber aus, ob ihr diese Gedanken und Gefühle nachvollziehen könnt.

6 Die Pariser Vorstädte, die Banlieues, gelten als soziale Brennpunkte.

a) Lies dir dazu zunächst den folgenden Informationstext durch.

Die Konzentration sozioökonomischer und städtebaulicher Probleme bleibt trotz massiver staatlicher Maßnahmen charakteristisch für die Situation der Banlieues, in denen knapp fünf Millionen Franzosen leben. Neben einer defizitären Ausstattung des Wohnumfeldes, einer schlechten Anbindung an die Innenstädte und desolaten Wohnverhältnissen liegen auch viele andere soziale Indikatoren seit Jahren deutlich unter dem nationalen Durchschnitt. Laut dem letzen Bericht der Nationalen Beobachtungsstelle kritischer Stadtteile […] war die Arbeitslosenquote in den von der Politik als Problemgebiete ausgewiesenen Vierteln […] doppelt so hoch wie im nationalen Durchschnitt. Die durchschnittliche Jugendarbeitslosenquote lag […] bei 41,7 Prozent (23,2 Prozent im nationalen Durchschnitt). Ein Drittel der Bevölkerung lebte […] unter der Armutsgrenze und auch das Bildungsniveau liegt deutlich unter dem nationalen Level. […] Die Stigmatisierung der Banlieue als „sozialer Brennpunkt" oder „Getto" hat darüber hinaus dazu geführt, dass die räumliche Konzentration sozialer Probleme selbst zur Ursache für Ausgrenzung und Benachteiligung geworden ist. So haben viele Studien gezeigt, dass die Bewohner der Problemgebiete aufgrund ihres Wohnortes beim Eintritt in das Berufsleben sowie bei der Wohnungssuche außerhalb der Problemviertel diskriminiert werden. Diese Diskriminierungen betreffen in besonderem Maße Migranten, die mehr als die Hälfte aller Vorstadtbewohner stellen. Aufgrund des hohen Migrantenanteils und weil an den Ausschreitungen vor allem

Lesen – Umgang mit Texten und Medien

maghrebinisch
vor allem die nordafrikanischen Territorien von Tuniesien, Algerien, Marokko und Westsahara betreffend

maghrebinische Einwanderer der zweiten Generation beteiligt waren, sind die Vororte auch zu einem Synonym für gescheiterte Integration geworden. [...] Die Stigmatisierung der Banlieue als desorganisierter krimineller Raum sowie die tatsächliche Zunahme von Kriminalität und Gewalt haben zudem zur Etablierung einer umfangreichen Sicherheitspolitik mit speziellen Polizeieinheiten für städtische Gewalt geführt. [...] Das Resultat ist jedoch kein Rückgang der Gewalt, sondern vielmehr ein extrem konfliktbelastetes Verhältnis zwischen Polizei und Jugendlichen, welches nach Meinung vieler Experten Unruhen provoziert.

b) Gib kurz wieder, wie im Text das Leben in den Banlieues beschrieben wird und mit welchen Problemen die Menschen zu kämpfen haben.
c) Erläutert am Beispiel Drissas, welche Auswirkungen die im Text dargestellten Verhältnisse auf das Leben Jugendlicher haben können.

7 Oft stellt auch die Integration in einem neuen Land Jugendliche vor eine große Herausforderung.
a) Erkläre, welches Problem, dem sich viele junge Migrantinnen und Migranten ausgesetzt sehen, Wilfried N'Sondé in einem Statement zum Roman anspricht.

„Die Namen der Identitäten, die man uns verpasst: du bist Schwarz, du bist ein Franzose, du bist Afrikaner, du bist dies und jenes – das ist Wahnsinn. Ich bin nicht das Ganze, ich bin keine Hautfarbe, ich bin keine Nationalität."

b) Lies, was der Autor Wilfried N'Sondé über die Figuren seiner Bücher sagt.

Seine Romanhelden gehen ganz unterschiedlich mit ihrer Situation um: Sie suchen Zuflucht im Fundamentalismus, werden gewalttätig oder verlieren den Verstand. Was sie durchmachen, ist ein Prozess, sagt N'Sondé: „Das ist ein Prozess, in dem ein Mensch versteht, er muss sich von den Vorurteilen befreien, er muss irgendwie lernen, sich zu behaupten, so wie er sich behaupten möchte. Eben aufhören, ein Migrant zu sein, aufhören, eine soziologische Kategorie zu sein, um sich selber zu entdecken." (...)

c) Gib wieder, welchen Ausweg der Autor für junge Migrantinnen und Migranten sieht.
✲ d) Betrachtet die Illustration und sprecht darüber, wie sie sich zum Thema Migration und dem Gelingen oder Misslingen von Integration deuten lässt.

2.2 Textelemente und Zusammenhänge zwischen Texten, Entstehungszeiten und Autorenbiografien an Beispielen aus der Literatur des 20. und 21. Jahrhunderts (mit Fachbegriffen) beschreiben

Jung sein, erwachsen werden – Persönlichkeitsentwicklung in Werken des 20. und 21. Jahrhunderts

Die erste Liebe in Rolf Lapperts „Pampa Blues"

In Rolf Lapperts Jugendbuch „Pampa Blues" (2013) geht es um den 16-jährigen Ben, der in dem verschlafenen Nest Wingroden lebt. Dort kümmert er sich um seinen Großvater Karl, da seine Mutter als Sängerin selten zu Hause ist. Ben träumt davon, Wingroden eines Tages verlassen zu können, bis Lena auftaucht, die ihm den Kopf verdreht.

Rolf Lappert

(geb. 1958) ist ein Schweizer Schriftsteller, der mit „Pampa Blues" sein erstes Jugendbuch veröffentlichte, wofür er unter anderem für den Deutschen Jugendbuchpreis nominiert wurde.

1 Lies dir zunächst den ersten Teil des Auszuges aus Rolf Lapperts „Pampa Blues" aufmerksam durch.

Zum Baggersee fährt man erst drei Kilometer auf der Landstraße und dann etwa fünfhundert Meter über einen Schotterweg. [...] Die letzte Fuhre Kies wurde hier vor sieben Jahren gefördert. Damals hat jemand ein Schild aufgestellt, auf dem KEIN ZUTRITT! GEFAHR! stand, aber das Schild ist irgendwann umgefallen und vermodert. Im Sommer komme ich mindestens zweimal pro Woche her, um mich abzukühlen, und bisher habe ich noch nie auch nur eine Menschenseele in meinem privaten Swimmingpool angetroffen. Heute ist das erste Mal, dass außer Karl noch jemand dabei ist. Ein seltsames Gefühl. Aber ein gutes. Wenn Lena lacht, hallt es von den Grubenwänden zurück, und mein Bauch füllt sich mit kribbelnder Wärme. Als ich die Baggerschaufel erwähnt habe, ist sie mit mir hinuntergetaucht, immerhin vier Meter tief. Sie schwimmt wie ein Fisch und kann die Luft länger anhalten als ich. Jetzt liegt sie auf einem Badetuch und lässt sich von der Sonne trocknen. [...] Ich muss das Ganze realistisch betrachten: Ich habe vielleicht ein paar Muskeln, bin ziemlich braun gebrannt, nicht allzu dumm und laut Heike Bormann ein hübscher Junge, aber eben erst sechzehneinhalb. Und Lena ist mindestens zwanzig. Vier Jahre sind eine Menge Zeit. Zwischen uns klafft eine Lücke, so gigantisch wie der Grand Canyon. Ich kann Lena auf der anderen Seite sehen und ihr zuwinken, aber erreichen kann ich sie nicht. Selbst wenn der Altersunterschied keine Rolle spielen würde, hätte ich bei ihr nicht den Hauch einer Chance. [...]

Lena legt sich auf den Bauch. Mir ist heiß, und ich würde gerne ins Wasser, aber ich warte, bis Lena sich wieder umdreht. Dann kann sie mir nämlich zusehen, wie ich von dem Steinbrocken am Rand des Sees mit einem Rückwärtssalto ins Wasser springe. [...]

Ich schließe die Augen und stelle mir vor, mit Lena auf einer einsamen Insel gestrandet zu sein. Sie trägt einen Bikini aus geflochtenem Seetang, und ich habe mir einen Lendenschurz aus Palmblättern umgebunden. Wir tauchen jeden Tag im kristallklaren Wasser einer Lagune nach Fischen, die wir uns am Abend braten. Nachts schlafen wir in einer gemütlichen Höhle. [...] Sie hat die Träger des Badeanzugs über die Schultern gestreift, damit die Haut gleichmäßig braun wird. Die Haare in ihrem Nacken sind noch feucht. An ihrem Hals, da, wo der Rücken anfängt, hat sie einen Leberfleck, etwas kleiner als ein M&M. [...]

2.1 komplexeren literarischen und pragmatischen Texten selbstständig wesentliche Informationen entnehmen
Texten selbstständig wesentliche Informationen entnehmen

Lesen – Umgang mit Texten und Medien

Portal
WES-122966-052

2 Im ersten Abschnitt merkt man schon deutlich, dass Ben in Lena verliebt ist.

a) Markiere Stellen auf einer Kopie des Textes oder der Vorlage im Portal, an denen Bens Gefühle deutlich werden.

b) Ben findet, dass zwischen Lena und ihm „eine Lücke so gigantisch wie der Grand Canyon" klafft (Z. 16 f., S. 131). Erläutere, was er damit meint, und belege deine Aussagen am Text.

3 Lies, wie es mit Lena und Ben am Baggersee weitergeht.

Ich setze mich neben sie auf den Boden. Die Steine sind warm. […]

„Wie spät ist es?", fragt Lena. […]

Ich sehe in den Himmel und prüfe den Stand der Sonne. „Halb vier", sage ich dann. „Plus minus zehn Minuten."

Lena runzelt die Stirn, senkt den Kopf und sieht mich über die Ränder ihrer Brillengläser hinweg an. „Du veralberst mich."

„Nein. Das hat mir mein Vater beigebracht. Als ich klein war."

„Was ist denn dein Vater?"

„Er war Wildbiologe."

„War? Und jetzt?"

„Er ist tot. Schon seit sieben Jahren."

„Oh."

Eine Zeit lang sagen wir nichts. Ich rede nie über meinen Vater. Früher hat meine Mutter ständig versucht, mit mir über seinen Tod und meine Gefühle und den ganzen Kram zu diskutieren. Aber das brachte nichts und bringt auch heute nichts. Er ist tot, und darüber zu quatschen macht ihn nicht wieder lebendig. […] Sie setzt sich auf und zieht sich die Badeanzugträger über die Schultern. Ein Schweißtropfen rinnt langsam ihren Hals hinab und verschwindet in der schmalen Rinne zwischen den Brüsten.

Bevor Lena mich dabei ertappt, dass ich sie anstarre, stehe ich auf und hole die zweite Flasche Limo aus der Kühlbox und einen Pappbecher. […]

„Wie alt bist du eigentlich?", fragt Lena, nachdem sie den Becher gefüllt und in einem Zug geleert hat. Sie nimmt die Sonnenbrille ab, wie um mich genauer anzusehen.

„Siebzehn", sage ich.

„Maslow meint, knapp über sechzehn."

„In fünf Monaten bin ich siebzehn", sage ich […].

„Und du?", frage ich nach einer Weile.

„Was?"

„Wie alt bist du?"

„Das fragt man eine Frau nicht."

„Tut mir leid."

Lena lacht. „Das war ein Witz. Neunzehn."

„Ohne Scheiß? Ich meine, wirklich?"

„Warum? Sehe ich aus wie vierzig?"

Maslow
Visionär in Wingroden, der davon träumt, aus dem Ort einen Touristenmagneten zu machen

„Nein, nein, das wollte ich damit nicht sagen."

„Entspann dich. Du hast es nicht so mit Scherzen, was?" Ich zucke die Schultern. „Hier ist eben nicht alles spaßig."

„Ich finde es gar nicht so übel. Das Dorf. Die Gärtnerei. Dieser See. Und natürlich die netten Menschen." Lena lächelt mich an, füllt den Becher und schraubt die Flasche zu. Dabei kippt die Flasche um, und ich greife nach ihr, erwische aber Lenas Handgelenk. Zwei oder drei Sekunden lang halte ich es fest.

Eine Ewigkeit.

4 Im vorangegangenen Abschnitt unterhalten sich Lena und Ben.

a) Gib kurz wieder, was man aus dem Gespräch über die beiden erfährt.

b) Ben ist im Verlauf des Gesprächs ziemlich nervös. Markiere auf einer Kopie des Textes oder der Vorlage im Portal Stellen, an denen seine Nervosität deutlich wird.

c) Am Ende des Abschnitts hält Ben Lenas Handgelenk. Der Moment erscheint ihm wie eine Ewigkeit. Vermute, wie es danach weitergeht, und überprüfe deine Vermutungen, indem du weiterliest.

Portal
WES-122966-052

Irgendwann lasse ich los. Danach weiß ich auch nicht genau, was ich mache. Ich lehne mich nach vorne und will Lena küssen, aber sie weicht zurück und sagt so etwas wie „Uups". Ich Volltrottel habe auch noch die Augen geschlossen. Als ich sie öffne, sehe ich Lenas Gesicht, in dem Verwunderung liegt und, was noch viel schlimmer ist, Erheiterung.

Die Zeit bleibt stehen. Es ist alles so unendlich peinlich, dass mir schlecht wird. Plötzlich spüre ich die Hitze auf meinem Schädel und die Kopfschmerzen, die ich völlig vergessen hatte.

2.1 komplexeren literarischen und pragmatischen Texten selbstständig wesentliche Informationen entnehmen

Lena grinst, dann erhebt sie sich. „Komm mit ins Wasser. Ein wenig Abkühlung wird dir gut tun." Sie legt ihre Sonnenbrille auf das Badetuch und geht zum See.

Ich glühe. Schweiß läuft mir über die Stirn und in die Augen. Am liebsten würde ich im Boden versinken. Mein Kopf tut weh, als würde Lena immer und immer wieder mit der Tür dagegen schlagen.

„Na los, komm!", ruft Lena. Ihre Stimme klingt wie von sehr weit her. Wie von der anderen Seite des Grand Canyons. Ich stehe auf, gehe zu Karl, nehme ihm die Illustrierte und die Keksdose weg, verschließe die Dose und kippe das Wasser aus dem Fußbecken. Ich ziehe meine Schuhe und Karl die Sandalen an, klappe den Sonnenschirm zusammen und klemme ihn mir unter den Arm. Ich hänge mir die Tasche mit meinen Klamotten über die Schulter, nehme die Kühlbox in die eine Hand und Karl an die andere und zerre ihn den Weg hoch.

Karl
Bens dementer Großvater

Karl fragt, wohin wir gehen, aber ich antworte ihm nicht.

Lena ruft etwas, aber ich verstehe nichts.

In meinem Kopf hämmert es. Das grelle Licht ist kaum auszuhalten. Ich nehme Karl die idiotische Sonnenbrille ab und setze sie auf. Der Weg ist steil, die Steine unter unseren Füßen rutschen weg. Karl stolpert immer wieder und ich muss ihn hinter mir herziehen wie einen altersschwachen Esel.

Das Tuk-Tuk steht neben dem einzigen Baum im Umkreis von hundert Metern. Ich verstaue die Kühlbox, den Sonnenschirm, die Tasche, das Plastikbecken und Karl in der Kabine, setze mich aufs Mofa und starte den Motor. Während ich losfahre, sehe ich Lena im Rückspiegel. Sie hüpft auf einem Bein, weil sie nur einen Schuh anhat und den anderen in der Hand hält. Sie bleibt stehen und rudert mit beiden Armen in der Luft herum.

Tuk-Tuk
dreirädriges Kraftfahrzeug

Ich gebe Gas.

Bald ist hinter mir nur noch Staub.

2.1 komplexeren literarischen und pragmatischen Texten selbstständig wesentliche Informationen entnehmen

5 Nachdem Ben Lenas Handgelenk gehalten hat, möchte er sie küssen.
a) Erzähle, wie Lena auf den Kussversuch Bens reagiert.
b) Erkläre, welche Gefühle Lenas Verhalten bei Ben auslöst, und markiere Textstellen, an denen dies deutlich wird.
c) Gib wieder, wie die Szene am Baggersee endet.

6 Sprecht darüber, wie ihr euch an Bens Stelle nach dem Kussversuch verhalten hättet und ob ihr sein Verhalten nachvollziehen könnt.

7 Tauscht euch darüber aus, wie ihr Lenas Verhalten findet, als Ben davonfährt.

W **8** Wähle im Folgenden zwischen a) und b) aus.

a) Ben verschwindet Hals über Kopf, nachdem Lena seinen Kuss nicht erwidert, und lässt das Mädchen allein am Baggersee zurück. Versetze dich in Lenas Lage. Schreibe einen inneren Monolog aus ihrer Sicht, in dem ihre Gedanken und Gefühle in dieser Situation deutlich werden.
b) Ben verschwindet Hals über Kopf, nachdem Lena seinen Kuss nicht erwidert, und lässt das Mädchen allein am Baggersee zurück. Während er auf seinem Tuk-Tuk davonfährt, gehen ihm viele Gedanken und Gefühle durch den Kopf. Schreibe einen inneren Monolog aus der Perspektive Bens, in dem diese deutlich werden.

9 Ben ist das erste Mal in seinem Leben verliebt.
a) Sammelt noch einmal alle Gefühle, die Ben in diesem Textauszug beschäftigen.
* b) Erstelle eine Wortwolke zum Thema *Verliebtsein*. Gehe dabei auf Hoffnungen, Zweifel und Gefühle wie Freude oder Angst usw. ein.
c) Für Verliebtsein gibt es im Deutschen die Redewendung „Schmetterlinge im Bauch haben“. Tauscht euch darüber aus, was damit gemeint sein könnte und ob der Ausdruck für das Verliebtsein passend ist.

2.2 mit komplexeren produktiven Methoden Texte erschließen und mit gewonnenen Erkenntnissen eigenes Handeln reflektieren

Lesen – Umgang mit Texten und Medien

Jung sein, erwachsen werden – Persönlichkeitsentwicklung in Werken des 20. und 21. Jahrhunderts

Trennung der Eltern in Tamara Bachs „Vierzehn“

Tamara Bach

(geb. 1976) ist eine deutsche Schriftstellerin, die für ihre Jugendbücher schon vielfach ausgezeichnet wurde.

In Tamara Bachs Buch „Vierzehn“ aus dem Jahr 2016 wird der erste Schultag nach den Sommerferien durchgehend aus der Sicht der Hauptfigur, der vierzehnjährigen Beatrice, die von allen nur Beh genannt wird, erzählt. Beim Lesen begleitet man Beh und ihre Gedanken durch alle Begebenheiten des Tages wie Schule, Treffen mit Freunden und Verliebtsein.

1 Im Verlaufe des Buches erfährt die Leserin bzw. der Leser auch, dass sich die Eltern von Beh getrennt haben.

a) Lies zunächst, wie Beh das Treffen mit ihrem Vater, der von zu Hause ausgezogen ist, wahrnimmt.

Du steigst über dunkelgraue Steinstufen, die Hand am Metallgeländer. Da steht er. In der Tür seiner Wohnung. Du weißt nicht, wie du ihn begrüßen sollst. Er nimmt dich in den Arm, eckig, nicht rund. Komm doch rein. Fragt noch in der Tür, ob du sein Geburtstagsgeschenk bekommen hast. „Ja“, und Nicken und Danke. „Gut“, sagt er. Und dass du die Schuhe nicht ausziehen musst, der Boden sei eh dreckig vom Malern.

Es riecht nach Alpinaweiß. Du sagst nichts, nichts hallt, die Räume sind noch leer. Kisten stehen überall. Keine Möbel, die hat er bei euch gelassen. Dass sein Büro der einzige Raum sei, der schon fertig ist. „Schau.“ Da. Hinter der Tür, hinter noch einer weißen Tür, sein Schreibtisch, der schwarze Schreibtischstuhl. Die Regale an den Wänden, die hat er gleich anbringen lassen. Kisten voller Bücher und Ordner. Sein Rechner. Die Tasche, in der er seine Arbeit vom Betrieb nach Hause und wieder zurückträgt. Da steht er, dein Vater und schaut dich an. So ein weites Lächeln, so ein lautes Lächeln, „NA?!?“, schreit es. Du nickst. Du weißt nicht, was er hören will. Du könntest das sagen, was man so sagt, wenn jemand umgezogen ist und man sich die neue Wohnung anschaut. „Schön hast du's hier.“ Oder: „Muss aber noch viel gemacht werden.“ Und vielleicht: „Sieht so anders aus.“ „Der Tisch steht gar nicht mehr am Fenster“ („wie bei uns“, würdest du vielleicht sagen, und dann nichts mehr). Du nickst und er fragt dich, ob du Durst hast. [...] Dein Vater plappert. Dein Vater ist doch eigentlich keiner, der plappert. Ist doch der Stille in eurer Familie, der im Arbeitszimmer hinter einer Tür sitzt, zu Hause, gesessen hat, vor der Tür ein Zeigefinger an den Lippen deiner Mutter, „Stör ihn jetzt nicht, er muss arbeiten“. Neue Wohnung, neuer Vater. [...] Steht da. Fragt, wie es dir denn geht. „Gut.“ „Ja?“ Du nickst. Das Bad auch blendend weiß, kalt. Leer. Wanne, Dusche, Kacheln und Kacheln und Fliesen und Fliesen. Eine alte Glühbirne an der Decke. Eine aufgerissene Packung Klopapier neben der Kloschüssel. Fragt dich, ob die Schule wieder angefangen hat. „Ja, heute.“ „Und?“ Du zuckst mit den Schultern, gehst weiter, machst schon die nächste Tür auf, während er noch „warte“ sagt. Und dann ist er still.

b) In der Geschichte heißt es „Neue Wohnung, neuer Vater“. Erkläre anhand des Textinhaltes, was Beh damit meint.

2.1 komplexeren literarischen und pragmatischen Texten selbstständig wesentliche Informationen entnehmen

c) Am Ende des Textauszuges möchte der Vater Beatrice daran hindern, eine Zimmertür zu öffnen. Das Mädchen öffnet diese trotzdem. Vermute, was sich hinter der Tür verbirgt, und überprüfe deine Vermutungen anschließend, indem du den Textauszug weiterliest.

Hinter der weißen Tür Blaubarts Zimmer, nein, aber blaue Tapete. So ein ruhiges Blau. Darauf eine Zierborte mit Segelschiffen. Es war einmal ein Segelschiffchen, singt dein Kopf. Das lag seit Jahr, Jahr, Jahr und Tag am Kai. „Ja“, sagt er und du weißt nicht, was er mit diesem Ja meint, Ja wozu? Ja Zimmer?

Tatsache. Das ist das Wort für dieses Zimmer. Das Tatsachenzimmer. Der Boden ist aus weißem Holz. In einer Ecke stehen schon Kisten, die dein Vater nicht bei euch gepackt hat, auf den Kisten eine fremde Schrift. Tatsache. Und hast noch gedacht, hast noch durchgeatmet, weil die Matratze im Schlafzimmer so schmal ist. „Ja“, sagt er und kratzt sich den Hinterkopf.

Dein Kopf singt jetzt *Ein kleiner Matrose umsegelte die Welt er liebte ein Mädchen* Und dann zieht er aus und hier ein und es gibt ein blaues Zimmer. „Wann?“ [...] „Im Januar ist Termin“, sagt dein Vater. Das ist in vier Monaten. Vier von neun. Du rechnest fünf Monate zurück. Du bist ja gut in Mathe. So gut in Mathe müsstest du gar nicht sein, dazu müsstest du nur die Grundrechenarten im Zahlraum von eins bis zehn beherrschen. Bis neun. Dass sie einziehen wird, wenn alles fertig ist. „Ja.“ Er dachte, deine Mutter hätte schon. Nein, hat sie nicht. Deine Mutter hat nicht. Ja, sie hat ja auch gesagt, das sei seine Sache. Das müsste er. Mit dir. Oder besser: Das solle er dir erklären. Er wollte sich dann in Ruhe mit dir zusammensetzen, sagt er, und du denkst, dass er ja nicht mal Tisch und Stühle hat, ob er wohl deswegen so lange gewartet hat, weil er erst noch in den Möbelmarkt muss. Blau, denkst du, schaust auf deine pinkfarbenen Sandalen, so ein Gender-Mist. Und sagt, er hat gewartet, bis du wieder gesund bist. Dass er die Wohnung eigentlich schon hatte. Eine Weile. Und dann warst du ja plötzlich so schlimm krank.

Blaubart

eine Figur in einem französischen Märchen mit einem auffallend blauen Bart

Lesen – Umgang mit Texten und Medien

Da konnte er ja nicht einfach. Nicht einfach gehen. Aha. „Aha", sagst du. Danke schön. Spuckst du ihm vor die Füße. Im Kopf nur. Draußen bist du still. Herzlichen Dank auch. Sagst du also nicht. Du musst jetzt los. Das sagst du. Du gehst, der Hund hinter dir, bei dir, schnell, weil er muss, mitmuss, rausmuss. „Jetzt warte doch, da kann man doch." Du bedankst dich noch mal für die Führung. Er steht da. Dein Vater steht da und weiß nicht. Und als er dann die Arme öffnet, weil er dich doch noch einmal, da hast du dich schon umgedreht, da bist du schon draußen, mit beiden Füßen und Beinen, da bist du schon fast auf der Treppe. Hebst die Hand zum Abschied. Du sagst sogar „Tschüs". [...] Du gehst weiter zielgerichtet ohne Ziel, nur weg. Und kennst dich hier doch gar nicht aus. Irgendwann ist da ein Park, der keiner ist. Ein bisschen Grün mit ein bisschen Zaun und ein bisschen Bank, vor allem leer. Du setzt dich. Atmest schnell und dann noch schneller und dann verschluckst du dich, verschluchzt du dich. [...]

Und während du da sitzt, während du da einfach nur sitzen kannst, weil es nicht anders geht, da kommt keiner vorbei, keiner, der fragt, was denn sei, Kleine, Mädchen, nicht weinen, was ist denn, Liebeskummer? Herzeleid? Weil die Menschen ja immer denken, es muss was mit Jungs sein. So ist das doch in deinem Alter, wenn man traurig ist. Liebe oder Hormone. Keiner kommt vorbei, das ist gut. Irgendwann kannst du wieder ein bisschen normaler atmen. Du wischst mit dem Unterarm über dein Gesicht, bis es trocken ist. Du sagst dem Hund, dass er der beste der Welt ist. Und danke. Und dass es jetzt wieder geht. Du schreibst Frauchen, dass ihr euch jetzt auf den Nachhauseweg macht, suchst dann den Weg, der nicht bei ihm vorbeiführt. Als sie dich fragt, warum du so rote Augen hast, erzählst du ihr was von einer Baustelle, Sand, Wind und harten Kontaktlinsen. Ach je, nicht so schlimm, danke, bitte. Bis bald. Der Hund wedelt und leckt dir die Hand. Schaust auf die Uhr und hast noch eine Verabredung. Und zwar jetzt.

2 Beh bezeichnet das Zimmer, das sie nicht hätte öffnen sollen, als „Tatsachenzimmer". Erläutere kurz, was sie damit meint.

3 Gib wieder, wie ihr Vater reagiert, als sie die Zimmertür öffnet. Tauscht euch darüber aus, wie ihr sein Verhalten findet, und begründet eure Meinung.

4 Beh verlässt schließlich die Wohnung ihres Vaters ziemlich fluchtartig.

a) Fasse kurz zusammen, was sie macht und worüber sie nachdenkt, nachdem sie die Wohnung ihres Vaters verlassen hat.

b) Eine Freundin oder ein Freund schreibt Beh, als diese auf der Parkbank sitzt, folgende Textnachricht: *„Hey Beh, wie war dein Tag? Alles gut?"*

Überlege, was das Mädchen antworten könnte, und verfasse eine Antwort.

5 Nachdem sie sich wieder beruhigt hat, trifft sich Beatrice noch mit einer Freundin im Freibad. Danach wird Beh von ihrem Freund Anton nach Hause gebracht, wo ihre Mutter bereits auf sie wartet.

a) Lies, wie das Treffen mit ihrer Mutter verläuft.

Wo du also warst. Du kaust und schaust deine Mutter an. Und siehst, dass sie was weiß.

Und dass du ihr jetzt sagen sollst, was sie schon weiß. […] „Wo warst du?" „Wann?", fragst du mit vollem Mund. „Den ganzen Nachmittag." „Na, Schule, zu Hause, Hund, Schwimmbad." „Ja?", fragt sie. Und ist ja auch kein Geheimnis. Oder ist das ein Geheimnis? Eigentlich nicht. Und sonst hört die Ausfragerei erst recht nicht auf. „Bei Papa", sagst du irgendwann. „Mit dem Hund." Du warst bei deinem Vater, und zwar mit dem Hund. Weil ihr eh draußen wart. Das war's schon. Du fragst sie, ob du das letzte Weinblatt haben kannst. Sie fragt dich, ob er es dir endlich gesagt hat.

Was, könntest du jetzt fragen. Das musst du gar nicht. Weil sie weiterfragt, ob er dir erzählt hat, dass er eine Neue hat, mit der er jetzt auch noch ein Kind kriegt. Und sagt dir, wie lange er das schon weiß. Und wie lange er schon vorhatte, euch zu verlassen. Und wie lange das mit der Neuen schon lief. Und wie feige dein Vater ist. Das sagt sie. Und fragt, ob er dir das alles erzählt hat. Endlich. Du nickst. „So ein feiges Stück", sagt sie über deinen Vater. Du sitzt wieder auf dem bisschen Bank in dem bisschen Park, aber hier ist kein Hund, und hier ist kein Park, hier bist du nicht allein, sondern mit deiner Mutter, aber doch alleiner als vorhin im Park. Du sitzt da und magst keine Weinblätter mehr. […]

Deine Mutter schnaubt und schiebt den Stuhl vom Tisch weg und starrt dich an. Dann steht sie auf, geht zum Fenster und weint ein bisschen. Das siehst du nicht. Wischt sich schnell das Gesicht trocken, sagt leise, dass sie mal kurz auf den Balkon geht. Da raucht deine Mutter manchmal. Sehr manchmal. Heute. Sie schnappt sich ihr Handy und verschwindet nach draußen, bei offener Balkontür.

Du sitzt immer noch am Tisch. Nimmst dir eine Feige und reißt sie auseinander. Legst sie zu dem Trümmerfeld auf deinem Teller. Draußen deine Mutter, die mit ihrer Freundin redet, dass sie jetzt weiß, wo das Kind war. Das bist du. Das Kind. Dass du bei deinem Vater warst. Und was sie sonst noch für Worte und Namen für ihn findet. Du wischst dir über das Gesicht. Du stehst auf und fängst an den Tisch abzuräumen, wirfst die angebissenen Reste in den Müll. Wickelst den Rest in Folie. Legst alles dahin, wo es hingehört. […] Du schaust dir die Küche an und kannst nichts weiter tun. Du gehst in dein Zimmer, ordnest die neuen Schulbücher in dein Regal. Du holst den Stundenplan raus und schreibst ihn für deine Mutter ab. Hängst ihn an die Pinnwand in der Küche. Du packst deine Tasche für morgen. Du hast eigentlich Deutschhausaufgaben. Die musst du heute noch nicht machen, du hast erst wieder am Donnerstag Deutsch. Du legst dir Sachen für morgen raus. Du legst einen Ordner für dieses Schuljahr an, mit Trennblättern für die einzelnen Fächer. Du ordnest die vollgeschriebenen Blätter aus deinem Schreibblock in den Ordner. Du sitzt am Schreib-

2.1 komplexeren literarischen und pragmatischen Texten selbstständig wesentliche Informationen entnehmen

Lesen – Umgang mit Texten und Medien

tisch. Draußen hat deine Mutter sich fast leer geschimpft. Dann ruft sie deinen Vater an. Du sitzt immer noch am Schreibtisch, als sie mit dem Handy am Ohr kurz in die Küche geht, den Wein in einem Zug austrinkt, sich nachgießt. Das Weinglas mit nach draußen nimmt. Der Nachbar, der sich eigentlich über dein Türenknallen beschweren wollte, hatte das schon vergessen. Jetzt hört er bei offenem Fenster deine Mutter und wie sie deinen Vater nennt. Was sie ihn alles nennt. […]

b) Überlege, wieso Beh ihrer Mutter anfangs nicht erzählen wollte, dass sie ihren Vater besucht hat.

c) Vermute, wieso sich das Mädchen am Esstisch mit ihrer Mutter „alleiner" als auf der Parkbank fühlt.

6 Beatrice hört, wie ihre Mutter am Telefon zunächst über den Vater schimpft und diesen schließlich selbst am Telefon beschimpft. Gib kurz wieder, was Beh währenddessen macht, und erkläre ihr Verhalten.

7 Als Beatrice in ihrem Zimmer ist, ruft ihr Freund Anton an.

a) Lies, wie das Gespräch der beiden verläuft.

Du sitzt am Schreibtisch und dein Handy klingelt.

„Hi." Und dass er dir nur sagen wollte, dass er und Julchen gut nach Hause gekommen sind. Weil du dir doch bestimmt schon Sorgen gemacht hast.

Das hast du nicht. Du sagst, das hast du. Und dann hört er dich und fragt dich, ob alles in Ordnung ist. Wieder weinen. Du versuchst leise zu sein, zu sagen, dass alles okay ist, aber da sagt er schon, dass du weinst. „Ja." Wegen ihm? „Nein." Ob du traurig bist. Er hört dich nicken. Und du atmest. Und ist ja auch kein Geheimnis. Du sagst ihm, dass du bei deinem Vater warst. Und er hört im Hintergrund deine Mutter.

Und sagt, dass er vielleicht noch rausschleichen kann. Jetzt. Schnell zu dir kommen. „Nein. Wird schon. Das wird schon, oder?" „Ja", sagt er. Und du glaubst ihm. Du sitzt an deinem Schreibtisch und ihr seid ein bisschen still miteinander, zusammen. Du atmest und sagst, dass es jetzt wieder geht. Ja. Ehrlich. Und morgen. Ja, morgen. Morgen. Ihr legt irgendwann auf. Und es geht wieder. […] Dann gehst du in das Arbeitszimmer deines Vaters. Es dämmert und du machst das Licht an. Nichts. Nur noch Löcher in den Wänden, helle Flecken, wo mal Bücher standen, wo mal Bilder hingen. Du holst dein Handy. Du machst ein Foto. Löschst das Licht. Gehst in dein Zimmer. […] Stehst doch noch mal auf, lauschst in den Flur und rufst deiner Mutter zu, dass du jetzt schlafen gehst. Gute Nacht. Dann schließt du die Tür hinter dir.

b) Gib kurz wieder, wie das Telefongespräch verläuft und wie sich Anton verhält.

c) Nach dem Gespräch mit Anton geht Beh in das leere Arbeitszimmer ihres Vaters und macht ein Foto, bevor sie schlafen geht. Tauscht euch darüber aus, warum das Mädchen das macht.

2.1 Lesestrategien zum kritischen Textverständnis einsetzen, Inhalte kontextualisieren

W **8** Wähle im Folgenden zwischen a) und b).

a) Beatrice leidet unter der Trennung ihrer Eltern und deren Verhalten. Stell dir vor, du bist ein Freund/eine Freundin und kennst die Gefühlslage des Mädchens. Schreibe einen Brief an Behs Vater, in dem du versuchst, ihm diese zu beschreiben und ihn von einem Gespräch zu überzeugen.

b) Nach dem Telefongespräch mit Anton geht Beatrice ins Bett. Zuvor schreibt sie noch in ihr Tagebuch und hält ihre Eindrücke, Gedanken und Gefühle fest. Verfasse diesen Eintrag aus der Sicht des Mädchens.

9 Mit den Auswirkungen einer Trennung der Eltern auf die Kinder beschäftigt sich auch eine aktuelle Studie.

a) Lies dir die Erkenntnisse aus dieser zunächst durch.

Studie stellt klar: Kinder leiden bei Scheidung gesundheitlich

Bergen.

Wenn die Eltern sich trennen, ist das für Kinder eine große Belastung. Fehlt danach der Kontakt zum Vater, leiden sie besonders stark – auch gesundheitlich. Das ergab eine norwegische Studie.

Wenn nach einer Scheidung das Verhältnis zum Vater schlechter wird, kann sich das auf die Gesundheit der Kinder auswirken. Zu diesem Ergebnis kommt eine Studie der Universität Bergen in Norwegen, die im „Scandinavian Journal of Public Health" veröffentlicht wurde.

Angst, Depression, emotionale Probleme oder Stress könnten die Folge sein, sagte einer der Autoren der Studie, Eivind Meland. Die Wissenschaftler stellten fest, dass es einen Zusammenhang gibt zwischen der Kommunikation mit dem Vater und der Gesundheit der Kinder.

„Die meisten gesundheitlichen Beschwerden hatten Kinder, die angaben, den Kontakt zum Vater verloren zu haben, oder die es schwierig fanden, nach der Scheidung mit ihm zu sprechen", sagte Meland von der Universität Bergen. Vor allem vielen Mädchen falle es schwer, mit ihrem Vater zu sprechen. Die Scheidung schien die Kommunikation mit der Mutter hingegen nicht zu beeinflussen.

Bei der Studie wurden 1225 Jugendliche in einem Zeitraum von zwei Jahren (2011 – 2013) befragt. Zu Beginn waren 213 der Teenager Scheidungskinder, am Ende 270. Nach Angaben des Instituts für öffentliche Gesundheit sind rund 40 Prozent aller Jugendlichen in Norwegen von einer Trennung der Eltern betroffen.

Wenn die Kinder nach der Scheidung angaben, ein gutes Verhältnis zu beiden Elternteilen zu haben, schien die Trennung das Selbstwertgefühl oder die Gesundheit der Kinder nicht negativ zu beeinflussen. Doch in vielen Fällen leide das Vertrauensverhältnis zum Vater, wenn die Ehe in die Brüche geht. „Wenn die Scheidung vor Gericht gebracht wird, wird am häufigsten der Mutter der Status als Hauptbetreuerin

Lesen – Umgang mit Texten und Medien

zuerkannt", so Meland. Es werde vermutet, dass dreimal mehr Kinder den Kontakt zu ihren Vätern verloren haben als zu ihren Müttern. Die Ursachen haben die Forscher nicht untersucht. […]

Portal

WES-122966-053

b) Markiere auf der Vorlage im Portal oder einer Kopie des Textes, zu welchen Ergebnissen die Studie kommt.

* c) Vergleiche die Ergebnisse mit der Lage von Beh aus „Vierzehn". Tauscht euch darüber aus, ob sich die Studienergebnisse bestätigen könnten.

d) Diskutiert, ob Behs Eltern etwas anders machen könnten, um dem Mädchen den Umgang mit der Trennung zumindest zu erleichtern. Ihr könnt euch dabei auf die Textstellen und auf die Studie stützen.

10 Im Folgenden findest du einen Auszug aus einer Rezension zu „Vierzehn" von Tamara Bach.

a) Lies dir diesen zunächst durch.

Gewagt provokant ist […] der Erzählstil von „Vierzehn": Keine Ich-Erzählung, kein Roman in personalem oder auktorialem Erzählstil ist „Vierzehn", sondern eine Du-Erzählung. […] Ungewöhnlich ist dieser Stil, nicht ganz neu, aber wenn er ein ganzes Buch durchgehalten wird, ziemlich eigen und gewöhnungsbedürftig. Er schafft eine seltsame Mischung aus Distanz und Nähe, die sich schwer beschreiben lässt. Man fühlt sich als Leser angesprochen, aber zugleich so, als würde man alles aus der Ferne betrachten. […]

„Vierzehn" zeigt einmal mehr, was ich an Tamara Bachs Büchern mag: Sie sind nicht vorhersehbar. Tamara Bach traut sich was, geht immer wieder neue Wege. Die Gemeinsamkeit der letzten Bücher liegt am ehesten darin, dass es schmale Bändchen sind, die von Mädchen im Jugendalter erzählen. „Vierzehn" ist dabei ein Buch der leisen Töne, das sehr einfühlsam und authentisch den Tag einer Vierzehnjährigen schildert.

Die Idee, eine Vierzehnjährige einen Tag lang zu verfolgen, mitzuerleben, was Beh erlebt – mit ziemlich viel Alltäglichem, aber auch kleinen Besonderheiten wie dem schon länger ausstehenden Besuch beim ausgezogenen Vater – gefällt mir ausgesprochen gut. Da wirkt auch nichts übertrieben: Alles ist, wie es sein könnte. Klar, „Vierzehn" dürfte bei Jugendlichen ausschließlich Mädchen in einem ähnlichen Alter gefallen; dass Jungen dieses Buch mit Freude lesen, halte ich eher für unwahrscheinlich. Ansonsten ist das ein Buch, zu dem auch Erwachsene greifen können – und das dürfen dann (der Versuch ist bei mir ja geglückt) auch Männer sein […]

b) Fasse kurz zusammen, was dem Verfasser an „Vierzehn" gefällt. Gehe dabei auf Stil und Inhalt ein.

* c) Am Ende der Rezension steht, dass das Buch in den Augen des Kritikers eher Mädchen gefällt. Tauscht euch darüber aus, ob ihr diese Meinung teilt, und begründet eure Ansicht.

d) Verfasse selbst eine Rezension zu dem Buch anhand der gelesenen Textauszüge. Äußere dich dabei auch zum Schreibstil und zum Inhalt.

2.1 Texte inhaltlich, formal und strukturell erschließen und interpretieren, Zusammenhänge mit entsprechenden Fachbegriffen darstellen

Jung sein, erwachsen werden – Persönlichkeitsentwicklung in Werken des 20. und 21. Jahrhunderts

Überprüfe dein Wissen und Können

1 **Welche Textauszüge hast du in diesem Kapitel gelesen? Suche die zugehörigen Aussagen (A–G) zu den gelesenen Textauszügen heraus. Verbessere die falschen Aussagen und übernimm die richtigen in dein Heft.**

A) Joachim Mahlke wacht eines Morgens auf und findet sich in einen Käfer verwandelt.
B) In Rolf Lapperts „Pampa Blues" verliebt sich der 16-jährige Ben in die ältere Lena.
C) Hermann Hesse und Günter Grass haben den Nobelpreis für Literatur gewonnen.
D) Hans Giebenrath leidet unter dem hohen Erwartungsdruck, der auf ihm lastet, weshalb er letztlich von zu Hause wegläuft.
E) In „Vierzehn" erlebt der Leser einen Tag aus der Sicht der Hauptfigur.
F) Franz Kafka thematisiert in einigen seiner Werke – so auch in „Die Verwandlung" – das schwierige Verhältnis zu seinem Vater.
G) In „Das Herz der Leopardenkinder" denkt ein Jugendlicher im Gefängnis über die Zeit nach seiner Haft nach.

2 **Alle Auszüge in diesem Kapitel setzen sich mit Herausforderungen junger Menschen auseinander.**

a) Gib noch einmal wieder, mit welchen Problemen die Protagonistinnen und Protagonisten in den einzelnen Werken zu kämpfen haben.
b) Tauscht euch darüber aus, ob ihr schon mit ähnlichen Situationen konfrontiert wurdet. Erzählt, wie es euch dabei ergangen ist.

3 **Wähle eine Figur aus den Textauszügen aus und verfasse ein kurzes Schreiben an diese. Überlege dir, was du der Figur sagen möchtest (z. B. Mut zusprechen, Hoffnung machen, Ratschläge geben etc.) und nimm beim Schreiben Bezug auf die jeweilige Situation der betreffenden Figur.**

4 **Im Folgenden finden sich zwei Zitate aus den Reden zur Verleihung des Nobelpreises an Hermann Hesse und Günter Grass.**

a) Lies diese zunächst.

„Über die Realität sagt er *[Hesse]* an einer Stelle, man dürfe sich keinesfalls damit begnügen, sie zu verehren und zu achten, denn diese elende, stets trügerische und unschöpferische Realität könne nur verändert werden, wenn man sie nicht wahrhabe, wenn man zeige, dass wir stärker sind als sie." (aus der Rede für Hermann Hesse)

„Sie *[seine Werke]* haben gezeigt, dass die Literatur eine Macht bleibt, solange sie erinnert, was Menschen gerne schnell vergessen." (aus der Rede für Günter Grass)

b) Erkläre, was die beiden Autoren laut der Aussagen jeweils mit ihren Werken erreicht haben.
✲ c) Erläutere, welche Erkenntnisse man aus den abgedruckten Textauszügen dieser beiden Autoren in dem Kapitel gewinnen kann.

Portal
WES-122966-054

2.1 Texte inhaltlich, formal und strukturell erschließen und interpretieren; 2.2 Leseerfahrungen mit literarischen Werken des 20. und 21. Jahrhunderts (z. B. interkulturelle Literatur, Jugendliteratur) dokumentieren

Pragmatische Texte

1 Die folgenden beiden Karikaturen beschäftigen sich mit unterschiedlichen Herausforderungen der Arbeitswelt.

a) Seht euch die Karikaturen zunächst aufmerksam an.

b) Beschreibt nun, was auf den Karikaturen jeweils zu sehen ist. Geht dabei auf die Personen, die Umgebung und auch auf die Bildgestaltung ein.

c) Sammelt gemeinsam, welche weiteren Elemente einer Karikatur ihr auf den Karikaturen oben erkennt und beschreibt sie.

d) Tauscht euch darüber aus, was die Verfasser oder Verfasserinnen mit ihren Karikaturen aussagen beziehungsweise kritisieren wollen.

Tipp

Texte, deren Inhalt nicht in Form von geschriebenem Text ausgedrückt wird, nennt man diskontinuierliche Texte.

2 Nennt weitere Sorten von pragmatischen Texten, deren Inhalt nicht in Form von geschriebenem Text ausgedrückt wird, die ihr aus den vergangenen Schuljahren kennt.

3 Neben den diskontinuierlichen Texten gibt es auch kontinuierliche pragmatische Texte. Sammelt gemeinsam, welche ihr kennt und erklärt, durch welche Merkmale sie gekennzeichnet sind.

In diesem Kapitel lernst du (,) ...

- *eine Reportage zu erkennen und verstehen.*
- *die Textsorte Kommentar zu erschließen.*
- *die Merkmale einer Glosse kennen.*

Pragmatische Texte

Die Merkmale einer Reportage erkennen und verstehen

1 Die folgende Reportage beschäftigt sich mit einem Problem, das in einer der beiden Karikaturen der Auftaktseite bereits thematisiert wird.
a) Lies dir die Reportage zunächst aufmerksam durch.

Das reicht einfach nicht

Es klingt seltsam, aber leider kommt es immer häufiger vor: Menschen sind trotz Vollzeitbeschäftigung arm. Besuch bei einer Familie, deren Alltag vom Taschenrechner bestimmt wird, weil nicht genug Geld da ist.

Imke Emmerich

Michaela Plaumann* müssen ein paar Zähne gezogen werden. Für sie ist das nicht sehr erfreulich, mal abgesehen von den Schmerzen. Denn irgendwie muss sie anschließend das Geld für die neuen Zähne aufbringen. 1.900 Euro Eigenanteil bleiben nach den Zahlungen der Versicherung noch an ihr hängen. „Ich habe Angst, zum Arzt zu gehen, wegen der Kosten. Aber ohne Zähne will ich auch nicht dastehen", erzählt die 38-Jährige […]. Am Nachmittag will sie mit ihrem Zahnarzt über eine Ratenzahlung sprechen, um die Zähne bei ihm abstottern zu können. Wahrscheinlich jahrelang.

Die Familie aus Herford wirkt erst mal wie eine ganz normale Familie: Stephan Plaumann, 39, arbeitet als Textilmaschinenführer in dem Unternehmen, in dem er vor 21 Jahren auch schon seine Ausbildung gemacht hat. Seine Frau Michaela kümmert sich um die drei Kinder – die zwei älteren Töchter aus ihrer ersten Ehe und den gemeinsamen neunjährigen Sohn –, außerdem um die schwerbehinderte Mutter. Um sie zu pflegen und weil sie selbst krank geworden war, hat Michaela Plaumann vor ein paar Jahren aufgehört zu arbeiten. Nun reicht das Geld einfach nicht zum Leben. Zumindest nicht für ein Leben, in dem man seinen Kindern einfach mal ein Eis spendieren kann, ohne vorher die finanziellen Folgen im Kopf zu überschlagen.

Vor vier Jahren hat er sogar seinen Meister gemacht, in der Hoffnung, mehr zu verdienen. Dennoch reicht der Lohn nicht.

Etwa 1.200 Euro netto verdient Stephan Plaumann mit seinem Vollzeitjob im Schichtdienst. Jeden Tag fährt er mit dem Fahrrad zur Arbeit. Früh, spät oder nachts. An ein Auto ist nicht zu denken. Vor vier Jahren hat er seinen Meister gemacht, in der Hoffnung, ein bisschen mehr zu verdienen. Schließlich zahlt er jeden Monat auch noch über 360 Euro Unterhalt für ein uneheliches Kind. Doch mehr Geld gab es für ihn nicht. „Es ist schlimm, mit anzusehen, wie sich die Lohnspirale immer weiter nach unten schraubt. […] Es kann doch nicht sein, dass man trotz Vollzeitbeschäftigung auf staatliche Zuschüsse angewiesen ist", sagt er. […]

Die Gewerkschafter kritisieren: „Gut zwei Milliarden Euro pro Jahr muss der Bund (…) über Hartz IV jährlich aufwenden, um Geringverdienern mit Vollzeitjobs ein gesellschaftliches Existenzminimum zu garantieren. Der Staat subventioniert so auch Arbeitgeber, die Arbeitnehmer zu Hungerlöhnen beschäftigen." Die Befürworter der Hartz-Reformen verteidigen sich: Es sei doch besser, man arbeitet zu einem geringen Verdienst als gar nicht.

Die Plaumanns bekommen momentan kein Hartz IV mehr, sondern 86 Euro Wohngeld im Monat. […] „Wir sind immer genau an der Grenze.

Imke Emmerich

Journalistin und Redakteurin in Berlin. Seit ihrem Studienabschluss an der Universität Hamburg mit den Fächern Journalistik und Kommunikationswissenschaften ist sie in der politischen Bildung tätig.

2.3 Informationen aus dis- sowie kontinuierlichen Texten für begründete Schlussfolgerungen nutzen, vergleichen und bewerten

Lesen – Umgang mit Texten und Medien

Das reißt unwahrscheinlich an den Nerven", sagt Frau Plaumann. Sie fühle sich auch deshalb arm, weil sie mit ihrer Familie so wenig am gesellschaftlichen Leben teilnehmen könne. Demütigend sei es, als Familie mit Einkommen zum Amt gehen zu müssen. „Das ist wirklich ein scheiß Gefühl."

Am Ende des Monats wird geschaut, ob noch mal Fleisch auf den Tisch kommt.

In der Evangelischen Diakoniestiftung in Herford betreut die Diplom-Sozialarbeiterin Silke Penno Menschen mit Fragen zur Existenzsicherung, auch Michaela Plaumann kommt zu ihr. Wenn sie ein Schreiben nicht versteht oder Fragen zu den Abzahlungen hat. „Es ist häufig der Fall, dass wir Menschen betreuen, die von ihrer Erwerbstätigkeit nicht leben können. […]", sagt sie. Viele würden in einen Dauerstress verfallen: Reicht das Geld im Monat? Und vor allem: Was kommt noch? Wenn zum Beispiel der Kühlschrank kaputtgeht. „Das ist ein ständiges Kalkulieren."

Ihre Kollegin Doris Gerlach hat die Plaumanns ebenfalls über viele Jahre begleitet, sie arbeitet seit 26 Jahren in der Beratungsstelle. […] Familie Plaumann tat ihr immer leid. Oft warteten sie zusammen sechs Monate darauf, dass ihre Anträge bearbeitet wurden. „Furchtbar war das. Wir hatten immer mit dem System zu kämpfen."

Wenn Stephan Plaumanns Gehalt kommt, setzt sich die ganze Familie an den Tisch und rechnet. Welche Kosten stehen in diesem Monat an? „Dann schauen wir, was übrig bleibt. Wir gehen ein Mal groß einkaufen im Discounter. Am Ende des Monats entscheiden wir, ob noch mal Fleisch auf den Tisch kommt oder nicht." Urlaub machen sie bei der Schwiegermutter in Niedersachsen. Gespartes gibt es nicht. „Wir können nicht so in unsere Kinder, in ihre Bildung und Zukunft investieren, wie es wünschenswert wäre. Wir sind auch nicht in der Lage, für unsere Rente privat vorzusorgen, wie es vom Staat gefordert wird", sagt Stephan Plaumann.

Was treibt ihn eigentlich an, überhaupt noch arbeiten zu gehen, morgens um fünf zur Frühschicht zu radeln, wenn es am Ende doch nicht reicht? Frau Plaumann sagt, ihrem Mann gehe es um seine Ehre, er wolle nicht als Schmarotzer abgestempelt werden. Auch sie will unbedingt wieder arbeiten, sobald der Sohn auf der weiterführenden Schule ist. „Arbeit ist das A und O", sagt Herr Plaumann überzeugt. Hartz IV sei keine Alternative. Nur wenn er seinen Kindern vorlebe, was es bedeute, jeden Tag zur Arbeit zu gehen, bringe er sie auf den richtigen Weg. „Vielleicht wird meine Weiterbildung zum Industriemeister ja irgendwann doch noch honoriert", sagt er hoffnungsvoll. Bis dahin rechnen die Plaumanns weiter. Monat für Monat. Immer an der Grenze.

**Namen von der Redaktion geändert* *Text verändert*

Quelle: fluter, Nr. 45/Winter 2012/13

2.1 komplexeren literarischen und pragmatischen Texten selbstständig wesentliche Informationen entnehmen

b) Sprecht über den Textinhalt. Geht dabei unter anderem auf folgende Fragen ein:
- Wie ist die familiäre Situation der Plaumanns?
- In welchen Bereichen ist Familie Plaumann finanziell eingeschränkt?
- Welche Aufgabe kommt der Evangelischen Diakoniestiftung zu?
- Weshalb ist Arbeit für die Familie trotz des geringen Einkommens so wichtig?

c) Fasse nun den Inhalt der Reportage im Stil eines Kernsatzes zusammen.
d) Begründe mithilfe des Textinhaltes, zur Aussage welcher Karikatur der Auftaktseite die Thematik passt.

2 Die vorliegende Reportage weist einen für diese Textsorte charakteristischen Aufbau auf.
a) Erkläre mithilfe des Merkkastens, weshalb Einstieg und Ende typisch für eine Reportage sind. Notiere deine Ergebnisse.
b) Kennzeichnend ist auch die Wiedergabe verschiedener Perspektiven. Erläutere, wessen Perspektive hier im Vordergrund steht und wie diese in den Zeilen 48 – 57 und 71 – 90 gewechselt wird. Mache dir auch hierzu Notizen.

S. 303
Reportage

3 Der Text enthält noch weitere typische Textsortenmerkmale einer Reportage.
a) Erläutere mithilfe des Merkkastens, um welche es sich bei den gelb unterlegten Textstellen jeweils handelt.
b) Finde für diese beiden Kennzeichen je eine weitere passende Textstelle.
c) Gib auch für die restlichen Merkmale mithilfe des Merkkastens passende Textstellen wieder.

* **4** Verfasse mithilfe deiner Ergebnisse aus Aufgabe 2 und 3 eine Textsortenbestimmung zur vorliegenden Reportage. Gehe dabei auf mindestens fünf Textsortenmerkmale ein und belege diese am Text.

→ S. 208
Die Textsorte bestimmen

Die journalistische Textsorte Reportage

Bei einer Reportage handelt es sich um einen **journalistischen Text**. Hierbei geht es sowohl um die **sachlich-objektive Darstellung eines Ereignisses** als auch um die Wiedergabe **persönlich-schildernder** Eindrücke der Autorin oder des Autors.
Grundlagen der Reportage sind eigene Recherchen und Interviews mit Beteiligten.
Reportagen sind **meist ähnlich aufgebaut**:
- szenischer Einstieg
- Wiedergabe verschiedener Perspektiven
- Ausblick, am Ende Bogen zum Beginn

Weitere Merkmale der Reportage sind:
- Befragung Betroffener, von Expert/-innen (wörtliche Reden)
- Tempuswechsel
- Neugier weckende Überschrift
- Angabe des Reporternamens
- Vorspann
- veranschaulichendes Bild

2.3 journalistische Texte und ihre Funktion unterscheiden und mit Fachbegriffen formale bzw. sprachliche Merkmale sowie die Textintention beschreiben

Lesen – Umgang mit Texten und Medien

Pragmatische Texte

Einen Kommentar erschließen

1 Eine weitere journalistische Textsorte stellt der Kommentar dar.
a) Lies dir folgenden Kommentar aufmerksam durch.

Ulrich Schäfer

ist stellvertretender Chefredakteur der Süddeutschen Zeitung und Sachbuchautor. Er studierte Volkswirtschaftslehre und Journalismus in Münster, Washington D.C. und Hamburg.

Algorithmen

Rechenvorgang nach einem bestimmten Schema

S. 301 *Kommentar*

Der Roboter wird den Menschen nie ersetzen

Maschinen sind dazu da, Arbeit zu erleichtern – und nicht, Arbeit wegzunehmen. Die Angst vor ihnen ist so unbegründet wie schon bei der Erfindung des Autos.

Ein Kommentar von Ulrich Schäfer

Nachdem der Ostblock zusammengebrochen war, verkündete der amerikanische Politikwissenschaftler Francis Fukuyama 1992 in einem Bestseller das „Ende der Geschichte". Die Auseinandersetzung von Planwirtschaft und Kapitalismus sei vorbei. Nur drei Jahre später prophezeite ein anderer Amerikaner, Jeremy Rifkin, in seinem Buch „Das Ende der Arbeit", Computer und Roboter würden den Menschen verdrängen und die meisten Industriejobs innerhalb von zwei Jahrzehnten verschwinden.

Heute hingegen [...] ist klar, dass Fukuyama unrecht hatte; die Geschichte geht weiter, nur anders. Die These von Rifkin aber, dass uns die Arbeit ausgehen werde, ist populärer denn je, seit Robotern und Algorithmen nahezu magische Fähigkeiten nachgesagt werden.

Geschürt wird diese Angst nicht zuletzt von jenen, die bei der Digitalisierung unseres Lebens und Arbeitens ganz vorne mitwirken. Von Elon Musk etwa, dem Gründer des kalifornischen E-Autoherstellers Tesla, der künstliche Intelligenz für „viel gefährlicher als Atomwaffen" hält. Oder von Unternehmern aus dem Silicon Valley, die dafür plädieren, der Staat möge doch bitte Millionen von Menschen mit einem bedingungslosen Grundeinkommen ruhigstellen, weil sie nicht mehr gebraucht würden. Oder von Ökonomen wie Michael Osborne und Carl Frey, die in einer viel zitierten Studie durchrechnen, wie stark 702 Berufe jeweils angeblich von der Automatisierung bedroht sind. 47 Prozent aller amerikanischen Jobs seien stark gefährdet, glauben Osborne und Frey zu wissen, wobei ihre scheinbar ach so exakte Studie nicht bloß auf Mathematik, sondern eben auch auf der Meinung von Experten beruht.

Von solchen Prognosen und Studien mag man halten, was man will, aber eines ist ihnen gemein: Menschen, die gemeinhin an die entdeckerische Fähigkeit der Marktwirtschaft glauben, an die Kraft des Wettbewerbs, der ständig Neues hervorbringt, versuchen, mit einer geradezu grotesk anmutenden Genauigkeit Entwicklungen vorauszusagen, die Jahrzehnte in die Zukunft weisen – als wären sie Vertreter ebenjener Planwirtschaft, die mit dem Ende des Ostblocks zugrunde gegangen ist.

Jede technologische Revolution hat Millionen neuer Stellen hervorgebracht

Wer sich die Geschichte technologischer Revolutionen anschaut, erkennt zudem:

Die Ängste vor dem Wandel waren immer enorm, nicht bloß bei den Ludditen, die in den Jahren 1811 bis 1817 die Maschinen der Textilindustrie stürmten, sondern mitunter auch bei renommierten Ökonomen. 1821 befürchtete David Ricardo, die Mechanisierung werde viele Jobs überflüssig machen. 1930 beschwor John Maynard Keynes deswegen die Gefahr der Massenarbeitslosigkeit.

Doch noch jede technologische Revolution hat nicht bloß Millionen existierender Jobs zerstört, sondern auch Millionen neuer Stellen hervorgebracht – in Berufen, die sich zuvor niemand hatte vorstellen können. Nachdem das Auto erfunden worden war, verloren zwar die Kutscher ihren Job; aber es entstanden Berufe wie der des Autoingenieurs oder Kfz-Mechanikers, des Tankwarts oder Taxifahrers. Ähnlich war es nach der Erfindung des Flugzeugs: Ozeanliner samt Besatzung waren kaum mehr gefragt, stattdessen entstanden neue Berufe an Bord und am Boden, im Flugzeugbau und in der Wartung.

Und so ist es auch jetzt wieder, im Zeitalter der Digitalisierung. Wer hätte sich zum Beispiel 1995, als Rifkin sein Buch schrieb, vorstellen können, dass zwei Jahrzehnte später Millionen von Menschen als Programmierer, Social-Media-Beauftragte, Suchmaschinenoptimierer oder Web-Designer arbeiten? Oder dass Autozulieferer [...] Zehntausende von Software-Ingenieuren beschäftigen?

Natürlich werden in den nächsten Jahren durch schlaue Maschinen auch viele Stellen wegrationalisiert werden, vor allem solche, bei denen Menschen immer wieder die gleichen Handgriffe vornehmen und etwa ein bestimmtes Teil montieren; ein Roboter kann solche öden Aufgaben viel besser erledigen. Aber auch schlaue Maschinen müssen gebaut, gewartet, überwacht werden, und dafür braucht es Menschen. In vielen Fällen sind diese Digitalmaschinen auch nur ein Hilfsmittel, um die Arbeit zu erleichtern; sie ersetzen aber nicht den Menschen. Das gilt etwa beim Smartphone, das ja auch nur eine schlaue Maschine ist.

Das entscheidende Problem besteht also nicht darin, dass uns die Arbeit ausgehen wird; sondern darin, dass die Jobs von morgen entweder ganz andere sein werden als heute – oder neue Fähigkeiten erfordern, weshalb wir in Zukunft ständig lernen und Firmen ihre Mitarbeiter unentwegt weiterbilden müssen. Es bedarf zudem einer klugen Industriepolitik, die das Entstehen der Jobs von morgen fördert; und einer Sozialpolitik, die all jene auffängt und fördert, die vorübergehend keine Arbeit finden. Wer hingegen Millionen Menschen einredet, sie würden nicht mehr gebraucht, wird sie desillusionieren und in die Arme von Populisten treiben.

Quelle: sueddeutsche.de, 31.05.2018

Ludditen

Textilarbeiter, die während der industriellen Revolution gegen die Verschlechterung ihrer Lebensbedingungen kämpften

Populisten

Menschen, die Ängste und Vorurteile schüren

b) Auch der vorliegende Kommentar beschäftigt sich mit der Zukunft der Arbeits- und Berufswelt. Notiere in einem Satz, wovon der Text handelt.

c) Gehe den Text noch einmal absatzweise durch und fasse jeden Absatz stichpunktartig in eigenen Worten zusammen.

d) Im ersten Teil des Textes werden Meinungen verschiedener Personen zum Thema wiedergegeben. Notiere diese kurz in eigenen Worten.

Lesen – Umgang mit Texten und Medien

2 Ein Kommentar folgt meist einem typischen Aufbau.

a) Begründe mithilfe des Merkkastens auf S. 151 kurz, weshalb die vorliegende Überschrift typisch für die Textsorte Kommentar ist.

b) Gib in eigenen Worten wieder, welche Sichtweise des Verfassers schon im Vorspann deutlich wird.

c) In den Zeilen 1–10 führt Ulrich Schäfer zur Textthematik hin. Erkläre, wie ihm dies gelingt.

d) Erläutere, wie in den beiden fett gedruckten Absätzen die Meinung des Autors noch einmal zum Ausdruck kommt.

e) Finde weitere Textstellen, in denen der Verfasser seine Meinung erkennbar vermittelt.

f) Im Hauptteil (Z. 11–48) begründet und untermauert Ulrich Schäfer seine Meinung, indem er Hintergrundinformationen liefert und Gegenargumente entkräftet. Markiert auf der Vorlage aus dem Portal oder einer Kopie der Seiten Stellen, bei denen dies der Fall ist, und begründet eure Entscheidung.

Portal *WES-122966-055*

g) Ab Zeile 49 zieht der Autor in seinem Schluss Folgerungen aus dem Geschriebenen. Erkläre, zu welchem Fazit er gelangt.

h) Im Schluss appelliert der Verfasser auch an die Leserschaft. Formuliere die Aussage in den Zeilen 57–64 so um, dass die Aufforderung noch deutlicher erkennbar wird.

3 Ein Kommentar zeichnet sich auch durch den gezielten Einsatz sprachlicher Mittel aus, um die Leserschaft zu überzeugen.

Portal *WES-122966-056*

a) Im Text sind drei solche Stellen unterstrichen. Vervollständige die folgende Tabelle dazu auf einem Blatt Papier oder der Vorlage aus dem Portal.

sprachliches Mittel	Textbeleg	textbezogene Wirkung
Übertreibung	*„seit Robotern und Algorithmen nahezu magische Fähigkeiten nachgesagt werden" (Z. 9 f.)* *„der künstliche Intelligenz für ‚viel gefährlicher als Atomwaffen' hält" (Z. 13 f.)*	…
…	*„Wer hätte sich zum Beispiel 1995 […] Zehntausende von Software-Ingenieuren beschäftigen?" (Z. …*	*Verdeutlichung der Autorenmeinung, dass es nicht möglich ist, seriös zu behaupten, Roboter würden Menschen die Arbeit wegnehmen, da niemand die Entwicklungen v. a. im technologischen Bereich voraussagen kann*
…		

b) Führe die Tabelle mithilfe des Merkkastens fort, indem du mindestens drei weitere sprachliche Mittel aus dem Text notierst, die entsprechende Textstelle wiedergibst und die jeweilige textbezogene Wirkung erläuterst.

✲ **4** Verfasse mithilfe deiner Erkenntnisse aus den vorherigen Aufgaben und des Merkkastens eine Textsortenbestimmung zum vorliegenden Kommentar. Gehe dabei auf mindestens fünf Merkmale ein und belege diese am Text.

2.3 journalistische Texte und ihre Funktion unterscheiden und mit Fachbegriffen formale bzw. sprachliche Merkmale sowie die Textintention beschreiben

5 Mithilfe des Kommentars möchte der Autor seine Leser/-innen beeinflussen und von seiner Meinung überzeugen. Tauscht euch darüber aus, ob Ulrich Schäfer dies gelingt, und begründet eure Meinung.

W **6** Wähle im Folgenden zwischen a) und b).
a) Du stimmst der Meinung Ulrich Schäfers zu und möchtest deine Ansicht mit einem Leserbrief bekräftigen. Verfasse diesen.
b) Du kannst die Auffassung von Ulrich Schäfer nicht teilen und möchtest deine gegenteilige Meinung durch einen Leserbrief bekräftigen. Verfasse diesen.

S. 306 *Leserbrief*

✲ **7** Auf der Auftaktseite befinden sich Karikaturen zu verschiedenen Bereichen der Arbeits- und Berufswelt.
a) Recherchiere im Internet nach einer Karikatur, die zum Thema des Kommentars „Der Roboter wird den Menschen nie ersetzen“ passt.
b) Stelle diese in der Klasse vor und begründe deine Wahl.
c) Tauscht euch über Aussageabsichten der Karikatur aus.

S. 301 *Karikatur*

Tipp
Nutze die Suchbegriffe Arbeit + Roboter + Karikatur

Die journalistische Textsorte Kommentar

Bei einem Kommentar handelt es sich um einen **wertenden, meinungsbetonten Text**, den man häufig an folgenden **inhaltlichen Merkmalen** erkennt:
- **Bezug zu einem Zeitungsartikel ist vorhanden**
- **Ansicht, Perspektive und Meinung der Autorin/des Autors zu einem aktuellen Thema oder einer Nachricht stehen im Vordergrund**
- **Ziel: Lesermeinung beeinflussen, Leserschaft von eigener Ansicht überzeugen**
- **Autorenname ist angegeben**
- häufig ist die **Textsortenbezeichnung angegeben** (verdeutlicht, dass es sich um die Meinung der Autorin/des Autors zum Thema handelt)

Ein Kommentar ist zumeist folgendermaßen **aufgebaut**:
- **Überschrift:** kurz und prägnant, oft etwas reißerisch, soll zum Lesen anregen
- **Einleitung:** Bezug zum Thema oder zur Nachricht wird hergestellt; These der Verfasserin/des Verfassers wird geäußert (auch oft provokativ)
- **Hauptteil:** Meinung der Autorin/des Autors wird durch Hintergrundinformationen, zusätzliche Erläuterungen, Entkräftung von Gegenargumenten verdeutlicht
- **Schluss:** Appell oder Wunsch der Verfasserin/des Verfassers, Folgerungen aus dem Textinhalt werden gezogen, Bogen zur Anfangsthese wird hergestellt

S. 305 *Appell*

Um die Leser/-innen zu überzeugen, werden meist **sprachliche Mittel** wie **rhetorische Fragen, Übertreibungen, Ironie, treffende Adjektive, bildliche und vergleichende Ausdrücke, kurze oder unvollständige Sätze, Fachausdrücke, Wiederholungen und Aufzählungen** verwendet.

In der Regel erkennt man einen Kommentar auch am **Layout**. Dieses zeichnet sich zum Beispiel durch einen **Rahmen**, ein **Autorenporträt** oder eine **farbliche Unterlegung** aus. Außerdem findet man Kommentare häufig **an der gleichen Stelle einer Zeitung**.

2.3 begründete Schlussfolgerungen aus gewonnenen Informationen ziehen, mit eigener Position vergleichen und bewerten; 3.2 textsortentypische sprachliche Mittel pragmatisch einsetzen

Lesen – Umgang mit Texten und Medien

Pragmatische Texte

Die Textsorte Glosse verstehen und erschließen

1 Lies den folgenden Text, der sich ebenfalls mit einer Herausforderung beschäftigt, die Arbeit und Beruf mit sich bringen.

Homeoffice: Man sieht was, das nicht für einen bestimmt ist

Homeoffice ist ein neues Leben. Unsere Autorin sieht und erlebt Dinge, an die sie zu früheren Arbeitszeiten im Büro nie gedacht hätte.

Petra Koruhn

Homeoffice ist wie eine andere Welt. Eine Welt, die Hilfe schreit: Ich verdrecke! Rette mich vor dem Versinken in Staub und Müll. Doch ich schüttel erbarmungslos den Kopf – ich helfe nicht. „Ich bin im Homeoffice", rufe ich den verschmierten Badezimmerkacheln, den mit Zahnpasta bespritzten Spiegeln und den Krümeln auf dem Teppich zu.

Haut ab. Lasst mich in Ruhe. Dabei bin ich versucht, zum Staubsauger zu greifen. Wenigstens mal eben. Aber es geht nicht. Bleib, wo du bist. Ich muss in die Videoschalte. Es ist schön in den Homeoffices, das zeigen ja die Bilder der anderen. In meinem Homeoffice ist es ja im Grunde auch schön. Die alten Skier hab ich weggeräumt, die Carrerabahn unter den Schreibtisch geschubst. Geht doch, sag ich mir. Gibt doch Schlimmeres. Viel Schlimmeres. Ich rede so mit mir, wie ich rede, wenn ich nach dem Urlaub fünf Kilo zugenommen hab: Dann sage ich auch: Gibt Schlimmeres. Oder gibt Dickere.

Homeoffice: Sitzen Sie auch bis mittags im Schlafanzug am Computer?

Homeoffice, das machen ja jetzt viele. Und was wird darüber gelacht. Da säßen sie ja noch bis mittags im Schlafanzug und würden mal die Mails checken. Ich glaub das nicht. Obwohl – der Nachbar von drüben, der wirkt schon sehr relaxt. Er sei auch im Homeoffice, sagt er neulich, als ich mal aus dem Fenster guckte und er gerade da vorbeiging. Homeoffice? Ich dachte, der ist Pilot. Aber das geht sicher auch alles von zuhause. [...]

Zu Hause arbeiten ist vorprogrammiertes Selbstmitleid

Homeoffice ist die Vorstufe zum Selbstmitleid-Diplom. Man hat ja sonst keinen, der einen bejammert. Das kriegt ja auch keiner mit. Kein Kollege, der mal sagt: Mensch, stell dich nicht so an. Oder vielleicht sogar sagt: Du Arme! Hier muss man es sich selbst sagen. Und dann vielleicht einfach mal wieder den Kopf raus aus der Tür halten.

Es ist ein gemeines Bild. Ein Bild von Freizeit um mich herum. Die Leute hier sind nämlich nicht im Homeoffice, sondern in Rente oder als Azubi freigestellt. Die haben einen puppenlustigen Alltag hier. Da wird geyoutubed, da wird telefoniert, gewerkelt, musiziert. Mit dem Hund getobt. Oder rumgebrüllt [...]. So also ist das, wenn ich nicht da bin.

Im Homeoffice erlebt man Dinge, die man sonst nie mitbekommen hätte

[...] Mittagessen gibt es. Aber nicht von mir. Erwartet auch keiner. Ich darf aber mitessen, schon mal praktisch. Und muss nicht abräumen. Ist was wert. Aber ich frage mich, warum die das nicht sehen, was ich sehe: Die Spinnweben oben zwischen Wand und Decke. Oder die Lampe, die nicht mehr gletscherweiß, sondern eierschalenweiß ist – vom Staub.

Und dass beim Essen Krümel auf den Boden fallen – ja, Leute, lasst ihr die etwa liegen?

Manno, was nützt mir die vegane Frikadelle, wenn ich sehe, dass sich in den Regalen die Staubmäuse amüsieren. […] Ich will putzen und den Malermeister anrufen. Hier muss was passieren: Hallo! Im Büro sieht es super aus. Alles tacko. Da gibt es ein Putzteam, das die Papierkörbe leert und die Seife im Klo nachfüllt. **Und hier?**

Homeoffice ist außerdem Kompromiss und Mangelwirtschaft

Nix ist nachgefüllt. Kein Zucker, kein Kaffee, keine Handseife. Wen ruf ich deswegen an? Im Büro gibt es doch für alles eine Nummer. Ich brauche einen Plan, sag ich mir. Oder einen Kompromiss. Der Kompromiss heißt Mikrofasertuch. Ich telefoniere für meine Arbeit im Homeoffice mit einem Experten und halte dabei zugleich das rosa Mikrofasertuch in der Hand. Und dann fange ich ganz langsam an. Während er erzählt, wische ich mit dem Tuch über die Anrichte. Ein Glücksgefühl. Ich schleiche zum Fenster, öffne es, wedel das Mikrofasertuch aus. Es geht. Multitasking ist kein Gespenst. Es ist ein guter Geist hier in meinem Homeoffice.

Ich sehe auf einmal das Positive: Vieles ist machbar. Und: Ich habe abends keine schlimmen Füße mehr! Ich trage nämlich Latschen. Latschen! Wie tief man im Homeoffice sinkt. Morgens wähle ich – noch – die Bluse. Aber im Kopf war schon der Gedanke vom Bademantel. Reicht doch eigentlich. Trägt man doch sogar im Wellnesshotel.

Der Schmutz wird immer bemerkenswerter und penetranter

Zusammen mit meinem Mikrofaserstaubtuch werde ich gieriger. Ich werde beflügelt von Fantasien: Ich würde wahnsinnig gerne Betten beziehen. Dazu hat man keine Zeit, natürlich nicht. Aber während der Videoschalten, da hört man ja lange nur zu. Könnte ich da nicht unterm Schreibtisch heimlich schon mal die Kopfkissenbezüge wechseln? Es käme auf den Versuch an.

Mal ehrlich: War das Büro-Office eigentlich auch so lang? Im Homeoffice geht man ja nicht weg, geht nicht in die Mittagspause, gut, man geht mal in den Keller, Wäsche in die Maschine packen, aber da ist es ja schon Abend. Eigentlich wär man am Abend ja längst weg von allen Verpflichtungen, jetzt aber noch mal schnell in den Laptop geguckt. Könnte ja sein, dass noch einer was will. Und, was sag ich! Klar, irgendwas ist doch immer.

Der Teenager will wissen, wann ich nun eigentlich wieder „in die Firma“ fahre. Warum er fragt? Tja, weil er sonst wieder seinen Kleiderschrank aufräumen und sich ausfragen lassen müsse. Ich schaue zum Ehemann rüber, er hat den gleichen Blick drauf wie der Teenager. Er könnte schweigen, sagt aber, dass er darum bitten mögen würde, dass – wenn ich jetzt schon ständig da sei – nicht ständig Durchzug mache und nicht überall Servietten herumfliegen lasse.

Das Glas Wein ist wie die Belohnung für einen Raubtierdompteur. Ich brauche einen Plan. Aber welchen? Ah! Da hab ich es: Wofür ist die Nacht da? Heute Nacht, ich sage es Euch, heute Nacht oder nie. Ich werde Betten beziehen. Und Fenster putzen. Und Staubmäuse jagen. Homeoffice setzt Energien frei.

Quelle: morgenpost.de, 01.04.2020

2.1 komplexeren literarischen und pragmatischen Texten selbstständig wesentliche Informationen entnehmen

Lesen – Umgang mit Texten und Medien

2 Der vorliegende Text handelt vom Arbeiten im Homeoffice.

a) Die vorhandenen Zwischenüberschriften gliedern den Text. Notiere zu jeder Zwischenüberschrift die wesentlichen Inhalte stichpunktartig.

b) Entscheide nun bei folgenden Aussagen, ob sie zum Textinhalt passen. Verbessere gegebenenfalls falsche Aussagen.

- *Die Erzählerin berichtet von einem Tag im Homeoffice.*
- *Sie findet, im Homeoffice ist man beruflich produktiver, da man kaum abgelenkt ist.*
- *Homeoffice ist entspannend, weil andere die Hausarbeit übernehmen.*
- *Homeoffice bedeutet für die Erzählerin Stress, da sie Beruf und Haushalt gleichzeitig erledigen will.*
- *Der Erzählerin fällt es schwer, sich zu Hause auf die beruflichen Anforderungen zu konzentrieren.*

c) Erkläre, inwiefern die Karikatur „Im Homeoffice“ auf Seite 144 den Inhalt des vorliegenden Textes widerspiegelt.

S. 300 *Glosse*

S. 312 *Ironie*

3 Bei diesem Text handelt es sich um eine Glosse. Typisch für diese Textsorte ist vor allem der ironische Schreibstil.

a) Erläutere, wie dies an den grün hinterlegten Stellen deutlich wird.

b) Die Autorin schreibt, Homeoffice sei ein *neues Leben (Vorspann)* und wie *eine andere Welt (Z. 1)*. Erkläre, wieso auch das ironisch zu verstehen ist.

c) Finde noch weitere Textstellen, an denen der ironische Stil der Glosse erkennbar ist.

4 Die Glosse wirkt wie ein innerer Monolog der Verfasserin, die Lesenden ihre Gedanken und Erlebnisse im Homeoffice mitteilt.

a) Dies wird auch sprachlich deutlich, beispielsweise durch umgangssprachliche Ausdrücke und kurze, unvollständige Sätze. Finde Beispiele hierfür.

b) Entscheide bei folgenden Aussagen zur Funktion der sprachlichen Mittel, ob sie richtig oder falsch sind.

- *Die Autorin will damit Fakten zum Homeoffice sachlich darlegen.*
- *Durch die sprachlichen Mittel wird deutlich, dass es sich um die Gedanken der Verfasserin handelt.*
- *Als Leser/-in hat man das Gefühl, unmittelbar an den Homeoffice-Erlebnissen der Autorin beteiligt zu sein.*
- *Die Verfasserin schafft es so, komplizierte Sachverhalte und Zusammenhänge zu einem komplexen Thema zu erklären.*
- *Durch die saloppe Schreibweise wirkt der Text witzig und erheiternd.*

c) Bei den Aussagen fehlt der konkrete Textbezug. Ergänze diesen an den richtigen Stellen.

d) Im Text wird die Meinung der Autorin zum Thema Homeoffice deutlich. Tauscht euch darüber aus, ob die Autorin Homeoffice eher befürwortet oder es kritisch sieht, und belegt eure Meinung am Text.

2.3 journalistische Texte und ihre Funktion unterscheiden und mit Fachbegriffen formale bzw. sprachliche Merkmale sowie die Textintention beschreiben

5 Die vorliegende Glosse enthält noch weitere typische sprachliche Mittel.

a) Entscheide mithilfe des Merkkastens, um welche sprachlichen Mittel es sich bei den gelb hinterlegten Textstellen handelt.

b) Tauscht euch über die jeweilige Wirkung dieser sprachlichen Mittel aus.

* c) Notiere drei weitere sprachliche Mittel samt Textbelegen. Gib auch hier die jeweilige Wirkung an.

* **6** Belege mithilfe des Merkkastens, weshalb der Schluss des Textes (Z. 128 – 134) typisch für eine Glosse ist.

7 Verfasse mithilfe deiner Erkenntnisse aus den vorherigen Aufgaben und des Merkkastens eine Textsortenbestimmung zur Glosse. Gehe dabei auf mindestens fünf Merkmale ein und belege diese am Text.

W **8** Wähle im Folgenden zwischen a) und b).

a) Deine Mutter oder dein Vater arbeiten im Homeoffice. **Schreibe aus deiner Sicht**, wie du den Tag erlebst. Versuche dabei auch, einige für eine Glosse charakteristische sprachliche Mittel einzubauen. Du kannst dich an der vorliegenden Glosse orientieren.

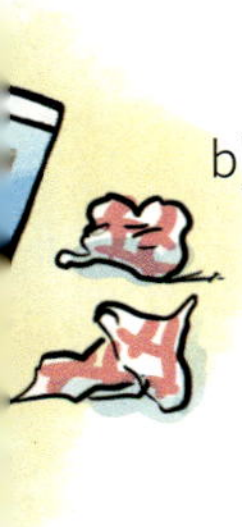

b) *„Der Teenager will wissen, wann ich nun eigentlich wieder ‚in die Firma' fahre. Warum er fragt? Tja, weil er sonst wieder seinen Kleiderschrank aufräumen und sich ausfragen lassen müsse" (Z. 117 – 121).*

Stell dir vor, du bist der Teenager im Text. Schreibe einen Text, wie du den Homeoffice-Tag deiner Mutter erlebst. Versuche dabei auch, einige für eine Glosse charakteristische sprachliche Mittel einzubauen. Du kannst dich an der vorliegenden Glosse orientieren.

(!) Die journalistische Textsorte Glosse

Eine Glosse ist wie der Kommentar eine Form der **persönlichen Meinungsäußerung**.
In einer Glosse setzt sich der/die Verfasser/-in mit einem **aktuellen Ereignis oder einer alltäglichen Begebenheit** auseinander. Dabei

- werden diese **kritisiert oder ins Lächerliche gezogen**,
- schreibt der/die Autor/-in ironisch-humorvoll,
- ist die Glosse im Gegensatz zum Kommentar **nicht sachlich formuliert**,
- zeichnet sich diese Textsorte durch einen **eher lockeren Stil** aus.

Typisch für eine Glosse sind **sprachliche Mittel wie**:

- Ironie
- Metaphern
- Wortspiele
- Übertreibungen
- rhetorische Fragen

Sie dienen dazu, den Leser bzw. die Leserin auf komische und originelle Art und Weise **zum Nachdenken anzuregen**. Oft endet eine Glosse mit einer **Pointe**. Zudem ist häufig ein **lustiges Bild** (z. B.Cartoon, Karikatur etc.) enthalten, das den Textinhalt illustriert.

2.3 begründete Schlussfolgerungen aus gewonnenen Informationen ziehen, mit eigener Position vergleichen und bewerten; 3.2 textsortentypische sprachliche Mittel pragmatisch einsetzen

Lesen – Umgang mit Texten und Medien

Pragmatische Texte

Überprüfe dein Wissen und Können

1 **Lies dir folgende Aussagen durch. Übernimm die richtigen in dein Heft und schreibe die falschen verbessert auf.**

A) *Eine Reportage ist immer sachlich und enthält keine Meinungsäußerung der Verfasserin bzw. des Verfassers.*

B) *Der/Die Autor/-in eines Kommentars will Lesende von der eigenen Meinung überzeugen.*

C) *Eine Glosse ist witzig, ironisch und weniger sachlich als ein Kommentar.*

D) *Typisch für einen Kommentar ist die sachliche Überschrift, die den Textinhalt kurz zusammenfasst.*

E) *Eine Reportage enthält Textstellen, die zeigen, dass der/die Verfasser/-in vor Ort recherchiert hat, beispielsweise Aussagen von Experten.*

F) *Fachausdrücke und Fremdwörter sind typische sprachliche Mittel einer Glosse.*

2 **Lies dir den folgenden Text aufmerksam durch.**

Hazel Brugger

ist Stand-up-Comedian, Moderatorin und Kolumnistin aus der Schweiz. Sie gewann u. a. den Kabarettpreis „Salzburger Stier" und den Deutschen Kleinkunstpreis 2017.

Temporäres

etwas Vorübergehendes

Schluss mit dem Zwang zum ständigen Arbeiten

Wäre es nicht besser für den Planeten, wenn alle ein bisschen mehr chillen würden?

Glosse von Hazel Brugger

Vielleicht ist das Problem ja gar nicht die Arbeitslosigkeit, sondern die starre Vorstellung einer Welt, in der jeder Mensch auf jeden Fall arbeiten muss. Offiziell ist es der Normalzustand, einem Beruf nachzugehen. Erwerbslosigkeit ist immer nur etwas Temporäres, das man hoffentlich schnell überwunden hat und wofür man sich gefälligst schämen sollte. Wie dick sein oder Flüchtling. Oder eine Frau im achtzehnten Jahrhundert mit einer Meinung – du weißt schon, „eine Phase halt". Etwas, das man im schlimmsten Fall laut verachtet und im besten Fall öffentlich bedauert, aber akzeptiert, um mit seiner Offenheit anzugeben. „Du kriegst Hartz IV? Oh Mann, das tut mir total leid, hey. Ich drück dir die Daumen, das ist sicher auch nicht gut fürs Selbstwertgefühl." Schon lustig, dass die, die sich laut Sorgen um die Gefühle von anderen machen, meistens auch die sind, die sie wie Aussätzige behandeln.

In meiner Familie sind alle entweder Workaholics oder würden aus Trotz am liebsten nichts machen […]. Seit ich denken kann, ging mein Vater immer sonntags ins Büro, um ungestört zu arbeiten. Meine Mutter fuhr mit uns dann irgendwohin, um uns ungestört zu verwöhnen. Manchmal durften wir auf dem Rückweg zu McDonald's, wir Kinder mümmelten zu dritt ein Happy Meal, prügelten uns und hörten, wer den lautesten Pommesrülpser rauspressen konnte. Und die Mutter schaute zu den Familien rüber, die gar keine Väter hatten. Nicht einmal solche, die nicht da waren.

2.2 komplexeren literarischen und pragmatischen Texten selbstständig wesentliche Informationen entnehmen

Arbeitssucht hat nach wie vor etwas Erstrebenswertes. Es ist ja fast schon nobel, wenn ein Arzt sagt, wie viele hundertnochwas Stunden er diese Woche wieder geschuftet und Leute gerettet hat. Leute, die dank ihm bald auch wieder arbeiten können für eine florierende Wirtschaft. Gut gemacht. Niemand würde damit angeben, wie viel er geschlafen hat, wie viel Kuchen er übers Wochenende gefressen hat oder wie unglaublich zufrieden und im Reinen er mit seinem Leben ist. Aber sich kaputtrackern und unglücklich, reich und viel zu jung sterben? Yes, please. Es ist zweitausendsiebzehn, Baby: Die Mehrheit ist schlau genug, um nicht mehr an einen Gott zu glauben, der uns im Jenseits für unsere Sünden quält. Also müssen wir einander für Faulheit eben schon im Diesseits bestrafen. Mit Scripted Reality auf RTL, die allen zeigt, was für abartige Asoziale die ohne Arbeit doch sind.

Ich würde nicht einmal sagen, dass ich gern arbeite. Aber ich hasse es, wenn ich nicht arbeite. Wahrscheinlich Workaholic. [...] Am liebsten versinke ich so tief in einem Berg aus Aufgaben, dass ich vergesse, zu essen und zu schlafen, und dann irgendwann nicht mehr weiß, ob ich gerade meinen Beruf hasse, mein Leben oder mich selbst. Maximale Belastung, das macht mich so richtig geil. Und in den Ferien breche ich weinend zusammen, weil ich merke, dass die Welt sich auch weiterdreht, wenn ich keine schlechte Zeit habe.

Vielleicht brauchen wir ja gar nicht noch ein Start-up-Unternehmen aus Berlin-Mitte. Bestimmt wäre es sogar besser für den Planeten, wenn alle ein bisschen mehr chillen würden. Und bevor einer seine Arbeit schlecht macht, soll er doch lieber gar nichts machen. Egal ob er beruflich einen Arbeitslosen bei RTL spielt oder sich als Arzt zu Tode rettet. Hauptsache, die Arbeit wird so gut gemacht wie möglich. Selbst wenn einer Massenvernichtungswaffen baut, ist es mir lieber, wenn er das exzellent und gern macht. Nicht, dass die Bombe ungeplant zu früh explodiert und ich im Jenseits bin, bevor ich die Gelegenheit hatte, einfach mal gar nichts zu machen und zu genießen.

Quelle: jetzt.de, 2017

3 **Typisch für eine Glosse ist die ironische Schreibweise.**
a) Erläutere dies anhand der gelb hinterlegten Textstellen.
b) Finde weitere Stellen im Text, die ironisch zu verstehen sind.

4 **In einer Glosse wird die Meinung der Verfasserin bzw. des Verfassers zum Thema deutlich. Erkläre, wie die Autorin zum Thema Arbeit steht. Begründe deine Aussage mithilfe des Textinhaltes.**

5 **Verfasse mithilfe der Lösungen aus Aufgabe 3 und 4 eine vollständige Textsortenbestimmung, in der du mithilfe von mindestens fünf Merkmalen belegst, dass es sich bei dem vorliegenden Text um eine Glosse handelt.**

Portal
WES-122966-057

2.3 journalistische Texte und ihre Funktion unterscheiden und mit Fachbegriffen formale bzw. sprachliche Merkmale sowie die Textintention beschreiben

Lesen – Umgang mit Texten und Medien

Literarische Textsorten

1 Die Hauptfiguren in den Texten dieses Kapitels befinden sich in ganz unterschiedlichen Situationen. Lest euch diese zunächst einmal durch.

(A) *Ein Mann kommt in ein völlig ausgebuchtes Hotel. Das letzte freie Bett befindet sich in einem Doppelzimmer, das bereits belegt ist.*

(B) *Ein Ehepaar bekommt von Zeit zu Zeit Besuch von einem anderen Paar, obwohl es daran kein Interesse hat.*

(C) *Ein Mann bekommt einen Zettel mit der Aufschrift „In einem Jahr". Sechs Monate später erhält er erneut einen Zettel. Diesmal steht „In einem halben Jahr" darauf.*

(D) *Ein Mann steht in einem Meeresarm im Wasser und hofft auf einen Kahn, damit er sich retten kann. Doch weit und breit ist keiner zu sehen.*

S. 299 *Figur*

2 Stellt Vermutungen darüber an, ob die Hauptfiguren der Geschichten sich in den jeweiligen Situationen wohlfühlen und wie sie reagieren werden.

3 Diskutiert, ob es sich bei den Geschichten eher um lustige, spannende, nachdenkliche oder belehrende Texte handeln wird.

In diesem Kapitel lernst du (,) …

- *eine Kurzgeschichte zu erschließen.*
- *dich in eine literarische Figur hineinzuversetzen.*
- *die Textsorte Satire kennen.*
- *eine Erzählung inhaltlich zu erschließen.*
- *die Textsorte Parabel kennen.*
- *Parabeln zu interpretieren.*
- *komplexere produktive Methoden zur Erschließung von Texten anzuwenden.*

Literarische Textsorten

Eine Kurzgeschichte erschließen

1 Lies dir im Folgenden den ersten Teil des Textes „Die Nacht im Hotel" durch.

Siegfried Lenz

(1926–2014) war ein deutscher Schriftsteller und einer der bekanntesten deutschsprachigen Erzähler der Nachkriegs- und Gegenwartsliteratur. „Die Nacht im Hotel" entstand 1949.

Die Nacht im Hotel

Siegfried Lenz

Der Nachtportier strich mit seinen abgebissenen Fingerkuppen über ein Heft, hob bedauernd die Schultern und drehte seinen Körper zur linken Seite, wobei sich der Stoff seiner Uniform gefährlich unter dem Arm spannte. „Das ist die einzige Möglichkeit", sagte er. „Zu so später Stunde werden Sie nirgendwo ein Einzelzimmer bekommen. Es steht Ihnen natürlich frei, in anderen Hotels nachzufragen. Aber ich kann Ihnen schon jetzt sagen, dass wir, wenn Sie ergebnislos zurückkommen, nicht mehr in der Lage sein werden, Ihnen zu dienen. Denn das freie Bett in dem Doppelzimmer, das Sie – ich weiß nicht aus welchen Gründen – nicht nehmen wollen, wird dann auch einen Müden gefunden haben." „Gut", sagte Schwamm, „ich werde das Bett nehmen. Nur, wie Sie vielleicht verstehen werden, möchte ich wissen, mit wem ich das Zimmer zu teilen habe; nicht aus Vorsicht, gewiss nicht, denn ich habe nichts zu fürchten. Ist mein Zimmergenosse denn schon da?" „Ja, er ist da und schläft." „Er schläft", wiederholte Schwamm, ließ sich die Anmeldeformulare geben, füllte sie aus und reichte sie dem Nachtportier zurück; dann ging er hinauf.

S. 301 Kurzgeschichte

2 Erkläre, vor welchem Problem Schwamm steht und wie der Nachtportier dieses zu lösen versucht.

3 Lies, wie die Geschichte weitergeht.

Unwillkürlich verlangsamte Schwamm, als er die Zimmertür mit der ihm genannten Zahl erblickte, seine Schritte, hielt den Atem an und beugte sich zum Schlüsselloch hinab. Das Zimmer war dunkel. Schwamm drückte die Klinke herab. Er schloss die Tür wieder und tastete mit flacher Hand nach dem Lichtschalter. Da hielt er plötzlich inne: neben ihm sagte jemand mit einer dunklen, aber auch energischen Stimme: „Halt! Bitte machen Sie kein Licht. Sie würden mir einen Gefallen tun, wenn Sie das Zimmer dunkel ließen." „Haben Sie auf mich gewartet?", fragte Schwamm erschrocken; doch er erhielt keine Antwort. Stattdessen sagte der Fremde: „Stolpern Sie nicht über meine Krücken, und seien Sie vorsichtig, dass Sie nicht über meinen Koffer fallen, der ungefähr in der Mitte des Zimmers steht. Ich werde Sie sicher zu Ihrem Bett dirigieren: Gehen Sie drei Schritte an der Wand entlang, und dann wenden Sie sich nach links, und wenn Sie wiederum drei Schritte getan haben, werden Sie den Bettpfosten berühren können." Schwamm gehorchte; er erreichte sein Bett, entkleidete sich und schlüpfte unter die Decke. Er hörte die Atemzüge des anderen und spürte, dass er vorerst nicht

Lesen – Umgang mit Texten und Medien

würde einschlafen können. „Übrigens“, sagte er zögernd nach einer Weile, „mein Name ist Schwamm.“ „So“, sagte der andere. – „Ja.“ „Sind Sie zu einem Kongress hierhergekommen?“ – „Nein, und Sie?“ – „Nein.“ – „Geschäftlich?“ „Nein, das kann man nicht sagen.“ „Wahrscheinlich habe ich den merkwürdigsten Grund, den je ein Mensch hatte, um in die Stadt zu fahren“, sagte Schwamm. „Ich habe einen Sohn, Herr … (der andere nannte nicht seinen Namen), einen kleinen Lausejungen, und seinetwegen bin ich hierher gefahren.“ „Ist er im Krankenhaus?“ „Wieso denn? Er ist gesund, ein wenig bleich zwar, das mag sein, aber sonst sehr gesund. Ich wollte Ihnen sagen, warum ich hier bin, hier bei Ihnen, in diesem Zimmer. Wie ich schon sagte, hängt das mit meinem Jungen zusammen. Er ist äußerst sensibel, mimosenhaft, er reagiert bereits, wenn ein Schatten auf ihn fällt.“ „Also ist er doch im Krankenhaus.“ „Nein“, rief Schwamm, „ich sagte schon, dass er gesund ist, in jeder Hinsicht. Aber er ist gefährdet, dieser kleine Bengel hat eine Glasseele, und darum ist er bedroht.“ „Was bedroht ihn denn?“, fragte der andere. „Mein Junge ist aus folgendem Grunde gefährdet: Jeden Morgen, wenn er zur Schule geht – er geht übrigens immer allein – jeden Morgen muss er vor einer Bahnschranke stehen bleiben und warten, bis der Frühzug vorbei ist. Er steht dann da, der kleine Kerl, und winkt, winkt heftig und freundlich und verzweifelt.“ – „Ja und?“ „Dann“, sagte Schwamm, „dann geht er in die Schule, und wenn er nach Hause kommt, ist er verstört und benommen, und manchmal heult er auch. Er ist nicht imstande, seine Schularbeiten zu machen, er mag nicht spielen und nicht sprechen: das geht nun schon seit Monaten so, jeden lieben Tag. Der Junge geht mir kaputt dabei!“ „Was veranlasst ihn denn zu solchem Verhalten?“ „Sehen Sie“, sagte Schwamm, „das ist merkwürdig: Der Junge winkt, und – wie er traurig sieht – es winkt ihm keiner der Reisenden zurück. Und das nimmt er sich so zu Herzen, dass wir – meine Frau und ich – die größten Befürchtungen haben. Er winkt, und keiner winkt zurück, man kann die Reisenden natürlich nicht dazu zwingen, und es wäre absurd und lächerlich, eine diesbezügliche Vorschrift zu erlassen, aber …“ „Und Sie, Herr Schwamm, wollen nun das Elend Ihres Jungen aufsaugen, indem Sie morgen den Frühzug nehmen, um dem Kleinen zu winken?“ „Ja“, sagte Schwamm, „ja.“

4 Im Zimmer angekommen trifft Schwamm auf den Fremden.
a) Erläutere, wie er Schwamm empfängt und wie dieser Empfang auf dich wirkt.
b) Nenne den Grund, weshalb Schwamm dringend eine Übernachtungsmöglichkeit im Hotel benötigt.
c) Markiere im oberen Teil Textstellen, die etwas über Schwamms Sohn verraten. Nutze hierfür eine Kopie der Seite oder die Vorlage aus dem Portal.

Portal
WES-122966-058

5 Die Einstellung des Fremden zu Kindern wird im letzten Teil der Geschichte deutlich.
a) Lies dir das Ende durch.

„Mich“, sagte der Fremde, „gehen Kinder nichts an. Ich hasse sie und weiche ihnen aus, denn ihretwegen habe ich – wenn man's genau nimmt – meine Frau verloren. Sie starb bei der Geburt.“ „Das tut mir leid“, sagte Schwamm und stützte sich im Bett auf. Der andere fragte: „Sie fahren nach Kurzbach, nicht wahr?“ – „Ja.“ „Und Ihnen

2.1 Texte inhaltlich, formal und strukturell erschließen und interpretieren, Zusammenhänge mit entsprechenden Fachbegriffen darstellen

kommen keine Bedenken bei Ihrem Vorhaben? Offener gesagt: Sie schämen sich nicht, Ihren Jungen zu betrügen? Denn, was Sie vorhaben, Sie müssen es zugeben, ist doch ein glatter Betrug, eine Hintergehung.“ Schwamm sagte aufgebracht: „Was erlauben Sie sich, ich bitte Sie, wie kommen Sie dazu!“ Er ließ sich fallen, zog die Decke über den Kopf, lag eine Weile überlegend da und schlief dann ein.

Als er am nächsten Morgen erwachte, stellte er fest, dass er allein im Zimmer war. Er blickte auf die Uhr und erschrak: bis zum Morgenzug bleiben ihm noch fünf Minuten, es war ausgeschlossen, dass er ihn noch erreichte. Am Nachmittag – er konnte es sich nicht leisten, noch eine Nacht in der Stadt zu bleiben – kam er niedergeschlagen und enttäuscht zu Hause an. Sein Junge öffnete ihm die Tür, glücklich, außer sich vor Freude. Er warf sich ihm entgegen und hämmerte mit den Fäusten gegen seinen Schenkel und rief: „Einer hat gewinkt, einer hat ganz lange gewinkt.“ „Mit einer Krücke?“, fragte Schwamm. „Ja, mit einem Stock. Und zuletzt hat er sein Taschentuch an den Stock gebunden und es so lange aus dem Fenster gehalten, bis ich es nicht mehr sehen konnte.“

b) Beschreibt die Einstellung von Schwamms Zimmergenossen gegenüber Kindern und nennt den Grund für diese.

c) Stellt Vermutungen darüber an, weshalb er Schwamms Sohn winkt, obwohl er in diesem Zusammenhang zuvor von Betrug gesprochen hat. Wie könnte es zu einem solchen Sinneswandel gekommen sein?

6 Beim vorliegenden Text handelt es sich um eine Kurzgeschichte.

a) Erkläre mithilfe des Merkkastens auf Seite 162, welches Merkmal dieser Textsorte auf die beiden im Text markierten Stellen jeweils zutrifft. Schreibe es anschließend daneben. Nutze hierfür eine Kopie der Seiten oder die Vorlage aus dem Portal.

Portal
WES-122966-058

b) Finde weitere Merkmale, welche auf die vorliegende Kurzgeschichte zutreffen. Markiere die jeweiligen Textstellen und schreibe – wenn möglich – das Merkmal daneben. Beachte auch hierbei den Merkkasten.

c) Verfasse nun mit den Ergebnissen aus den beiden vorherigen Aufgaben eine ausführliche Textsortenbestimmung zur vorliegenden Kurzgeschichte. Die unten angegebenen Formulierungen helfen dir dabei. So kannst du beginnen:

→ **S. 178**
Textbeschreibung

Dass es sich beim vorliegenden Text eindeutig um eine Kurzgeschichte handelt, kann man zunächst am unmittelbaren Beginn (Z. 1 – 3) erkennen. Dieser gibt keinerlei …

- *Dass es sich um eine Kurzgeschichte handelt, erkennt man auch …*
- *Auch der/die/das … weist auf die Textsorte Kurzgeschichte hin.*
- *Charakteristisch ist zudem …*
- *Ein weiterer Beweis/Beleg für die oben genannte Textsorte ist zudem …*
- *Typisch/Kennzeichnend für eine Kurzgeschichte ist außerdem …*
- *Ein weiteres Kennzeichen/Merkmal dieser Textsorte ist …*
- *Abschließend muss noch genannt werden, dass …*

2.2 breites Spektrum literarischer Texte unterscheiden, spezifische Merkmale zur Interpretation nutzen

Lesen – Umgang mit Texten und Medien

→ S. 189

Eine literarische Figur charakterisieren

Tipp

Oftmals musst du beim Charakterisieren einer Person „zwischen den Zeilen" lesen, und die Entstehungszeit des Textes beachten. So kann beispielsweise die Tatsache, dass der Fremde Krücken besitzt (S. 159, Z. 22 f.) auf eine mögliche Kriegsverletzung hinweisen.

W **7** Wähle im Folgenden zwischen a) und b).

a) Charakterisiere Schwamm und gehe dabei auch auf das Verhältnis zu seinem Sohn ein. Die Lösungen aus Aufgabe 4c) helfen dir dabei.

b) Charakterisiere Schwamms Zimmergenossen und gehe dabei auf seinen plötzlichen Sinneswandel ein. Die Lösungen aus Aufgabe 5c) helfen dir dabei.

8 Schwamm trifft einige Tage später den Fremden zufällig in der Stadt wieder. Verfasse einen Dialog zwischen den beiden, in dem sowohl Schwamms Dank dem Zimmergenossen gegenüber als auch dessen Sinneswandel deutlich werden. So kannst du beginnen:

Schwamm: *„Guten Tag! Ach, wie schön, dass ich Sie noch einmal treffe."*
Fremder: *„Was gibt es denn?"*
Schwamm: *„Ich habe in den letzten Tagen oft an Sie gedacht. Sie haben mir und vor allem meinem Sohn eine große Freude gemacht."*
Fremder: *…*

✲ **9** Eine deutsche Redewendung lautet „Über seinen Schatten springen".

a) Erkläre, inwieweit diese Redewendung auf die vorliegende Kurzgeschichte zutrifft.

b) Erzähle von Situationen, in denen du selbst schon einmal über deinen Schatten gesprungen bist, um anderen zu helfen bzw. ihnen Gutes zu tun.

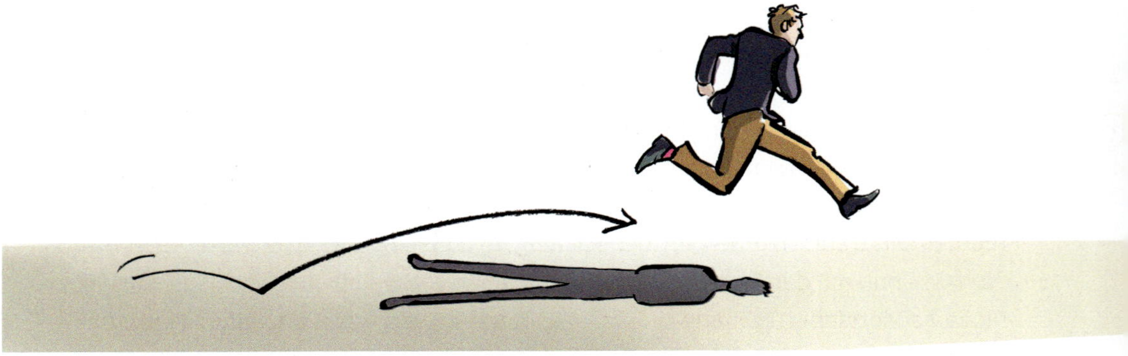

ⓘ Die Kurzgeschichte

Eine Kurzgeschichte kann man an folgenden **Merkmalen** erkennen, wobei nicht immer alle Kennzeichen zutreffen müssen:

- **offener Beginn/unmittelbarer Einstieg**
- wenige **alltägliche Personen** in **Alltagssituationen**
- **Hauptperson** steht vor einem **Problem**
- **offenes oder halboffenes Ende**
- **Alltagssprache**
- meist **kurze Sätze** und **Ellipsen**
- **kurze zeitliche Dauer**
- **geringer Umfang**
- **Wendepunkt** (Pointe)
- **geradlinige Handlung**
- **wörtliche Reden**

2.2 breites Spektrum literarischer Texte unterscheiden, spezifische Merkmale zur Interpretation nutzen; 2.2 mit komplexeren produktiven Methoden Texte erschließen und mit gewonnenen Erkenntnissen eigenes Handeln reflektieren

Literarische Textsorten

Die Textsorte Satire verstehen und erschließen

1 Lest euch den folgenden Text durch.

Ein lieber Besuch

Ephraim Kishon

[1] Die Gastfreundschaft gilt im Nahen und Mittleren Osten als heiliges Gebot. Ein Beduine würde sie selbst seinem ärgsten Feind nicht versagen und würde ihm sogar eine Wasserpfeife anbieten. Ich meinerseits entrate dieser Tugend. Ich kann die Spiegels, die uns von Zeit zu Zeit besuchen kommen, nicht ausstehen.

[2] Im Grunde habe ich nichts gegen die beiden. Er ist ein netter, schweigsamer Mann und sie eine charmante, fettgepolsterte Frau. Beide sind aufrechte Bürger, die redlich arbeiten und falsche Zollerklärungen abgeben wie alle anderen auch. Wenn sie uns besuchen, bieten wir ihnen mangels Wasserpfeifen Tee oder Kaffee an, bringen die Weltlage in Ordnung und sitzen plaudernd und gähnend bis 2 Uhr früh beisammen. Nachher habe ich immer das Gefühl, kostbare Zeit verschwendet zu haben.

[3] An diesen ziemlich trostlosen Zustand hätten wir uns längst gewöhnt, wäre er nicht mit einem enervierenden Spannungsmoment verbunden. Das spielt sich etwa folgendermaßen ab:

Ich sitze mit der besten Ehefrau von allen beim Abendessen. Plötzlich treffen unsere Blicke ineinander: „Die Spiegels!", rufen wir gleichzeitig. Und in der Tat: Sie
[4] kommen. Sie kommen uneingeladen, denn wir laden sie niemals ein, und dass wir niemals uneingeladen zu ihnen kommen, scheinen sie nicht zu merken. Sie besuchen uns ganz formlos, wie man eben gute Freunde besucht, und bleiben bei den guten Freunden bis 2 Uhr früh sitzen, Kaffee oder Tee trinkend, plaudernd oder gähnend.

Eine Zeit lang glaubten wir, dass der Zeitpunkt ihrer Besuche etwas mit dem Stand des Mondes zu tun hätte oder mit dem Stand bestimmter Aktien an der Börse, aber das bestätigte sich nur selten. Unser Instinkt erwies sich als wesentlich sicherer.

[5] Zum Beispiel tritt meine Frau ans Fenster und schnuppert hinaus: „Es wird schwül. Das ist ein gutes Wetter für die Spiegels." Oder mir fällt beim Frühstück etwas ein: „Der Wasserhahn im Badezimmer hat die ganze Nacht getropft. Die Spiegels kommen."

Es gibt noch andere Vorzeichen, auf die man sich verlassen kann. Eines Abends spürte ich plötzlich ein heftiges Stechen im linken Knie, Grund genug, sofort das Haus zu verlassen und ins Kino zu gehen. Dort trafen wir die Spiegels.

[6] Ein anderes Mal begannen unten im Garten fliegende Ameisen zu schwärmen. Ich erbleichte, stopfte Watte in die Nasenlöcher und rief bei den Spiegels an: „Ich wollte Sie nur für alle Fälle verständigen, haptschi, dass wir beide, meine Frau und ich, kuz-kuz, an einer schweren Grippe leiden. Mit Schnupfen und Husten. Haptschi, kuz-kuz."

„Das trifft sich gut", kam heiser und nasal Frau Spiegels Stimme aus dem Apparat.

Ephraim Kishon

(1924–2005) war ein israelischer Schriftsteller und gilt als einer der erfolgreichsten Satiriker des 20. Jahrhunderts.

S. 303
Satire

Lesen – Umgang mit Texten und Medien

„Uns geht es genauso, kuz-kuz, und wir wollten deshalb unseren Besuch bei Ihnen verschieben, haptschi. Aber wenn Sie ohnehin angesteckt sind, kommen wir auf einen Sprung vorbei. Kuz-kuz, haptschi."

7 Da man gegen die Spiegels mit so primitiven Mitteln nichts ausrichtet, haben wir uns eine raffiniertere Methode zurechtgelegt. Wir stehen abwechselnd Wache am Fenster – wer die Spiegels herannahen sieht, stößt einen Pfiff aus – und auf dieses Signal hin wird das Licht im ganzen Haus abgedreht und die Atmung eingestellt.

Neulich am Abend, als ich Spiegelwache stand, trat unser Plan erstmals in Kraft. Die Spiegels nahten, ich pfiff, alle Lichter erloschen, wir erstarrten in Schweigen.

Jetzt waren die Spiegels an unserer Wohnungstür angelangt. Jetzt betätigten sie die Klingel. Wir drückten uns flach an die Wand und verharrten in atemloser Starre. Die Spiegels klingelten, machten eine Pause, klingelten, pausierten, klingelten, warteten.
8 Dann gab Frau Spiegel einen lauten Seufzer der Erleichterung von sich, wir hörten ihn durch die Türe; und hörten sie sagen: „Gott sei Dank, sie sind nicht zu Hause!"

2 Der Text lässt sich in acht Sinnabschnitte einteilen.

a) Ordne den folgenden Stichpunkten den jeweiligen Sinnabschnitt der Geschichte zu. Schreibe so: *A = ???, B = ???* …

A: ausführliche Darstellung eines vergeblichen Versuchs: durch das Vortäuschen einer Erkältung will man Besuch der Spiegels verhindern

B: einleitende Erklärung, was Gastfreundschaft im Nahen und Mittleren Osten bedeutet; Ich-Erzähler kann das Ehepaar Spiegel, das oftmals zu Besuch kommt, nicht leiden

b) Formuliere für die restlichen sechs Sinnabschnitte ebenfalls Stichpunkte, die den Inhalt und Aufbau des Textes treffend wiedergeben.

S. 306 *Inhaltszusammenfassung*

c) Verfasse nun mithilfe deiner Ergebnisse aus Aufgabe 2a) + b) eine Inhaltszusammenfassung und gehe dabei auf den für die Satire typischen Aufbau ein.

3 Der Ich-Erzähler und seine Frau können es nicht leiden, wenn das Ehepaar Spiegel zu Besuch kommt.

a) Markiere Textstellen, an denen diese Einstellung deutlich wird. Nutze hierfür eine Kopie der Seiten oder die Vorlage aus dem Portal.

Portal *WES-122966-059*

b) Unterstreiche, welche Vorzeichen angeblich darauf hindeuten, dass sich ein Besuch der Spiegels ankündigt. Nutze eine Kopie der Seiten oder die Portalvorlage.

c) Erkläre, welche Methoden der Ich-Erzähler und seine Frau anwenden, um die Spiegels nicht empfangen zu müssen.

4 Erläutere, warum der Autor dem Besucherehepaar den Namen „Spiegel" gegeben hat. Was möchte er damit zum Ausdruck bringen?

5 Beim vorliegenden Text handelt es sich um eine Satire.

a) Erkläre, inwieweit die Handlung ins Unrealistische abschweift.

b) Stelle dar, worin die Pointe dieser Satire besteht.

c) Erläutere, welche menschlichen Schwächen der Autor mit dieser Satire kritisieren will und worüber die Leserin bzw. der Leser nachdenken soll.

2.2 breites Spektrum literarischer Texte unterscheiden, spezifische Merkmale zur Interpretation nutzen

d) Ordne den markierten Textstellen mithilfe des Merkkastens das jeweilige sprachliche Mittel dieser Textsorte zu.

e) Finde mithilfe des Merkkastens noch weitere Merkmale, welche auf die vorliegende Satire zutreffen.

6 Verfasse mithilfe deiner Ergebnisse aus Aufgabe 5 eine vollständige Textsortenbestimmung. Die Formulierungshilfen auf Seite 161 helfen dir dabei.

→ S. 178
Textbeschreibung

✲ **7** In der Satire befinden sich noch einige weitere sprachliche Auffälligkeiten.

a) Finde für folgende sprachliche Mittel treffende Textbeispiele und trage sie in einer Tabelle ein. *Wiederholungen* *Lautmalerei* *wörtliche Reden* *Fremdwörter* *Aufzählungen* *viele kurze Sätze*

b) Benenne die dazugehörige textbezogene Wirkung und schreibe diese ebenfalls in die Tabelle. Nutze hierfür wieder die Vorlage aus dem Portal.

c) Verfasse nun mithilfe deiner Ergebnisse aus den Aufgaben 5d) und 7a) + b) eine vollständige Sprachanalyse.

✲ **8** Wähle im Folgenden zwischen a) und b).

a) Schreibe einen Dialog zwischen dem Ich-Erzähler und seiner Frau, nachdem sie die Worte von Frau Spiegel gehört haben. Gehe dabei darauf ein, zu welcher Einsicht sie gelangen könnten.

b) Erörtere anhand von zwei Argumenten, weshalb Ehrlichkeit ein wichtiger Wert in unserer Gesellschaft ist.

S. 299
Dialog

Die Textsorte Satire

Die **Satire** ist eine **literarische Spottschrift**, die man an verschiedenen Merkmalen erkennt. Zunächst einmal gibt es typische **Besonderheiten im Aufbau**:
- realistischer Beginn
- Abschweifen ins Unwirkliche, Unrealistische, Übertriebene
- oftmals Pointe am Ende.

Auch **sprachlich** gesehen weist die Satire typische **Merkmale** auf:
- Hyperbeln
- Neologismen
- humorvoller, spöttischer Stil
- Umgangssprache.
- Untertreibungen
- Ironie
- Wortspiel

Des Weiteren kann man die Satire an ihren **besonderen Absichten** erkennen, welcher die Autorin bzw. der Autor mit dieser verfolgt:
- **gesellschaftliche** oder **politische Zustände** ins Lächerliche ziehen und anprangern
- **persönliche Verhaltensweisen** oder **menschliche Schwächen** kritisieren
- zum Nachdenken über das **eigene Handeln** anregen
- die **Meinung** der Verfasserin bzw. des Verfassers darlegen
- die Leserin bzw. den Leser entweder zum Schmunzeln oder Lachen bringen und damit **unterhalten** oder **wütend machen**.

Lesen – Umgang mit Texten und Medien

9 Viele satirische Texte nehmen Bezug auf gesellschaftliche und politische Zustände und werden vertont.

a) Schaut euch das Satirevideo des WDR-Kinderchores „Meine Oma ist ’ne alte Umweltsau“ an oder lest euch den folgenden Liedtext durch.

Tipp

Benutzt für eure Suche im Internet die Schlagworte „WDR Kinderchor“ und den Titel des Liedes. Setzt vor und nach dem Titel Anführungszeichen, dann sucht die Suchmaschine nicht nur einzelne Wörter, sondern erkennt sie als eine zusammenhängende Einheit. Das kannst du auch mit anderen zusammenhängenden Suchbegriffen ausprobieren.

Meine Oma ist ’ne alte Umweltsau

WDR-Kinderchor

Meine Oma fährt im Hühnerstall Motorrad, Motorrad, Motorrad
Das sind tausend Liter Super jeden Monat
Meine Oma ist ’ne alte Umweltsau

Meine Oma sagt: „Motorrad fahren ist voll cool, echt voll cool, echt voll cool“
Sie benutzt das Ding im Altersheim als Rollstuhl
Meine Oma ist ’ne alte Umweltsau

Meine Oma fährt mit ’m SUV beim Arzt vor, beim Arzt vor, beim Arzt vor
Überfährt dabei zwei Opis mit Rollator
Meine Oma ist ’ne alte Umweltsau

Meine Oma brät sich jeden Tag ein Kotelett, ein Kotelett, ein Kotelett
Weil Discounter-Fleisch so gut wie gar nichts kostet
Meine Oma ist ’ne alte Umweltsau

Meine Oma fliegt nicht mehr, sie ist geläutert, geläutert, geläutert
Stattdessen macht sie jetzt zehnmal im Jahr ’ne Kreuzfahrt
Meine Oma ist doch keine Umweltsau
Meine Oma ist doch keine Umweltsau

geläutert
hat sich gebessert

Portal
WES-122966-060

b) Unterstreiche auf einer Kopie der Seite oder der Vorlage aus dem Portal sämtliche Missstände, die in dem Lied angeprangert werden.

c) Weist mithilfe des Merkkastens an einzelnen Textstellen die sprachlichen Mittel der Satire nach.

✲ d) Diskutiert über den Inhalt des Liedes. Wie steht ihr zu der Behauptung in der Überschrift?

10 Das Satirevideo löste nach seiner Veröffentlichung eine Empörungswelle im Netz aus.

a) Lies dir folgenden Artikel dazu durch.

„Oma ist 'ne alte Umweltsau“: Chronologie einer Empörung

Katrin Nussmayr

Ein Kinderlied, das den Generationenkonflikt satirisch aufs Korn nehmen wollte, treibt Menschen auf die Straße und den WDR in eine Krise. Was ist da passiert? Ein Überblick.

Die „Umweltsau“-Debatte nahm ihren Ursprung fast unbeachtet im Radio. In der Bühnenshow „Satire Deluxe“, die am 9. November auf dem Radiosender WDR5 ausgestrahlt wurde, war eine Umdichtung des Kinderlieds „Meine Oma fährt im Hühnerstall Motorrad“ zu hören – und zwar im Kontext satirischer Überlegungen zu den Worten Greta Thunbergs beim Klimagipfel: „We will not let you get away with it. The eyes of all future generations are upon you.“ Bald würden Kinder die Klimasünden ihrer Eltern bei einer „Fridays for Future“-Hotline melden, witzelten die Satiriker und präsentierten das Lied als Beispiel für ein solches Denunzieren. […]

Kurz nach Weihnachten veröffentlichte WDR 2 auf seiner Facebook-Seite dann ein Video, in dem der WDR-Kinderchor Dortmund das Lied (ergänzt um eine weitere Strophe über Kreuzfahrten) singt. Am Ende des Videos bewegen die Chormädchen die Lippen zur Stimme von Greta Thunberg: „We will not let you get away with this.“

In den sozialen Medien häuften sich schnell die kritischen Kommentare: Der Sender zeige keinerlei Respekt älteren Menschen gegenüber und instrumentalisiere Kinder, lautete der Tenor. Eine Auswertung des Social-Media-Analysten Luca Hammer deutet darauf hin, dass die Empörung auf Twitter vor allem von rechten und rechtsextremen Accounts angefacht wurde. Doch die Debatte erfasste auch viele andere. […]

Wenig später löschte der WDR das Video wieder von der Facebook-Seite und erklärte: Man habe die „zuweilen hysterische Klimadiskussion“ zuspitzen wollen. Die beteiligten Kinder seien absolut nicht instrumentalisiert worden – doch schon diese Mutmaßung sei „für die Redaktion unerträglich“. Stichwort „Instrumentalisierung“: Der Chorleiter erklärte in einem Statement, dass Kinder und Eltern freiwillig mitgemacht hätten. Zweck der Parodie: „Mit Überspitzung und Humor den Konflikt zwischen den Generationen aufs Korn nehmen.“ Am Abend des 28.12. strahlte WDR 2 eine Sondersendung aus, in der sich WDR-Intendant Tom Buhrow für das „Video mit dem verunglückten Oma-Lied“ entschuldigte. […]

Die Empörung über das Video ebbte damit nicht ab, der Shitstorm im Netz fegte weiter über den WDR. Bald versammelten sich vor dem WDR-Gebäude in Köln Demonstranten, die laut Polizei der rechten Szene zuzuordnen sind. […]

Auch WDR-intern hat die Debatte Wellen geschlagen: Die Redakteursvertretung kritisiert den Intendanten Tom Buhrow, weil sich dieser für das Lied entschuldigt hat. Im WDR-Intranet zeigte sie sich am 3. Jänner „irritiert über diese eklatante Verletzung der inneren Rundfunkfreiheit und das schlechte Krisenmanagement der Geschäftsleitung, das Kolleginnen und Kollegen beschädigt und dem Ansehen des WDR zudem schadet“. Buhrow habe „einem offenbar von Rechtsextremen orchestrierten Shitstorm“ nachgegeben und sei seinen Redakteuren in den Rücken gefallen, „statt ihnen in

Katrin Nussmayr

ist Journalistin und arbeitet seit 2014 als Redakteurin beim österreichischen Nachrichtenmagazin „Die Presse“. In diesem Rahmen veröffentlicht sie Artikel zu kulturellen und gesellschaftlichen Themen. Auch der abgedruckte Artikel „‚Oma ist 'ne alte Umweltsau‘: Chronologie einer Empörung“ ist bei diepresse.com erschienen.

Jänner

österreichisch für Januar

2.2 breites Spektrum literarischer Texte unterscheiden, spezifische Merkmale zur Interpretation nutzen

Lesen – Umgang mit Texten und Medien

Zeiten inszenierter Empörungswellen gegen den WDR [...] den Rücken zu stärken". [...] Buhrow argumentierte in einem Interview mit dem „Spiegel", dass das „Umweltsau"-Video „nicht als Satire direkt erkennbar" gewesen sei. An seiner Entschuldigung hielt er fest. Ja, es habe [...] Kritik am „Umweltsau"-Video gegeben – aber auch hunderte Senioren und Enkel, die sich tatsächlich angegriffen gefühlt haben. „Wir können doch nicht einfach so tun, als ob es nicht zählt, wenn sich ein großer Teil unseres Publikums zu Unrecht angegriffen fühlt. Soll ich denen sagen: Sie sitzen einer rechten Instrumentalisierung auf, und Ihre Gefühle sind deshalb irrelevant?"

TV-Autoren des WDR und anderer Sender drückten indessen ihre Solidarität mit den WDR-Redakteuren aus – und fordern de facto Buhrows Rücktritt: In einem offenen Brief erklärten sie am 6. Jänner, Buhrow sei in eine Falle rechter Trolle getappt, die den Diskurs „hacken" und einen künstlichen Skandal heraufbeschwören wollen. „Ein Medienmanager, dessen Umgang mit moderner, rechter Propaganda von so viel Naivität und Ungeschicktheit zeugt, und der nicht in der Lage ist, sich in einfachsten Fragen der Presse- und Meinungsfreiheit vor seine MitarbeiterInnen zu stellen, gefährdet eben diese Freiheiten. Er sollte die Konsequenzen ziehen." Der Brief wurde von 40 Fernsehautoren unterzeichnet, darunter welche vom „Neo Magazin Royale" und der ZDF-„Heute Show". Das „Umweltsau"-Lied soll wieder online gestellt werden, fordern sie.

Troll
hier: eine Person, die Beiträge im Internet veröffentlicht, die lediglich provozieren sollen

b) Erklärt, wie die Idee zu dem Video entstand und welche Absicht mit dem Lied ursprünglich verfolgt wurde.

c) Nennt sämtliche Kritikpunkte, die nach Veröffentlichung des Liedes laut wurden, und gebt an, von wem diese geäußert wurden.

11 Auch der Intendant des Westdeutschen Rundfunks, Tom Buhrow, wurde im Zuge der „Umweltsau"-Debatte kritisiert.

a) Gebt zunächst an, was man ihm vorwirft. Markiert die dazu passende Textstelle auf einer Kopie der Seiten oder der Vorlage aus dem Portal.

b) Erklärt, wie man diesen Vorwurf begründet. Markiert hierzu ebenfalls Textstellen auf einer Kopie der Seiten oder der Vorlage aus dem Portal.

Portal
WES-122966-061

12 Diskutiert in der Klasse darüber, wie weit Satire gehen darf. Bezieht dabei folgende Auszüge aus dem Grundgesetz in eure Ausführungen mit ein.

Grundgesetz für die Bundesrepublik Deutschland

Art 1 (1) Die Würde des Menschen ist unantastbar. Sie zu achten und zu schützen ist Verpflichtung aller staatlichen Gewalt.

Art 5 (1) Jeder hat das Recht, seine Meinung in Wort, Schrift und Bild frei zu äußern und zu verbreiten und sich aus allgemein zugänglichen Quellen ungehindert zu unterrichten. Die Pressefreiheit und die Freiheit der Berichterstattung durch Rundfunk und Film werden gewährleistet. Eine Zensur findet nicht statt.

(3) Kunst und Wissenschaft, Forschung und Lehre sind frei. Die Freiheit der Lehre entbindet nicht von der Treue zur Verfassung.

2.3 Informationen aus dis- sowie kontinuierlichen Texten für begründete Schlussfolgerungen nutzen, vergleichen und bewerten

Literarische Textsorten

Eine Erzählung inhaltlich erschließen

1 Lest euch die folgende Geschichte durch oder hört euch die Audiodatei an.

Portal
WES-122966-062

Der Zettel

Igor Irtenjew

Als Poljakow irgendwann Anfang Januar die Zeitung aus dem Briefkasten nahm, entdeckte er darin ein vierfach gefaltetes Papier. Da er von Natur aus neugierig war, faltete Poljakow das Papier auseinander. Mit schwarzem Filzstift stand darauf geschrieben: „In einem Jahr". Das war alles. Kein Datum, keine Unterschrift. Er betrachtete den rätselhaften Zettel von allen Seiten, zerknitterte ihn und warf ihn hinter den Heizkörper. Was sollte man sonst mit so einem Zettel tun?

Nach einiger Zeit ging der Winter zu Ende und ließ den Frühling an die Reihe. Dann ging auch der Frühling zu Ende.

Und als Poljakow irgendwann am Anfang des Sommers die Zeitung aus dem Briefkasten nahm, entdeckte er dort erneut ein vierfach gefaltetes Blatt. Als er es auseinandergefaltet hatte, las er: „In einem halben Jahr". Und da erinnerte er sich, dass er vor einem halben Jahr einen ähnlichen Zettel erhalten hatte. Als Poljakow diese Fakten kombinierte, erfasste er in all diesem eine bestimmte Tendenz, deren eigentliches Wesen jedoch unklar blieb. Diesmal warf er den Zettel nicht weg, sondern steckte ihn im Gegenteil in seine Jackentasche. Dann fuhr er in den Urlaub, dann geschah noch alles Mögliche und letztendlich vergaß Poljakow die Zettel.

Als Poljakow aber eines Tages zu Beginn des Herbstes nach seiner Gewohnheit die Zeitung aus dem Briefkasten nahm, entdeckte er dort wieder den bekannten Zettel. Ist es nötig zu sagen, dass sein Anblick in ihm heftige Neugier weckte? Es ist nicht nötig. Als er das Blatt auseinandergefaltet hatte, las er: „In drei Monaten". Aber was „in drei Monaten" sein würde und warum „in drei Monaten", war völlig unklar. Zumindest war dies aus dem Inhalt des Zettels keineswegs ersichtlich. Von diesem Tag an nistete sich Unruhe in Poljakows Seele ein. Er wurde verschlossen und mürrisch. Zum ersten Mal fühlte er sich nicht als vollwertiger Bürger, sondern als nichtiges Stäubchen im erbarmungslosen Spiel verhängnisvoller Elementargewalten. „Was bin ich?", dachte Poljakow manchmal, wenn er sein finsteres Abbild im Spiegel des Institutsliftes anschaute. „Was sind sie?", überlegte er bitter, indem er sich die sorglosen Gesichter seiner Kollegen genau ansah. „Was sind wir alle?", schrie seine Seele und warf sich, ohne eine Antwort zu finden, in ihrem engen Gefängnis von einer Seite auf die andere.

2.1 Texte inhaltlich, formal und strukturell erschließen und interpretieren, Zusammenhänge mit entsprechenden Fachbegriffen darstellen

Lesen – Umgang mit Texten und Medien

Portal
WES-122966-063

2 Vergleiche Poljakows Reaktion auf den zweiten und dritten Zettel mit der auf den ersten und stelle Mutmaßungen an, weshalb er die Botschaften nicht wie anfangs einfach wegwirft. Schreibe dazu die folgende Tabelle ab oder nutze die Vorlage aus dem Portal und trage die Antworten in die Spalten „Zettelbotschaft" und „Poljakows Verhalten" ein.

Textabschnitt (Zeilen)	(Jahres-)Zeit	Zettelbotschaft	Poljakows Verhalten
Zeile 1 – 7	*irgendwann Anfang Januar*	*„In einem Jahr"*	...
...	...	...	...

Portal
WES-122966-064

3 Lies, wie die Geschichte weitergeht, oder höre dir den zweiten Teil als Audiodatei an.

Die Zeit verging, und in den ersten Dezembertagen, als das Eis schon die Wasseroberfläche bedeckte und die Vögel in Länder mit höherer Jahresdurchschnittstemperatur flogen, nahm Poljakow aus dem unheilvollen Briefkasten einen neuen Zettel. „In einem Monat" – so stand diesmal darauf geschrieben. Im Angesicht des Unausweichlichen besorgte er sich bei einem ihm bekannten Arzt einen Krankenschein mit einer undurchsichtigen Diagnose und begann ein rasendes Trinkgelage. Bis auf den heutigen Tag schaudern die Stammgäste des Cafés „Windchen", das gleich neben seinem Haus liegt, wenn sie sich daran erinnern, was der von verhängnisvollen Ahnungen gepeinigte Poljakow dort anrichtete. Vier Wochen verflogen wie ein Tag. Vier Wochen lang ging der völlig ins Trudeln geratene Poljakow nicht an den verhängnisvollen Briefkasten, und als er ihn endlich aufmachte, suchte er aus dem Zeitungshaufen das prophetische Blatt. Die Zeilen begannen vor seinen Augen zu tanzen, verbanden sich zu einem Reigen, und als sie wieder auseinanderfielen, bildeten sie das Wort: „Heute". Seine Kräfte verließen ihn. Sich ans Geländer klammernd, stieg Poljakow in seine Wohnung hinauf, legte sich auf die Couch, bedeckte seinen Kopf mit einem Kissen und sank in einen schweren Schlaf.

Als er erwachte, war es zehn Uhr. Ein trockener frostiger Morgen. Auf der Straße strömte der Verkehr in verschiedenen Richtungen, die Menschen gingen eilig ihren Geschäften nach. Er rasierte sich, nahm eine Dusche und zog ein sauberes Hemd an. Er fühlte sich leer und heiter zugleich. Poljakow frühstückte, zog sich etwas über und ging pfeifend nach unten. Er öffnete den Briefkasten und nahm die frische Zeitung heraus. Aus der Zeitung fiel ein vierfach gefaltetes Blatt. Ohne mit dem Pfeifen aufzuhören, faltete er es auseinander. Wissen Sie, was darauf stand? Es stand darauf: „Gestern". Das stand darauf! Er betrachtete den dummen Zettel von allen Seiten, zerknitterte ihn nachlässig, warf ihn hinter den Heizkörper, ging und lebte weiter.

4 Die Handlung dieser Geschichte erstreckt sich über ein Jahr. In diesem Zeitraum verändern sich sowohl die Zettelbotschaften als auch Poljakows Verhalten.

a) Stelle diese Veränderungen übersichtlich dar, indem du die Leerstellen in der Tabelle von Aufgabe 2 mit aussagekräftigen Textstellen vervollständigst. Fülle zudem die Leerstellen in der Spalte „(Jahres-)Zeit".

2.1 komplexeren literarischen und pragmatischen Texten selbstständig wesentliche Informationen entnehmen

b) Wertet die Tabelle nun aus und geht dabei auf folgende Fragen ein:
  - Was fällt an den Zeitintervallen auf, in denen die Zettel erscheinen?
  - Welche Wirkung entsteht dadurch?
  - Was belastet Poljakow überhaupt?
  - Welchen Zusammenhang könnt ihr zwischen den Monaten, Jahreszeiten und Poljakows Gemütszustand erkennen?

c) Schildert, welches Gefühl die Zettelbotschaften bei euch auslösen würden.
d) Beschreibt, wie ihr in Poljakows Situation vermutlich reagieren würdet.

W **5** Wähle im Folgenden zwischen a) und b).
a) Verfasse einen inneren Monolog Poljakows, als er den Zettel mit der Aufschrift „Heute" liest.
b) Schreibe die Geschichte im Stil der Vorlage weiter und gehe dabei darauf ein, wie sich Poljakows Leben ändert, nachdem er den Zettel mit der Aufschrift „Gestern" wegwirft.

6 Sprecht darüber, welche Erkenntnisse oder welche Lehre ihr für euch persönlich aus dieser Erzählung gewinnen könnt. Geht dabei auf folgende Fragen ein:
- Welche Bedeutung könnte das Symbol „Zettel" haben?
- Wer könnte sich hinter dem/der Absender/-in dieser Botschaften verbergen?
- Was lernt ihr über die Bedeutung scheinbar bedrohlicher Zeichen?
- Was könnte mit diesen Zeichen im Alltag gemeint sein?
- Warum ist es schwer, solche Zeichen positiv zu deuten?

7 Gehe nun mithilfe der Ergebnisse aus Aufgabe 4 auf die Verfasserabsicht ein und dabei folgendermaßen vor:
- Nenne drei Verfasserabsichten, die deiner Meinung nach auf die Erzählung zutreffen.
- Lege anschließend zu den von dir gefundenen Absichten folgenden Stichwortzettel an:

→ **S. 191**
Verfasserabsichten und Zielgruppen eines Textes erkennen

Absicht: …
Wie? Womit? (Textbelege): …

- Formuliere deine Stichpunkte nun zu einem zusammenhängenden Text aus. Folgende Formulierungen helfen dir dabei:

Mit seiner Erzählung verfolgt der Autor zunächst das Ziel, …
Der Text möchte zudem erreichen, dass …
Dem Verfasser der Erzählung ist es außerdem wichtig, dass …
Eine weitere Intention des Autors ist …
Die Absicht des Verfassers ist …

2.2 Textelemente und Zusammenhänge zwischen Texten, Entstehungszeiten und Autorenbiografien an Beispielen aus der Literatur des 20. und 21. Jahrhunderts (mit Fachbegriffen) beschreiben

Lesen – Umgang mit Texten und Medien

Literarische Textsorten

Die Textsorte Parabel verstehen und erschließen

Einer der bekanntesten Parabelautoren war Bertolt Brecht. Seine Geschichten vom Herrn Keuner entstanden über einen Zeitraum von mehr als 30 Jahren.

→ **S. 76**
Text- und Gedichtwerkstatt: Literatur nach 1945

1 Lest euch die folgende Keunergeschichte von ihm durch.

Herr Keuner und die Flut

Bertolt Brecht

Herr Keuner ging durch ein Tal, als er plötzlich bemerkte, dass seine Füße im Wasser gingen. Da erkannte er, dass sein Tal in Wirklichkeit ein Meeresarm war und dass die Zeit der Flut herannahte. Er blieb sofort stehen, um sich nach einem Kahn umzusehen, und solange er auf einen Kahn hoffte, blieb er stehen. Als aber kein Kahn in Sicht kam, gab er diese Hoffnung auf und hoffte, dass sein Wasser nicht mehr steigen möchte. Erst als ihm das Wasser bis ans Kinn ging, gab er auch diese Hoffnung auf und schwamm. Er hatte erkannt, dass er selber ein Kahn war.

2 Lies den Merkkasten auf Seite 175 und fasse dann die Handlung der Geschichte mit eigenen Worten zusammen.

Portal
WES-122966-065

3 Herrn Keuners Verhalten und Denken verändern sich im Laufe der Handlung.

a) Untersucht diese Veränderungen genauer und füllt dazu in der folgenden Tabelle die Leerstellen in den Bereichen **Erkenntnis**, **Verhalten** und **Motiv** aus. Ihr könnt hierfür die Vorlage auf dem Portal nutzen.

Situation auf der Bildebene:	Erkenntnis:	Verhalten:	Motiv:	übertragene Bedeutung auf der Sachebene:
Herr Keuner geht durch ein Tal. Plötzlich geht er durch Wasser.	*Tal = Meeresarm*	*Herr Keuner bleibt stehen; sieht sich nach einem Kahn um.*	*Herr Keuner will aus der Bedrohung gerettet werden.*	*???*
kein Kahn	*Herr Keuner sieht: Es gibt keinen Kahn.*	*???*	*???*	*???*
Wasser steigt weiter, steht Herrn Keuner bis zum Kinn.	*???*	*???*	*???*	*???*

2.1 Texte inhaltlich, formal und strukturell erschließen und interpretieren, Zusammenhänge mit entsprechenden Fachbegriffen darstellen

b) Besprecht eure Ergebnisse und tauscht euch anschließend darüber aus, was die beiden Metaphern **„steigendes Wasser“** und **„Kahn“** im übertragenen Sinn bedeuten könnten.

c) Füllt anschließend mithilfe eurer Ergebnisse aus den vorherigen Aufgaben die Spalte **„übertragene Bedeutung auf der Sachebene“** aus.

4 Am Ende der Geschichte gelangt Herr Keuner zu einer Erkenntnis.

a) Erklärt, welche dies ist und welche Bedeutung sie wohl für sein zukünftiges Leben haben wird.

b) Diskutiert, welche Erkenntnisse ihr für euch persönlich aus Brechts Text gewinnen könnt.

* c) Stellt dar, welche möglichen Absichten der Verfasser mit seiner Parabel verfolgt.

5 Bei dieser Geschichte von Brecht handelt es sich um eine Parabel. Schreibt mithilfe eurer Ergebnisse aus den vorherigen Aufgaben und mithilfe des Merkkastens auf Seite 175 eine Textsortenbestimmung.

→ **S. 178**
Textbeschreibung

6 Lest auch die folgende Keunergeschichte oder hört euch die Audio-Datei an.

Portal
WES-122966-066

Der hilflose Knabe

Bertolt Brecht

Herr K. sprach über die Unart, erlittenes Unrecht stillschweigend in sich hineinzufressen, und erzählte folgende Geschichte: Einen vor sich hin weinenden Jungen fragte ein Vorübergehender nach dem Grund seines Kummers. „Ich hatte zwei Groschen für das Kino beisammen“, sagte der Knabe, „da kam ein Junge und riss mir einen aus der Hand“, und er zeigte auf einen Jungen, der in einiger Entfernung zu sehen war. „Hast du denn nicht um Hilfe geschrien?“, fragte der Mann. „Doch“, sagte der Junge und schluchzte ein wenig stärker. „Hat dich niemand gehört?“, fragte ihn der Mann weiter, ihn liebevoll streichelnd. „Nein“, schluchzte der Junge. „Kannst du denn nicht lauter schreien?“, fragte der Mann. „Nein“, sagte der Junge und blickte ihn mit neuer Hoffnung an. Denn der Mann lächelte. „Dann gib auch den her“, sagte er, nahm ihm den letzten Groschen aus der Hand und ging unbekümmert weiter.

7 Sprecht darüber, welche Handlung auf der Bildebene der Parabel erzählt wird, und erklärt, was auf der Sachebene mit dieser Parabel gemeint ist.

8 Benennt selbst Situationen, in denen es nicht sinnvoll ist, „Unrecht in sich hineinzufressen“, und erklärt, wie man sich stattdessen sinnvoll verhalten sollte. Folgende Bilder können euch eine Hilfe sein.

Lesen – Umgang mit Texten und Medien

Tipp

Obgleich in der Überschrift der Begriff „Gleichnis“ verwendet wird, ist der Text der Textsorte Parabel zuzuordnen.

9 Lies dir den folgenden Text aufmerksam durch.

Das Eisenbahngleichnis

Erich Kästner

Wir sitzen alle im gleichen Zug
und reisen quer durch die Zeit.
Wir sehen hinaus. Wir sahen genug.
Wir fahren alle im gleichen Zug
und keiner weiß, wie weit.

Ein Nachbar schläft; ein andrer klagt;
ein dritter redet viel.
Stationen werden angesagt.
Der Zug, der durch die Jahre jagt,
kommt niemals an sein Ziel.

Wir packen aus, wir packen ein.
Wir finden keinen Sinn.
Wo werden wir wohl morgen sein?
Der Schaffner schaut zur Tür herein
und lächelt vor sich hin.

Auch er weiß nicht, wohin er will.
Er schweigt und geht hinaus.
Da heult die Zugsirene schrill!
Der Zug fährt langsam und hält still.
Die Toten steigen aus.

Ein Kind steigt aus, die Mutter schreit
Die Toten stehen stumm
am Bahnsteig der Vergangenheit.
Der Zug fährt weiter, er jagt durch die Zeit,
und keiner weiß, warum.

Die erste Klasse ist fast leer.
Ein feister Herr sitzt stolz
im roten Plüsch und atmet schwer.
Er ist allein und spürt das sehr
Die Mehrheit sitzt auf Holz.

Wir reisen alle im gleichen Zug
zur Gegenwart in spe.
Wir sehen hinaus. Wir sahen genug.
Wir sitzen alle im gleichen Zug
und viele im falschen Coupé.

feist *dick, fett*

auf Holz *zweite Klasse im Zug*

in spe *zukünftig, künftig*

Coupé *Eisenbahnabteil*

Erich Kästner *(1899–1974) war ein deutscher Schriftsteller. Seine Werke waren während des Nazi-Regimes verboten, da er bekennender Gegner des Nationalsozialismus war. Er lebte in dieser Zeit von Veröffentlichungen seiner Arbeiten unter Pseudonymen und im Ausland.*

10 Fasse mithilfe des Merkkastens von Seite 175 zusammen, was auf der Bildebene des Textes erzählt wird. Gehe dabei auch darauf ein, was den Menschen gemeinsam ist.

11 Kästner wollte der Leserin bzw. dem Leser mit seiner Parabel keine Zugfahrt beschreiben, sondern eine andere Botschaft vermitteln.

a) Stelle zunächst einmal Vermutungen darüber an, was der Autor mit dem Begriff „Zug“ meinen könnte, welcher im Text häufig vorkommt.

b) Betrachte anschließend die markierten Textstellen und benenne das rhetorische Mittel, welches der Autor hier verwendet.

2.1 Texte inhaltlich, formal und strukturell erschließen und interpretieren, Zusammenhänge mit entsprechenden Fachbegriffen darstellen

c) Ordne den markierten Textstellen mithilfe des Merkkastens unten die folgenden Bedeutungen auf der Sachebene zu.
- *Das Leben besteht aus verschiedenen Abschnitten, z. B. Geburt, Hochzeit, Tod.*
- *Wir alle führen ein Leben und sind auf eine Art und Weise alle gleich.*
- *Die Toten fahren nicht mehr mit dem Zug des Lebens weiter.*
- *Die Mehrheit im Klassensystem sind einfache Menschen.*
- *Die Verstorbenen geraten immer mehr in Vergessenheit, weil für alle anderen das Leben weitergeht.*
- *Vele Menschen planen ihr Leben falsch und sind unglücklich.*

12 Sprecht darüber, ob Kästners Weltsicht eher optimistisch oder pessimistisch ist. Begründet eure Meinung anhand geeigneter Textstellen. Unterstreicht diese auf einer Kopie der Seite oder der Vorlage aus dem Portal.

Portal
WES-122966-067

13 Stellt Vermutungen an, mit welcher Absicht Kästner diese Parabel schrieb. Erklärt in diesem Zusammenhang, welcher Appell sich hinter dem Geschriebenen verbirgt.

→ **S. 191**
Verfasserabsichten und Zielgruppen eines Textes erkennen

✲ **14** Kästner verwendet in seiner Parabel neben der Metapher einige weitere rhetorische Mittel.

a) Finde für die folgenden ein passendes Textbeispiel und markiere dieses. Nutze hierfür eine Kopie der Seite oder die Vorlage aus dem Portal.
Parallelismus, Enjambement, Wortwiederholung, Personifikation, rhetorische Frage, Alliteration, Symbol

b) Nenne zwei weitere sprachliche Mittel, die beim Lesen der Parabel auffallen.

c) Finde für fünf sprachliche Auffälligkeiten aus den Aufgaben a) und b) die jeweils textbezogene Wirkung und verfasse damit anschließend eine Sprachanalyse.

Portal
WES-122966-067

ⓘ Die Textsorte Parabel

Die Parabel ist ein kurzer Text, der **belehren** soll. Als eine in sich geschlossene Geschichte berichtet sie von einem Ereignis, das mithilfe von sprachlichen Bildern (Metaphern) anschaulich dargestellt wird. Diese Metaphern können im übertragenen Sinn gedeutet werden. Man spricht in diesem Zusammenhang von **zwei Ebenen**:
Die **Bildebene** beschreibt das vordergründige Geschehen, das tatsächlich im Text erzählt wird. Durch Deutung dieses Geschehens kann das Eigentliche abgeleitet werden: die **Sachebene**, also das, was mit der Parabel gemeint ist.

2.3 pragmatische Texte und ihre Funktion unterscheiden und mit Fachbegriffen formale bzw. sprachliche Merkmale sowie die Textintention beschreiben

Literarische Textsorten

Eine eigene Satire verfassen

1 Um eine eigene Satire zu schreiben, benötigt man zunächst einen gesellschaftlichen bzw. politischen Zustand, den man anprangern, oder eine menschliche Schwäche, die man kritisieren möchte.

a) Betrachtet folgende Bilder und sprecht darüber, inwieweit sie als Anreiz für eine eigene Satire dienen können.

b) Sammelt noch weitere Themen für eine Satire.

2 Entscheide dich nun für ein Thema und mache dir mithilfe des Merkkastens von Seite 165 Notizen, wie du dieses in deiner Satire umsetzen möchtest. Folgende Tipps helfen dir dabei:

- Man kritisiert nicht direkt, sondern drückt oftmals auf eine übertriebene Weise das Gegenteil aus: *Unpünktlichkeit ist eine der besten Eigenschaften des Menschen.*
- Man verwendet Textstellen, die Leserinnen bzw. Leser zum Schmunzeln oder Lachen bringen: *Die anspruchvollste Form des Faulenzens ist das Rumliegen auf dem Sofa. Der Griff in die Schale voller Chips stellt dabei ein schier unüberwindbares Hindernis dar.*
- Untertreibungen, Wortspiele, Ironie, Umgangssprache und Neologismen machen deine Satire unterhaltsam: *Beim Treffen mit Freunden gilt meine volle Aufmerksamkeit uneingeschränkt meinen Kumpels, den Smombies.*
- Eine Pointe am Ende rundet die Satire gelungen ab: *Aber was rege ich mich eigentlich auf? Da nehme ich doch lieber einen tiefen Schluck aus meiner Plastikflasche und greife nach einem Stück Schokolade, das so hübsch, bunt schillernd verpackt vor mir liegt.*

3 Verfasse nun mithilfe deiner Aufzeichnungen aus Aufgabe 2 eine eigene Satire.

4 Tragt euch eure Texte gegenseitig vor und gebt euch Rückmeldung.

3.1 strukturierte, gegliederte schriftliche Darstellung unterschiedlicher Form der Schreibintention angemessen anwenden; 3.2 kreativen eigenen Schreibideen Form und Gehalt geben

Literarische Textsorten

Überprüfe dein Wissen und Können

1 Lies folgende Aussagen zu den Textsorten Kurzgeschichte und Satire durch. Übernimm die richtigen und schreibe die falschen verbessert auf.

A) Die Kurzgeschichte besitzt in der Regel einen offenen oder halb offenen Schluss.
B) Zudem weist sie eine geradlinige Handlung auf.
C) Die Satire soll informieren und die Leserin bzw. den Leser zum Nachdenken über das eigene Handeln nachdenken.
D) Die Kurzgeschichte enthält meist eine unerwartete Wendung.
E) In Satiren werden katastrophale Zustände ins Lächerliche gezogen und angeprangert.
F) Satiren enthalten Ironie, Übertreibungen und Jugendsprache.
G) Erich Kästner war einer der bekanntesten Satiriker des 20. Jahrhunderts.
H) In Kurzgeschichten befindet sich die Hauptperson meist in einer kritischen Lage.

2 Im Folgenden findest du „Das Gleichnis vom Körper und vom Magen".

a) Lies es dir aufmerksam durch.

Das Gleichnis vom Körper und vom Magen

Menenius Agrippa

Einst war im Menschen noch nicht alles so harmonisch wie heute. Jedes Glied hatte seinen eigenen Willen, seine eigene Sprache. Da ärgerten sich die übrigen Glieder, dass sie nur für den Magen sorgten, für ihn arbeiteten und alles heranholten. Der Magen aber liege ruhig in der Mitte und tue nichts anderes, als sich mit den herangebrachten Dingen zu sättigen.

Die Glieder beschlossen also: Die Hände sollten keine Nahrung zum Munde führen, der Mund solle das Gebotene nicht nehmen, die Zähne nicht zerkauen. In dieser Zeit, in der sie den Magen durch Hunger zwingen wollten, wurden die Glieder selbst und der ganze Körper völlig schwach und elend.

Da sahen sie ein, dass auch die Aufgabe des Magens nicht die Faulheit war. Ebenso, wie er ernährt wurde, stärkte er auch wieder. Das durch die Verarbeitung der Nahrung erzeugte Blut, wodurch wir leben und gedeihen, verteilte er in alle Adern bis in alle Glieder des Körpers.

b) Gib wieder, was du auf der Bildebene über die Handlung erfährst.
c) Recherchiere den historischen Hintergrund dieser Parabel und äußere dich anschließend zur Verfasserabsicht.
d) Erkläre, was auf der Sachebene mit der Parabel gemeint ist.
e) Formuliere ausgehend vom Text eine Lehre, die du daraus ziehen kannst.
f) Finde Beispiele aus dem Alltag, in denen man diese Lehre sinnvoll anwenden könnte.

Portal
WES-122966-068

2.2 Textelemente und Zusammenhänge zwischen Texten, Entstehungszeiten und Autorenbiografien an Beispielen aus der Literatur des 20. und 21. Jahrhunderts (mit Fachbegriffen) beschreiben

Schrei-
ben

Textbeschreibung

1 Bei den Textbeschreibungen ihrer Klasse stößt die Deutschlehrerin Frau Babić in den Aufsätzen immer wieder auf ähnliche Fehler.

a) Lest euch die folgenden Beispiele durch und findet inhaltliche und sprachliche Kritikpunkte.

Der Autor verfolgt mit seinem Text mehrere Absichten. Zum einen will er informieren, zum anderen den Leser zum Nachdenken anregen. Außerdem will er …

Der Text wurde von Andreas Berg in der „Mittelbayerischen Zeitung" veröffentlicht …

Der Text handelt von einem alleinerziehenden Vater, dem die Klamotten seiner coolen Tochter nicht gefallen.

Der Text hat mir sehr gut gefallen, weil er kurz war und ihn die Autorin meiner Meinung nach gut geschrieben hat. Das Thema hat mich nicht interessiert, weil es langweilig ist.

Im Text fallen die anschaulichen Adjektive wie „frei" (Z. 10), „klein" (Z. 33) und „leere" (Z. 59) auf. Sie schmücken den Text und betonen etwas.

b) Ordnet die Fehlerbeispiele den entsprechenden Teilbereichen der Textbeschreibung zu.

2 Nennt weitere Teilbereiche der Textbeschreibung.

3 Erklärt, worauf man bei den einzelnen Teilaufgaben besonders achten muss, und begründet, warum Textbelege bei einer Textbeschreibung unerlässlich sind.

In diesem Kapitel lernst du (,) …

- *typische Aufgabenstellungen für eine Textbeschreibung kennen.*
- *eine Gliederung zu erstellen.*
- *eine Einleitung für eine Textbeschreibung zu verfassen.*
- *den Inhalt eines Textes einfach und strukturiert zusammenzufassen.*
- *die sprachlichen Besonderheiten eines Textes zu beschreiben.*
- *Textsorten zu bestimmen.*
- *eine literarische Figur zu charakterisieren.*
- *Verfasserabsichten und Zielgruppen zu erkennen und zu formulieren.*
- *eine begründete Stellungnahme zu verfassen.*
- *kreative Schreibaufgaben kennen.*
- *einen Schluss zu einer Textbeschreibung zu verfassen.*

Textbeschreibung

Einen literarischen Text beschreiben

Hannes soll zu folgendem Romanauszug eine Textbeschreibung erstellen. Der Roman „Weggesperrt“ von Grit Poppe spielt im Jahr 1988 in der DDR. Die 14-jährige Anja wird gemeinsam mit ihrer Mutter von der Staatssicherheit (Stasi) verhaftet, nachdem die Alleinerziehende einen Ausreiseantrag aus der DDR gestellt hat. Während die Mutter in einem Gefängnis landet, was ihre Tochter aber nicht weiß, wird Anja an ein ihr unbekanntes Ziel gebracht.

1 Lies den Romanauszug. Du kannst auch die Vorlage aus dem Portal nutzen.

Portal
WES-122966-069

Weggesperrt *Grit Poppe*

Der Fahrer sprach kein Wort mit ihr.

Anja saß auf der Rückbank des Wagens und starrte aus dem Fenster hinaus.

Sie nagte an ihrem Daumennagel. Es ging nicht nach Hause, so viel stand fest.

Sie fuhren den falschen Weg, die falschen Straßen entlang, an den falschen Häusern vorbei. Sie verließen die Stadt, in der Anja wohnte.

„Wohin bringen Sie mich?“

Der Fahrer antwortete nicht. Vielleicht war er schwerhörig?

Der Mann wandte nicht einmal den Kopf zu ihr.

Anja sah einem Schwarm Krähen hinterher, die über ein Feld flogen. Wie gut sie es hatten! Sie waren frei, konnten fliegen, wohin sie wollten. Sogar ins nichtsozialistische Ausland. Über die Mauer, über den antifaschistischen Schutzwall, in den bösen Westen. Anja grinste ein bisschen. Dann kam ihr eine komische Idee. Vielleicht fuhr man sie ja an die Grenze? Vielleicht wartete dort ihre Mutter auf sie? Wie lange dauerte es, bis ein Ausreiseantrag genehmigt wurde? Soviel sie wusste, dauerte es oft sehr lange, manchmal sogar einige Jahre. Bei anderen ging es wiederum ganz schnell. Bei denen, die sie loswerden wollten. Und ihre Mutter wollten sie bestimmt loswerden. Vielleicht lebten sie ja in ein paar Tagen in Hamburg bei Oma und Opa und aßen den ganzen Tag Sarotti-Schokolade.

Unwillkürlich lief ihr das Wasser im Mund zusammen. Aber dann fielen ihr Jana und Doris ein, ihre besten Freundinnen. Sie würde sie nie wiedersehen, und auch Ronny nicht, ihre ganze Klasse nicht! Sie würde nie wieder mit ihren Freundinnen in die Milchbar gehen oder ins Kino oder in die Disco.

Anja biss auf ihrem Daumennagel herum. Sie betrachtete den Hinterkopf des Fahrers, musterte den kräftigen geröteten Nacken. Wer war dieser Mann? Er trug keine Uniform, er war kein Polizist. Also fuhr er sie nicht ins Gefängnis. So viel schien sicher. Oder? Wenn der Mann zur Stasi gehörte, konnte er sie sonst wohin bringen. Sicher war nur, dass nichts sicher war. Brachte man ihre Mutter ins Gefängnis? Würde man sie einsperren für das, was sie getan hatte? Aber was hatte sie denn getan? Nichts. Scheiße noch mal! Nichts!

„Wir sind keine Verbrecher“, murmelte Anja. Ohne ihren Daumen aus dem Mund zu

Sarotti-Schokolade
in Westdeutschland beliebte Schokoladenmarke

2.1 Texte inhaltlich, formal und strukturell mithilfe geeigneter Verfahrensweisen erschließen und interpretieren

Schrei-ben

nehmen. Von dem Nagel war nicht mehr viel übrig. Trotzdem knabberte sie weiter. Draußen sah sie jetzt Häuser. Sie fuhren durch eine Stadt. Als sie den Fernsehturm erblickte, so klein, als wäre er nur ein Spielzeug, schmeckte sie Blut.

Es war ein rostroter Backsteinbau und Anja kam es so vor, als hätte das Haus Zähne. Ihr Herz setzte einen Moment aus, dann schlug es in rasendem Tempo weiter. Gitter! Vor jedem Fenster Gitter! Anja wandte den Blick ab.

Also doch, dachte sie. Also doch. Als sie aus dem Wagen stieg, strauchelte sie und taumelte ein Stück zur Seite. Ihr war plötzlich schwindlig. Der Fahrer griff nach ihrem Arm. Um ihr zu helfen? Um zu verhindern, dass sie davonlief? Er packte hart zu, so hart, dass das Rot der Ziegelsteinmauer vor ihrem Blick verschwamm. Sie hörte einen Schlüssel, der sich im Schloss drehte. Kam sie jetzt in den Knast? Sie betrachtete ihre Füße, die mit ihr Schritt für Schritt liefen. Wohin? Was passierte hier mit ihr? Braunes abgeschabtes Wildleder. Ich brauche neue Schuhe, Mama, dachte sie verwirrt. Die großen Zehen stießen schon vorne an und beulten das Leder aus.

Der Fahrer schob sie stumm vor sich her, einen Flur entlang. Vor einer der Türen blieben sie stehen. Der Mann klopfte. Eine Stimme antwortete und die Tür öffnete sich.

„Neuzugang: Anja Sander." Der Fahrer knallte ihren Personalausweis und ihr Sozialversicherungsheft auf den Tisch. Eine Frau mit strohblonden Locken nickte flüchtig und nahm die Papiere, ohne aufzusehen.

„Wieso?", fragte Anja.

Die Frau streifte Anja mit einem gleichgültigen Blick. „Wieso was?"

„Wieso bin ich hier?"

Die Frau zog die Augenbrauen hoch. Dann schnaubte sie wie ein Pferd. Anja war sich nicht sicher, ob das ein Lachen sein sollte.

Der Fahrer murmelte etwas und zog die Tür hinter sich zu.

„Mädchen, das wirst du wohl besser wissen als ich, weshalb du hier stehst", sagte die Frau vorwurfsvoll.

Anja schüttelte zögernd den Kopf.

Die Frau seufzte. Sie legte eine leere Plastiktüte auf den Tisch. „Da kommen jetzt erst mal deine persönlichen Sachen hinein", sagte sie.

Anja rührte sich nicht. Sie starrte die Frau ungläubig an. Sie war blass, so blass, als hätte sie das letzte halbe Jahr keinen einzigen Sonnenstrahl abbekommen.

„Nun mach schon! Uhr, Schlüssel, Kette, Portemonnaie … Das brauchst du hier alles nicht."

Anja blickte auf das Zifferblatt. Sie sah den Sekundenzeiger im Kreis herumwandern. „Wieso?", fragte sie wieder.

Die Frau schnaufte. „Ist das zu fassen? Willst du gleich am Anfang Ärger machen? Du weißt wohl nicht, wo du hier bist?!"

Anja schüttelte den Kopf. „Wo bin ich?", fragte sie.

Die Frau legte den Hals schief wie ein Vogel, der auf Futter wartet, und musterte Anja. „Du weißt es wirklich nicht, stimmt's? Ist wohl das erste Mal, was? Du bist in einem D-Heim, Mädel. In einem Durchgangsheim der Jugendhilfe. Keine Sorge, das ist nur eine Übergangsstation. Wie der Name schon sagt. Von hier geht es bald weiter für dich. Hier wirst du nur zwischengelagert." Die Frau lachte.

2.1 Texte inhaltlich, formal und strukturell mithilfe geeigneter Verfahrensweisen erschließen und interpretieren

„Wohin …?“, fragte Anja und schluckte. „Wohin soll ich gebracht werden?“

Die Frau zuckte mit den Schultern. „Das habe ich nicht zu entscheiden.“ Sie beugte sich plötzlich über Anja und löste mit einer schnellen geschickten Bewegung das Armband ihrer Uhr. „Siehst du, so geht das. Und jetzt mach weiter. Du bist hier nicht im Kindergarten!“

Anja blickte ein letztes Mal auf den Zeiger, der von einer Sekunde zur nächsten zuckte. Die Uhr hatte sie von ihrer Mutter zum vierzehnten Geburtstag bekommen. Sie schob sie so langsam wie möglich in die Tüte und spürte, dass sie noch warm war.

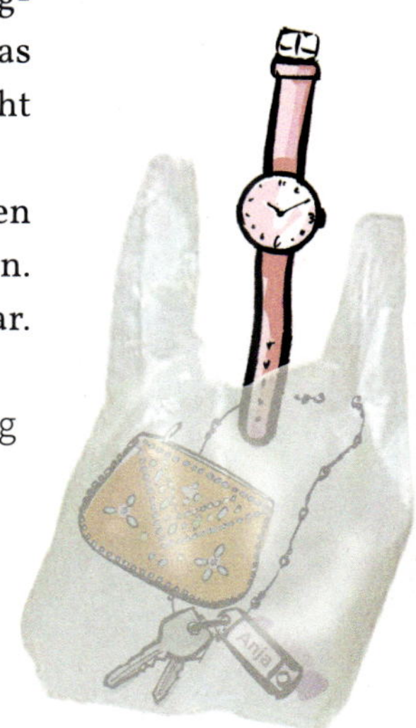

2 Tauscht euch darüber aus, was ihr über die DDR wisst. Klärt in diesem Zusammenhang die Formulierungen *Stasi, antifaschistischer Schutzwall* (Z. 11) sowie die Frage, warum ein Ausreiseantrag aus der DDR 1988 ein Verhaftungsgrund sein konnte.

3 Bei einer Textbeschreibung können verschiedene Bereiche gefragt sein.
a) Lest euch die Aufgabenstellungen zunächst einmal durch.

- **A** Fasse den Inhalt des Romanauszugs zusammen.
- **O** Schreibe einen Tagebucheintrag von Anja.
- **B** Erläutere, welche Gefühle und Gedanken der Text beim jugendlichen Leser von heute hervorrufen kann.
- **C** Nimm Stellung zu der Aussage, dass die Demokratie eine wertvolle Errungenschaft ist.
- **D** Charakterisiere die Hauptperson Anja.
- **E** Stelle Vermutungen an, welche Absichten die Autorin veranlasst haben könnten, diesen Roman zu schreiben.
- **F** Erläutere, mit welchen sprachlichen Besonderheiten die Autorin Anjas Angst verdeutlicht.
- **G** Beschreibe die sprachlichen Besonderheiten des Textes und ihre Wirkung.
- **H** Beschreibe, wie die DDR und ihre Vertreter im Romanauszug dargestellt werden.
- **I** Stelle dir vor, der Fahrer hätte Verständnis für Anjas Verzweiflung. Formuliere einen möglichen Dialog der beiden auf der Fahrt zum Jugendheim.
- **J** Schreibe einen persönlichen Brief, den Anja ihrer Mutter nach ihrer Ankunft in der Jugendeinrichtung schreiben könnte (Z. 34 ff.).
- **K** Verfasse einen inneren Monolog aus der Sicht Anjas, als diese im Jugendheim ihr Zimmer bezieht.
- **L** Äußere dich zu den möglichen Verfasserabsichten und Zielgruppen des Romans.
- **M** Nimm Stellung zu der Frage, welche wichtigen Voraussetzungen dazu beitragen, dass ein junger Mensch glücklich ist.
- **N** Verfasse ein Interview, das die Hauptfigur Anja mit der Zeitung „Die Zeit“ zum Jahrestag der Deutschen Wiedervereinigung führt.

3.2 Besonderheiten literarischer Texte ausgehend von textbezogenen Fragestellungen erschließen und die Ergebnisse strukturiert darstellen

Schreiben

b) Ordnet die einzelnen Teilaufgaben den fünf im Merkkasten genannten Aufgabenbereichen zu.
c) Tauscht euch darüber aus, was die einzelnen Aufgaben vom Schüler fordern.
d) Begründet, welche der folgenden Aussagen richtig sind und welche falsch.

Einen literarischen Text beschreiben

Du beschreibst einen literarischen Text (z. B. Kurzgeschichte, Erzählung …), indem du dich mit den folgenden **fünf Aufgabenstellungen** genau auseinandersetzt.

1. Verfasse zunächst eine **Inhaltszusammenfassung**.
2. Untersuche anschließend die **Sprache des Textes**.
3. Befasse dich nun mit einer **weiteren Besonderheit des Textes**, z. B. der **Textsorte**, der **Charakterisierung einer literarischen Figur**, möglichen **Verfasserabsichten**, oder beantworte eine **textbezogene Frage**.
4. Schreibe eine **begründete Stellungnahme zu einer Aussage des Textes** oder zu einer **Frage- bzw. Problemstellung, die der Text aufwirft**.
5. Bearbeite eine **kreative Schreibaufgabe**, z. B. einen **inneren Monolog**, eine **Schilderung**, einen **Tagebucheintrag**, einen **persönlichen Brief** oder einen **Dialog**.

Die Textbeschreibung beginnt mit der Einleitung und endet mit dem Schluss.

3.2 Besonderheiten literarischer Texte ausgehend von textbezogenen Fragestellungen erschließen und die Ergebnisse strukturiert darstellen

Textbeschreibung

Eine Gliederung erstellen

1 Hannes hat zum Romanauszug folgende Aufgabenstellung erhalten.

Aufgaben
1. Fasse den Inhalt des Romanauszugs zusammen.
2. Beschreibe die sprachlichen Besonderheiten des Textes und ihre Wirkung.
3. Charakterisiere die Hauptperson Anja.
4. Nimm Stellung zu der Frage, welche wichtigen Voraussetzungen dazu beitragen, dass ein junger Mensch glücklich ist.
5. Verfasse einen persönlichen Brief, den Anja ihrer Mutter nach ihrer Ankunft in der Jugendeinrichtung schreiben könnte.

2 Er hat dazu eine Gliederung erstellt. Dabei sind ihm allerdings einige Fehler unterlaufen.
a) Lest seine Gliederung und vergleicht seine Stichpunkte mit der Aufgabenstellung.

Gliederung

A. Der Romanauszug handelt von der DDR.

B. Texterschließung
 1. Inhalt
 2. Sprachanalyse
  a) Satzbau und Wortwahl
  b) sprachliche Mittel
 3. Charakterisierung: Anja
 4. Begründete Stellungnahme, warum ein Mensch glücklich ist
 5. Persönlicher Brief

C. Mir hat der Roman „Weggesperrt" nicht gefallen.

Tipp
Verwende in der Gliederung nur bei A) und C) den Verbalstil.

b) Findet Kritikpunkte und macht Verbesserungsvorschläge.
c) Schreibe die Gliederung verbessert auf.
* d) Formuliere die Aufgabenstellungen E, H und K von S. 181 so, wie sie in der Gliederung erscheinen würden. Achte dabei auf den Nominalstil.

ⓘ Eine Gliederung erstellen

Die Gliederung einer Textbeschreibung setzt sich aus drei Teilen zusammen:
A. Einleitung: Benenne in einem Satz die **Textsorte** und das **Thema des Textes**.
B. Texterschließung: Führe im Hauptteil der Gliederung **die Aufgaben** an, die in der **Aufgabenstellung genannt werden**.
C. Schluss: Drücke in einem Satz deine **eigene Meinung zum Text** aus.

Schreiben

Textbeschreibung

Eine Einleitung formulieren

Grit Poppe
*(*1964) Tochter eines Bürgerrechtlers, wuchs in Potsdam auf und war selbst politisch engagiert. Vor der Wende studierte sie an einem Literaturinstitut in Leipzig und brachte 1989 mit „Der Fluch" ihren ersten Erzählband heraus. Für ihren Jugendroman „Weggesperrt", für den sie umfangreich recherchierte, erhielt Poppe den Gustav-Heinemann-Friedenspreis für Kinder- und Jugendbücher.*

1 Neben den Romanauszugs von „Weggesperrt" hat Frau Babić auf dem Aufgabenblatt noch Informationen zur Autorin angefügt.
a) Lest euch in der Randspalte durch, was man über die Verfasserin Grit Poppe erfährt.
b) Nenne Informationen zur Autorin, die dir im Zusammenhang mit dem Roman erwähnenswert erscheinen und begründe, wo man sie einbauen könnte.

2 Sina und Hannes haben im Zusammenhang mit einer Textbeschreibung zum Romanauszug von „Weggesperrt" jeweils Einleitungen verfasst.
a) Lest die zwei Varianten und sprecht in der Klasse darüber, welche Informationen in der Einleitung unbedingt enthalten sein müssen. Berücksichtigt dabei den Merkkasten. Ihr findet die Einleitungen auch als Vorlage im Portal

A) *Jedes Jahr am 03. Oktober feiern wir den „Tag der Deutschen Einheit". Jugendlichen meiner Generation fällt es schwer, sich vorzustellen, in einem geteilten Deutschland in einem sozialistischen Staat aufzuwachsen. Wie schwierig die Lebensbedingungen in einem Überwachungsstaat waren, beschreibt die Autorin Grit Poppe in ihrem Roman „Weggesperrt", der 2018 im Verlag Friedrich Oetinger erschienen ist. Der Romanauszug befasst sich …*

B) *Die Autorin des Romans „Weggesperrt", Grit Poppe , wuchs als Tochter eines Bürgerrechtlers in der früheren DDR auf. Für ihren Jugendroman, der 2018 im Verlag Friedrich Oetinger erschienen ist, recherchierte sie umfassend. Der Romanauszug handelt von …*

b) Formuliere in ein bis zwei Sätzen den Kerninhalt des Romanauszugs.
c) Sina und Hannes haben ihre Einleitungen ausgebaut. Erkläre anhand der Einleitungsbeispiele, was sie zusätzlich ergänzt haben und stelle Vermutungen an, welchen Zweck diese Ausschmückungen erfüllen sollen.

Portal
WES-122966-070

✲ **3** Formuliere eine eigene Einleitungsvariante, indem du einen zum Thema hinführenden Satz oder andere Informationen aus der Biografie von Grit Poppe passend einbaust.

ⓘ Eine Einleitung schreiben

In der Einleitung der Textbeschreibung nennst du **Autor/-in**, **Titel**, **Textsorte**, **Quelle (Erscheinungsort und -datum)** und **Kerninhalt**. Der Kerninhalt fasst das Thema des Textes in 1 – 2 Sätzen zusammen. Besonders ansprechend ist ein **Einleitungsgedanke**.
Tipp: Sollte eine der Angaben fehlen, z. B. der Name des Verfassers/der Verfasserin oder Erscheinungsort und Erscheinungsdatum, schreibst du: „Der Autor/die Autorin des Textes ist unbekannt" oder „Erscheinungsort und Erscheinungsdatum des Textes sind nicht bekannt".

3.1 unterschiedliche Formen schriftlicher Darstellung routiniert und selbständig anwenden; 3.2 geeignete Informationsquellen für die Konzeption eigener Texte verwenden

Textbeschreibung

Eine einfache Inhaltszusammenfassung verfassen

Zu Beginn muss folgende Aufgabenstellung bearbeitet werden:

Fasse den Inhalt des Romanauszugs zusammen.

1 Lies für eine Inhaltszusammenfassung den Ausgangstext erneut und markiere in der Vorlage im Portal oder einer Textkopie wichtige Schlüsselstellen. Unterteile den Text dabei auch gleich in Sinnabschnitte.

2 Sina und Hannes haben bereits mit der Inhaltszusammenfassung begonnen. Ihre Ergebnisse sind allerdings sehr unterschiedlich.
a) Lies die Zusammenfassungen von Sina und Hannes zum ersten Sinnabschnitt.

Sina: *Der Fahrer spricht bei der Fahrt kein Wort mit Anja. Sie fahren einen falschen Weg. Anja fragt, wohin sie fahren, aber der Fahrer ist schwerhörig.*

Hannes: *Der Romanauszug beginnt damit, dass die 14-jährige Anja in einem Auto sitzt, das sie an einen Ort bringt, den sie nicht kennt. Das Mädchen ist nervös und fragt den Fahrer nach dem Ziel, doch dieser reagiert nicht.*

b) Begründe, welche Variante mehr überzeugt, und erkläre, was an der anderen Version zu kritisieren ist.

3 Sina und Hannes geben die wörtliche Rede „Wohin bringen Sie mich?“ (Z. 6) auf unterschiedliche Art und Weise wieder. Erkläre, wie sie jeweils vorgegangen sind.

4 Im Folgenden siehst du sinngemäße Umschreibungen wörtlicher Aussagen aus dem Text.
a) Finde zu diesen Formulierungen die entsprechenden wörtlichen Reden im Romanauszug und notiere die Zeilenangaben.
A) Anja beklagt sich über die Art und Weise, wie sie behandelt wird.
B) Der Fahrer übergibt die 14-Jährige an die Heimleitung.
C) Sofort erkundigt sich Anja bei der Frau, warum sie im Heim gelandet sei.
b) Die nachfolgenden Umschreibungen sind noch unvollständig. Wähle aus dem *Wortspeicher* ein jeweils treffendes Verb aus und notiere den zusammenfassenden Satz.
D) Daraufhin ??? die Frau die Jugendliche??? ihre persönlichen Wertsachen in eine Plastiktüte zu legen. (Z. 59 f.)
E) Über das Verhalten des Neuzugangs ??? die Frau. (Z. 67 f.)
F) Die Frau ??? Anja. (Z. 70 – 74)
G) Sie ??? dem Mädchen, sich zu beeilen. (Z. 63)
c) Vergleicht eure Ergebnisse.

Portal
WES-122966-069

Tipp
Ein neuer Sinnabschnitt beginnt meist mit dem Wechsel eines Schauplatzes, dem Auftreten weiterer Personen, einem Zeitsprung oder der Verhaltensänderung einer Person.

auffordern
sich aufregen
bezweifeln
bedauern
befehlen
bejahen
bitten
sich empören
verspotten
vorwerfen
widersprechen
zurückweisen

Tipp
Achte bei der indirekten Wiedergabe wörtlicher Rede auf den Konjunktiv.

3.2 Besonderheiten literarischer Texte ausgehend von textbezogenen Fragestellungen erschließen und die Ergebnisse strukturiert darstellen

Schreiben

5 Um unnötige Wiederholungen zu vermeiden, sollte man bei einer Inhaltszusammenfassung darauf achten, Ersatzwörter für die handelnden Personen zu verwenden.
a) Notiere Formulierungen, die in den Sätzen A – G von Aufgabe 4 die Hauptperson „Anja“ ersetzen.
b) Sammelt Ersatzwörter für „die Frau“.

Tipp
Achte darauf, dass deine Notizen alle erforderlichen W-Fragen (Wer? Was? Wann? Wo? Wie? Warum? Wozu?) beantworten.

6 Nimm nun den Text mit den von dir markierten Schlüsselstellen zur Hand.
a) Schreibe den Inhalt der einzelnen Sinnabschnitte stichpunktartig auf. Berücksichtige dabei deine Ergebnisse aus den Aufgaben 4 und 5.
b) Verfasse nun mithilfe deiner Notizen eine einfache Inhaltszusammenfassung zum Romanauszug. Du kannst dabei Formulierungen aus den vorangegangenen Aufgaben nutzen und folgende Überleitungen einbauen:

- *Zunächst soll der Inhalt des Textes knapp zusammengefasst werden.*
- *Der Romanauszug beginnt damit, dass … / Zunächst … / Eingangs …*
- *Nun … / Es folgt … / Anschließend … / Jetzt …*
- *Im Laufe der Geschichte … / Mit der Zeit … / Dann … / Daraufhin …*
- *Dies ändert sich, als …*
- *Der Romanauszug endet mit …*
- *Am Ende … / Schließlich …*

Tipp
Im Portal findest du eine Liste mit Überleitungen für die verschiedenen Aufgabenbereiche einer Textbeschreibung:

Portal
WES-122966-071

* c) Tausche deine Inhaltszusammenfassung mit der deines/-r Banknachbarn/-in und gebt euch gegenseitig Rückmeldung. Der Merkkasten hilft euch dabei.

ⓘ Eine einfache Inhaltszusammenfassung verfassen

Die folgenden vier Schritte helfen dir, einen literarischen Text zusammenzufassen.
1. **Gliedere** den Text **in Sinnabschnitte**.
2. **Markiere Schlüsselstellen.**
3. **Notiere** den **Inhalt stichpunktartig**.
4. **Formuliere** die **Stichpunkte aus**.

Beachte:
Fasse den Inhalt des Textes **knapp** und mit deinen **eigenen Worten** zusammen. Wandle wörtliche Rede entweder in die **indirekte Rede** um oder gib den Inhalt der wörtlichen Rede sinngemäß mit eigenen Worten wieder.
Verwende die Zeitform **Präsens**. Der **Verlauf der Handlung** muss in der **richtigen Reihenfolge** wiedergegeben werden.

3.2 Besonderheiten literarischer Texte ausgehend von textbezogenen Fragestellungen erschließen und die Ergebnisse strukturiert darstellen

Textbeschreibung

Die Sprache eines Textes analysieren

Hannes muss sich nun mit folgender Aufgabenstellung auseinandersetzen:

Beschreibe die sprachlichen Besonderheiten des Textes und ihre Wirkung.

1 Als Vorbereitung für eine Sprachanalyse ist es ratsam, zunächst eine Tabelle zu den verschiedenen Bereichen anzulegen und dann zu vervollständigen. Übernimm die Tabelle und plane dabei genügend Platz für die einzelnen Besonderheiten ein.

Bereich	**sprachliche Besonderheit**	**Textbeispiel**	**textbezogene Wirkung**
Satzarten und Satzbau	*Fragesätze*	...	...
	...	...	...
Wortwahl	...	...	...
sprachliche Mittel	...	...	...
	...	...	...

2 Im Text finden sich unter anderem folgende sprachliche Besonderheiten:
Anapher – Fragesätze – Ellipsen – treffende Verben/Adjektive – Satzreihen – Aufzählung – Ironie.

a) Ordne sie den drei Hauptbereichen der Sprachanalyse (Satzarten und Satzbau/Wortwahl/sprachliche Mittel) zu und trage sie in der Tabelle ein.

b) Im Romanauszug sind Beispiele für die erwähnten Besonderheiten markiert. Notiere am Rand einer Kopie der Buchseiten oder der Vorlage aus dem Portal, um welches sprachliche Phänomen aus der bei 2. genannten Auswahl es sich jeweils handelt. Trage die (gekürzten) Zitate mit Zeilenangabe in der Tabelle ein.

c) Bei einer Sprachanalyse musst du auch die textbezogene Wirkung der sprachlichen Besonderheiten beschreiben. Begründe, welche zu welchem Textbeleg aus Aufgabe 2b) passt.

A) **Durch die Wiederholung wird betont, wie sehr die 14-Jährige dem Fahrer ausgeliefert ist.**

B) **Sie lassen den Leser an den Hoffnungen Anjas teilhaben, dass sie ihre Mutter bald wiedersieht.**

C) **Dies kritisiert die Art und Weise, wie die westdeutsche Republik in der DDR dargestellt wurde.**

D) **Man erfährt dadurch, was Anja in der DDR gerne in ihrer Freizeit gemacht hat.**

d) Halte auch sie an entsprechender Stelle in der Tabelle fest.

e) Tauscht euch darüber aus, welche textbezogene Wirkung die verbleibenden Textbeispiele haben könnten.

f) Im Text finden sich noch weitere sprachliche Besonderheiten. Ergänze diese in der Tabelle mit Textbeispielen und Wirkung.

g) Vergleicht eure Ergebnisse.

Portal
WES-122966-069

Tipp
Am Ende des Schulbuches findest du eine Tabelle mit wichtigen sprachlichen Besonderheiten und deren (allgemeine) Wirkung.

4.2 sprachliche Mittel funktional anwenden und pragmatisch diskursiv reflektieren

Schreiben

AT → S. 280
Zitieren

3 Hannes hat damit begonnen, die Sprachanalyse auszuformulieren.

a) Lies dir den Anfang aufmerksam durch.

Als Nächstes sollen die sprachlichen Besonderheiten des Textes analysiert werden. Bezüglich des Satzbaus und der Satzarten fällt mir auf, dass im Romanauszug extrem viele Fragesätze enthalten sind, z. B.: „Wohin bringen Sie mich?". Sie lassen den Leser an den Hoffnungen Anjas teilhaben, dass sie ihre Mutter bald wiedersieht. Außerdem ist noch der Ausrufesatz „Wie gut sie es hatten!" (Z. 9 f.) enthalten. Er betont etwas. Beim Satzbau gibt es mehrere unvollständige Sätze. Sie bringen die ganze Sache auf den Punkt.

b) Findet Kritikpunkte an seinem Text.

c) Verbessere nun Hannes Sprachanalyse. Ergänze sie durch eigene Beobachtungen und formuliere alle noch nicht angesprochenen sprachlichen Besonderheiten aus der Tabelle von Aufgabe 1 aus. Folgende Formulierungen helfen dir dabei:

- *Der/Die Autor/-in/Verfasser/-in verwendet/benutzt/gebraucht/wählt/bevorzugt/setzt … ein …*
- *Der Text/Der Romanauszug enthält/weist … auf …*
- *In dem Text sind … enthalten/kommen … vor/sind … vorhanden/treten … auf.*
- *Bezüglich der Wortwahl/der sprachlichen Mittel/des Satzbaus/der Satzarten fällt auf …*
- *Auffällig sind auch/ins Auge fallen auch …*

4 In einer Abschlussprüfung kann die Sprachanalyse auch eingeschränkt sein. Tauscht euch darüber aus, wie ihr an die Aufgabenstellung *„Erläutere, mit welchen sprachlichen Besonderheiten die Autorin Anjas Angst verdeutlicht"* herangehen würdet und welche Bereiche euch dabei erwähnenswert erscheinen.

Die Sprache eines Textes beschreiben

Bei der Beschreibung der Sprache eines Textes musst du auf die drei Bereiche **Satzarten und Satzbau**, **Wortwahl** und **sprachliche Mittel** eingehen. Dabei gehst du folgendermaßen vor:

1. **Gib an**, mit **welchem sprachlichen Bereich** du dich gerade befasst, z. B.: *„Bezüglich der Satzarten und des Satzbaus des Textes fällt auf …"*
2. **Nenne** eine **sprachliche Besonderheit** aus diesem Bereich.
3. **Liefere** hierfür **Beispiele aus dem Text mit den entsprechenden Zeilenangaben**.
4. **Stelle** die **Wirkung** des sprachlichen Merkmals **bezogen auf den Text** dar. Es reicht nicht aus, wenn du lediglich die allgemeine Wirkung der sprachlichen Auffälligkeit benennst.
5. **Setze** dich nun mit **weiteren sprachlichen Besonderheiten** aus diesem Bereich auf dieselbe Weise auseinander.

Wenn du alle sprachlichen Auffälligkeiten des ersten Bereichs analysiert hast, verfährst du mit den anderen beiden Bereichen ebenso.
Achtung: Achte stets auf eine korrekte Zitiertechnik!

2.2 unter Verwendung von Fachbegriffen wesentliche Elemente von Texten beschreiben; 4.2 sprachliche Mittel funktional anwenden und pragmatisch diskursiv reflektieren

Textbeschreibung

Eine literarische Figur charakterisieren

Im Anschluss ist diese Aufgabe an der Reihe:

Charakterisiere die Hauptperson Anja.

1 Im folgenden *Wortspeicher* siehst du verschiedene Angaben, die in einer Charakterisierung berücksichtigt werden können:
Beruf – Stärken – Haarfarbe – Hobbys – Familienstand – Körperbau – Name – typische Verhaltensweisen – Beziehungen zu anderen Personen – Schwächen – Kleidung – Alter – Wünsche – Größe – Charaktereigenschaften – Wohnort.

a) Ordne sie den drei Hauptbereichen *allgemeine Angaben – äußere Merkmale – innere Merkmale* zu. Lege dazu auf einem Blatt eine Mindmap nach diesem Schema an.

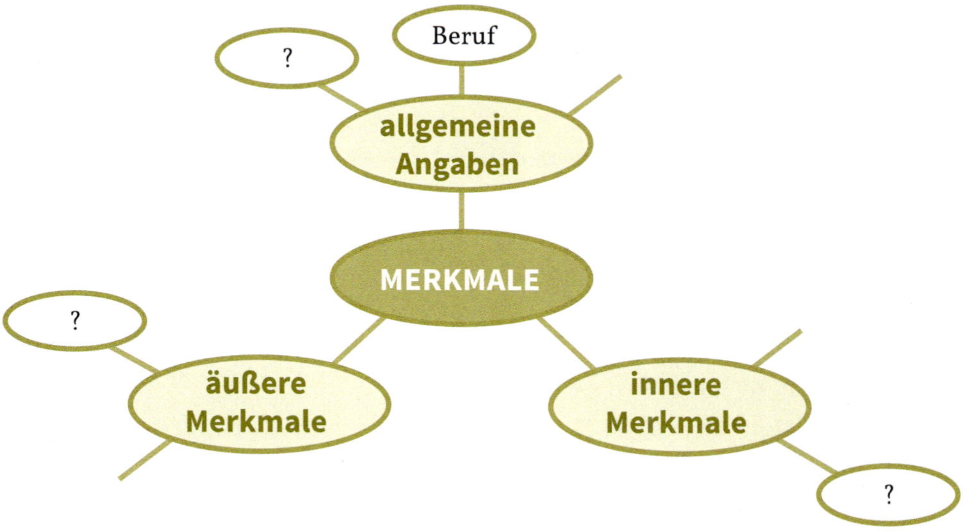

b) Finde die Stellen im Text, die Informationen zu den drei Bereichen liefern, und ergänze in der Mindmap kurze Textbelege mit Zeilenangaben, z. B.

2 Nicht immer sind die Informationen und Charaktereigenschaften einer Romanfigur direkt aus dem Text zu entnehmen. Manchmal muss man auch „zwischen den Zeilen" lesen.

a) Tauscht euch darüber aus, was die folgenden Textstellen über Anja aussagen.
- „Wie gut sie es hatten! Sie waren frei, konnten fliegen, wohin sie wollten." (Z. 9 – 10)
- „Über die Mauer, über den antifaschistischen Schutzwall, in den bösen Westen. Anja grinste ein bisschen." (Z. 11 – 12)
- „Ich brauche neue Schuhe, Mama, dachte sie verwirrt." (Z. 43 – 44)

b) Findet weitere Textstellen, die erst auf den zweiten Blick etwas über Anja aussagen.

2.2 unter Verwendung von Fachbegriffen wesentliche Elemente von Texten beschreiben; 4.2 sprachliche Mittel funktional anwenden und pragmatisch diskursiv reflektieren

Schreiben

3 Hannes hat bereits mit der Charakterisierung von Anja begonnen.

a) Lies dir den Anfang seiner Ausformulierung durch.

Im Folgenden soll die Protagonistin genauer charakterisiert werden. Aus dem Text geht hervor, dass Anja mindestens 14 Jahre alt sein muss („Die Uhr hatte sie von ihrer Mutter zum vierzehnten Geburtstag bekommen", Z. 79). Sie scheint ein Einzelkind zu sein und bei ihrer Mutter ohne Vater aufzuwachsen, da sie sich in ihrer angespannten Situation lediglich um ihre Mutter Sorgen macht („Vielleicht wartete dort ihre Mutter auf sie?", Z. 13). Über ihre Familie erfährt man ansonsten nur noch, dass es eine Oma und einen Opa in Hamburg gibt (vgl. Z. 17). Dass Anja in der DDR aufwächst, wird daran deutlich, dass …

b) Erkläre mithilfe des Merkkastens, wie Hannes bei seiner Ausarbeitung vorgegangen ist und welche Bereiche der Charakterisierung (siehe Aufgabe 1) in diesem ersten Abschnitt berücksichtigt wurden.

c) Führe nun Hannes' Charakterisierung der Romanfigur fort. Berücksichtige dabei deine Ergebnisse aus den vorangegangenen Aufgaben. Folgende Formulierungen können dir dabei behilflich sein:

- *Über … erfährt man/kann man den Text entnehmen, dass …*
- *Die Hauptperson ist … Jahre alt/wohnt in …*
- *… ist offensichtlich/scheinbar/augenscheinlich …*
- *Ihr/Ihm scheint … wichtig zu sein, dass …*
- *Sie träumt von …/wünscht sich …*
- *Zu ihren Mitmenschen/Eltern/Freunden hat sie/er ein … Verhältnis …*
- *Allgemein wirkt sie/er …*

ⓘ Eine literarische Figur charakterisieren

Die Charakterisierung einer literarischen Figur hat das Ziel, alle Merkmale einer Person zusammenzufassen, um sich ein umfassendes Bild über diese zu machen. Folgende Merkmale musst du dabei berücksichtigen:

- **allgemeine Angaben** (z. B. Alter, Familienstand, Beruf, Hobbys …)
- **äußere Merkmale** (z. B. Größe, Körperbau …)
- **innere Merkmale** (z. B. Stärken, Schwächen, Charaktereigenschaften …)

Die **Merkmale** und **Eigenschaften** einer Figur **müssen stets auch mit Textstellen belegt werden**. Berücksichtige dabei auch Angaben, die „zwischen den Zeilen" auftauchen (z. B. durch Aussagen anderer Figuren, aus Verhaltensweisen, Gedanken, Reaktionen). Schreibe die Charakterisierung im **Präsens**. **Nicht immer müssen alle Merkmale einer Figur charakterisiert werden**, die Aufgabenstellung kann sich auf bestimmte Merkmale beschränken, z. B.: *Charakterisiere Anjas Verhältnis zu ihrer Mutter.*

2.2 unter Verwendung von Fachbegriffen wesentliche Elemente von Texten beschreiben; 3.2 Besonderheiten literarischer Texte erschließen und die Ergebnisse strukturiert darstellen

Textbeschreibung

Verfasserabsichten und Zielgruppen eines Textes erkennen

Neben der Charakterisierung einer literarischen Figur kann bei einer Textbeschreibung auch diese Aufgabenstellung gegeben sein:

Äußere dich zu den Verfasserabsichten und Zielgruppen des Textes.

1 Sina und Hannes machen sich bereits Gedanken, welche Absichten und Adressaten infrage kommen könnten.

a) Lies dir ihre Überlegungen durch und begründe, welche sinnvoll erscheinen und welche weniger. Berücksichtige dabei die Autorinneninformationen von Seite 184.

an der DDR Interesse wecken

die Willkür der DDR-Machthaber kritisieren

Politiker?

Frauen?

Kinder und Jugendliche?

ehemalige DDR-Bürger?

auf Probleme von Jugendlichen aufmerksam machen

zum Nachdenken anregen, wie wertvoll Freiheit ist

geschichtsinteressierte Jugendliche?

b) Notiere die gelungenen Vorschläge und finde wenn möglich entsprechende Textbelege im Romanauszug.

c) Sammle mithilfe des Merkkastens stichpunktartig weitere Verfasserabsichten sowie Zielgruppen und belege diese mit Textstellen.

2 Formuliere deine Stichpunkte zu einem Text aus. Beginne mit den Verfasserabsichten und verwende eine passende Überleitung zur Zielgruppenbestimmung.

Tipp

Beispiele für Überleitungen: „Mit ihrem Roman verfolgt die Autorin mehrere Absichten." „Zum einen möchte/will/beabsichtigt sie..." „Der Roman zielt auf verschiedene Gruppen ab. Eine ist die der ..."

Verfasserabsichten und Zielgruppen erkennen und formulieren

Die Verfasserabsicht kann z. B. **informieren, auf etwas aufmerksam machen, kritisieren, Interesse wecken, zum Nachdenken anregen, instruieren (= von etwas in Kenntnis setzen), unterhalten, appellieren** sein. Meist verfolgt die Autorin bzw. der Autor nicht nur eine, sondern mehrere Absichten.

- Beim Schreiben der Verfasserabsicht **nennst** du zuerst die **Absicht**, die der Autor/die Autorin mit dem Text verfolgt (z. B. informieren).
- Anschließend **erklärst** du diese **Absicht näher** (z. B. Worüber wird informiert?) und **führst** schließlich **Textbelege an**, um deine Aussage zu unterstützen. Diese können als Zitat oder indirekt angegeben werden.
- Außerdem wenden sich Texte immer an bestimmte **Zielgruppen** (Frauen, Männer, Jugendliche, Fachleute, Eltern ...). Auf diese gehst du im **Anschluss an die Verfasserabsicht** ein. Der Erscheinungsort eines Textes, der Inhalt, aber auch sprachliche Besonderheiten können Aufschluss darüber geben, an wen sich der Text wendet.

Schreiben

Textbeschreibung

Textbezogene Fragen beantworten

Bei einer Textbeschreibung können in einer Aufgabenstellung auch Fragen wie diese auftauchen:

> Beschreibe, wie die DDR und ihre Vertreter im Romanauszug dargestellt werden, und belege deine Aussagen mit Textstellen.

1 Sina hat bereits mit der Bearbeitung der Aufgabenstellung begonnen.

a) Lies dir den Anfang ihrer Antwort durch.
Nun soll beschrieben werden, wie die DDR und ihre Vertreter im Romanauszug dargestellt werden. Allgemein erscheint die DDR im Text in keinem guten Licht. Man hat den Eindruck, dass es einem einerseits schwergemacht wurde, das Land zu verlassen („Wie lange dauerte es, bis ein Ausreiseantrag genehmigt wurde? Soviel sie wusste, dauerte es oft sehr lange, manchmal sogar einige Jahre", Z. 13 – 15), und andererseits hart gegen Regimegegner vorgegangen wurde, weil sie beispielsweise Anjas Mutter loswerden wollten (vgl. Z. 16 f.). Die Regierung scheint außerdem Westdeutschland zu verteufeln, da …

b) Stelle Vermutungen an, wie sie an die Aufgabe herangegangen ist.

c) Unterstreiche im Romanauszug Stellen, die auf den DDR-Staat Bezug nehmen und den „Mann" und die „Frau" als seine Vertreter näher beschreiben.

d) Tauscht euch über eure Ergebnisse aus und darüber, was sie über den Staat aussagen.

✲ e) Stelle Vermutungen an, warum der „Mann" und die „Frau" im Text namenlos bleiben.

W **2** Wähle im Folgenden zwischen a) und b).

a) Führe Sinas Ausführung zur oben genannten Aufgabenstellung fort und baue dabei deine Ergebnisse aus Aufgabe 1 ein.

b) Formuliere einen eigenen Text zu der Aufgabenstellung: „Erläutere, welche Gefühle und Gedanken der Text bei jugendlichen Leser/-innen von heute hervorrufen kann."

3.1 Texte strukturieren und dem jeweiligen Schreibauftrag angemessen gliedern; 3.2 Besonderheiten literarischer Texte ausgehend von textbezogenen Fragestellungen erschließen und die Ergebnisse strukturiert darstellen

Textbeschreibung

Eine begründete Stellungnahme verfassen

In einer Textbeschreibung wird auch eine begründete Stellungnahme verlangt. Diese kann sich auf eine Aussage des Textes oder auf eine Frage- bzw. Problemstellung, die der Text aufwirft, beziehen. Die Aufgabenstellung zum Romanauszug von „Weggesperrt“ lautet:

→ **S. 249**
Die Stellung nehmende Erörterung

> Nimm Stellung zu der Frage, welche wichtigen Voraussetzungen dazu beitragen, dass ein junger Mensch glücklich ist.

1 Sina hat sich zu dieser Aufgabenstellung bereits einige Ideen notiert.
a) Lest euch ihre Stichpunkte durch.
b) Tauscht euch darüber aus, welche Aspekte euch ebenfalls wichtig erscheinen und welche Punkte eurer Meinung nach eher zu vernachlässigen sind.
c) Sammelt noch weitere Voraussetzungen für das Glück von Jugendlichen.

– *intaktes Elternhaus*
– *gute Freunde*
– *stressfreier Job*
– *Geschwister*
– *gute Noten*
– *eigenes Auto*
– *große Beliebtheit*

2 Den ersten Punkt auf ihrer Liste hat Sina folgendermaßen ausformuliert.
a) Lies dir den Anfang durch.

Nun möchte ich zur der Frage Stellung beziehen, welche Voraussetzungen dazu beitragen, dass ein junger Mensch glücklich ist. Meiner Meinung nach ist zunächst ein intaktes Elternhaus wesentlich. Viele Jugendliche müssen miterleben, wie ihre Eltern aggressiv Konflikte austragen und sich teilweise im Streit trennen. Auch kommt es vor, dass Eltern ihre Kinder vernachlässigen und nur ihre eigenen Interessen verfolgen. All dies trägt dazu bei, dass Jugendliche verunsichert sind und sich mit ihren Problemen allein gelassen fühlen. Dagegen geben Eltern, die respektvoll miteinander umgehen und Verantwortung für ihre Kinder übernehmen, Heranwachsenden Halt. Ich selbst habe beispielsweise schon erlebt, wie …

b) Erkläre, welche Funktion der erste Satz in Sinas Ausformulierung hat.
c) Wie in einer Erörterung schließen an die Überleitung die einzelnen Argumente an. Grenze im 1. Argument Behauptung und Begründung voneinander ab und formuliere noch ein passendes anschauliches Beispiel.
d) Führe die Stellungnahme mit zwei weiteren Argumenten fort. Beachte: Anders als eine Erörterung benötigt die Stellungnahme keinen eigenen Schluss.

3.1 unterschiedliche Formen schriftlicher Darstellung routiniert und selbständig anwenden; argumentative und appellative Texte gestalten; 3.2 mit vorgegebenem Material argumentativ und differenziert Problemstellungen beleuchten

Schreiben

Textbeschreibung

Eine kreative Schreibaufgabe bearbeiten

1 Hannes, Julia und Sina haben zum Romanauszug verschiedene kreative Schreibaufgaben von S. 181 bearbeitet.

a) Wirf einen Blick auf ihre Textanfänge und begründe mithilfe des Merkkastens, um welche Aufgabenart es sich jeweils handelt.

Liebe Mama, wenn ich nur wüsste, wo sie dich hingebracht und warum sie uns getrennt haben. Was haben wir denn Schlimmes getan, dass man uns so behandelt wie Verbrecher? Hier in diesem Jugendheim ist es wie in einem Gefängnis …

Wo bin ich denn hier gelandet? Das ist ja alles wie in einem Albtraum. Der Fahrer, der mich wie ein Schaf zur Schlachtbank gebracht hat, und diese leichenblasse Hexe am Empfang. „Mädchen, das wirst du wohl besser wissen als ich, weshalb du hier stehst." Nein, verdammt, das weiß ich nicht. Was ist das hier? Ein Knast?

ZEITUNG: Frau Anja Sander, ich freue mich, dass Sie uns zum Jahrestag der deutschen Wiedervereinigung ihre eigene Geschichte erzählen und über Ihre Erfahrungen in einem Jugendheim der DDR berichten.
Anja: Danke für die Einladung. Ich glaube, es ist schwer in Worte zu fassen, wie ich mich damals gefühlt habe, als …

b) Finde in den drei Beispielen Bezüge zur Romanvorlage.

W **2** Bearbeite nun unter Berücksichtigung des Merkkastens selbst eine kreative Aufgabe. Wähle im Folgenden zwischen a) und b).

a) Führe einen der Textanfänge aus Aufgabe 1 fort.

b) Formuliere zu Aufgabe I oder O von S. 181 einen eigenen Text.

ⓘ Einen kreativen Schreibauftrag erfüllen

Ein kreativer Schreibauftrag verlangt, sich intensiver mit der Textvorlage auseinanderzusetzen. Tortz freierer Formulierung des Inhalts gilt es, bestimmte **Eigenheiten von Textformen** zu kennen und zu berücksichtigen:

- **Schilderung:** Ich-Perspektive, Präsens, auf einen kurzen Zeitraum beschränken, Sinneseindrücke einbauen (z. B. hören, sehen …)
- **Persönlicher Brief:** Anrede und Schlussformel, Ich-Perspektive, gegebenenfalls Höflichkeitsanrede berücksichtigen
- **Innerer Monolog:** Ich-Perspektive, Präsens, Gedanken und Gefühle einbauen, Ellipsen, Frage- und Ausrufesätze verwenden
- **Tagebucheintrag:** Anrede und Schlussformel, Ich-Perspektive, Zusammenfassung der Erlebnisse oder Themen eines Tages
- **Interview:** Begrüßung und Verabschiedung des Interviewpartners bzw. der Interviewpartnerin, sinnvolle Fragen für die interviewende Person formulieren, den bzw. die Interviewpartner/-in darauf reagieren lassen
- **Dialog:** Gespräch notieren, Aussagen mit Namen untereinanderschreiben

Beachte: Bei allen Schreibaufträgen solltest du Textbezüge einbauen (Verhaltensweisen von Personen und Beziehungen zwischen Figuren, Schauplätze …

3.1 unterschiedliche Formen schriftlicher Darstellung routiniert und selbständig anwenden

Textbeschreibung

Den Schluss zu einer Textbeschreibung verfassen

1 Im Schluss der Textbeschreibung ist die Meinung zum Text und dessen Thema gefragt. Hannes macht sich zum Schlussteil einige Gedanken.

a) Lies diese durch.

b) Tauscht euch darüber aus, wie ihr Hannes' Fragen aus persönlicher Sicht beantworten würdet.

2 Schreibe nun selbst mithilfe deiner Ergebnisse aus Aufgabe 1b) und des Merkkastens einen Schluss, der deine eigene Meinung zum Text und zum Thema widerspiegelt. Du kannst folgende Formulierungen verwenden:
- *Nachdem ich mich ausgiebig/intensiv mit dem Romanauszug befasst habe …*
- *Mir gefällt der Text/Romanauszug gut / nicht besonders gut …*
- *Meiner Meinung nach / Für meinen Teil / Ich persönlich …*
- *Das Thema des Textes/Romanauszugs gefällt mir (weniger) … / spricht mich (weniger) an, da …*
- *Ich finde … / Ich bin der Ansicht/Meinung …*

* **3** Tausche deinen Schlussteil mit dem deiner Banknachbarin bzw. deines Banknachbarn und gebt euch mithilfe des Merkkastens gegenseitig Rückmeldung, was gut gelungen ist und was ihr noch besser machen könnt.

! Einen Schluss zu einer Textbeschreibung verfassen

Nachdem du dich im Hauptteil der Textbeschreibung sachlich mit dem Text auseinandergesetzt hast, steht im Schlussteil deine **eigene Meinung im Vordergrund**. Der Schluss setzt sich aus zwei Teilen zusammen:
1. **Meinung zum Text:** Gehe auf den Inhalt ein *(Ist der Text anschaulich/ informativ/ interessant?)* und begründe deine Ansichten *(Was hat dir daran (nicht) gefallen? Was wusstest du vorher noch nicht?)*.
2. **Meinung zum Thema:** Stelle einen eigenen Bezug zum Thema her *(Warst du selbst bereits in einer ähnlichen Situation? Hast du bereits Erfahrung mit dem Thema? Kannst du dich in die Lage einer der beteiligten Personen hineinversetzen?)*.

Schreiben

Textbeschreibung

Überprüfe dein Wissen und Können

Karin Kaçi
arbeitet seit dem Abschluss ihres Film-Studiums im Bereich Drehbuch als freie Autorin für Film, Hörspiel und Prosa.

Jan Braren
gewann für sein Drehbuch zu Homevideo 2012 den Grimme-Preis. Er ist freier Autor und Texter in Hamburg.

Der Roman „Homevideo“ basiert auf dem gleichnamigen Film von 2012. Hauptfigur ist der 15-jährige, sensible Schüler Jakob, der mit der Kamera filmt, was ihn bewegt. Ihm wird im Laufe der Geschichte ein selbst gedrehtes, intimes Video zum Verhängnis, das zufällig in die Hände von Mitschülern gerät, die es im Internet veröffentlichen. Zu Beginn des Romans erfährt man zunächst mehr über die familiären Hintergründe von Jakob.

1 Verfasse nun selbst eine vollständige Textbeschreibung.
a) Lies dir den nachfolgenden Romanauszug durch.

Homevideo

von Karin Kaçi und Jan Braren

Wieder so ein Morgen. Jakob lag in seinem Bett und starrte an die weiße Wand, als sei sie das Scheinwerferlicht. Irgendwann schweifte sein Blick über die A3-großen Ausdrucke des krepierenden Rehs und blieb an der Nahaufnahme des Auges hängen, ein riesiger, stiller See, ein tiefer Krater inmitten einer warmen Felllandschaft, während seine Eltern da draußen die Wohnung auseinandernahmen.
Unter der Woche fanden ihre Streitigkeiten normalerweise ein schnelles Ende. Jeder musste zur Arbeit, zur Schule oder in den Kindergarten. Aber seit einiger Zeit kamen alle zu spät.
„Lass mich, bitte, lass mich!“, insistierte seine Mutter.
Eine Tür knallte, ein dumpfer Schlag auf Holz folgte.
Das Gepolter im Flur riss Jakob montags bis freitags aus dem Schlaf, der beschissenste Wecker, den man sich vorstellen konnte.
„Ich muss dir doch nicht hinterhertelefonieren, wenn du dich die ganze Nacht herumtreibst!“, schrie sein Vater.
„Herumtreiben? Du redest einen solchen Unsinn, Claas.“
„Ja. Ich rede Unsinn. Vollkommen klar. Ich bin der Idiot.“
„Du bist der, der immer anfängt!“
„Von dir kommt ja nichts!“
„Weil ich durch bin, verstehst du, ich bin durch damit!“
„Durch? Durch, wie man mit dem Fensterputzen durch ist und der Steuer?“
„Ach, Claas …“
Jakob zog sich die Decke über den Kopf. Fünf Zentimeter Lärmdämmung. Wenn er die Daunen frisch aufbauschte, waren es dreizehn. Seit einigen Wochen reichten auch die nicht mehr aus. Er wusste nicht, wer von beiden der Idiot war. Er wusste nicht einmal, worüber sie stritten. Vielleicht wussten sie es selbst nicht mehr. Das Geschrei, das Jakob aus dem Haus trieb, bestand schon lange nur noch aus leeren Worthülsen.

Insistieren
auf etwas bestehen

3.2 Besonderheiten literarischer Texte ausgehend von textbezogenen Fragestellungen erschließen und die Ergebnisse strukturiert darstellen

Auch seine Mutter blieb neuerdings manchmal weg.

Doch jetzt stolperte Irina mit Amelie auf dem Arm in sein Zimmer. Sie knipste die Nachttischlampe an und lupfte seine Decke.

„Hey! Ist schon halb acht. Du musst hoch."

Ihre Stimme war wieder so weich wie die einer Mutter. Aber sie konnte Jakob nicht täuschen. Alles an ihr war auf dem Absprung.

„Bist du jetzt wieder fröhlich?", fragte Amelie sie.

Irina nickte stumm.

Jakob nahm spontan ihre Hand und legte sie an seine Wange. Sie hatte ihre Wärme nicht verloren.

Für einen Moment sank seine Mutter auf die Bettkante, als hätte Jakob sie direkt am Herzen gepackt. Normalerweise war er derjenige, der sich ihr entzog, wenn sie ihn in der Öffentlichkeit umarmte, küsste oder schlimmer noch: mein Großer nannte.

Diese Geste jetzt irritierte Irina. Sie streichelte ihren Großen über das Haar und riss sich los. „Komm, du musst hoch."

Im Türrahmen lauerte Claas bereits.

Der Flur war zu schmal, um sich aus dem Weg zu gehen. Irina schlängelte sich an ihm vorbei und von Zimmer zu Zimmer, sammelte Taschen, Jacken und Schuhe ein und zerstreute alles wieder. Claas folgte ihr auf Schritt und Tritt. Das war ihre allmorgendliche Choreo, mit der sie bald bei *Got to Dance* auftreten konnten.

Got to Dance
Tanzshow

Den dazugehörigen Sound kannte Jakob schon auswendig. Es rumpelte im Flur, Schranktüren knallten, Kleiderbügel klapperten, Füße stapften und irgendwo dazwischen atmete ein Kind.

[…] Jakob schlich mit seinen Kopfhörern auf den Ohren aus seinem Zimmer und schob sich im schmalen Schlauchflur an ihnen vorbei Richtung Bad. Eine Minute hätte er noch warten sollen. Denn nun sah er seinen Vater, wie er ihn nicht sehen wollte. Immer noch in Unterhosen und mit seiner dunkelblauen Uniformhose in der Hand, ein kräftiger, durchtrainierter Mann, dessen Augenlider verdächtig zitterten.

Als Kind hatte Jakob geglaubt, Polizisten fürchteten sich vor nichts und hätten alles im Griff. Aber jetzt wusste er es besser. Sogar sein unerschütterlicher Vater konnte nicht mehr ignorieren, dass seine Frau am Ende des Sprungbretts stand. Auf den Zehen balancierend hatte sie in den letzten Monaten so lange gewippt, bis das Brett nun aus eigener Kraft schwang. Bald musste sie abspringen oder sie würde die Balance verlieren und stürzen. In beiden Fällen wäre sie weg. Selbst wenn sie gewollt hätte, hätte sie das Sprungbrett nicht mehr stoppen können.

Aber sie wollte gar nicht. Das war es, was seinen Vater so aufwühlte.

„Lass dieses Gebrülle vor den Kindern!", brüllte er und flüchtete mit Jakob ins Bad. Dort schwenkte er die Hand vor seinen wässrigen Augen und presste tonlos ein „Die spinnt" heraus.

Sein Vater verwechselte manchmal etwas. Er schwieg, wenn er glücklich war, und er schrie, wenn er traurig war. Das hatte Jakob lange Zeit verwirrt. Mittlerweile wusste er, wie er darauf zu reagieren hatte. Gar nicht.

Das Gesicht auf neutral stellen, in Gleichgültigkeit abdriften und unsichtbar werden. Das konnte er inzwischen gut.

3.3 Regeln, Strategien sowie die Einsicht in eigene Fehlerschwerpunkte eigenverantwortlich nutzen; geeignete Korrekturstrategien gezielt anwenden, um Inhalt, Aufbau und Sprache der eigenen Texte zu verbessern

Schreiben

Er erwiderte den Blick seines Vaters im Spiegel kurz, spuckte die Zahnpasta ins Waschbecken und ging hinaus.

„Nicht mal ein Guten Morgen kriegt er raus. Das ist doch nicht auszuhalten. Das ist Psychoterror", schimpfte seine Mutter im Flur immer noch vor sich hin.

Sie drückte ihrem Großen Amelie in die Arme.

„Kannst du mal bitte, Jakob. Ich muss mich fertig machen."

Ihre Stimme klang erstickt. Sie sah ihm nicht in die Augen und eilte in die Küche.

Jakobs kleine Schwester wimmerte.

Er nahm sie mit in sein Zimmer und schloss die Tür hinter sich. Während da draußen seine Familie in Worthülsen zerfiel, wiegte er Amelie und streichelte ihr über den Kopf. Ihr Haar war noch ganz weich und roch gut. Er konnte sich nicht daran erinnern, aber sicherlich hatten seine Eltern ihn früher auch so in den Armen gehalten.

b) Bearbeite nun folgende Aufgaben. Vergiss nicht, eine Gliederung zu erstellen.

Aufgaben

1. Fasse den Textinhalt zusammen.
2. Lesende können sich die erzählte Situation gut vorstellen. Stelle die sprachlichen Mittel dar, mit denen diese Wirkung erzielt wird.
3. Charakterisiere Jakob und gehe dabei auch auf das Verhältnis zu den beiden Elternteilen ein.
4. Nimm Stellung zu der Frage, welche Bedeutung die Familie für Heranwachsende hat.
5. Verfasse einen Dialog zwischen Jakob und einem guten Freund, in dem Jakob von seinen Problemen daheim erzählt.

2 **Überprüfe mithilfe der Checkliste, was du an deiner Arbeit noch verbessern musst. Schreibe die Fehler, die dir aufgefallen sind, an den Rand.**

Portal
WES-122966-072

3 **Überarbeite mithilfe der Notizen am Rand deine Textbeschreibung.**

EINEN TEXT BESCHREIBEN — CHECKLISTE

Ich habe …

- ✔ … mir den Text zunächst mehrmals durchgelesen.
- ✔ … in der Einleitung der Textbeschreibung Autor, Titel, Textsorte und Quelle (Erscheinungsort und -datum) genannt und im Kernsatz das Wesentliche zusammengefasst.
- ✔ … den Inhalt knapp und mit meinen eigenen Worten wiedergegeben.
- ✔ … mich mit den sprachlichen Auffälligkeiten des Textes und der textbezogenen Wirkung auseinandergesetzt.
- ✔ … eine Charakteristik erstellt und meine Aussagen an Textstellen belegt.
- ✔ … eine begründete Stellungnahme verfasst.
- ✔ … einen Dialog verfasst, in dem die Hauptfigur und sein Freund abwechselnd zu Wort kommen.
- ✔ … im Schlussteil meine eigene Meinung zum Text und zum Thema geäußert.
- ✔ … Zitate in Anführungszeichen gesetzt und mit der jeweiligen Zeilenangabe versehen.
- ✔ … zwischen den einzelnen Teilen der Textbeschreibung Überleitungen verwendet.
- ✔ … meinen Aufsatz auf Grammatik, Zeichensetzung und Rechtschreibung überprüft.

3.3 Texte grammatikalisch, orthografisch, strukturell, sprachlich und inhaltlich verbessern

Textbeschreibung

Einen journalistischen Text erschließen

Sina soll zu folgendem journalistischem Text eine Textbeschreibung erstellen.

Philipp Kohlhöfer,
46, ist Autor und Kolumnist. Er lebt mit seiner zwölfjährigen Tochter in Hamburg.

1 Lest euch die Glosse zunächst einmal durch.

Allein unter Frauen: Stilbruch

Von Philipp Kohlhöfer

Unser Kolumnist muss die Kröte schlucken – seine Tochter trägt neuerdings einen Style, der Fragen aufwirft. Vor allem die: Wo wird das hinführen?

Der Wahrheit muss man irgendwann ins Gesicht sehen. Hilft ja nichts. Die Wahrheit ist: Man wird wie seine Eltern. Ich merke das daran, dass ich die Kleidung meiner Tochter neuerdings kritisch beäuge – sie trägt jetzt Gangsta-Style! Dazu kombiniert sie Jogginghose mit Joggingoberteil und weiten Sneakern, manchmal mit Baseballcap und Ketten. Trägt sie das nicht, wählt sie eine Jeans mit tausend Löchern. Oder eine, die sie so weit nach oben zieht, dass sie aussieht wie 1972 die Mafiapaten von New York in den Martin-Scorsese-Filmen. Es ist alles ganz furchtbar.

Meinen Eltern ging es damals genauso. Auch meine absolute Lieblingshose in den 1980ern hatte Löcher. Es war die Zeit, als Bros gerade berühmt waren, die Typen mit „When Will I Be Famous“, und aufgrund dieser Vorbilder trugen so ziemlich alle Teenager Jeans mit Löchern. Meine Mutter dachte, dass diese Mode mich auf relativ direktem Weg auf ein Bahnhofsklo führt, wo ich dann an einer Überdosis Heroin verende. Ich denke das bei meiner Tochter nicht, immerhin.

Trotzdem habe ich das Gefühl, dass ihre Kleidung über ihren weiteren Lebensweg bestimmen könnte. Ich stelle mir vor, dass das Kind nur noch mit großmäuligen Teenagern rumhängt, ihrer Jogginghosen-Peergroup, Hip-Hop hört und von diesen ganzen Texten beeinflusst wird, in denen es nicht nur um so harmloses Zeug wie das Verlieben geht. Ich sehe das schon vor mir: Sie vernachlässigt die Schule, gerät in Schlägereien, und am Ende nimmt sie Drogen. Ach nee …

Ich war damals Popper. Hörte die „New Romantic“-Band Spandau Ballet, prügelte mich mit Rockern und redete ab-

Bros
Band aus den 1980ern

Peergroup
Gruppe Gleichaltriger

Schreiben

Popper

Mitglied einer Jugendbewegung, „Nobel-Teenager“

banal

unbedeutend, gewöhnlich

solut banales Zeug. Mein Plan war, Abitur zu machen, aber auf dem Weg dahin schluderte ich etwas. So sehr, dass die Schule es für sinnvoll hielt, mir nach der neunten Klasse ein Zeugnis auszustellen, das mir das sofortige Verlassen der Schule ermöglichte. „Nur für alle Fälle“, sagte der Klassenlehrer damals. „Wenn es weiterhin keinen Sinn macht.“ Ich bekam die Kurve, aber was, wenn meine Tochter das auch so angeht? Sie hat immerhin meine Gene! Andererseits: Bisher ist außer der vollständigen Verwüstung ihres Modegeschmacks noch nichts passiert.

Zu meiner Zeit gab es ja noch eine Auswahl: Ich hätte auch Rocker oder Punk werden können – mit Letzteren sympathisierte ich später heftig, hatte einen Irokesenschnitt und Sicherheitsnadeln im Ohr. Aber mit wem soll meine Tochter sympathisieren? An ihrer Schule gibt es nur die Auswahl zwischen Gangster und Gangsterbraut. Wobei die Braut diejenige ist, die den Gangster anschmachtet. Dann lieber Gangster. Aber warum denn gleich so extrem, verdammt?

Neulich war meine Mutter zu Besuch. Wir saßen in der Küche, und ich schnitt die Thematik an. Vermutlich wollte ich Unterstützung, aber da sagte meine Mutter zu meiner Tochter, dass Klamotten nichts änderten am späteren Lebensweg. „Sieht man ja an dem da“, sie deutete auf mich. Und wenn eben gerade alle aussähen wie Gangster, mein Gott, dann sei das eben so. Das Kind sah mich an und verdrehte die Augen. Meine Mutter meinte dann, sie habe eine Lösung. „Wir gehen zusammen einkaufen. Dann hole ich ihr was Schickes.“ „Hm“, machte ich. Damals hatte sie meine Lieblingsjeans einfach weggeschmissen und dann so getan, als könne sie sich nicht erklären, wo die Hose hingekommen war.

Als Oma und Tochter nach ein paar Stunden zurückkamen, sagte meine Mutter, dass das Problem nun gelöst sei. Dann packte sie eine graue Jogginghose aus.

Quelle: Modemagazin „GUIDO“, Dez. 2020/ Jan. 2021

2 Tauscht euch darüber aus, worum es in dem Text geht und was man unter dem Begriff „Stilbruch“ versteht.

3 Bei einer Textbeschreibung können verschiedene Bereiche gefragt sein.
a) Lest euch die Aufgabenstellungen zunächst einmal durch.

A: Fasse den Inhalt des Textes so zusammen, dass dessen Aufbau erkennbar wird.

B: Weise am vorliegenden Text Elemente der Glosse nach.

C: Beschreibe die sprachlichen Besonderheiten des Textes und ihre Wirkung.

D: Weise nach, um welche Textsorte es sich hier handelt.

E Verfasse einen Tagebucheintrag der Tochter, nachdem sie sich wieder mit ihrem Vater wegen ihrer Kleidung gestritten hat.

F Erläutere, welche Absichten der Verfasser mit seinem Text verfolgt haben könnte.

G Erläutere sprachliche Auffälligkeiten und deren Wirkung ab Zeile 5.

H Begründe, an welche Zielgruppen sich der Text richtet.

I Nimm Stellung zu der Frage, welche Auswirkungen Modetrends auf Jugendliche haben können.

J Formuliere einen möglichen Dialog zwischen der Großmutter und ihrer Enkelin während ihrer Einkaufstour.

K Schreibe einen inneren Monolog aus Sicht der Tochter, als die Großmutter zu Besuch kommt. (siehe Z. 75 –97)

L Schildere die Eindrücke der Tochter beim Einkaufsbummel mit der Großmutter.

b) Ordnet die einzelnen Teilaufgaben den fünf im Merkkasten genannten Aufgabenbereichen zu.

c) Tauscht euch darüber aus, was die einzelnen Aufgaben von der Schülerin bzw. vom Schüler fordern.

ⓘ Einen journalistischen Text beschreiben

Du beschreibst einen journalistischen Text (z. B. Reportage, Kommentar …), indem du dich mit den folgenden **fünf Aufgabenstellungen** genau auseinandersetzt.

1. Schreibe zunächst eine **strukturierte Inhaltszusammenfassung**.
2. Untersuche anschließend die **Sprache des Textes**.
3. Befasse dich nun mit einer **weiteren Besonderheit des Textes**, z. B. der **Textsorte**, möglichen **Verfasserabsichten** oder der **Zielgruppe**, oder beantworte eine **textbezogene Frage**.
4. Schreibe eine **begründete Stellungnahme zu einer Aussage des Textes** oder zu einer **Frage- bzw. Problemstellung, die der Text aufwirft**.
5. Bearbeite eine **kreative Schreibaufgabe**, z. B. einen **inneren Monolog**, eine **Schilderung**, einen **Tagebucheintrag**, einen **persönlichen Brief** oder einen Dialog.

Die Textbeschreibung beginnt mit der Einleitung und endet mit dem Schluss.

Schreiben

Textbeschreibung

Eine Gliederung erstellen

1 Sina hat zur Glosse folgende Aufgabenstellung erhalten. Lies sie durch.

Aufgaben

1. Fasse den Inhalt des Textes so zusammen, dass dessen Aufbau erkennbar wird.
2. Weise nach, dass es sich bei vorliegendem Text um eine Glosse handelt.
3. Beschreibe die sprachlichen Besonderheiten des Textes und ihre Wirkung.
4. Nimm Stellung zu der Frage, welche Auswirkungen Modetrends auf Jugendliche haben können.
5. Verfasse einen Tagebucheintrag der Tochter, nachdem sie sich wieder mit ihrem Vater wegen ihrer Kleidung gestritten hat.

2 Sie hat dazu eine Gliederung erstellt. Dabei sind ihr allerdings einige Fehler unterlaufen.
a) Lest ihre Gliederung und vergleicht ihre Ausführungen mit der Aufgabenstellung.
b) Findet Kritikpunkte und macht Verbesserungsvorschläge.

Tipp
Verwende in der Gliederung nur bei A) und C) den Verbalstil.

Gliederung

A. Die Glosse handelt von Meinungsverschiedenheiten.

B. Texterschließung: Glosse
   1. Strukturierte Inhaltszusammenfassung
   2. Elemente der Glosse
   3. Sprachanalyse
      a) Satzbau und Wortwahl
      b) sprachliche Mittel
   4. Begründete Stellungnahme
   5. Tagebucheintrag der Tochter, nachdem sie sich wieder mit ihrem Vater wegen ihrer Kleidung gestritten hat.

C. Ich interessiere mich nicht für Mode.

c) Schreibe die Gliederung verbessert auf.
* d) Formuliere die Aufgaben H und J von S. 200 f. so, wie sie in der Gliederung erscheinen würden.

Eine Gliederung erstellen

Die Gliederung einer Textbeschreibung setzt sich aus drei Teilen zusammen:

A. Einleitung: Benenne in einem Satz die **Textsorte** und das Thema des **Textes**.
B. Texterschließung: Führe im Hauptteil der Gliederung **die Aufgaben** an, die in der **Aufgabenstellung genannt werden**.
C. Schluss: Drücke in einem Satz deine **eigene Meinung zum Text** aus.

Textbeschreibung

Eine Einleitung formulieren

1 Neben die Glosse hat Sinas Deutschlehrerin an den Rand des Aufgabenblatts noch Informationen zum Autor angefügt.
a) Lest euch durch, was man rechts über den Verfasser Philipp Kohlhöfer erfährt.
b) Nenne Informationen zum Autor, die dir im Zusammenhang mit der Glosse erwähnenswert erscheinen, und begründe, wo man sie einbauen könnte.

Philipp Kohlhöfer *(*1973) ist freier Autor für Zeitschriften wie GEO und arbeitet auch für große Tageszeitungen. Er beschäftigt sich mit Themen wie Umweltschutz und Infektionskrankheiten. Mit seiner 12-jährigen Tochter lebt der alleinerziehende Vater in Hamburg.*

2 Sina und Hannes haben im Zusammenhang mit einer Textbeschreibung zur Glosse „Unter Frauen: Stilbruch" jeweils Einleitungen verfasst.
a) Lest die zwei Varianten und sprecht in der Klasse darüber, welche Informationen in der Einleitung unbedingt enthalten sein müssen. Berücksichtigt dabei den Merkkasten. Ihr findet die Einleitungen auch als Vorlage im Portal.

A) *Der alleinerziehende Autor Philipp Kohlhöfer lebt mit seiner 12-jährigen Tochter in Hamburg und beschäftigt sich in seiner Kolumne „Allein unter Frauen" mit den alltäglichen Erlebnissen von Vater und Tochter. Seine Glosse „Stilbruch" wurde in der Dezember 2020/Januar 2021-Ausgabe der Zeitschrift „Guido" abgedruckt und handelt von …*

B) *„Geschmäcker sind verschieden", lautet eine Redensart. Das zeigt sich besonders im Bereich der Mode. Wie weit die Vorstellungen davon, was modern und tragbar ist, bei Vätern und Töchtern auseinandergehen können, zeigt Philipp Kohlhöfer in seiner Glosse „Allein unter Frauen: Stilbruch", die in der Dezember 2020/Januar 2021-Ausgabe der Zeitschrift „Guido" erschienen ist. Darin schildert er auf humorvolle Weise, wie …*

b) Formuliere in ein bis zwei Sätzen den Kerninhalt der Glosse.
c) Sina und Hannes haben ihre Einleitungen ausgebaut. Erkläre anhand der Einleitungsbeispiele, was sie zusätzlich ergänzt haben.

* **3** Formuliere eine eigene Einleitungsvariante, indem du einen zum Thema hinführenden Satz oder andere Informationen aus der Biografie von Philipp Kohlhöfer passend einbaust.

ⓘ Eine Einleitung schreiben

In der Einleitung der Textbeschreibung nennst du **Autor/-in, Titel, Textsorte, Quelle (Erscheinungsort und -datum)** und **Kerninhalt**. Der Kerninhalt fasst das Thema des Textes in 1–2 Sätzen zusammen. Besonders ansprechend ist ein **Einleitungsgedanke**.
Tipp: Sollte eine der Angaben fehlen, z. B. der Name der/-s Verfasserin/-s oder Erscheinungsort und Erscheinungsdatum, schreibst du: „Die Autorin bzw. der Autor des Textes ist unbekannt." oder „Erscheinungsort und Erscheinungsdatum des Textes sind nicht bekannt."

Schreiben

Textbeschreibung

Den Inhalt strukturiert zusammenfassen

Zu Beginn des Hauptteils der Textbeschreibung muss folgende Aufgabenstellung bearbeitet werden:

Fasse den Inhalt des Textes so zusammen, dass dessen Aufbau erkennbar wird.

Portal
WES-122966-073

Tipp
Ein neuer Sinnabschnitt beginnt meist mit dem Wechsel eines Schauplatzes, dem Auftreten weiterer Personen, einem Zeitsprung oder der Verhaltensänderung einer Person.

anbieten
sich bedanken
bezweifeln
bedauern
befehlen
bitten
sich empören
hinweisen auf
vorschlagen
vorwerfen
sich weigern
widersprechen
zugeben
zurückweisen

1 Lies für eine Inhaltszusammenfassung den Ausgangstext erneut und markiere in der Vorlage im Portal oder einer Textkopie wichtige Schlüsselstellen. Unterteile den Text dabei auch gleich in Sinnabschnitte.

2 Sina und Hannes haben bereits mit der Inhaltszusammenfassung begonnen. Ihre Ergebnisse sind allerdings sehr unterschiedlich.

a) Lies die Zusammenfassungen von den beiden zum ersten Sinnabschnitt.

Sina: *Der Autor erzählt, dass man der Wahrheit ins Gesicht sehen müsse, denn seine Tochter trägt einen Gangsta-Style. Dazu gehören Joggingoberteil, Sneaker, Baseballcap und Ketten oder eine löchrige Jeans.*

Hannes: *Zunächst (Z. 11–19) beschreibt der Autor den in seinen Augen unpassenden Kleidungsstil seiner Tochter, mit dem sie einem Verbrecher ähnelt. Dabei muss er sich eingestehen, dass er sich bei seinen kritischen Beobachtungen wie seine eigenen Eltern verhält.*

b) Begründe, welche Variante mehr überzeugt, und erkläre, was an der anderen Version zu kritisieren ist.

3 Die Beiden geben die Aussage des Autors *„Der Wahrheit muss man irgendwann ins Gesicht sehen."* (Z. 5 f.) auf unterschiedliche Art und Weise wieder. Erkläre, wie sie jeweils vorgegangen sind.

4 Im Folgenden siehst du sinngemäße Umschreibungen von Aussagen des Verfassers aus dem Text.

a) Finde zu diesen Formulierungen die entsprechenden Stellen in der Glosse und notiere die Zeilenangaben.

A) Der Autor malt sich aus, wie seine Tochter durch Gleichaltrige, die sich wie Hip-Hopper kleiden, und entsprechende Musik negativ beeinflusst wird und auf die schiefe Bahn gerät.

B) Der Schreiber muss eingestehen, dass er selbst ein schlechter Schüler gewesen ist und beinahe seinen Abschluss nicht geschafft hätte.

b) Die nachfolgenden Umschreibungen sind noch unvollständig. Wähle aus dem *Wortspeicher* in der Randspalte ein jeweils treffendes Verb aus und notiere den zusammenfassenden Satz.

2.3 journalistische Texte und ihre Funktion unterscheiden und mit Fachbegriffen formale bzw. sprachliche Merkmale sowie die Textintention beschreiben und den Inhalt wiedergeben

C) Philipp Kohlhöfer ???, dass seine Tochter nicht so eine große Auswahl an Jugendbewegungen, denen sie sich anschließen kann, gehabt hat wie er.
D) Die Großmutter ??? dem Vater, dass die Kleidung das spätere Leben beeinflusse.
E) Die Großmutter ???, mit der Enkelin einkaufen zu gehen.

c) Vergleicht eure Ergebnisse.

5 Um unnötige Wiederholungen zu vermeiden, sollte man bei einer Inhaltszusammenfassung darauf achten, Ersatzwörter für die handelnden Personen zu verwenden.

a) Notiere Formulierungen, die in den Sätzen A – E von Aufgabe 4 den Verfasser ersetzen.
b) Sammelt Ersatzwörter für „die Großmutter“ und „die Tochter“.

6 Nimm nun den Text mit den markierten Schlüsselstellen zur Hand.

a) Schreibe den Inhalt der einzelnen Sinnabschnitte stichpunktartig auf. Berücksichtige dabei deine Ergebnisse aus den Aufgaben 4 und 5.
b) Verfasse nun mithilfe deiner Notizen eine strukturierte Inhaltszusammenfassung zur Glosse. Du kannst dabei Formulierungen aus den vorangegangenen Aufgaben nutzen und folgende Überleitungen einbauen:
   - *Zunächst soll der Inhalt des Textes/der Glosse zusammengefasst werden.*
   - *Inhaltlich gliedert sich der Text/die Glosse in … Sinnabschnitte.*
   - *Zu Beginn/Zunächst/Einleitend (Z. …) befasst sich der Autor damit, dass …*
   - *Im folgenden Sinnabschnitt (Z. …) erfährt der Leser …*
   - *Im Anschluss daran/Anschließend (Z. …) geht es darum, dass …*
   - *Der nächste Sinnabschnitt (Z. …) handelt von …*
   - *Des Weiteren (Z. …) informiert der Autor/weist der Autor darauf hin …*
   - *Dass …, erfährt der Leser im dritten/vierten/fünften Sinnabschnitt (Z. …).*
   - *Der Text endet damit, dass … (Z. …)*
   - *Zum Schluss/Am Ende des Textes/Abschließend (Z. …) geht der Verfasser darauf ein, dass …*

Tipp
Achte darauf, dass deine Notizen alle erforderlichen W-Fragen (Wer? Was? Wann? Wo? Wie? Warum? Wozu?) beantworten.

Eine strukturierte Inhaltszusammenfassung verfassen

Die folgenden vier Schritte helfen dir, einen journalistischen Text zusammenzufassen.

1. **Gliedere** den Text in **Sinnabschnitte** und finde **Teilüberschriften** für diese.
2. **Markiere Schlüsselstellen.**
3. **Notiere** den **Inhalt stichpunktartig**.
4. **Formuliere** die **Stichpunkte aus**.

Beachte: Bei der strukturierten Inhaltszusammenfassung musst du auf die **Struktur** des Textes eingehen. Gib bei der Zusammenfassung der Sinnabschnitte immer die **Zeilenangaben** an und verdeutliche die Funktion des Abschnitts, z. B. Zunächst (Z. 1 – 19) schildert der Autor/ informiert über …/ zeigt Probleme von … auf).
Verwende die Zeitform **Präsens** und gib Aussagen in der **indirekten Rede** oder **singgemäß mit eigenen Worten** wieder. Der **Verlauf der Handlung** muss in der **richtigen Reihenfolge** sein.

2.3 journalistische Texte und ihre Funktion unterscheiden und mit Fachbegriffen formale bzw. sprachliche Merkmale sowie die Textintention beschreiben und den Inhalt wiedergeben

Schreiben

Textbeschreibung

Die Sprache eines Textes analysieren

Hannes muss sich nun mit folgender Aufgabenstellung auseinandersetzen:

Beschreibe die sprachlichen Besonderheiten des Textes und ihre Wirkung.

1 Als Vorbereitung für eine Sprachanalyse ist es ratsam, zunächst eine Tabelle zu den verschiedenen Bereichen anzulegen und dann zu vervollständigen. Übernimm die Tabelle und plane dabei genügend Platz für die einzelnen Besonderheiten ein.

Bereich	sprachliche Besonderheit	Textbeispiel	textbezogene Wirkung
Satzarten und Satzbau	*Fragesätze*	…	…
Wortwahl	…	…	…
sprachliche Mittel	…	…	…

2 Im Text finden sich unter anderem folgende sprachliche Besonderheiten:
Vergleich – Fragesätze – Ellipsen – treffende Verben/Adjektive – Aufzählung – Hyperbel – Neologismus – umgangssprachliche Formulierungen

a) Ordne sie den drei Hauptbereichen der Sprachanalyse (Satzarten und Satzbau/Wortwahl/sprachliche Mittel) zu und trage sie in der Tabelle ein.

b) In der Glosse sind Beispiele für die erwähnten Besonderheiten markiert. Notiere am Rand einer Kopie der Buchseite oder der Vorlage aus dem Portal, um welches sprachliche Phänomen es sich jeweils handelt. Trage die (gekürzten) Zitate mit Zeilenangabe in der Tabelle ein.

Portal
WES-122966-073

c) Bei einer Sprachanalyse musst du auch die textbezogene Wirkung der sprachlichen Besonderheiten beschreiben. Begründe, welche Wirkung zu welchem Textbeleg aus Aufgabe 2b) passt.

A) Durch den Vergleich wird der nachlässige Kleidungsstil der Tochter ins Lächerliche gezogen.
B) Sie geben Informationen, wie die Kleidung der Tochter konkret aussieht.
C) Mit dieser Wortneuschöpfung macht sich der Autor über das Aussehen der gleichaltrigen Freunde seiner Tochter lustig.
D) Dadurch wirkt der Text alltagsnah und ähnelt dem mündlichen Sprachgebrauch.

Tipp
Am Ende des Schulbuches findest du eine Tabelle mit wichtigen sprachlichen Besonderheiten und deren (allgemeine) Wirkung.

d) Halte auch sie an entsprechender Stelle in der Tabelle fest.

e) Tauscht euch darüber aus, welche textbezogene Wirkung die verbleibenden Textbeispiele haben könnten.

f) Im Text finden sich noch weitere sprachliche Besonderheiten. Ergänze diese in der Tabelle mit Textbeispielen und Wirkung.

g) Vergleicht eure Ergebnisse.

2.3 journalistische Texte und ihre Funktion unterscheiden und mit Fachbegriffen formale bzw. sprachliche Merkmale sowie die Textintention beschreiben und wiedergeben

3 Timo hat den Beginn seiner Sprachanalyse bereits ausformuliert.

a) Lies dir den Anfang aufmerksam durch.

Als Nächstes sollen die sprachlichen Besonderheiten des Textes analysiert werden. Bezüglich des Satzbaus und der Satzarten fällt mir auf, dass in der Glosse total viele Fragesätze enthalten sind, z. B.: „… aber was, wenn meine Tochter das auch so angeht?" Sie lassen die Leserschaft an den Überlegungen des Autors hinsichtlich der Zukunft seiner Tochter teilhaben. Außerdem ist noch der Ausrufesatz „Sie hat immerhin meine Gene!" (Z. 58 f.) enthalten. Er betont etwas. Beim Satzbau gibt es mehrere unvollständige Sätze (= Ellipsen), wie: „Auch meine absolute Lieblingshose in den 1980ern hatte Löcher" (Z. 21 f.). Sie bringen die ganze Sache auf den Punkt.

AT → S. 280
Zitieren

b) Findet mithilfe des Merkkastens Kritikpunkte an Timos Text.

c) Verbessere nun die fehlerhafte Sprachanalyse. Ergänze sie durch eigene Beobachtungen und formuliere alle noch nicht angesprochenen sprachlichen Besonderheiten aus der Tabelle von Aufgabe 2 aus. Folgende Formulierungen helfen dir dabei:

- *Der/Die Autor/-in/Verfasser/-in verwendet/benutzt/gebraucht/wählt/bevorzugt/setzt … ein …*
- *Der Text/Der Artikel/Die Glosse enthält/weist … auf …*
- *In dem Text sind … enthalten/kommen … vor/sind … vorhanden/treten … auf*
- *Bezüglich der Wortwahl/der sprachlichen Mittel/des Satzbaus/der Satzarten fällt auf …*
- *Auffällig sind auch/Ins Auge fallen auch …*
- *Ebenso sind … auffällig/zu entdecken/zu finden.*

✲ d) Tausche deine Sprachanalyse mit der deines Banknachbarn bzw. deiner Banknachbarin und gebt euch gegenseitig Rückmeldung. Der Merkkasten hilft euch dabei.

ⓘ Die Sprache eines Textes beschreiben

Bei der Beschreibung der Sprache eines Textes musst du auf die drei Bereiche **Satzarten und Satzbau**, **Wortwahl** und **sprachliche Mittel** eingehen. Dabei gehst du folgendermaßen vor:

1. **Gib an**, mit **welchem sprachlichen Bereich** du dich gerade befasst, z. B.: *„Bezüglich der Satzarten und des Satzbaus des Textes fällt auf …"*
2. **Nenne** eine **sprachliche Besonderheit** aus diesem Bereich.
3. **Liefere** hierfür **Beispiele aus dem Text mit den entsprechenden Zeilenangaben**.
4. **Stelle** die **Wirkung** des sprachlichen Merkmals **bezogen auf den Text** dar. Benenne nicht nur die allgemeine Wirkung der sprachlichen Auffälligkeit.
5. **Setze** dich nun mit **weiteren sprachlichen Besonderheiten** aus diesem Bereich auf dieselbe Weise auseinander.

Wenn du alle sprachlichen Auffälligkeiten des ersten Bereichs analysiert hast, verfährst du mit den anderen beiden Bereichen ebenso.
Achtung: Achte stets auf eine korrekte Zitiertechnik!

Schreiben

Textbeschreibung

Die Textsorte bestimmen

Im Anschluss ist diese Aufgabe an der Reihe:

> Weise nach, dass es sich bei vorliegendem Text um eine Glosse handelt.

S. 300 Glosse

1 Im Folgenden findest du die Merkmale journalistischer Textsorten vermischt.

a) Entscheide bei den Merkmalen, bei welchen es sich um die einer Glosse handelt, und notiere die zutreffenden Buchstaben.

- A) Angabe des Autorennamen
- B) lustiges Bild als Illustration
- C) ironisch-humorvolle Auseinandersetzung mit einem aktuellen Ereignis oder einer alltäglichen Begebenheit
- D) kein Bild außer einem Autorenportrait
- E) Zum-Nachdenken-Anregen als Verfasserabsicht
- F) Pointe am Schluss
- G) persönliche Meinungsäußerung
- H) unsachlicher, lockerer Stil
- I) Begebenheiten werden kritisiert oder ins Lächerliche gezogen
- J) Ironie, Metaphern, Hyperbeln oder rhetorische Fragen als typische sprachliche Mittel
- K) Hinweis auf aktuelle politische Probleme und Missstände
- L) Fazit/Wunsch/Appell/Ausblick am Schluss

b) Vergleicht eure Ergebnisse.

c) Erstelle nun eine Tabelle. Trage in die linke Spalte die auf den Text *„Allein unter Frauen: Stilbruch“* zutreffenden Merkmale der Glosse ein und in die rechte Spalte den entsprechenden Textbeleg. Orientiere dich dabei an dem vorgegebenen Beispiel.

Textsortenmerkmal	**Textbeleg/ inhaltlicher Beweis**
Angabe des Autorennamen	*Philipp Kohlhöfer*
lustiges Bild als Illustration	*Illustration in der rechten Spalte, die ein Mädchen mit Baseballcap und Sportjacke zeigt, das mit unglücklichem Gesichtsausdruck eine Spitzenbluse auf einem Kleiderbügel vor sich hält.*
…	…

2.3 journalistische Textsorten anhand ihrer spezifischen Merkmale unterscheiden; 3.2 Besonderheiten pragmatischer Texte ausgehend von textbezogenen Fragestellungen erschließen und die Ergebnisse strukturiert darstellen

2 Hannes hat bereits damit begonnen, die Informationen aus der Tabelle von Aufgabe 1 auszuformulieren.

a) Lies dir den Anfang seiner Textsortenbestimmung aufmerksam durch.

Bei dem vorliegenden Text handelt es sich um eine Glosse, was man daran erkennen kann, dass er zahlreiche Merkmale dieser Textsorte aufweist. Für diese spricht beispielsweise, dass der Autorenname Philipp Kohlhöfer angegeben ist und der Artikel durch ein lustiges Bild illustriert wurde. So ist in der rechten Spalte eine Karikatur eingefügt, die ein Mädchen mit Baseballcap und Sportjacke zeigt, das mit unglücklichem Gesichtsausdruck eine Spitzenbluse auf einem Kleiderbügel vor sich hält. Zu nennen wäre auch, dass der Verfasser seine Meinung äußert. Er zeigt mit der Aussage „Es ist alles ganz furchtbar" (Z. 18 f.), dass er den Kleidungsstil seiner Tochter schrecklich findet …

b) Wiederhole mithilfe von Timos Textbeginn und des Merkkastens, wie bei einer Textsortenbestimmung vorzugehen ist.

c) Führe die Textsortenbestimmung des Schülers fort. Nutze hierfür deine ausgefüllte Tabelle. Auch der Merkkasten hilft dir dabei. Um deine Satzanfänge abwechslungsreich zu gestalten, kannst du folgende Formulierungen verwenden:

- *Für die Textsorte/die Glosse … spricht …*
- *Ein weiteres Merkmal dieser Textsorte/der Glosse ist …*
- *Zu nennen wäre auch …*
- *Typisch für … ist, dass …/Glossentypisch ist auch …*
- *Zu erwähnen wäre weiterhin/auch/ebenso/außerdem, dass …*
- *Dass …, spricht ebenfalls für die Textsorte/eine Glosse …*
- *Auch … ist typisch für die Textsorte …*

3 Tausche deine Textsortenbestimmung mit der deiner Banknachbarin bzw. deines Banknachbarn und gebt euch gegenseitig Rückmeldung. Der Merkkasten hilft euch dabei.

* **4** Überarbeite deine Textsortenbestimmung gegebenenfalls.

(!) Die Textsorte bestimmen

Bei der Textsortenbestimmung gehst du folgendermaßen vor:

1. **Nenne** die **Textsorte**: z. B. *Bei dem vorliegenden Text handelt es sich eindeutig um …*
2. **Begründe** deine Zuordnung **mithilfe der auf den Text zutreffenden Textsortenmerkmale**: z. B. *Für diese Textsorte spricht, dass der Artikel mit einer Pointe endet.*
3. **Belege** deine Aussagen **mit geeigneten Textstellen**. **Es reicht nicht aus**, lediglich Stellen aus dem Text abzuschreiben. Du musst deine Aussagen mit deinen **eigenen Worten** am Text belegen: z. B. *Die Schlusspointe des Textes besteht darin, dass sich die Großmutter auf die Seite der Enkelin schlägt und ihr anstatt etwas Schickem die gewünschte graue Jogginghose kauft („Dann packte sie eine Jogginghose aus“*, Z. 96 f.).

Beachte: Vergiss nicht, bei deinen Textbelegen stets die entsprechenden Zeilenangaben anzugeben.

2.3 journalistische Textsorten anhand ihrer spezifischen Merkmale unterscheiden; 3.2 Besonderheiten pragmatischer Texte ausgehend von textbezogenen Fragestellungen erschließen und die Ergebnisse strukturiert darstellen

Schreiben

Textbeschreibung

Verfasserabsichten und Zielgruppen eines Textes erkennen

Neben einer Textsortenbestimmung können bei einer Textbeschreibung auch die folgenden Bereiche gefordert sein:

Äußere dich zu den Verfasserabsichten und Zielgruppen des Textes.

1 Sina und Julia machen sich bereits Gedanken, welche Absichten und Adressaten bei der Glosse infrage kommen könnten.

a) Lies dir ihre Überlegungen durch und begründe, welche sinnvoll erscheinen und welche weniger. Berücksichtige dabei die Autoreninformationen von Seite 199 und den Erscheinungsort der Glosse.

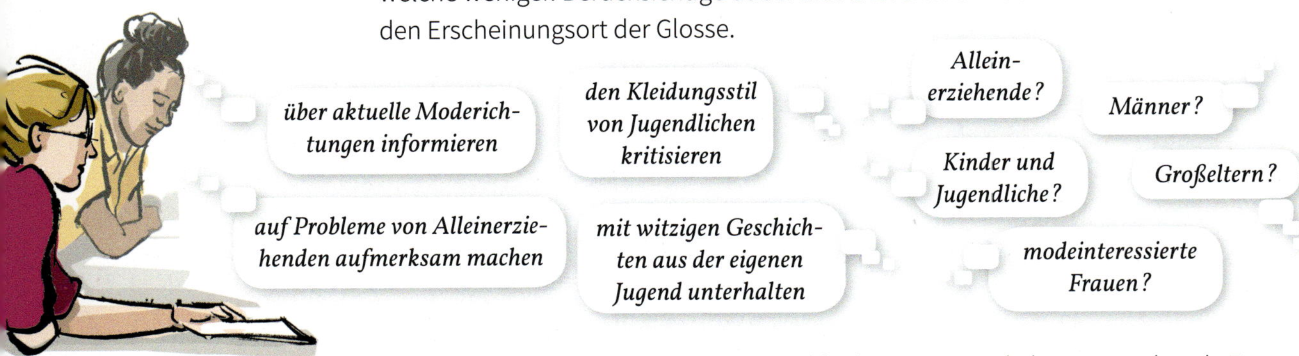

b) Notiere die gelungenen Vorschläge und finde, wenn möglich, entsprechende Textbelege in der Glosse.

c) Sammle mithilfe des Merkkastens stichpunktartig weitere Verfasserabsichten und Zielgruppen und belege diese mit Textstellen.

2 Formuliere deine Stichpunkte zu einem Text aus. Beginne mit den Verfasserabsichten und verwende passende Überleitungen zwischen den Aufgabenbereichen.

ⓘ Verfasserabsichten und Zielgruppen erkennen und formulieren

Die Verfasserabsicht kann z. B. **informieren, auf etwas aufmerksam machen, kritisieren, Interesse wecken, zum Nachdenken anregen, instruieren (= von etwas in Kenntnis setzen), unterhalten, appellieren** sein. Meist werden mehrere Absichten verfolgt.

- Beim Schreiben der Verfasserabsicht **nennst** du zuerst die **Absicht**, die der Autor/die Autorin mit dem Text verfolgt (z. B. informieren).
- Anschließend **erklärst** du diese **Absicht näher** (z. B. Worüber wird informiert?) und **führst Textbelege an**, um deine Aussage zu unterstützen. Diese können als Zitat oder indirekt angegeben werden.
- Außerdem wenden sich Texte immer an bestimmte **Zielgruppen** (Frauen, Männer, Jugendliche, Fachleute, Eltern …). Auf diese gehst du im **Anschluss an die Verfasserabsicht** ein. Der Erscheinungsort eines Textes, der Inhalt, aber auch sprachliche Besonderheiten können Aufschluss darüber geben, an wen sich der Text wendet.

2.3 unter Verwendung von Fachbegriffen den Zusammenhang zwischen formalen bzw. sprachlichen Merkmalen und der Textintention beschreiben

Textbeschreibung

Eine begründete Stellungnahme verfassen

Häufig wird in einer Textbeschreibung auch eine begründete Stellungnahme verlangt. Diese kann sich auf eine Aussage des Textes oder auf eine Frage- bzw. Problemstellung, die der Text aufwirft, beziehen. Die Aufgabenstellung zur Glosse „Allein unter Frauen: Stilbruch" lautet in der Aufgabenstellung I auf S. 201:

→ S. 249
Die Stellung nehmende Erörterung

> Nimm Stellung zu der Frage, welche Auswirkungen Modetrends auf Jugendliche haben können.

1 Julia hat sich zu dieser Aufgabenstellung bereits einige Ideen notiert.

a) Lest euch ihre Stichpunkte durch.

b) Tauscht euch darüber aus, welche Aspekte euch ebenfalls wichtig erscheinen und welche Punkte eurer Meinung nach eher zu vernachlässigen sind.

c) Sammelt noch weitere Argumente.

– kostet viel
– Ausbeutung
– alle sehen gleich aus
– Gruppenzwang
– Individualität
– sind schnell vorbei
– kein Platz im Schrank
– Ausdrucksmöglichkeit

2 Den ersten Punkt auf ihrer Liste hat Julia folgendermaßen ausformuliert.

a) Lies dir den Anfang durch.

Nun soll zu der Frage Stellung genommen werden, welche Auswirkungen Modetrends auf Jugendliche haben können. Trends in der Mode sind nicht immer etwas Gutes. Ein negativer Aspekt ist für mich der Gruppenzwang. Zu jeder Jahreszeit gibt es Kleidungsstücke, die als besonders modern und „in" gelten. Meist beginnt eine modebewusste Person damit, ein solches Trendteil zu tragen, doch es werden rasch immer mehr, die sich ähnlich kleiden. So entsteht schnell ein Druck auf die übrigen Schüler, ebenfalls den Modetrend mitzumachen, um nicht altmodisch gekleidet zu sein, was ich nicht richtig finde. Beispielsweise sind momentan …

b) Erkläre, welche Funktion der erste Satz in Julias Ausformulierung hat.

c) Wie in einer Erörterung schließen an die Überleitung die einzelnen Argumente an. Grenze im ersten Argument Behauptung und Begründung voneinander ab und formuliere noch ein passendes anschauliches Beispiel.

d) Führe die Stellungnahme mit zwei weiteren Argumenten fort. Beachte: Anders als eine Erörterung benötigt die Stellungnahme keinen eigenen Schluss.

2.3 kontinuierlichen […] Texten Informationen entnehmen und zur argumentativen Unterstützung […] in eigenen Texten nutzen; 3.1 argumentative und appellative Texte selbständig gestalten

Schreiben

Textbeschreibung

Eine kreative Schreibaufgabe bearbeiten

1 Julia, Sina und Hannes haben zur Glosse verschiedene kreative Schreibaufgaben bearbeitet.

a) Wirf einen Blick auf ihre Textanfänge und begründe mithilfe des Merkkastens, um welche Aufgabenart es sich jeweils handelt.

Liebes Tagebuch,
mein Vater nervt momentan dermaßen. In letzter Zeit meckert er ständig an mir herum. Vor allem an meinen Klamotten. „Gangsta-Style" sagt er. Der spinnt doch! In der Schule laufen alle grad so rum. Ist doch cool.

Ich betrete mit Oma den ersten Laden auf unserer Shopping-Tour und tauche ein in das warm beheizte Einkaufsparadies. Aus den Lautsprechern tönt laute Musik von Ariana Grande. Instinktiv summe ich die Melodie mit. Schon nähert sich eine junge, dunkelhaarige Verkäuferin und fragt freundlich, ob sie uns behilflich sein könne …

3.1 unterschiedliche Formen schriftlicher Darstellung routiniert und selbständig anwenden

Hey cool, Oma ist da. Aber wie schaut Dad denn schon wieder? Mustert mich von oben bis unten und runzelt die Stirn. Geht's noch? Oh nein, jetzt weiß ich, was gleich kommt. Ja ja, ganz genau, jetzt jammert er Omi vor, dass ich mir mein Leben versaue, wenn ich so rumlaufe. Alter, hat der keine anderen Probleme?

Liebe Oma,
ich wollte mich nur noch einmal herzlich bei dir bedanken, dass du am Samstag mit mir einkaufen gegangen bist und mir auch noch meinen Wunsch, eine graue Jogginghose, erfüllt hast. Papa hätte mir nie so eine besorgt, schon aus Prinzip nicht, weil …

b) Finde in den Beispielen Bezüge zur Glosse.

2 Bearbeite nun selbst eine kreative Schreibaufgabe unter Berücksichtigung des Merkkastens. Wähle im Folgenden zwischen a) und b):
a) Führe einen der Textanfänge aus Aufgabe 1 fort.
b) Formuliere zu den kreativen Schreibaufgaben von S. 200 f. einen eigenen Text.

ⓘ Einen kreativen Schreibauftrag erfüllen

Ein kreativer Schreibauftrag verlangt von dir, dich noch einmal intensiver mit der Textvorlage auseinanderzusetzen. Auch wenn du bei der Formulierung des Inhalts freier als bei argumentativen Schreibaufträgen bist, gilt es dennoch, bestimmte **Eigenheiten von Textformen** zu kennen und zu berücksichtigen:
- **Schilderung:** Schreibe aus der Ich-Perspektive im Präsens, beschränke dich auf einen kurzen Zeitraum und baue Sinneseindrücke ein (z. B. hören, sehen …).
- **Persönlicher Brief:** Verwende eine Anrede und eine Schlussformel, schreibe aus der Ich-Perspektive und berücksichtige gegebenenfalls die Höflichkeitsanrede.
- **Innerer Monolog:** Schreibe aus der Ich-Perspektive im Präsens, baue Gedanken und Gefühle ein, verwende Ellipsen, Frage- und Ausrufesätze.
- **Tagebucheintrag:** Verwende eine Anrede und eine Schlussformel, schreibe aus der Ich-Perspektive und fasse zusammen, was du an einem Tag erlebt hast oder was dich beschäftigt.
- **Interview:** Beginne mit einer Begrüßung des Interviewpartners und schließe mit einer Verabschiedung. Formuliere für den Interviewer sinnvolle Fragen und lasse den Interviewpartner darauf reagieren.
- **Dialog:** Notiere ein Gespräch, schreibe die Aussagen mit Namen untereinander. **Beachte:** Bei allen Schreibaufträgen solltest du **Textbezüge** einbauen (Verhaltensweisen von Personen und Beziehungen zwischen Figuren, Schauplätzen …).

Schreiben

Textbeschreibung

Den Schluss zu einer Textbeschreibung verfassen

1 Im Schluss der Textbeschreibung ist die Meinung zum Text und dessen Thema gefragt. Julia macht sich zum Schlussteil einige Gedanken.
a) Lies diese durch.

b) Tauscht euch darüber aus, wie ihr Julias Fragen aus persönlicher Sicht beantworten würdet.

2 Schreibe nun selbst mithilfe deiner Ergebnisse aus Aufgabe 1b) und des Merkkastens einen Schluss, der deine eigene Meinung zum Text und zum Thema widerspiegelt. Du kannst folgende Formulierungen verwenden:
- *Nachdem ich mich ausgiebig/intensiv mit dem Text befasst habe …*
- *Mir gefällt die Glosse gut/nicht besonders gut …*
- *Meiner Meinung nach/Für meinen Teil/Ich persönlich …*
- *Das Thema des Textes gefällt mir (weniger) …/spricht mich (weniger) an, da …*
- *Ich finde …/Ich bin der Ansicht/Meinung …*

✲ **3** Tausche deinen Schlussteil mit dem deiner Banknachbarin bzw. deines Banknachbarn und gebt euch mithilfe des Merkkastens gegenseitig Rückmeldung, was gut gelungen ist und was ihr noch besser machen könnt.

ⓘ Einen Schluss zu einer Textbeschreibung verfassen

Nachdem du dich im Hauptteil der Textbeschreibung sachlich mit dem Text auseinandergesetzt hast, steht im Schlussteil deine eigene Meinung im Vordergrund. Der Schluss setzt sich aus zwei Teilen zusammen:
1. **Meinung zum Text:** Gehe auf den Inhalt ein *(Ist der Text anschaulich/ informativ/ interessant?)* und begründe deine Ansichten *(Was hat dir daran (nicht) gefallen? Was wusstest du vorher noch nicht?)*.
2. **Meinung zum Thema:** Stelle einen eigenen Bezug zum Thema her *(Warst du selbst bereits in einer ähnlichen Situation? Hast du bereits Erfahrung mit dem Thema? Kannst du dich in die Lage einer der beteiligten Personen hineinversetzen?)*.

2.3 begründete Schlussfolgerungen aus gewonnenen Informationen ziehen, mit eigener Position vergleichen und bewerten

Textbeschreibung

Überprüfe dein Wissen und Können

1 Verfasse nun selbst eine vollständige Textbeschreibung.
a) Lies dir dafür zunächst die Glosse durch.

Kolumne: Schrecklich, die anderen

Wir verreisen gern, verachten aber Touristen. Es soll alles authentisch sein, aber bloß nicht zu sehr. Im Urlaub zeigen wir uns hässlich und hämisch.
Von Meike Winnemuth

Eines der unglücklichsten Wesen der Welt ist der Tourist. Einerseits möchte er gern Tourist sein, denn man will ja mal weg von zu Hause, man will mal im Warmen sitzen auf fremden Plätzen oder an lieblichen Seen. Andererseits will er es auf gar keinen Fall sein, denn Touristen sind schrecklich. Also: die anderen. Der Tourist an sich lehnt Tourismus strikt ab. Man selbst sitzt halt gerade zufällig in dieser Trattoria, doch in dem Moment, wenn sich Landsleute an den Nebentisch setzen, beginnt das Unglück. Dann beginnt man sich zu schämen. Für die anderen, die ein angeregtes Gespräch über magensaftresistente Tabletten führen, die sich erst im Darm zersetzen, und für sich selbst, weil es wieder mal schmerzhaft klarmacht, dass man selbst doch auch nur ein … Herrje.

Wir verachten nicht nur uns, sondern auch die Einheimischen

Diesem Touristen- und folglich Selbsthass zu entkommen ist völlig unmöglich. Ich begleite gerade meine Eltern an den Gardasee. Schön hier, wirklich. Sagenhaft schön. Hübsches Hotel, hübsche Promenade, ich bin tiefenentspannt. Und tappe trotzdem wieder in alle alten Fallen: Ich finde Leute doof, die genau dasselbe machen wie wir. Die viel zu langsam gehen, blöd in der Gegend rumstehen, sinnloses Zeug fotografieren, Kirchen besichtigen, obwohl sie sich kein bisschen für Kirchen interessieren. Denn das macht man schließlich, wenn man woanders ist, oder?
Doch wir verachten nicht nur uns, sondern auch die Einheimischen, die es doch nur gut mit uns meinen. Schlimm, diese Restaurants mit ihren dreisprachigen Speisekarten – wie anbiedernd! Garantiert Touristenfallen!

Meike Winnemuth (*1960) *ist eine deutsche Journalistin und Buchautorin. Nach ihrem Gewinn in einer Quizshow reiste sie ein Jahr durch die Welt und erzählte davon in einem Buch, welches zu einem Bestseller wurde. Heute schreibt sie für namhafte Zeitungen und Magazine.*

2.3 journalistische Texte und ihre Funktion unterscheiden und mit Fachbegriffen formale bzw. sprachliche Merkmale sowie die Textintention beschreiben und den Inhalt wiedergeben

Schreiben

Preziosen
Kostbarkeiten

Hans Magnus Enzensberger (*1929)
ist ein deutscher Dichter, Schriftsteller, Übersetzer, Redakteur und Herausgeber.

Katasteramt
Amt für Vermessungswesen

Nanotechnologie
Herstellung/Manipulation einzelner Atome und Moleküle

Gleichzeitig ist man klammheimlich aber doch froh über eine deutsche Übersetzung. Denn was war noch mal schnell coregone? Oder ombrina? Und augenblicklich sinkt man wieder in die Niederungen der Hässlichkeit, wenn man nämlich hämisch Preziosen wie „Drei Arten von Zahnstein zweite Markt Verfügbarkeit" oder „Ich schneide ein gewinde von fisch zur tüte zum offen" oder „Fruchterschütterung" nach Hause sendet. Leute! Jemand hat sich die Mühe gemacht, uns Sprachtrotteln unter die Arme zu greifen, und wir watschen ihn dafür ab?

„Der Tourist zerstört das, was er sucht, indem er es findet"

Wer behauptet, er wolle Land und Leute kennenlernen: nein. Er will Land und Leute in den Wahnsinn treiben, wie schon Hans Magnus Enzensberger in den tiefen Sechzigern diagnostizierte: „Der Tourist zerstört das, was er sucht, indem er es findet." Man sucht das Authentische und will eine Operetteninszenierung. Die Welt soll aus dicken Fischhändlern und singenden Kellnern bestehen (aber bitte nur, wenn sie sowieso singen, nicht etwa für Touristen), keinesfalls aus Katasteramtbeamten und Nanotechnologinnen. Es soll schon irgendwie alles echt sein, aber Reissuppe zum Frühstück? Igitt.

Der Tourist weiß selbst nicht so genau, was er eigentlich will. Also quengelt er. Jüngst veröffentlichte der britische Reiseveranstalter Thomas Cook wieder einen neuen Schwung Gäste-Beschwerden: „Der Sand sah ganz anders aus als im Prospekt. Ihr Foto zeigt weißen Sand, tatsächlich aber war er gelb." – „Wir hatten einen Ausflug in einen Wasserpark gebucht. Doch niemand hat uns darauf aufmerksam gemacht, dass wir Badezeug und Handtücher hätten mitnehmen müssen." – „In Spanien gibt es zu viele Spanier. Der Mann an der Rezeption spricht Spanisch. Das Essen ist spanisch. Zu viele Ausländer." Zu viele Fische im Meer, kein Eierschneider in der Apartmentküche: un-er-träg-lich – was die schönste Zeit des Jahres aus Leuten herausholt.

Und wir so? Morgen geht es wieder heim. Schön war es, richtig schön. Bis auf all die Touristen natürlich.

Quelle: stern.de, 2017

2.3 journalistische Texte und ihre Funktion unterscheiden und mit Fachbegriffen formale bzw. sprachliche Merkmale sowie die Textintention beschreiben und den Inhalt wiedergeben

b) Schreibe nun Gliederung, Einleitung, Hauptteil und Schluss. Bearbeite im Hauptteil folgende Aufgaben:

Aufgaben
1. Gib den Inhalt des Textes strukturiert wieder.
2. Beschreibe die sprachlichen Auffälligkeiten des Textes und ihre Wirkung.
3. Weise nach, dass es sich bei diesem Text um eine Glosse handelt.
4. Nimm Stellung zu der Frage, welche negativen Seiten mit dem Tourismus verbunden sein können.
5. Verfasse eine Schilderung aus der Sicht der Autorin, als sie durch die Straßen eines italienischen Urlaubsorts schlendert.

2 **Überprüfe mithilfe der Checkliste, was du an deiner Arbeit noch verbessern musst. Schreibe die Fehler, die dir aufgefallen sind, an den Rand.**

3 **Überarbeite mithilfe der Notizen am Rand deine Textbeschreibung.**

Portal
WES-122966-074

EINEN TEXT BESCHREIBEN — CHECKLISTE

Ich habe …
- ✓ … mir den Text zunächst mehrmals durchgelesen.
- ✓ … eine Gliederung erstellt.
- ✓ … in der Einleitung der Textbeschreibung Autorin, Titel, Textsorte und Quelle (Erscheinungsort und -datum) genannt und im Kernsatz das Wesentliche zusammengefasst.
- ✓ … den Inhalt strukturiert und mit meinen eigenen Worten wiedergegeben.
- ✓ … mich mit den sprachlichen Auffälligkeiten des Textes auseinandergesetzt, entsprechende Textbelege angeführt und die textbezogene Wirkung bestimmt.
- ✓ … die Textsorte bestimmt und meine Einschätzungen mit Textstellen belegt.
- ✓ … eine begründete Stellungnahme verfasst und dabei darauf geachtet, dass alle Argumente aus Behauptung, Begründung und Beispiel bestehen.
- ✓ … eine Schilderung aus der Ich-Perspektive im Präsens geschrieben, mich dabei auf einen kurzen Zeitraum beschränkt und Sinneseindrücke eingebaut (z. B. hören, sehen …).
- ✓ … im Schlussteil meine eigene Meinung zum Text und zum Thema des Textes geäußert.
- ✓ … Zitate in Anführungszeichen gesetzt und mit der jeweiligen Zeilenangabe versehen.
- ✓ … zwischen den einzelnen Teilen der Textbeschreibung Überleitungen verwendet.
- ✓ … meinen Aufsatz auf Grammatik, Zeichensetzung und Rechtschreibung überprüft.

3.3 Texte grammatikalisch, orthografisch, strukturell, sprachlich und inhaltlich verbessern (auch unter bewusstem Einsatz von Nachschlagewerken, digitalen Textüberarbeitungsfunktionen)

Schreiben

Die materialgestützte Erörterung

1 Betrachtet das folgende Foto und beschreibt, welche Situation darauf dargestellt ist.

2 Nach eurem Schulabschluss oder mit Erreichen der Volljährigkeit stellt sich für euch wahrscheinlich die Frage, ob ihr weiterhin bei den Eltern wohnen bleibt oder euch eine eigene Wohnung suchen sollt.

a) Überprüft per Handzeichen, wer aus der Klasse bereits weiß, dass er das Elternhaus demnächst verlässt, wer weiterhin bei den Eltern wohnen wird und wer sich noch nicht sicher ist, wo er in Zukunft wohnen wird.

b) Sprecht über das Ergebnis der Abstimmung und begründet eure Entscheidungen vor euren Mitschülern und Mitschülerinnen.

In diesem Kapitel lernst du (,) …

- *den Aufbau einer zweigliedrigen Erörterung kennen.*
- *die Themafrage zu erschließen.*
- *Material für eine Erörterung auszuwerten.*
- *anhand einer Stoffsammlung eine Gliederung für die Erörterung zu erstellen.*
- *Einleitung, Hauptteil und Schluss der Erörterung zu verfassen.*
- *das Material sinnvoll in die Erörterung einzubinden.*
- *eine Erörterung zu überarbeiten.*
- *die Stellung nehmende Erörterung kennen.*

Die materialgestützte Erörterung

Den Aufbau der zweigliedrigen Erörterung kennenlernen

Zur Vorbereitung auf die nächste Schulaufgabe und die bevorstehende Abschlussprüfung befasst sich die Klasse 10c mit der materialgestützten Erörterung. Das Thema der Erörterung lautet:

> Welche Gründe bewegen junge Erwachsene dazu, von zu Hause auszuziehen, und was spricht dafür, weiter bei den Eltern wohnen zu bleiben?

1 Sichte das Material, das Frau Bender ihrer Klasse zu diesem Thema ausgeteilt hat.

Material 1

„Hotel Mama": Kind, check endlich aus!

Material 2

Statistik zu „Nesthockern"

Mit 25 noch im „Hotel Mama"? Gar nicht selten!

[…] Daheim ist es immer noch am schönsten. Das denken sich nicht wenig junge Erwachsene. Mehr als jeder Vierte in Deutschland lebt auch noch mit 25 Jahren bei seinen Eltern. Das geht aus einer Statistik hervor, die das Statistische Bundesamt (Destatis) im Jahr 2020 veröffentlicht hat. Demnach wohnten im vergangenen Jahr 28 Prozent aller 25-Jährigen noch zu Hause. Vor allem Söhne haben es mit dem Auszug offenbar nicht eilig: Bei ihnen waren es sogar 34 Prozent, die noch im Elternhaus leben. Bei den Töchtern waren es mit 21 Prozent deutlich weniger. Dieser Unterschied lässt sich auch im höheren Alter beobachten. Mit 30 Jahren wohnten immerhin noch 13 Prozent aller Männer bei ihren Eltern, aber nur fünf Prozent aller Frauen. […]

Quelle: idowa, 2020 (Text verändert)

Schreiben

Material 3

www.forum-ta-lk.de

Große Freiheit oder Hotel Mama?

---

von Erik; Sonntag 09. Mai 2021, 14.31 Uhr

Hey Leute, mich interessiert mal eure Meinung: Ich bin jetzt mit der Schule fertig und überlege, von zu Hause auszuziehen. Dann hätte ich endlich keinen Stress mehr mit meinen Eltern und keine nervigen Geschwister, mit denen ich mich rumschlagen muss. Endlich könnte ich tun und lassen, was ich will!!!!

---

von Regenbogen; Sonntag 09. Mai 2021, 16.11 Uhr

Es hat schon was für sich, von zu Hause auszuziehen. Aber kannst du dir das jetzt schon leisten, wenn du gerade erst deinen Schulabschluss gemacht hast? Hast du eine Ausbildungsstelle? Eine eigene Wohnung kostet 'ne Menge Geld. Als Student kannst du dir das gar nicht leisten, du wärst weiter von deinen Eltern abhängig.

---

von Sunny2003; Montag 10. Mai 2021, 13.56 Uhr

Also ich bleibe weiter bei meinen Eltern wohnen. Das spart mir eine Menge Kohle und ich muss mich um vieles nicht kümmern: Meine Mum kocht für mich, wäscht meine Wäsche und manchmal räumt sie sogar mein Zimmer auf ☺ Besser geht es doch gar nicht!

---

von Elena22.04.; Dienstag 11. Mai 2021, 8.43 Uhr

Und dafür dauernd unter der Aufsicht der Eltern, keine Privatsphäre ... Nein, danke!

---

von StefanR.; Dienstag 11. Mai 2021, 12.19 Uhr

Erik, es ist keine schlechte Idee, auszuziehen. Ich kann dir das nur empfehlen. Seitdem hab ich ein viel besseres Verhältnis zu meinen Eltern. Wir streiten nicht mehr dauernd um irgendeinen „Alltagsscheiß".

Material 4

Material 5

Wir sind jetzt schon seit zwei Jahren zusammen. Was hältst du davon, dass wir bei unseren Eltern ausziehen und uns eine eigene Wohnung suchen?

Ich bin mir nicht sicher, ob wir uns das schon leisten können. Bis wir überhaupt mal in die Wohnung einziehen könnten, müssten wir Umzug, Kaution, Grundausstattung, Möbel und sonstige Ausstattung bezahlen. Das kostet bestimmt mehrere Tausend Euro. Und jeden Monat fallen dann auch noch einige Hundert Euro für Miete, Strom, Internet, Rundfunkgebühr, Versicherungen und die Lebenshaltungskosten an.

Material 6

[…] In Deutschland lebende junge Erwachsene verlassen das Elternhaus mit 23,7 Jahren – früh im europäischen Vergleich, denn im EU-Durchschnitt ziehen Jugendliche erst mit 26 Jahren in eine eigene Wohnung. Angeführt wird die Liste der Nesthocker von den Kroaten mit fast 32 Jahren […]. Die Slowakei, Malta und Italien folgen dicht dahinter. Auch in Spanien und Griechenland werden die Menschen laut der EU-Statistik erst im 30. Lebensjahr flügge. […]

Quelle: sueddeutsche.de, 2019

Material 7

Wohnungssuche am schwarzen Brett einer Berufsschule

2 Markiere auf einer Kopie der Buchseiten oder der Vorlage aus dem Portal alle Informationen, die du für deine Erörterung nutzen kannst, und schreibe neben das jeweilige Material, wo du dieses einsetzen kannst (in der Einleitung, im Pro-Argument oder Kontra-Argument als Behauptung oder als Beispiel, im Schluss).

Portal
WES-122966-075

3.1 aus Text- und Materialgrundlagen exzerpieren, zweckmäßige, formal und sprachlich korrekte Textbelege angeben

Schreiben

3 Erstelle mithilfe deiner Randbemerkungen von Aufgabe 2 eine Tabelle nach folgendem Muster, in der du alle Gründe für und gegen den Auszug aus dem Elternhaus sowie Ideen für Einleitung und Schluss einträgst.

Einleitung	Gründe, die junge Erwachsene dazu bewegen, von zu Hause auszuziehen	Gründe, die dafür sprechen, weiter bei den Eltern wohnen zu bleiben	Schluss
...	...	...	...

4 Vergleicht eure Lösungen miteinander.

✲ **5** Ergänze die Tabelle durch weitere Argumente. Du kannst dazu auch im Internet recherchieren.

6 Zusammen mit den Schülerinnen und Schülern der Klasse 10c hat Frau Bender zu dem zweigliedrigen Thema **„Welche Gründe bewegen junge Erwachsene dazu, von zu Hause auszuziehen, und was spricht dafür, weiter bei den Eltern wohnen zu bleiben?“** eine Gliederung erstellt und vier Argumente ausformuliert.
a) Lies dir zunächst die folgende Gliederung und Erörterung durch.

Gliederung
Die Gliederung ist das Inhaltsverzeichnis der Erörterung. Im Aufsatz muss man sich genau an die Gliederung halten. Es darf keine Abweichungen geben.

Gliederung

A. Mehr als jeder vierte Deutsche wohnt mit Mitte zwanzig noch bei den Eltern.

B. Welche Gründe bewegen junge Erwachsene dazu, von zu Hause auszuziehen, und was spricht dafür, weiter bei den Eltern wohnen zu bleiben?

I. Gründe für einen frühen Auszug aus dem Elternhaus
1. Wunsch der Eltern
2. Weniger Streit mit den Eltern oder Geschwistern
3. Mehr Privatsphäre
4. Förderung der Selbstständigkeit
5. Nähe zu Ausbildungsstelle oder Studienplatz

II. Gründe für das Wohnenbleiben im Elternhaus
1. Gutes Verhältnis zu den Eltern
2. Unterstützung durch die Eltern
3. Vermeiden zahlreicher Kosten
a) Keine Umzugskosten
b) Geringere finanzielle monatliche Belastung

C. Ich werde, auch wenn ich mit meiner Ausbildung begonnen habe, weiter bei meinen Eltern wohnen bleiben.

3.1 aus Text- und Materialgrundlagen exzerpieren, zweckmäßige, formal und sprachlich korrekte Textbelege angeben; 3.2 geeignete Informationsquellen, Schreibsammlungsverfahren verwenden

AT → S. 280
Zitieren

„Daheim ist es immer noch am schönsten. Das denken sich nicht wenig junge Erwachsene. Mehr als jeder Vierte in Deutschland lebt auch noch mit 25 Jahren bei seinen Eltern. Das geht aus einer Statistik hervor, die das Statistische Bundesamt (Destatis) im Jahr 2020 veröffentlicht hat" (Material 2). Trotz der relativ hohen Zahl an jungen Menschen, die erst spät von zu Hause ausziehen, gibt es auch zahlreiche junge Menschen, die ihr Elternhaus schon früh verlassen und sich eine eigene Wohnung suchen.

Daher stellt sich im Folgenden die Frage, welche Gründe junge Erwachsene dazu bewegen, von zu Hause auszuziehen, und was dafür spricht, weiter bei den Eltern wohnen zu bleiben.

Zunächst soll auf die Gründe eingegangen werden, warum junge Menschen schon früh ihr Elternhaus verlassen wollen. […]

Für einen baldigen Auszug bei den Eltern spricht, dass man mehr Privatsphäre hat, wenn man nicht mehr im Haus der Eltern lebt (vgl. M 3). Denn auch wenn die Eltern den Sohn oder die Tochter nicht kontrollieren und ihm bzw. ihr alle Freiheiten lassen, bekommen sie trotzdem unweigerlich mehr mit, als wenn ihr Kind in der eigenen Wohnung leben würde. So lässt es sich beispielsweise oftmals nicht vermeiden, dass die Eltern wissen, wie lange der oder die Jugendliche ausschläft, wann er oder sie nachts nach Hause kommt oder wen er oder sie mit nach Hause bringt. Die Privatsphäre leidet also des Öfteren darunter, wenn man bei den Eltern lebt.

Ein weiterer Grund, früh von zu Hause auszuziehen und nicht mehr weiter im Elternhaus wohnen zu bleiben, ist der, dass es für die eigene Selbstständigkeit förderlich ist, wenn man eine eigene Wohnung hat. Da die Eltern vieles für einen erledigen, wenn man bei ihnen wohnen bleibt, verlässt man sich auch in vielen Dingen auf ihre Unterstützung, statt sich selbst zu kümmern. Man lässt die Eltern verschiedenste Arbeiten übernehmen, nimmt in finanziellen Angelegenheiten ihre Hilfe in Anspruch und auch Probleme werden oft von den Eltern aus dem Weg geräumt. So lernt der junge Mensch nicht, selbst Verantwortung für sich und sein Leben zu übernehmen. Er muss beispielsweise nicht darauf achten, dass der Kühlschrank voll ist oder dass seine Kleider gewaschen sind. Im Gegensatz dazu ist es ein Jugendlicher, der seit einem Jahr alleine wohnt, gewohnt, sich um alles selbst zu kümmern und kommt ohne Hilfe der Eltern klar. Daher ist es wichtig, dass junge Erwachsene sich möglichst bald von den Eltern lösen und ihr eigenes Leben führen, um selbstständig zu werden. […] Neben den Gründen, die junge Menschen dazu bewegen, früh von zu Hause auszuziehen, gibt es jedoch auch zahlreiche Gründe, die dafür sprechen, weiterhin bei den Eltern wohnen zu bleiben. Auf diese soll im Folgenden eingegangen werden. […]

Gegen einen baldigen Auszug aus dem Elternhaus spricht, dass es sehr bequem ist, weiterhin bei den Eltern zu wohnen. Denn wenn man im Elternhaus bleibt, ist die Chance sehr groß, dass die Eltern einem Aufgaben abnehmen, die man selbst erledigen muss, wenn man eine eigene Wohnung hat. So waschen Mütter häufig die Wäsche ihrer im Haus lebenden Kinder. Auch der Einkauf und das Kochen des Essens werden oftmals von den Eltern übernommen. Mancher Jugendliche muss noch nicht einmal sein Zimmer aufräumen, wenn er zu Hause wohnen bleibt. Diese Annehmlichkeiten genießen viele junge Menschen und verlassen aus Bequemlichkeit nicht das Elternhaus. (vgl. M 1) […]

Auch lassen sich durch das Wohnen bei den Eltern zahlreiche Kosten vermeiden. […] Für Jugendliche, die nicht von zu Hause ausziehen, sondern noch eine Zeit lang bei ihren Eltern wohnen bleiben, fallen jeden Monat weniger Kosten an. Das liegt daran, dass die

Schreiben

Eltern gewohnt sind, bestimmte Ausgaben für ihr Kind zu übernehmen. Daher werden sie diese wahrscheinlich auch weiterhin tragen, wenn ihr Kind das Elternhaus nicht verlässt (vgl. M 3, M 5). So zahlen viele Eltern weiter die Kosten für Strom und Wasser, Internet, Rundfunkgebühr, Versicherungen und einen Großteil der Lebensmittel. Auch Miete verlangen die Eltern normalerweise nicht. So spart der Jugendliche viel Geld, das er zahlen müsste, wenn er sich stattdessen eine eigene Wohnung suchen würde. [...]
Wie soeben aufgezeigt, gibt es sowohl Gründe, die junge Menschen dazu bewegen, früh von zu Hause auszuziehen, als auch Gründe, die gegen einen baldigen Auszug sprechen. Meiner Meinung nach werden wahrscheinlich auch in Zukunft viele Jugendliche länger bei den Eltern wohnen, schon allein deswegen, weil sie sich keine eigene Wohnung leisten können. Ich habe auch vor, nach der Schule weiter bei meinen Eltern wohnen zu bleiben, da ich mich mit meinen Eltern sehr gut verstehe und gerne mit ihnen Zeit verbringe. Im europäischen Vergleich ziehen junge Menschen in Deutschland mit einem durchschnittlichen Auszugsalter von 23 und 24 Jahren übrigens noch relativ früh von zu Hause aus. Am längsten bleiben junge Menschen aus Kroatien, der Slowakei, Malta und Italien bei den Eltern wohnen (Material 6).

b) Sprecht darüber, welche Gliederungspunkte der Gliederung von Seite 222 in der Erörterung ausformuliert wurden.

Portal
WES-122966-076

c) Grenze mithilfe des Merkkastens auf einer Kopie der Buchseiten oder der Vorlage aus dem Portal in der Erörterung die Teilbereiche Einleitung, Hauptteil und Schluss voneinander ab und markiere alle Überleitungen.
d) Überprüfe, wo in der Erörterung Material eingesetzt wurde, und unterstreiche die entsprechenden Stellen.
e) Vergleicht eure Ergebnisse miteinander.
f) Wähle einen weiteren Gliederungspunkt der Gliederung aus und verfasse ein vollständiges Argument.

ⓘ Der Aufbau einer Erörterung

Die Erörterung besteht aus den drei Teilbereichen Einleitung, Hauptteil und Schluss.

1. **Einleitung:** Die Einleitung führt zum Thema hin. Es gibt verschiedene Möglichkeiten, diese zu gestalten **(persönliches Erlebnis, geschichtlicher Hintergrund, aktuelles Ereignis, Statistik ...)**. Am Ende steht immer die **Themafrage**.
2. **Hauptteil:** Der Hauptteil ist der ausführlichste Teil der Erörterung. Hier werden die **Argumente entsprechend der Reihenfolge der Gliederung** ausgeführt. Dabei ist wichtig, dass die Argumente **durch Überleitungen** miteinander **verbunden** werden.
   Bei einer **zweigliedrigen Erörterung** setzt sich der Hauptteil aus **zwei Teilbereichen** (z. B. Vor- und Nachteilen) zusammen, bei einer drei- oder mehrgliedrigen Erörterung aus drei oder mehr Teilbereichen (z. B. Ursachen, Folgen und Gegenmaßnahmen).
3. **Schluss:** Der Schluss rundet die Erörterung ab. Nach einer **kurzen Zusammenfassung des im Hauptteil Erörterten** sollst du **persönlich** zum Thema **Stellung nehmen**. Dabei dürfen keine neuen Argumente mehr angeführt werden.

Die materialgestützte Erörterung

Die Themafrage richtig erschließen

Um in der Schulaufgabe oder der Abschlussprüfung keine Themaverfehlung zu schreiben, ist es wichtig, dass du dich mit der Themafrage genau auseinandersetzt und das Thema erschließt.

1 Im Folgenden findest du verschiedene Erörterungsthemen, wie sie auch in einer Schulaufgabe oder Abschlussprüfung vorkommen könnten.

a) Lies dir die Themen zunächst genau durch.

A) In Deutschland leben ungefähr 50.000 Menschen auf der Straße. Warum ist das so und was könnte man dagegen tun? → *Zweigliedriges Thema*

B) Viele Unfälle werden erst durch Schaulustige ausgelöst. Wie erklärt sich die Lust am Gaffen?

C) Die Digitalisierung der Schulen schreitet immer weiter voran. Erörtern Sie Vor- und Nachteile dieser Entwicklung.

D) Ein gutes Betriebsklima ist die Voraussetzung, dass sich jeder bei seiner Arbeit wohlfühlt. Welche Forderungen werden an einen selbst, die Kollegen und an die Vorgesetzten gestellt, um ein solches „Klima" zu schaffen?

E) Einfach nur weg! So lautet die Devise vieler Menschen, die heutzutage davon träumen, als Auswanderer irgendwo anders ein besseres Leben zu finden. Was spricht für und gegen das Auswandern?

F) Welche Vor- und Nachteile besitzt das Buch gegenüber elektronischen Medien und wie könnte man Jugendliche wieder mehr zum Lesen von Büchern bewegen?

Tipp

In der Abschlussprüfung ist es üblich, dass du in der Aufgabenstellung gesiezt wirst.

b) Erschließe die Themen richtig. Nutze dazu eine Kopie der Buchseite oder die Vorlage aus dem Portal. Der Merkkasten hilft dir dabei. Orientiere dich an dem bereits vorgegebenen Beispiel.

c) Vergleiche deine Ergebnisse mit denen deiner Klasse.

Portal

WES-122966-077

Die Themafrage erschließen

Bevor du ein Thema erörterst, musst du es genau erschließen und verstehen.

1. **Lies** dir daher das **Thema** zunächst **mehrmals aufmerksam durch**.
2. **Markiere** anschließend die **Schlüsselstellen**. Diese helfen dir, das Thema inhaltlich zu verstehen. Dabei sollten wichtige Begriffe geklärt werden, um eine Themaverfehlung zu vermeiden.
3. **Umkreise** schließlich die **Stellen, die das Thema einschränken**.
4. Gib an, ob es sich um ein ein-, zwei- oder mehrgliedriges Thema handelt.

Schreiben

Die materialgestützte Erörterung

Material sichten und für eine Stoffordnung auswerten

Das dir für die Erörterung zur Verfügung stehende Material bietet Anregungen für alle Teile der Erörterung. Es hilft dir, überzeugende Argumente sowie Einleitungs- und Schlussgedanken zu formulieren.

1 Zur Bearbeitung des Themas **„Die Digitalisierung der Schulen schreitet immer weiter voran. Erörtern Sie Vor- und Nachteile dieser Entwicklung“** stehen folgende Materialien zur Verfügung. Sichte die Materialien auf den Seiten 226 bis 228.

Material 1

[…] Digitales Lernen liegt im Trend

Immer mehr Schulen gehen dazu über, moderne Medien zu nutzen, um den Unterricht ansprechender gestalten zu können. Entsprechend der Definition kommt es beim digitalen Lernen zum Einsatz von unterschiedlichen Medien. Klar geregelt, inwieweit dies der Fall sein muss, um tatsächlich von digitalem Lernen sprechen zu können, ist dies indes nicht.

Dass es jedoch zur Erfüllung der Definition nicht ausreichen dürfte, mit dem althergebrachten Overheadprojektor zu arbeiten, sollte klar sein. Vielmehr funktionieren die Methoden des E-Learning in aller Regel mittels Tablets, die den Schülern zur Verfügung stehen. Auch interaktive Whiteboards, die als digitale Tafeln fungieren, finden sich in immer mehr Klassenräumen Deutschlands. Die Technik lässt sich in diesem Bereich kaum aufhalten, sodass die tradierte Tafel in Zukunft wohl nur noch in wenigen Schulen vorhanden sein wird. […]

Quelle: kita.de, 2021

Material 2

Lernen in einer Tabletklasse

Material 3

Corona:
Schub bei Digitalisierung in Schulen

Quelle: ndr.de, 2020

Digitalisierung an Schulen:
Deutschland liegt bei digitaler Schulausstattung international zurück

Quelle: ZEIT.de, 2020

Immer mehr Schulen machen sich mit Erfolg auf den Weg in die digitale Zukunft: Die besten unter ihnen zeichnet Bitkom als „Smart School“ aus.

Quelle: funkschau.de, 2021

2.3 Informationen aus dis- sowie kontinuierlichen Texten für begründete Schlussfolgerungen nutzen, vergleichen und bewerten

Material 4

So ruinieren wir unsere Augen vor dem Bildschirm

[...] Das stundenlange Starren auf Monitore, Smartphones und Tablets fordert seinen Tribut: 68 Prozent der Generation Y leidet an einer „digitalen Krankheit" der Augen, zeigt eine aktuelle Studie. Wissenschaftler sprechen bereits von einer weltweiten Seuche: Die Menschen verbringen mehr Zeit vor Bildschirmen als je zuvor. Berufstätige, die im Büro arbeiten, sitzen oft acht oder mehr Stunden am Tag vor dem Computer. Weitere Bildschirmgeräte wie Smartphones oder Tablets werden ebenfalls exzessiv genutzt – im Bett, beim Essen und sogar auf der Toilette. Von den rund 40 Millionen erwerbstätigen Menschen in Deutschland arbeiten etwa 20 Millionen überwiegend an einem Bildschirm. Außerdem verbringen immer mehr Menschen auch ihre Freizeit am liebsten vor dem Bildschirm. Bildschirmgeräte gibt es nach Angaben des Statistischen Bundesamtes in fast allen Haushalten, sie werden täglich viele Stunden genutzt. Wer Woche für Woche, Monat für Monat, Jahr für Jahr täglich viele Stunden auf einen Bildschirm starrt, sollte sich jedoch darüber im Klaren sein, dass dies auf Dauer nicht ohne Folgen bleibt. Strapaziert werden vor allem die Augen.

Technologieaffine Generation besonders betroffen

Besonders stark betroffen ist die sogenannte Generation Y (in den 80er-Jahren Geborene), die im Umfeld von Internet und mobiler Kommunikation aufgewachsen ist und sich durch eine technologieaffine Lebensweise auszeichnet.
In den USA warnen Augenärzte seit Langem vor der „digitalen Krankheit" der Augen. Eine aktuelle Studie des Vision Council zeigt nun, dass bereits 68 Prozent der Generation Y davon betroffen sind. Das Leiden kann demnach schon nach zwei oder mehr Stunden an Bildschirmen verbrachter Tätigkeit auftreten. Die Augenlinse verliert dabei an Elastizität und muss sich mehr anstrengen, um Dinge in der Nähe scharf zu stellen. [...]

Quelle: WELT.de, 2015

Material 5

Klasenarbeit

Schrei-ben

Material 6

Guten Morgen, Herr Georgi. Danke, dass Sie sich die Zeit nehmen und bereit sind, mir einige Fragen zur Digitalisierung der Schulen zu beantworten.

Guten Morgen, Frau Sommer. Das mache ich doch gerne.

Schön! Dann kommen wir doch gleich zu meiner ersten Frage: Ihre Schule ist ja schon seit vielen Jahren mit digitalen Medien ausgestattet. Welche Vorteile haben sich denn daraus für Ihre Schule ergeben?

Na ja, da gibt es einige. Zum einen lernen die Kinder schon frühzeitig, mit digitalen Medien umzugehen. Außerdem ist unser Unterricht viel mehr an die Lebenswelt der Schüler angelehnt, seit wir digitale Medien nutzen können. Ohne digitale Medien geht doch bei unseren Kindern heutzutage gar nichts mehr. Und der Unterricht macht den Schülern auch noch viel mehr Spaß!

Das hört sich ja gut an. Gibt es auch Probleme, mit denen Sie zu kämpfen haben?

Natürlich hat die Digitalisierung nicht nur Vorteile. Vor allem in der Anfangszeit hat die Einarbeitung in den Umgang mit digitalen Medien sehr viel Zeit erfordert. Und die fehlt einem natürlich dann für den Unterricht. Und hin und wieder kommt es natürlich auch vor, dass technische Störungen auftreten. Das lässt sich nicht vermeiden, ist aber sehr ärgerlich, da dann kein reibungsloser Unterricht möglich ist.

Ach ja, und was mich auch lange beschäftigt hat, ist die Frage, ob es gut ist, wenn unsere Kinder, die zu Hause ja sowieso schon viel zu viel Zeit vor dem Bildschirm verbringen, auch noch in der Schule dauernd vor dem Bildschirm sitzen.

Da haben Sie Recht. Vor Kurzem habe ich einen Artikel darüber gelesen, dass die häufige Nutzung digitaler Medien sogar zu Suchtproblemen führen kann.

Eine letzte Frage hätte ich noch, Herr Georgi: Glauben Sie, dass in absehbarer Zeit der Großteil der Schulen digital sehr gut ausgestattet sein wird, so wie Ihre Schule?

Das ist schwer zu beantworten. Ich denke schon, allerdings muss man bedenken, dass es eine Menge Geld kostet, alle Klassenzimmer mit digitalen Geräten auszustatten. Wir sprechen hier von mehreren tausend Euro pro Klassenzimmer. Und diese Gelder müssen erst einmal vorhanden sein.

Vielen Dank, Herr Georgi, für die vielen interessanten Informationen.

Gerne.

2.3 Informationen aus dis- sowie kontinuierlichen Texten für begründete Schlussfolgerungen nutzen, vergleichen und bewerten

2 Werte nun die Materialien aus.
a) Sprecht darüber, welche Art von Material jeweils vorliegt.
b) Markiere auf der Vorlage aus dem Portal oder der Kopie der Seiten 226 bis 228 mit verschiedenen Farben alle Behauptungen, Begründungen und Beispiele, die du für deine Argumente nutzen kannst.
c) Mache dir zusätzlich Randnotizen, vor allem bei Fotos, Statistiken usw., und notiere außerdem, welches Material für Einleitung und Schluss verwendet werden kann.
d) Vergleicht eure Ergebnisse miteinander.

Portal
WES-122965-078

* **3** Nachdem du die Materialien ausgewertet hast, kannst du alle Informationen, die du für deine Erörterung verwenden kannst, noch zusätzlich in einer Tabelle sammeln.
a) Lege eine Tabelle nach dem Muster unten an oder nutze die Vorlage aus dem Portal.
b) Fasse darin alle Informationen von Aufgabe 2c) und 2d) stichpunktartig zusammen.
c) Markiere in der Spalte „Behauptung" alle Vorteile der zunehmenden Digitalisierung der Schulen mit einer und alle Nachteile mit einer anderen Farbe.

Portal
WES-122965-079

	Behauptung	**Begründung**	**Beispiel**	**Sonstiges**
M 1	/	/	/	*Einleitung*
M 2	*Kinder und Jugendliche lernen den Umgang mit digitalen Medien*	*Regelmäßige Nutzung digitaler Medien im Unterricht*	...	...
M 3	/	/	/	*Einleitung*
...	...	...	...	...
Eigene Ideen	...	...	...	...

Tipp
Erstelle die Tabelle, wenn du genügend Zeit zur Verfügung hast.

Tipp
Beachte, dass in einem Material auch beispielsweise mehrere Behauptungen vorkommen können.

d) Ergänze die Tabelle durch eigene Ideen.

ⓘ Das Material sichten und für eine Stoffordnung auswerten

Gehe beim Erstellen einer Stoffsammlung folgendermaßen vor:
- **Sichte das Material** und überlege, wie es dir hilft, die Themafrage zu beantworten.
- **Markiere die Informationen, die dir für den Hauptteil weiterhelfen.** Kennzeichne die Stellen in **unterschiedlichen Farben, je nachdem ob sie dir als Behauptung, Begründung oder Beispiel dienen**.
- **Mache** dir am **Rand Notizen** zu den Markierungen (wo das Material eingesetzt werden kann), das ist vor allem bei Schaubildern, Grafiken und Statistiken sinnvoll.
- Notiere dir auch, welches Material sich für Einleitung oder Schluss eignet.
- **Erstelle** eventuell **eine Tabelle,** in der du **alle gefundenen Informationen** einträgst.

3.1 aus Text- und Materialgrundlagen exzerpieren, zweckmäßige, formal und sprachlich korrekte Textbelege angeben; 3.2 geeignete Informationsquellen, Schreibsammlungsverfahren verwenden

Schreiben

Die materialgestützte Erörterung

Die Stoffsammlung ordnen

Tipp

Beachte, dass du bei einem mehrgliedrigen Thema auch entsprechend mehr Stoffsammlungen brauchst, z. B. bei einem dreigliedrigen Thema drei Stoffsammlungen.

Nachdem alle verwendbaren Informationen aus dem Material herausgearbeitet und durch eigene Ideen ergänzt wurden, muss der Stoff geordnet werden. Bei einem zweigliedrigen Thema erstellst du zu beiden Seiten der Themafrage eine Sammlung mit allen zuvor gefundenen Behauptungen. Anschließend gilt es, diese zu ordnen, sodass im nächsten Schritt die Gliederung angefertigt werden kann.

1 Folgende Stoffsammlungen wurden zum Thema „**Die Digitalisierung der Schulen schreitet immer weiter voran. Erörtern Sie Vor- und Nachteile dieser Entwicklung**" erstellt.

a) Lies dir zunächst die Vorteile durch.

Vorteile der Digitalisierung

- *Schüler/-innen lernen den Umgang mit digitalen Medien (M 2)*
- *Kinder lernen frühzeitig, mit digitalen Medien umzugehen (M 6)*
- *digitales Lernen ist mehr an die Lebenswelt der Schüler/-innen angelehnt (M 6)*
- *Schüler/-innen haben mehr Spaß beim Lernen (M 6)*
- *die Auswahl an Lernmaterialien ist größer*
- *der Unterricht ist nicht so langweilig*
- *individuelle Fortschritte der Schüler/-innen lassen sich besser kontrollieren*
- *Schüler/-innen lernen mit dem Laptop oder dem Computer umzugehen*
- *Schüler/-innen müssen keine Bücher mehr transportieren*

Portal

WES-122965-080

b) Prüfe, welche aufgelisteten Vorteile brauchbare Behauptungen sind. Nimm Punkt 1. bis 3. im Merkkasten zuhilfe. Du kannst dafür eine Kopie der Seite oder die Vorlage aus dem Portal nutzen.

c) Lies dir nun die Nachteile auf der nächsten Seite durch und prüfe ebenfalls, welche Behauptungen du nutzen kannst. Gehe vor, wie in Aufgabe 1b).

3.2 geeignete Informationsquellen, Schreibsammlungsverfahren verwenden; damit argumentativ und differenziert Problemstellungen beleuchten

Nachteile der Digitalisierung

- die zunehmende Nutzung digitaler Medien wirkt sich negativ auf die Gesundheit aus (M 4)
- das Sehvermögen verschlechtert sich (M 4)
- Schüler suchen gleich im Internet nach Lösungen, statt selbst nachzudenken (M 5)
- die Einarbeitung in den Umgang mit digitalen Medien erfordert viel Zeit, welche für den Unterricht fehlt (M 6)
- technische Störungen beeinflussen einen reibungslosen Unterricht (M 6)
- die Kinder verbringen schon zu Hause viel zu viel Zeit vor dem Bildschirm (M 6)
- die häufige Nutzung digitaler Inhalte kann zu Suchtproblemen führen (M 6)
- die Ausstattung eines digitalen Klassenzimmers kostet viel Geld (M 6)
- Schüler sind leicht abgelenkt, nutzen die digitalen Medien nicht für den eigentlichen Zweck
- Kinder tippen mehr, sodass bei vielen die Handschrift leidet

d) Ordne beide Stoffsammlungen wie in Punkt 4. im Merkkasten angegeben.

2 Vergleiche deine Lösung mit der deiner Mitschülerinnen und Mitschüler.

ⓘ So ordnest du die Stoffsammlung

Nach der Stoffsammlung gilt es zu überlegen, welche Stichpunkte in die Gliederung aufgenommen und somit dann auch als Argument ausgeführt werden sollten.
Gehe folgendermaßen vor:

1. **Streiche durch, was nicht** zum Thema **passt und was sich überschneidet**.
2. **Markiere** die **Stichpunkte in der gleichen Farbe, die inhaltlich zusammengehören** und die du zu einem Argument ausbauen möchtest.
3. **Finde** nun **Oberpunkte für diese zusammengehörigen Unterpunkte**.
4. **Ordne** die Punkte nun **vom Unwichtigen hin zum Wichtigen**. Dein wichtigster Aspekt muss am Ende stehen, er bleibt den Leserinnen und Lesern am ehesten im Gedächtnis und muss deshalb besonders überzeugend sein.

3.1 strukturierte, gegliederte schriftliche Darstellung unterschiedlicher Form der Schreibintention angemessen anwenden; zweckmäßige, formal und sprachlich korrekte Textbelege angeben

Schreiben

Die materialgestützte Erörterung

Die Gliederung erstellen

Die Gliederung ist das Inhaltsverzeichnis der Erörterung. Die Reihenfolge der Argumente in der Gliederung muss mit der Reihenfolge der Argumente in der Ausarbeitung übereinstimmen.

1 Nimm noch einmal die Mustergliederung zum Thema **„Welche Gründe bewegen junge Erwachsene dazu, von zu Hause auszuziehen, und was spricht dafür, weiter bei den Eltern wohnen zu bleiben?“** von Seite 222 zur Hand.

a) Erkläre mithilfe des Merkkastens, welche Funktion die Punkte A., B. und C. haben.

b) Gib an, wie die Argumente im Hauptteil angeordnet wurden. Auch hier hilft dir der Merkkasten.

2 Im Folgenden findest du eine unvollständige Gliederung zum Thema **„Die Digitalisierung der Schulen schreitet immer weiter voran. Erörtern Sie Vor- und Nachteile dieser Entwicklung.“**

a) Lies dir diese zunächst einmal durch.

Tipp

Beachte, dass du die Aufgabenstellung nicht einfach übernehmen kannst, sondern daraus die Themafrage formulieren musst. Achte dabei auf Schlüsselstellen, Einschränkungen des Themas und darauf, ob das Thema ein- oder mehrgliedrig ist.

A. …

B. Welche Vor- und Nachteile bringt die zunehmende Digitalisierung der Schulen mit sich?

I. Vorteile der zunehmenden Digitalisierung
   1. Schüler haben mehr Freude am Lernen
   2. Digitales Lernen ist mehr an die Lebenswelt der Schüler angelehnt
   3. Die Auswahl an Lernmaterialien ist größer
   4. Individuelle Fortschritte der Schüler lassen sich besser kontrollieren
   5. Schüler lernen frühzeitig, mit digitalen Medien umzugehen

II. Nachteile der zunehmenden Digitalisierung
   1. …
   2. …
   3. …
   …

C. …

3.1 strukturierte, gegliederte schriftliche Darstellung unterschiedlicher Form der Schreibintention angemessen anwenden; 4.2 sprachliche Strukturen weitgehend fehlerfrei gebrauchen

b) Der Gliederungspunkt I. des Hauptteils ist im Verbalstil statt im Nominalstil verfasst. Wandle alle Gliederungspunkte in den Nominalstil um und schreibe sie auf. Orientiere dich dabei an dem vorgegebenen Beispiel:

Verbalstil:
1. Schüler haben mehr Freude am Lernen

Nominalstil:
1. Mehr Freude der Schüler am Lernen

c) Vergleiche deine Lösung mit der deiner Mitschülerinnen und Mitschüler.

d) Ergänze die fehlenden Informationen in der Gliederung. Nimm dafür deine geordnete Stoffsammlung von Seite 230 f. und den Merkkasten zu Hilfe. Schreibe deine Lösung auf ein Blatt oder in dein Heft oder nutze die Vorlage aus dem Portal. Ergänze auch deine Lösung von Aufgabe 2b.

Portal
WES-122966-081

e) Vergleicht wiederum eure Lösungen miteinander.

ⓘ Eine Gliederung erstellen

1. **Aufbau der Gliederung:**
   Die Gliederung besteht aus drei Teilen: **A. Einleitung, B. Hauptteil und C. Schluss.** Der Hauptteil ist noch weiter untergliedert, hier finden sich die **Ober- und Unterpunkte** aus der Stoffsammlung bzw. -ordnung.
2. **Formale Gesichtspunkte:** Beachte die folgenden Punkte in deiner Gliederung.
   - Achte auf eine genaue und sinnvolle **Verwendung der Buchstaben und Ziffern**.
   - Beginnen einzelne Gliederungspunkte nicht mit einem Nomen, schreibst du **das erste Wort entweder immer klein oder immer groß**.
   - Verwende den **Unterpunkt a) nur**, wenn **b) folgt**.
3. **Stil: Einleitungsgedanke (A.), Themafrage (B.) und Schlussgedanke (C.)** werden im Verbalstil als ganzer Satz formuliert. Ober- und Unterpunkte sind in der Regel im Nominalstil verfasst.
4. **Struktur:** Beginne mit dem unwichtigeren Argument und nenne **das wichtigste am Ende**.
5. **Ausführung der Gliederungspunkte: Jeder Gliederungspunkt muss im Hauptteil ausgeführt werden.** Gibt es nur einen Oberpunkt, wird dieser ausgeführt, gibt es zum Oberpunkt entsprechende Unterpunkte, werden nur diese als Argumente ausformuliert. Der Oberpunkt dient hier als eine Art Überschrift.

Beachte:
Bei der **zweigliedrigen Erörterung** müssen **auch in der Gliederung beide Seiten der Fragestellung beleuchtet** werden. Daher wird der **Hauptteil (B.)** noch einmal **in I. und II. untergliedert** (z. B. in I. Vorteile und II. Nachteile). Anschließend werden die beiden Teile der Themafrage mit entsprechenden Ober- und Unterpunkten ergänzt.

3.1 strukturierte, gegliederte schriftliche Darstellung unterschiedlicher Form der Schreibintention angemessen anwenden; 4.2 sprachliche Strukturen weitgehend fehlerfrei gebrauchen

Schrei-
ben

Die materialgestützte Erörterung

Die Einleitung verfassen

Die Einleitung führt gezielt zum Thema hin und soll beim Lesen Interesse und Neugier wecken.

Portal
WES-122966-082

1 Markiere auf einer Kopie der Einleitung des Erörterungsthemas „**Welche Gründe bewegen junge Erwachsene dazu, von zu Hause auszuziehen, und was spricht dafür, weiter bei den Eltern wohnen zu bleiben?**“ von Seite 223 oder der Vorlage aus dem Portal die drei Bestandteile einer Einleitung. Benenne diese anschließend mithilfe des Merkkastens.

2 Erkläre mithilfe des Merkkastens, welche Art von Einleitungsgedanken gewählt wurde, um in der Einleitung zum Thema hinzuführen.

W **3** Wähle im Folgenden zwischen a) und b).
a) Verfasse zum Thema „**Die Digitalisierung der Schulen schreitet immer weiter voran. Erörtern Sie Vor- und Nachteile dieser Entwicklung**“ eine vollständige Einleitung. Nutze dafür das <u>Material 1</u> auf Seite 226.
b) Verfasse zum Thema „**Die Digitalisierung der Schulen schreitet immer weiter voran. Erörtern Sie Vor- und Nachteile dieser Entwicklung**“ eine vollständige Einleitung. Nimm dafür <u>Material 3</u> auf Seite 226 zu Hilfe.

4 Tragt euch gegenseitig eure Einleitungen vor. Gebt euch Rückmeldung, was gut gelungen ist und was noch verbessert werden kann.

5 Sprecht darüber, um welche Art von Einleitungsgedanken es sich bei Aufgabe 3a und 3b jeweils handelt.

✲ **6** Verfasse eine Einleitung zu einem der Themen auf Seite 225. Du kannst dafür auch im Internet nach geeignetem Material recherchieren, das du für den Einleitungsgedanken nutzen kannst.

ⓘ Eine Einleitung verfassen

Die Einleitung der Erörterung **soll zum Thema hinführen**. Dabei soll sie beim Leser Interesse für das Thema wecken. Als Einleitungsgedanke bieten sich **verschiedene Möglichkeiten** an:
- Bezug zu aktuellen Ereignissen
- geschichtlicher Rückblick
- Bericht über ein persönliches Erlebnis
- Begriffsdefinition
- Verwendung eines Zitats
- Verwenden von statistischem Material.

Die Einleitung besteht aus **drei Teilen**: dem **Einleitungsgedanken**, der **Überleitung zur Themafrage** und der **Themafrage**.
Beachte: In der Einleitung dürfen keine Argumente vorweggenommen werden!
Oft findest du im Material passende Ideen für den Einleitungsgedanken.

3.1 zweckmäßige, formal und sprachlich korrekte Textbelege angeben; strukturierte, gegliederte schriftliche Darstellung unterschiedlicher Form der Schreibintention angemessen anwenden

Die materialgestützte Erörterung

Den Hauptteil der Erörterung erarbeiten

Den Aufbau eines Arguments wiederholen

Der ausführlichste Teil der Erörterung ist der Hauptteil. Hier gilt es, die Argumente entsprechend der Reihenfolge der Gliederung auszuführen.

1 Die Erörterung zum Thema **„Welche Gründe bewegen junge Erwachsene dazu, von zu Hause auszuziehen, und was spricht dafür, weiter bei den Eltern wohnen zu bleiben?“** auf Seite 223 und 224 enthält vier Argumente.

a) Lies dir diese zunächst noch einmal genau durch.

b) Markiere auf einer Kopie der Buchseiten oder der Vorlage aus dem Portal die drei Bestandteile eines Arguments mit verschiedenen Farben. Benenne diese anschließend mithilfe des Merkkastens.

c) Kreise die Überleitungen und Rückführungen bzw. Schlussfolgerungen ein und benenne diese ebenfalls.

d) Vergleicht eure Lösungen miteinander.

Portal
WES-122966-076

2 Zum Thema „**Die Digitalisierung der Schulen schreitet immer weiter voran. Erörtern Sie Vor- und Nachteile dieser Entwicklung**“ wurde ebenfalls bereits ein Argument ausformuliert.

a) Lies dir dieses zunächst durch.

Ein weiterer Vorteil der zunehmenden Digitalisierung der Schulen ist, dass die Schülerinnen und Schüler mehr Freude am Lernen haben (vgl. M 6). Dies lässt sich dadurch begründen, dass der Unterricht durch die Digitalisierung abwechslungsreicher wird. Denn für die Lehrkräfte bieten sich wesentlich mehr Möglichkeiten, den Unterrichtsstoff schülernah zu vermitteln. Statt nur mit Kreide, Tafel und Overheadprojektor zu arbeiten, können die Schüler beispielsweise nun Arbeitsblätter digital bearbeiten, Lernsoftware nutzen oder Erklärfilme anschauen. Auf diese Weise haben die Schüler mehr Spaß an der Schule und dem Lernstoff.

b) Beim Formulieren von Argumenten ist es hilfreich, zu jedem Bestandteil eine Frage zu stellen und zu beantworten. Vervollständige die folgende Tabelle mithilfe der Fragen aus dem Merkkasten und finde Antworten aus dem Argument.

Behauptung	*Was will ich sagen?*	*dass die Schülerinnen und Schüler mehr Freude am Lernen haben*
Begründung	...	...
Beispiel	...	...

Schreiben

c) Auch das Argument von Aufgabe 2a) beginnt wieder mit einer Überleitung. Benenne diese.
d) Sammelt in der Klasse weitere Überleitungsmöglichkeiten. Schreibt eure Lösungen auf.
e) Gib an, wie bei diesem Argument die Rückführung lautet.

3 Du sollst nun selbst ein Argument zum Thema „Digitalisierung der Schulen“ verfassen. Die Behauptung ist bereits vorgegeben: ***Digitales Lernen ist mehr an die Lebenswelt der Schüler angelehnt.***

a) Erstelle zunächst eine Tabelle wie in Aufgabe 2b, in der du die Bestandteile des Arguments, die dazugehörigen W-Fragen und die passenden Antworten einträgst.
b) Formuliere anschließend das Argument aus. Orientiere dich dabei an dem Argument von Aufgabe 2a. Auch der Merkkasten hilft dir. Außerdem kannst du die Überleitungen aus dem folgenden Wortspeicher nutzen.

Innerhalb eines Arguments zwischen den Bestandteilen überleiten

→ zur Begründung:
- *Dies lässt sich dadurch begründen, dass …*
- *Demzufolge …*
- *Das lässt sich durch … erläutern …*
- *Zu verstehen ist das …*

→ zum Beispiel:
- *Deutlich wird das, weil / durch …*
- *Beispielsweise / Ein Beispiel hierfür ist …*
- *Belegt werden kann dies anhand …*

→ zur Rückführung:
- *Daraus wird deutlich, dass …*
- *Das zeigt …*
- *Daraus / Nun erklärt sich …*

c) Trage dein Argument deinen Mitschülerinnen und Mitschülern vor. Gebt einander Rückmeldung.

Tipp
Weitere Überleitungsmöglichkeiten findest du im Portal.

Portal
WES-122966-083

ⓘ Ein Argument richtig aufbauen

Die Argumente im Hauptteil der Erörterung werden in derselben Reihenfolge angeführt wie in der Gliederung. Jedes Argument besteht aus den folgenden **drei Bestandteilen**:
- **Behauptung:**
  Behalte das Thema im Blick. Stell dir die Frage: Was will ich sagen?
- **Begründung:**
  Erläutere die Behauptung. Stell dir die Frage: Warum ist das so?
- **Beispiel:**
  Belege die Begründung. Stell dir die Frage: Woran kann ich das sehen?

Das Argument kannst du **am Ende** durch eine **Rückführung zur Behauptung oder** durch eine **mögliche Schlussfolgerung/Auswirkung** abrunden. So wird die Behauptung noch einmal verdeutlicht.

3.1 strukturierte, gegliederte schriftliche Darstellung unterschiedlicher Form der Schreibintention angemessen anwenden; 3.2 mit vorgegebenem Material argumentativ und differenziert Problemstellungen beleuchten

Material richtig einsetzen

Das zur Verfügung stehende Material kannst du für einen Großteil der Argumente, manchmal sogar für alle Argumente deiner Erörterung nutzen.

1 Auch für die Formulierung der beiden folgenden Argumente zum Thema **„Die Digitalisierung der Schulen schreitet immer weiter voran. Erörtern Sie Vor- und Nachteile dieser Entwicklung“** wurde Material verwendet.

a) Lies dir die beiden Argumente zunächst durch.

Laut der Aussage eines Schulleiters, die in Material 6 zu finden ist, ist ein Nachteil der zunehmenden Digitalisierung der Schulen, dass Kinder und Jugendliche schon zu Hause zu viel Zeit vor dem Bildschirm verbringen. Werden im Unterricht auch noch vermehrt digitale Medien eingesetzt, erhöht sich die Bildschirmzeit zwangsläufig. So sitzen Jugendliche, die zu Hause zwei bis drei Stunden täglich vor dem Bildschirm verbringen, plötzlich fünf bis sechs Stunden oder mehr davor, wenn in den verschiedenen Unterrichtsfächern beispielsweise Arbeitsblätter digital bearbeitet, Themen im Internet recherchiert oder Erklärvideos gezeigt werden. Diese zusätzliche Bildschirmzeit ist ein Nachteil der zunehmenden Digitalisierung.

Gegen diese Entwicklung spricht weiter, dass „die Einarbeitung in den Umgang mit digitalen Medien sehr viel Zeit erfordert“, welche für den Unterricht fehlt (M 6), da die Schüler erst lernen müssen, wie sie digitale Medien sinnvoll in der Schule einsetzen können. Dieses Wissen eignen sich die Schülerinnen und Schüler aber nicht innerhalb von ein, zwei Tagen an, es dauert Wochen oder sogar Monate, bis ein routinierter Umgang mit digitalen Medien erreicht wird. In dieser Zeit kommt die Vermittlung von Lehrplaninhalten sehr kurz. Daher ist es nicht unproblematisch, wenn die Digitalisierung immer mehr Einzug in die Schulen hält, da damit ein immenser Zeitaufwand verbunden ist.

b) Erkläre mithilfe des Merkkastens, wie das Material jeweils in die Argumente eingebaut wurde.

2 Formuliere zwei weitere Nachteile der zunehmenden Digitalisierung der Schulen, die in deiner Gliederung von Seite 232 f. aufgeführt sind, aus. Verwende passendes Material.

ⓘ Material in die Erörterung einbauen

In deiner Erörterung muss erkennbar sein, dass neben eigenen Ideen auch das zur Verfügung gestellte Material verwendet wurde. Dabei gibt es verschiedene Möglichkeiten, das Material in die Erörterung zu integrieren:

1. **Zitieren:** Aussagen werden direkt oder indirekt zitiert. Achte auf die korrekte Zitierweise. Z. B.: *„Daheim ist es immer noch am schönsten. Das denken sich nicht wenig junge Erwachsene. …“* (M 2)
2. **Einzelne Aspekte herausgreifen:** Teile des Materials (z. B. bestimmte Informationen aus einer Grafik) werden gezielt genutzt. Achte darauf, Material und Bestandteil genau zu benennen. Z. B.: *Wie aus der Karikatur in Material 1 hervorgeht, bleiben viele junge Menschen im Elternhaus wohnen, weil sie dann weiter von den Eltern unterstützt werden.*
3. **Sich auf das Material als Ganzes beziehen:** Auf das Material wird lediglich verwiesen, ohne dass ein Zitat oder ein Bestandteil besonders hervorgehoben wird. Z. B.: *Für einen baldigen Auszug bei den Eltern spricht, dass man mehr Privatsphäre hat, wenn man nicht mehr im Haus der Eltern lebt (vgl. M 3).*

Schreiben

Die materialgestützte Erörterung

Den Schluss verfassen

Der Schlussteil der Erörterung dient dazu, die Erörterung abzurunden.

1 Auch die Erörterung zum Thema **„Welche Gründe bewegen junge Erwachsene dazu, von zu Hause auszuziehen, und was spricht dafür, weiter bei den Eltern wohnen zu bleiben?"**, die auf Seite 223 f. zu finden ist, endet mit einem Schlussteil.

a) Lies dir diesen noch einmal durch.

b) Erkläre mithilfe des Merkkastens, wie der Schluss aufgebaut ist und welche Schlussvariante gewählt wurde.

2 Zu dem Erörterungsthema **„Die Digitalisierung der Schulen schreitet immer weiter voran. Erörtern Sie Vor- und Nachteile dieser Entwicklung"** wurde folgender Schluss verfasst.

a) Lies diesen zunächst durch.

Ich bin gegen die zunehmende Digitalisierung der Schulen. Ein großer Nachteil, der bisher noch nicht erwähnt wurde, ist nämlich, dass viele Schüler zu Hause nicht die notwendige technische Ausstattung haben, um die Anforderungen, die digitalisiertes Lernen stellt, zu erfüllen. Wenn Schüler zu Hause kein eigenes Laptop oder Tablet besitzen, können sie zum Beispiel nicht jederzeit auf Lernplattformen zugreifen und dort vom Lehrer gestellte Aufgaben erledigen. Auch Videokonferenzen sind ohne diese Ausstattung nur bedingt durchzuführen.

b) Benenne mithilfe des Merkkastens die Fehler, die der Schüler/die Schülerin gemacht hat.

c) Schreibe den Schluss verbessert auf.

ⓘ Einen Schluss verfassen

Der **Schluss** soll die Erörterung abrunden. Dabei sollte wie folgt vorgegangen werden:

1. Leite zunächst in einem **zusammenfassenden Satz** in den Schlussgedanken über, z. B: *Wie soeben aufgezeigt, gibt es sowohl Gründe, die junge Menschen dazu bewegen, früh von zu Hause auszuziehen, als auch Gründe, die gegen einen baldigen Auszug sprechen.*
2. Nimm nun **persönlich Stellung zum Thema**. Hierzu bietet es sich an, …
   - die wichtigsten Gesichtspunkte zusammenzufassen, um damit die eigene Meinung zu untermauern,
   - die Folgerung aus dem Geschriebenen zu erläutern,
   - zum Handeln aufzufordern,
   - einen Wunsch für die Zukunft zu formulieren,
   - wenn man anderer Meinung ist, auch ein gegensätzliches Argument auszuführen.

Verwendung von Material: Auch im Schlussteil kann Material eingesetzt werden.

Wichtig: Der Inhalt des Hauptteils sollte nicht einfach wiederholt werden und es dürfen auch keine neuen Argumente mehr angeführt werden.

3.1 zweckmäßige, formal und sprachlich korrekte Textbelege angeben; strukturierte, gegliederte schriftliche Darstellung unterschiedlicher Form der Schreibintention angemessen anwenden

Die materialgestützte Erörterung

Eine Erörterung überarbeiten

Als Vorbereitung auf die Deutschschulaufgabe hat Frau Bender den Schülerinnen und Schülern der Klasse 10c die Hausaufgabe gegeben, einen Übungsaufsatz zum Thema „**Welche Gründe sprechen für, welche gegen Tierversuche?**“ zu schreiben.

1 Im Folgenden findest du das dafür zur Verfügung stehende Material, welches auch auf dem Portal hinterlegt ist.
a) Sichte dieses zunächst.

Portal
WES-122966-084

Material 1

Pro-Argumente für Tierversuche
- Lebensretter für Menschen: Tuberkulose, Diabetes und viele Krebsleiden konnten nur mithilfe von Tierversuchen erforscht werden.
- Alternativen sind begrenzt: Medikamente oder Chemikalien können nicht nur an einzelnen Zellen im Reagenzglas getestet werden. Vielmehr muss erforscht werden, wie die Auswirkungen auf einen lebenden Organismus sind.
- Tierversuche finden nur dann statt, wenn dadurch ein erheblicher Nutzen für den Menschen entsteht.

Kontra-Argumente gegen Tierversuche
- Grundlagenforschung: Viele Experimente finden in der Grundlagenforschung statt. Dieses Experimentieren „ins Blaue“ hinein – ohne klares Ziel – halten einige für nicht vertretbar, wenn auf der anderen Seite das Leid von Tieren steht.
- Übertragbarkeit auf den Menschen: Auch wenn Ratten und Mäuse dem Menschen ähnlich sind – viele Erkenntnisse lassen sich dennoch nicht auf den Menschen übertragen.
- Alternativen verfügbar: Die Forschung ist inzwischen so weit, dass künstliche Organe gezüchtet werden können, hierauf sollten sich Versuche beschränken. Auch Computersimulationen sind eine Alternative.

Quelle: prüfung-ratgeber.de

Material 2

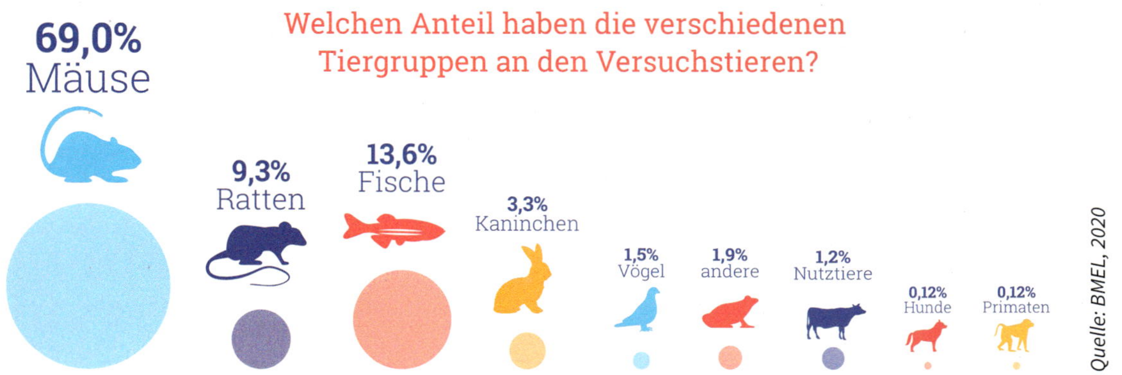

2.3 Informationen aus dis- sowie kontinuierlichen Texten für begründete Schlussfolgerungen nutzen, vergleichen und bewerten; 3.2 geeignete Informationsquellen, Schreibsammlungsverfahren verwenden

Schreiben

Material 3

Das deutsche Tierschutzgesetz definiert Tierversuche als „Eingriffe oder Behandlungen zu Versuchszwecken an Tieren, wenn sie mit Schmerzen, Leiden oder Schäden für diese Tiere verbunden sein können". Dazu zählen auch Versuche, bei denen Wissenschaftler das Erbgut eines Tieres verändern, sowie die Zucht von genetisch veränderten Tierlinien. Tierversuche dienen in den meisten Fällen der Beantwortung einer wissenschaftlichen Fragestellung. Diese betreffen insbesondere die Grundlagenforschung, die Untersuchung und Behandlung von Krankheiten (bei Menschen und Tieren) sowie gesetzlich vorgeschriebene Giftigkeits- und Sicherheitsprüfungen von Medikamenten und Chemikalien.
Darüber hinaus gibt es Tierversuche, die nicht direkt mit einer wissenschaftlichen Fragestellung verbunden sind. Dazu zählen Eingriffe oder Behandlungen an lebenden Tieren für Aus-, Fort- und Weiterbildungszwecke (beispielsweise in der versuchstierkundlichen Ausbildung und in der Veterinärmedizin) sowie die Herstellung und Vermehrung von Stoffen, Produkten oder Organismen, wenn diese für die Forschung benötigt werden (wie Antikörper oder Parasiten).
Tötet ein Forscher hingegen ein Tier, um ihm Organe, Zellen oder Gewebe für wissenschaftliche Zwecke zu entnehmen, zählt das laut Tierschutzgesetz nicht als Tierversuch.

Quelle: tierversuche-verstehen.de, 2018

Material 4

Rhesus-Affe mit Schädel-Hirnimplantat

Material 5

Zahlen und Fakten zu Tierversuchen

- Weltweit sterben jährlich mehr als 115 Millionen Tiere in Tierversuchen. Die Dunkelziffer soll deutlich höher sein.
- Der Großteil der weltweit in Tierversuchen getöteten Tiere soll mit ca. 70 Millionen Tieren auf die USA zurückzuführen sein. In der EU seien es insgesamt ca. 11 Millionen Tiere pro Jahr.
- In Deutschland war die Zahl der Versuchstiere, die in der Forschung verwendet werden, im Jahr 2014 am höchsten. Sie lag bei 3,3 Millionen Tieren, wovon der Großteil (1,9 Millionen Tiere) Versuchsmäuse waren. In den darauffolgenden Jahren wurden 2,8 bis 2,9 Millionen Tiere als Versuchstiere eingesetzt, davon 2,0 bis 2,1 Millionen Versuchsmäuse.

Quelle: CareElite.de, 2020

2.3 Informationen aus dis- sowie kontinuierlichen Texten für begründete Schlussfolgerungen nutzen, vergleichen und bewerten

Material 6

ALTERNATIVEN

In Deutschland dürfen Forscher Tierversuche nur dann durchführen, wenn keine Alternativen zur Verfügung stehen.

Das ist eine wichtige Voraussetzung dafür, dass ein Genehmigungsantrag für einen Tierversuch bewilligt wird.

In der EU verboten sind hingegen Tierversuche für Kosmetik.

IN-SILICO-VERFAHREN

Mit In-silico-Verfahren lassen sich Abläufe des Körpers mit Analyse- und Simulationstechniken am Computer modellieren.

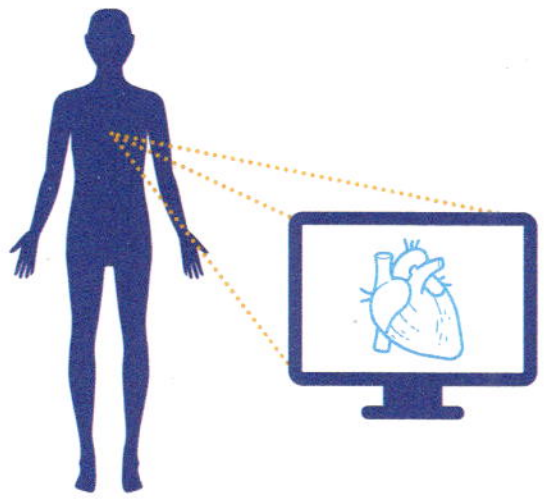

IN-VITRO-VERFAHREN

In vitro bedeutet „im Glas". Organische Vorgänge werden hierbei in einer kontrollierten künstlichen Umgebung durchgeführt (Bsp. Body-on-a-chip).

Quelle: tierversuche-verstehen.de, 2018, Ausschnitt aus „Warum forschen Wissenschaftler an Tieren?"

Material 7

3.1 aus Text- und Materialgrundlagen exzerpieren, zweckmäßige, formal und sprachlich korrekte Textbelege angeben; 3.2 geeignete Informationsquellen, Schreibsammlungsverfahren verwenden

Schrei-ben

b) Markiere auf der Kopie der Buchseiten oder der Vorlage aus dem Portal alle Informationen zum Thema Tierversuche, die du für die Erörterung nutzen kannst.

c) Schreibe neben jedes Material, für welchen Teil der Erörterung es eingesetzt werden kann (Einleitung, Vorteile von Tierversuchen, Nachteile von Tierversuchen, Schlussteil).

Portal
WES-122966-084

2 Im Folgenden findest du eine Gliederung und einen Übungsaufsatz zum Thema **„Welche Gründe sprechen für und welche gegen Tierversuche?“,** welche von Eli verfasst wurden.

a) Lies dir zunächst seine Gliederung durch.

A. Im Jahr 2018 wurden in Deutschland 2,8 Millionen Tiere für Tierversuche getötet.

B. Welche Gründe sprechen für, welche gegen Tierversuche?

I. Gründe für Tierversuche
1. Auch Krankheiten von Tieren können dadurch geheilt werden
2. Fehlende Alternativen zu Tierversuchen
3. Retten von Menschenleben
   a) Gewinnung neuer medizinischer Erkenntnisse
   b) Hilfsmitteln bei Krankheiten werden entwickelt
   c) Heilung von Krebs

II. Gründe gegen Tierversuche
1. Nutzung von Tierversuchen für die Grundlagenforschung
2. Vorhandensein von Alternativen zu Tierversuchen
   a) Anwendung von In-silico-Verfahren
3. Stellen des Lebens von Menschen über das Leben der Tiere
4. fehlende Übertragbarkeit der Ergebnisse vom Tier auf den Menschen
5. Tierquälerei

C. Schluss

Portal
WES-122966-085

b) Die Gliederung weist sieben Fehler auf. Markiere diese auf einer Kopie der Buchseite oder der Vorlage aus dem Portal.

c) Schreibe die Gliederung verbessert auf.

3 Auch Elis Erörterung weist noch Fehler auf.

a) Lies dir diese samt der Korrekturhinweise von Elis Deutschlehrerin durch.

3.1 aus Text- und Materialgrundlagen exzerpieren, zweckmäßige, formal und sprachlich korrekte Textbelege angeben; 3.2 geeignete Informationsquellen, Schreibsammlungsverfahren verwenden

Text	Korrekturen
Laut einer Statistik des Bundesministeriums für Ernährung und Landwirtschaft wurden in Deutschland im Jahr 2018 2,8 Millionen Tiere als Versuchstiere für die Forschung verwendet. Bei 74,5 Prozent der Versuchstiere handelte es sich um Mäuse, 10,4 Prozent waren Ratten und 8,1 Prozent Fische. Als weitere Versuchstiere, wenn auch in wesentlich geringerer Anzahl, wurden Kaninchen, Vögel, Nutztiere, Hunde und Primaten eingesetzt. Daher stellt sich die Frage, welche Gründe für und welche Gründe gegen Tierversuche sprechen.	*Wortwiederholungen; Material ist nicht angegeben; Überleitung zur Themafrage fehlt*
Zunächst sollen Gründe, die für Tierversuche sprechen, erörtert werden. So spricht für solche Versuche, das diese dazu beitragen, dass auch Krankheiten bei Tieren selbst besser behandelt werden können. Dies lässt sich dadurch begründen, dass die Forscher bei ihren versuchen, selbst wenn sie eigentlich dazu dienen, dem Menschen zu helfen, nebenbei auch herausfinden, was für die Behandlung von Tieren hilft. Dadurch haben auch Tiere selbst einen nutzen durch die umstrittenen Tierversuche. Wenn zum Beispiel an diesen Impfstoffe getestet werden, erhöht sich als Nebeneffekt auch ihre eigene Lebenserwartung. So können unter anderem auch Medikamente gefunden werden, die Tieren helfen. Dadurch ist es möglich, Arten zu erhalten und Tiere wieder gesund zu machen (vgl. M 7).	*R; R; R; Wortwiederholungen*
Für solche Versuche spricht auch, dass dadurch Menschenleben gerettet werden könen. Da die Forscher durch Tierversuche neue medizinische Erkenntnisse gewinnen. Sie verstehen Krankheiten besser (vgl. M 7). Und dadurch können sie den Menschen, die an diesen Krankheiten leiden, helfen.	*Sb; R, keine Abwechslung bei den Überleitungen; Beispiel fehlt*
Gegen die Nutzung von Tieren als Versuchstiere für die Forschung spricht, dass Tierversuche häufig in der Grundlagenforschung eingesetzt werden. So werden Experimente an Tieren ohne klares Ziel durchgeführt (vgl. M 1). So werden bei solchen Tierversuchen Tiere gequält, ohne dass feststeht, welchen Nutzen das Forschen mit Tieren bringen soll. Für solche Grundlagenforschung sollten daher keine Tierversuche durchgeführt werden.	*Überleitung zu den Kontra-Argumenten fehlt; Wh Satzanfang; Beispiel fehlt*
Ein weiterer wichtiger Aspekt gegen Tierversuche ist der, dass mittlerweile Alternativen zu diesen vorhanden sind. Das In-silico-Verfahren, mit welchem sich Abläufe des Körpers mit Analyse- und Simulationstechniken am Computer modellieren lassen, oder das In-vitro-Verfahren, bei welchem organische Vorgänge in einer kontrollierten künstlichen Umgebung durchgeführt werden (M6).	*Begründung fehlt; Sb*

3.3 Texte grammatikalisch, orthografisch sowie inhaltlich verbessern (auch unter bewusstem Einsatz von Nachschlagewerken, digitalen Textüberarbeitungsfunktionen)

Schreiben

Durch diese Verfahren lassen sich mittlerweile zahlreiche Versuche an Tieren verhindern.

A; kurze Zusammenfassung des Hauptteils fehlt

Ich finde Tierversuche nicht so gut und hoffe, dass diese möglichst bald ganz verboten werden. Allerdings denke ich, dass dies nicht so schnell passieren wird. Tierversuche gibt es ja nicht nur bei uns in Deutschland, sondern auf der ganzen Welt. Jährlich sterben weltweit mehr als 115 Millionen Tiere in Tierversuchen. Man muss davon ausgehen, dass die Dunkelziffer sogar noch deutlich höher liegt. „Der Großteil der weltweit in Tierversuchen getöteten Tiere soll mit ca. 70 Millionen Tieren auf die USA zurückzuführen sein. In der EU seien es insgesamt ca. 11 Millionen Tiere pro Jahr" (M 5). Bei so einer großen Zahl an Versuchstieren in den verschiedensten Ländern ist es nicht absehbar, dass Tierversuche in naher Zukunft verboten werden.

Portal
WES-122966-086

b) Notiere auf einer Kopie der Buchseiten oder der Vorlage aus dem Portal weitere Korrekturbemerkungen.
c) Schreibe die Erörterung mithilfe der Checkliste und aller Korrekturbemerkungen verbessert auf.
d) Tragt eure Lösungen vor und gebt euch gegenseitig Rückmeldung.

* **4** Formuliere mithilfe der Materialien 1 bis 7 noch weitere Argumente der Gliederung aus.

EINE ERÖRTERUNG ÜBERARBEITEN — CHECKLISTE

Ich habe …

- … eine vollständige, formal korrekte Gliederung verfasst, bei der alle Teile der Themafrage gleichermaßen berücksichtigt werden.
- … dabei auf die richtige Verwendung von Nominal- und Verbalstil geachtet.
- … in der Einleitung einen passenden Einleitungsgedanken, der zur Themafrage hinführt, ausgeführt und kein Argument vorweggenommen.
- … im Hauptteil der Erörterung darauf geachtet, dass alle Argumente logisch aufgebaut und überzeugend sind.
- … beachtet, dass das wichtigste Argument am Schluss kommt.
- … im Schlussteil das Wesentliche zusammengefasst und meine Meinung zum Thema ausführlich begründet.
- … das vorhandene Material des Öfteren verwendet und richtig zitiert.
- … darauf geachtet, passende Überleitungen zu verwenden.
- … abwechslungsreiche und sachliche Formulierungen eingesetzt.
- … auf richtige Rechtschreibung und Zeichensetzung geachtet.

3.3 Texte grammatikalisch, orthografisch sowie inhaltlich verbessern (auch unter bewusstem Einsatz von Nachschlagewerken, digitalen Textüberarbeitungsfunktionen)

Die materialgestützte Erörterung

Selbst eine zweigliedrige Erörterung verfassen

1 Für eine zweigliedrige Erörterung zum Thema **„Was spricht dafür, was dagegen, dass immer mehr junge Menschen Influencer werden wollen?"** stehen folgende Materialien zur Verfügung.
a) Sichte diese zunächst.

Material 1

Influencer. Das sind Menschen, die Trends setzen, mit ihren Themen den Zeitgeist treffen und somit Millionen von Menschen erreichen. Sie ragen aus der Masse heraus und etablieren damit die Maßstäbe für erfolgreiche Kommunikation auf sozialen Netzwerken. Wenn sie Andere durch ihre Medienpräsenz im Denken, Handeln und Fühlen beeinflussen, können sie zurecht als erfolgreiche Influencer bezeichnet werden.

Quelle: gruender.de, 2021

Material 2

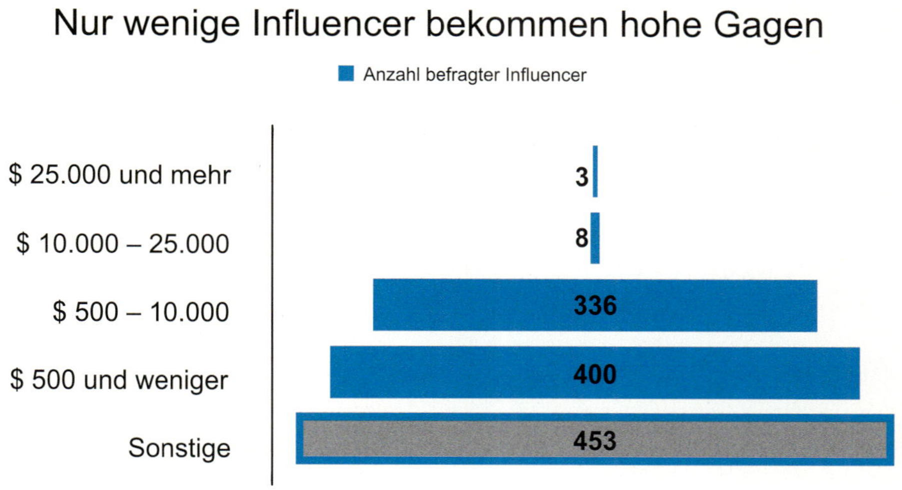

Verteilung der Gehälter pro Kampagne unter den 1.200 befragten Influencern, Quelle: Axel Springer Syndication GmbH, 2018

Material 3

Sie sind auf der Suche nach ihren Stars in diesem Einkaufszentrum am Alexanderplatz. Es ist ein Samstagmorgen im November, immer mehr junge aufgeregte Mädchen kommen durch die Eingangstüren. Drinnen warten schon Hunderte vor dem Geschäft Holymesh, das Shirts, Pullover und Rucksäcke verkauft, die von Youtubern gestaltet wurden – oder die zumindest ihren Namen dafür hergegeben haben. Einige der Youtuber sind zum Eröffnungstag des Ladens zur Autogrammstunde gekommen. Und so warten nun vor dem Laden viele auf Einlass, wie bei einem Popkonzert.

2.1 Lesestrategien zum kritischen Textverständnis einsetzen, Inhalte kontextualisieren; 3.2 geeignete Informationsquellen, Schreibsammlungsverfahren verwenden

Schreiben

Auch Lucia ist hier im Alexa, mit ihrer Mutter, und wartet. Sie schaut durch die Glasfront in das Geschäft. Die Ersten sind bereits hineingelangt, stehen im Schein der Neonlichter inmitten von hellblauen Luftballons, die an den Regalen befestigt sind. Jugendliche mit Einkaufstüten in der Hand schießen Selfies von sich und ihrem Youtuber. Bilder, die später in Videos im Netz zu sehen sind.
Nach einiger Zeit in der Schlange verliert Lucias Mutter die Geduld. Das Mädchen wird heute keinen Youtuber treffen. Das Geschäft nicht von innen sehen. „Ich war traurig, nicht drinnen gewesen zu sein", sagt sie, einige Monate später. Lucia ist schmal, hat lange hellbraune Haare, die weit über die Schulter reichen. Sie ist zwölf. Noch halb Kind, schon halb Jugendliche und Teil einer neuen Generation, für die die wachsende Zahl junger Menschen im Netz Vorbilder, Anbetungsfiguren, Stars sind.

Quelle: tagesspiegel online, 2018

Material 4

Die 10 erfolgreichsten Influencer 2021 auf Instagram	**Die 10 erfolgreichsten Influencer 2021 auf YouTube**
Platz 10: Bibis Beauty Palace	Platz 10: Gewitter im Kopf
Platz 9: Mario Götze	Platz 9: Dagi Bee
Platz 8: Marco Reus	Platz 8: Julienco
Platz 7: Bastian Schweinsteiger	Platz 7: Paluten
Platz 6: Manuel Neuer	Platz 6: Simon Desue
Platz 5: Pia Wurtzbach	Platz 5: LUCA
Platz 4: Marc-André Ter Stegen	Platz 4: Gronkh
Platz 3: Lisa und Lena	Platz 3: The Fat Rat
Platz 2: Mesut Özil	Platz 2: Bibis Beauty Palace
Platz 1: Toni Kroos	Platz 1: Pamela Reif

Quelle: gruender.de, 2021

Material 5

3.1 aus Text- und Materialgrundlagen exzerpieren, zweckmäßige, formal und sprachlich korrekte Textbelege angeben; 3.2 geeignete Informationsquellen, Schreibsammlungsverfahren verwenden

Material 6

ALS INFLUENCER ANGESTELLT ODER SELBSTSTÄNDIG ARBEITEN?

In den allermeisten Fällen arbeiten Influencer selbstständig bzw. freiberuflich. So sind Sie selbst für die Inhalte und Beiträge in sozialen Medien verantwortlich, können aber auch selbst bestimmen, was sie posten und welche Kooperationen sie annehmen möchten. Das hat den Vorteil, dass sie selbst über ihr Arbeitspensum entscheiden können und unabhängig sind.
Natürlich bedarf es bei der selbstständigen Arbeit aber auch Eigendisziplin und ein gewisses Verständnis für die sozialen Medien. Oftmals dauert es lang, bis man sich als Influencer auf eigene Faust eine ausreichend große Reichweite aufgebaut hat.

AUSBILDUNG ZUM SOCIAL-MEDIA-STAR?

Eine Ausbildung zum Influencer gibt es natürlich nicht. Auch wenn man für den Beruf einiges an Erfahrung benötigt, ist es nicht schwer, sich die nötigen Grundlagen selbst beizubringen. Um diese trotzdem auch von Experten zu erlernen, gibt es mittlerweile tatsächlich Lehrgänge, welche einen mit dem nötigen Know-how und den Basics über soziale Medien vertraut machen.

Quelle: suchhelden.de

Material 7

„Definitiv die Negativkommentare." Mit diesem Satz antwortet Beauty Bloggerin Nova Lana Love auf die **Frage nach den Schattenseiten ihres Jobs**. Im styleranking-Interview verrät die Influencerin: „Die Figur ist immer mal wieder ein Thema – zu kurze Kleider. Oder ich sähe im Fernsehen anders aus als auf Instagram."

Quelle: styleranking.de, 2018

Material 8

Kinder als Influencer

Jung und einflussreich

Kinder und Jugendliche sind Influencer auf Instagram, YouTube & Co. Sie haben Abertausende Follower und verdienen damit Geld. Wie funktioniert das – und ist das in jedem Alter okay?

Quelle: SPIEGEL ONLINE, 2020

3.1 aus Text- und Materialgrundlagen exzerpieren, zweckmäßige, formal und sprachlich korrekte Textbelege angeben; 3.2 geeignete Informationsquellen, Schreibsammlungsverfahren verwenden

Schreiben

Material 9

Sarah Lombardi & Co.: Wieso sind diese Influencer Zielscheibe der Hater?

Wofür andere Influencer gefeiert werden, bekommen sie den größten Hate: Diese Social-Media-Stars können es einfach niemandem recht machen …

Leider gehen Hate und Soziale Netzwerke immer noch Hand in Hand. Kaum ein Influencer wurde dabei nicht schon einmal von den Nutzern angefeindet. Doch vor allem diese Social-Media-Stars müssen auf Instagram und Co. immer wieder einstecken…

Sarah Lombardi

Eine der verhasstesten Influencer ist Sarah Lombardi […]. Doch besonders interessant ist noch nicht einmal der Hate unter Sarahs Fotos, sondern der ausbleibende Hate unter ähnlichen Fotos von anderen Influencern, wie zum Beispiel Pamela Reif […].

Gerda Lewis

So wie Sarah Lombardi geht es auch vielen anderen Influencern, so auch Gerda Lewis […]. Eigentlich ist es egal, was die Ex-„Bachelorette“ postet, denn da wo Gerda ist, sind auch die Hater nicht weit. Erst kürzlich wieder in riesen Ausmaßen unter einem ihrer Posts zu sehen. Auf dem Schnappschuss: Gerda mit Kunstfell-Mütze und ihrem süßen Hund. Natürlich ein gefundenes Fressen für ihre Hater. Bevor überhaupt in Erwägung gezogen wird, dass es sich bei der Fellbommel an ihrer Mütze um Kunstfell halten könnte, kassiert die Blondine unzählige Hassnachrichten wie zum Beispiel: „Pelz auf der Haut, weil es dieses Tier offensichtlich nicht wert war geliebt zu werden, wie der Hund …“ Gerda stellt sofort klar, dass es sich nicht um echtes Fell handelt, aber das ist ihren Hatern natürlich komplett egal. […]

Quelle: klatsch-tratsch.de, 2021

Portal
WES-122966-087

Tipp
Du kannst hier wieder eine Tabelle erstellen und die gefundenen Informationen in diese eintragen (siehe Seite 229).

b) Markiere auf der Kopie der Buchseiten oder der Vorlage aus dem Portal im Material alle Informationen zum Thema „**Was spricht dafür, was dagegen, dass immer mehr junge Menschen Influencer werden wollen?**“, die du für die Erörterung nutzen kannst.
c) Schreibe neben jedes Material, für welchen Teil der Erörterung es eingesetzt werden kann (Einleitung, Vorteile eines Lebens als Influencer, Nachteile eines Lebens als Influencer, Schlussteil).
d) Erstelle eine Gliederung, in der acht Behauptungen aufgeführt sind. Achte auf die Verwendung des Nominalstils.
e) Verfasse eine Einleitung. Nutze dafür entweder Material 1 oder Material 4.
f) Formuliere nun die in der Gliederung angeführten acht Argumente aus.
g) Verfasse einen Schlussteil, in dem du deine eigene Meinung wiedergibst. Vergiss nicht, mit einem zusammenfassenden Satz zum Schlussteil überzuleiten.

✳ **2** Tausche deine Ergebnisse von Aufgabe 1d) bis 1g) mit deinem Banknachbarn/deiner Banknachbarin aus und gebt euch gegenseitig Rückmeldung. Die Checkliste auf Seite 244 hilft euch dabei.

3.1 aus Text- und Materialgrundlagen exzerpieren, zweckmäßige, formal und sprachlich korrekte Textbelege angeben

Die materialgestützte Erörterung

Die Stellung nehmende Erörterung

Bisher hast du die ein- bzw. mehrgliedrige Erörterung kennengelernt, in der du eine oder mehrere Seiten eines Themas beleuchten musst. Daneben gibt es aber noch eine weitere Form der Erörterung, die sogenannte Stellung nehmende Erörterung.

1 Im Folgenden findest du verschiedene Erörterungsthemen.
a) Lies dir die Themen zunächst durch.

> Würden Sie auf Fernreisen verzichten und öfter Urlaub im eigenen Land machen?

> Immer häufiger schwänzen Schülerinnen und Schüler die Schule. Aus welchen Gründen tun sie dies und wie kann man dem entgegenwirken?

> Erörtern Sie, welche Vor- und Nachteile mit der Nutzung sozialer Netzwerke verbunden sind.

> Einkaufen im Internet. Was halten Sie davon?

> Aus welchen Gründen kaufen immer mehr Menschen Bioprodukte?

> Was halten Sie davon, dass bereits viele Kinder im Grundschulalter ein Smartphone besitzen?

> Erörtern Sie Möglichkeiten, wie Schüler/-innen einen positiven Einfluss auf die Atmosphäre in ihrer Schule nehmen können.

b) Entscheide mithilfe des Merkkastens, welche dieser Themen eine Stellung nehmende Erörterung fordern. Begründe deine Antwort.

2 Zu dem Erörterungsthema **„Was halten Sie davon, dass immer mehr junge Meschen Influencer werden wollen?“** wurde folgende Gliederung erstellt. Dazu wurden die Materialien von Seite 245 bis 248 genutzt.
a) Lies dir diese zunächst genau durch.

> A. Influencer sind Menschen, die Trends setzen, mit ihren Themen den Zeitgeist treffen und somit Millionen von Menschen erreichen.
>
> B. Was halten Sie davon, dass immer mehr junge Menschen Influencer werden wollen?
>
> I. Nachteile eines Lebens als Influencer
> 1. Hoher Zeitaufwand
> 2. Permanente Vorbildfunktion
> 3. Fehlende Privatsphäre
> 4. Angriffe durch Hater

3.1 aus Text- und Materialgrundlagen exzerpieren, zweckmäßige, formal und sprachlich korrekte Textbelege angeben

Schreiben

II. Vorteile eines Lebens als Influencer
   1. Keine Notwendigkeit einer Ausbildung
   2. Große Fangemeinde
   3. Berufliche Selbstständigkeit
   4. Gute Verdienstmöglichkeiten

III. Befürwortung unter bestimmten Bedingungen
   1. Keine dauernden Attacken durch Hater
   2. Bewahrung der eigenen Persönlichkeit

C. Auch in Zukunft werden wohl viele junge Menschen davon träumen, Influencer zu werden.

b) Erkläre mithilfe des Merkkastens, wie die Gliederung zu einer Stellung nehmenden Erörterung aufgebaut ist.

✲ **3** Wähle aus den Themen von Aufgabe 1, die eine Stellungnahme fordern, eines aus und erstelle dazu eine vollständige Gliederung.

ⓘ Die Stellung nehmende Erörterung

Die Stellung nehmende Erörterung ist daran zu erkennen, dass **die Leserin** bzw. **der Leser** in der Aufgabenstellung **häufig direkt angesprochen werden**:
- „Würden Sie …?“
- „Was halten Sie davon, dass …?“
- „Wie stehen Sie zu dieser Aussage?“
- „Sollte man …?“

Bei der Stellung nehmenden Erörterung besteht der Hauptteil aus **drei Teilen**, denn die **Stellungnahme ist** bei diesem Erörterungstyp **Bestandteil des Hauptteils**.
Damit du in deiner Stellungnahme nicht einfach bereits angesprochene Argumente wiederholst, ist es sinnvoll, einen inhaltlichen Schwerpunkt zu setzen, z. B. Ablehnen unter bestimmten Bedingungen, Zustimmen unter bestimmten Bedingungen.

Es gibt bei der Stellung nehmenden Erörterung **zwei Möglichkeiten, den Hauptteil zu gliedern**:

1. Gliederung des Hauptteils, wenn du dich gegen etwas aussprichst
   I. Argumente, die dafür sprechen
   II. Argumente, die dagegen sprechen
   III. Stellungnahme: Ablehnen unter bestimmten Bedingungen

2. Gliederung des Hauptteils, wenn du dich für etwas aussprichst
   I. Argumente, die dagegen sprechen
   II. Argumente, die dafür sprechen
   III. Stellungnahme: Zustimmen unter bestimmten Bedingungen

2.3 Informationen aus dis- sowie kontinuierlichen Texten für begründete Schlussfolgerungen nutzen, vergleichen und bewerten

4 Markiere auf der Kopie der Buchseiten 245 bis 248 oder der Vorlage aus dem Portal alle Informationen, die du für die Erörterung zum Thema **„Was halten Sie davon, dass immer mehr junge Menschen Influencer werden wollen?“** nutzen kannst.

Tipp
Hast du das Material bereits für das Erörterungsthema auf Seite 245 markiert und ausgewertet, kannst du diese Ergebnisse nutzen.

5 Schreibe neben jedes Material, für welchen Teil der Erörterung es eingesetzt werden kann (Einleitung, Vorteile eines Lebens als Influencer, Nachteile eines Lebens als Influencer, Stellungnahme, Schlussteil).

6 Nachdem du die Materialien ausgewertet hast, kannst du alle Informationen, die du verwenden kannst, noch zusätzlich in einer Tabelle sammeln.
a) Lege eine Tabelle nach dem folgenden Muster an oder nutze die Vorlage aus dem Portal.
b) Fasse darin alle Informationen von Aufgabe 4 und 5 knapp zusammen.
c) Markiere in der Spalte „Behauptung“ alle Vorteile eines Lebens als Influencer mit einer und alle Nachteile mit einer anderen Farbe.

Portal
WES-122966-087

Portal
WES-122966-088

	Behauptung	Begründung	Beispiel	Sonstiges
M 1				*Einleitung (Begriffsdefinition)*
M 2	bei Erfolg gute Verdienstmöglichkeiten		*3 von 1.200 befragten Influencern verdienen ab 25.000 $; 8 von 1.200 Befragten 10.000 $ bis 25.000 $; 336 Befragte zwischen 500 $ und 1.000 $; 400 Befragte 500 $ und weniger; 453 Befragte verdienen Kleinstbeträge*	
M 3	Große Fangemeinde	…	…	…
…	…	…	…	…
Eigene Ideen	…	…	…	…

Tipp
Beachte, dass in einem Material auch mehrere Behauptungen vorkommen können.

d) Ergänze in der letzten Zeile der Tabelle eigene Ideen.

7 Überprüfe, für welche Punkte der Gliederung auf Seite 249/250 du das Material zur Ausformulierung der Gliederungspunkte einsetzen kannst.

3.1 aus Text- und Materialgrundlagen exzerpieren, zweckmäßige, formal und sprachlich korrekte Textbelege angeben; 3.2 geeignete Informationsquellen, Schreibsammlungsverfahren verwenden

Schreiben

8 Folgende drei Argumente wurden zum Thema **„Was halten Sie davon, dass immer mehr junge Menschen Influencer werden wollen?“** bereits ausgearbeitet.

a) Lies dir die Argumente zunächst durch.

Zunächst soll auf die Nachteile eingegangen werden, die mit einem Leben als Influencer/-in verbunden sind. Da wäre zum einen zu nennen, dass man permanent eine Vorbildfunktion hat (vgl. Material 5). Als Influencer/-in muss man dauernd auf die Art der Selbstdarstellung im Netz achten, da sich Follower/-innen an einem orientieren. So übernehmen viele von ihnen beispielsweise das Styling des Vorbilds oder kaufen dieselben Produkte. Manche wählen auch gleiche Freizeitaktivitäten oder richten ihr Zimmer oder ihre Wohnung so ein wie ihr Idol. Dessen müssen sich Influencer/-innen immer bewusst sein, wenn sie Informationen aus ihrem Leben im Netz preisgeben.

Ein weiterer Vorteil, den ein Leben als Influencer mit sich bringt, ist der, dass man, wenn man erfolgreich ist, gute Verdienstmöglichkeiten hat (vgl. M 2). Wer sich zu den wenigen erfolgreichen Influencer/-innen zählen kann, verdient bis zu $ 25.000 und mehr. Diese Gage erhält der Influencer bzw. die Influencerin pro Kampagne oder pro Posting. Wie die Grafik in Material 2 zeigt, nehmen lediglich 11 von 1.200 befragten Influencern zwischen $10.000 und $25.000 pro Kampagne ein. Nur drei von ihnen verdienen mehr als $ 25.000. Bis zur darunterliegenden Gagenstufe zeigt die Grafik eine große Lücke in den Zahlen auf: 336 von 1.200 Befragten verdienen lediglich $ 1.000 bis $ 500 pro Kampagne. Mit 500 Dollar und weniger müssen sich bereits 400 von 1.200 befragten Influencern zufrieden geben und mehr als 37 Prozent der Befragten (453) erhalten nur Klein- oder Kleinstebträge.

Ich bin der Meinung, dass es viele Vorteile mit sich bringt, ein Leben als Influencerin zu führen. Allerdings würde ich nur unter der Voraussetzung, dass ich nicht permanent Attacken von Hatern ausgesetzt bin, als Influencerin aktiv sein. Denn es ist sehr belastend, wenn man für jeden Post, den man online stellt, angegriffen und beleidigt wird. Es ist klar, dass nicht allen gefällt, was Influencerinnen von sich preisgeben, doch wenn einem überwiegend Hass und Ablehnung entgegenschlagen, ist das meiner Meinung nach nicht zu tolerieren. So werden beispielsweise Influencerinnen wie Sarah Lombardi oder Gerda Lewis des Öfteren grundlos attackiert (vgl. M 9). Ich würde in deren Situation nicht weiter als Influencerin tätig sein wollen. Solch ein Leben würde ich nicht um jeden Preis führen.

Portal
WES-122966-089

b) Markiere auf einer Kopie der Buchseiten oder der Vorlage aus dem Portal die Stellen, an denen Material eingesetzt wurde.

c) Überprüfe mithilfe der Gliederung auf Seite 249/250, an welcher Stelle des Hauptteils die Argumente jeweils auftauchen.

9 Formuliere die noch fehlenden Punkte der Gliederung aus. Die Gliederung auf Seite 249/250, das Material auf Seite 245 bis 248 und der Merkkasten helfen dir dabei. Achte darauf, dass die Reihenfolge deiner Argumente mit der Reihenfolge der Argumente in der Gliederung übereinstimmt.

10 Tragt euch gegenseitig eure Ergebnisse vor und gebt einander Feedback.

3.1 strukturierte, gegliederte schriftliche Darstellung unterschiedlicher Form der Schreibintention angemessen anwenden; 3.2 mit vorgegebenem Material argumentativ und differenziert Problemstellungen beleuchten

Die materialgestützte Erörterung

Überprüfe dein Wissen und Können

1 Lies dir zunächst das folgende Erörterungsthema durch und erschließe es.

> Viele Schulabgänger sind sich nicht sicher, ob sie nach dem Schulabschluss mit einer Ausbildung beginnen oder weiter zur Schule gehen sollen. Welche Vor- und Nachteile bringt eine Ausbildung mit sich?

Portal
WES-122966-090

2 Sichte die Materialien 1 – 5 auf den folgenden Seiten und werte sie aus. Verwende hierfür eine Kopie der Buchseiten oder die Vorlage aus dem Portal.

Material 1

Vorteile einer Ausbildung

- schneller Einstieg in die Praxis nach der Schule
- Ausbildungsvergütung verhilft zum Start in das eigene Leben
- bietet eine berufliche Grundlage – ein Studium ist später noch möglich
- kein höherer Schulabschluss nötig
- bei guter Berufsausbildung bestehen vielversprechende Einstellungschancen

Vor- und Nachteile einer Ausbildung

Material 2

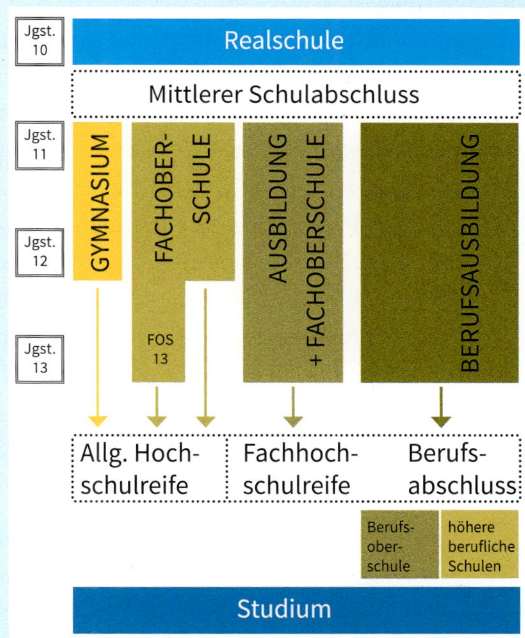

Wege nach der Realschule

Material 3

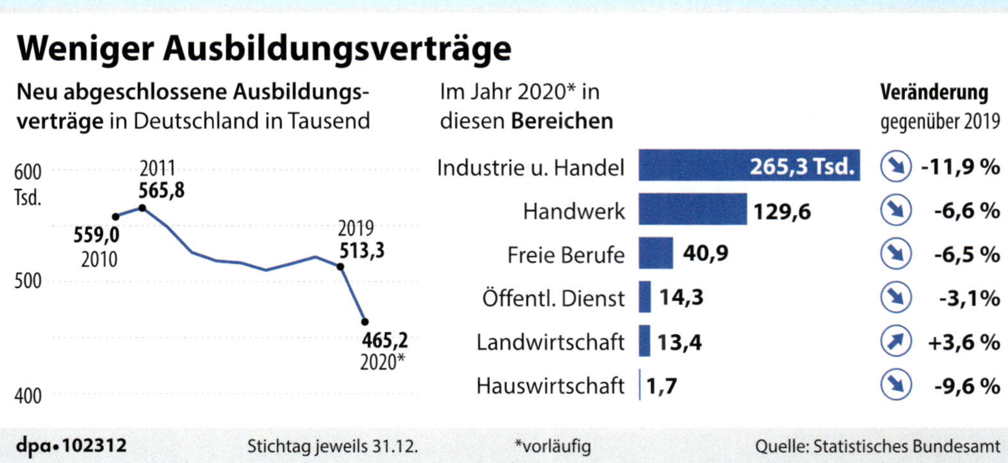

2.3 Informationen aus dis- sowie kontinuierlichen Texten für begründete Schlussfolgerungen nutzen, vergleichen und bewerten; 3.2 geeignete Informationsquellen, Schreibsammlungsverfahren verwenden

Schrei-
ben

Material 4

www.future-jo.bs

Stella ist im zweiten Jahr ihrer Ausbildung zur Industriekauffrau bei der Heltingh GmbH & Co. KG in Lindau

Stella gefallen die abwechslungsreichen Aufgaben ihrer Arbeit.

„Durch die Ausbildung schaffe ich mir ein sicheres Standbein für meine Zukunft. Der große Praxisanteil gibt mir nicht nur die Möglichkeit, nach der ganzen Lernerei auch mal etwas Handfestes zu machen, ich bekomme auch wirkliche Einblicke ins Berufsleben. Alles, was ich in der Berufsschule lerne, setze ich in der nächsten Woche gleich praktisch um.
Ich freue mich schon sehr auf meinen zweimonatigen Auslandsaufenthalt im dritten Lehrjahr – da kann ich einen der vier internationalen Standorte kennenlernen. Die Herausforderungen sind aber auch in unserem Sitz vielfältig, es gibt unterschiedliche Projekte mit spannenden Themen. Zudem durchlaufe ich während meiner gesamten Ausbildung alle Abteilungen des Unternehmens, um das Berufsbild und seine Zusammenhänge wirklich zu verstehen. Dazu gehören auch direkter Kundenkontakt und unterschiedliche Gesprächssituationen. Ich würde die Entscheidung zur Ausbildung immer weiterempfehlen."

Quelle: future-jo.bs, 2021

Material 5

Was tun nach der Schule?

School's out? Na endlich! Nach den beschwerlichen Jahren des Lernens und der Streitereien mit Lehrern, Mitschülern und den Eltern über schlechte Noten, kannst Du nun einen **komplett neuen Weg** einschlagen. Noch einmal von ganz vorne anfangen. Doch womit? Wie wäre es zum Beispiel mit einer **Ausbildung**?
Hier haben wir für Dich einmal die **Pro- und Kontra-Argumente** für die **verschiedenen klassischen Pläne** aufgezählt.

Die Vor- und Nachteile einer Ausbildung
Je nachdem welchen **Schulabschluss** Du gemacht hast, stehen Dir **mehrere Möglichkeiten** offen. Eine **Ausbildung** kannst Du so ziemlich **mit jedem Abschluss** machen. Außerdem stehst Du mit einer **Ausbildung** schnell mit **beiden Beinen** mitten im **Leben**. Das wird Dich auch persönlich sehr viel weiter bringen und Deinen **Charakter** sicherlich nicht zum **Negativen** verändern.
Das bedeutet aber auch, dass das chillige Leben aus deiner Schulzeit erst einmal vorbei

ist. **Welpenschutz** für **Auszubildende** gibt es nur für **kurze Zeit**. Vom ersten Tag an wirst Du bei Aufgaben in Deinem Ausbildungsbetrieb mit eingespannt. Sei es die ersten paar Tage auch nur zum Fegen, Korrekturlesen oder Kopieren. Lehrjahre sind nun einmal keine Herrenjahre. **Während** der **Ausbildung** hast Du vielleicht nur **wenig freie** und **eigenständige Entscheidungen** zu treffen. Du machst halt die Aufgaben, die dir aufgetragen werden.
Mit einer **abgeschlossenen Ausbildung** bist Du im **Vergleich** zu anderen **Laufbahnen** zwar **schnell fertig** und kannst schneller Geld verdienen, jedoch kann es für Dich immer etwas schwieriger sein, in hohe Führungspositionen zu kommen.
Von Deinem **Gehalt** wirst Du wahrscheinlich auch **nicht so schnell eigenständig Leben** können, denn so **gut** ist die **Vergütung für Auszubildende nicht**. Es ist aber besser als nichts und auf jeden Fall **besser als zu Schulzeiten**, wo Du für deine Zeit und Dein Engagement kein Geld bekommen hast. Du siehst also: In einigen Punkten wird nach der Schule doch einiges besser!
Werfen wir also noch einmal einen **genauen Blick** auf die **Aspekte, wegen denen man** eine **Ausbildung machen sollte**:
Nach so **vielen Jahren** der theoretischen Schulbank ist allein der Gedanke daran, **endlich praktisch zu arbeiten** und **Dinge** mit den **eigenen Händen** zu **erschaffen**, sehr **verlockend**. Der **hohe Praxisanteil**, den Dir eine Ausbildung bietet, ist wirklich super. Das, was Du machst, ist endlich von **Bedeutung**. Du tust etwas, was Auswirkungen auf Deine direkte Umwelt hat und nicht mehr nur innerhalb der Schule eine Rolle spielt. Und dafür bekommst Du auch noch Geld!
Mit der Ausbildung hast Du die **Chance,** endlich mit einem **Beruf anzufangen**. Dir etwas auszusuchen, woran Du Spaß hast, etwas, dass Du vielleicht schon Dein ganzes Leben lang machen wolltest und wovon Du immer geträumt hast. Das bedeutet, dass Du endlich nicht mehr alles Lernen musst, sondern nun überwiegend die Sachen lernst, die Dich auch interessieren und für deinen Beruf relevant sind.
Außerdem sammelst Du früh Berufserfahrungen und hast somit später auch **bessere Chancen** auf einen **Job**. Das bedeutet natürlich auch, dass Du früh lernen musst, **Verantwortung** für Dich und Deine Taten zu übernehmen. […]

Quelle: Prozubi.de, 2021

3 **Verfasse eine vollständige Gliederung zum Thema.**

4 **Schreibe eine Erörterung, in der du mindestens vier Argumente aus der Gliederung ausformulierst. Achte darauf, dass du das Material an mehreren Stellen deiner Arbeit einbaust.**

5 **Überprüfe deine Erörterung mithilfe der Checkliste auf Seite 244 und überarbeite sie gegebenenfalls.**

Portal
WES-122966-091

3.2 geeignete Informationsquellen, Schreibsammlungsverfahren verwenden; mit vorgegebenem Material argumentativ und differenziert Problemstellungen beleuchten

Sprache und Sprachgebrauch

Sprache und Sprachgebrauch

1 Werft einen Blick auf die folgende Karikatur und wertet sie aus:
- Was ist zu sehen?
- Worin besteht der „Witz" des Bildes?
- Was möchte der Zeichner ausdrücken bzw. kritisieren?
- An welche Zielgruppe wendet sich der Karikaturist?

2 Beschreibt, welche sprachlichen Mittel der Karikaturist einsetzt, um eine witzige Wirkung zu erzielen.

3 Tauscht euch darüber aus, welche Ebenen der deutschen Sprache ihr neben der Jugendsprache noch kennt und welche Vor- und Nachteile die Verwendung der einzelnen Sprachebenen hat.

In diesem Kapitel lernst du, …
- *Veränderungen im Sprachgebrauch zu erkennen und zu bewerten.*
- *Euphemismen zu verstehen.*
- *Ironie zu erkennen und zu deuten.*
- *Fremdwörter und Fachbegriffe zu unterscheiden.*

Sprache und Sprachgebrauch

Veränderungen im Sprachgebrauch erkennen und bewerten

1 In einem Roman aus dem 20. Jahrhundert findet man folgende Textstellen.

a) Lies sie dir durch und begründe, woran man erkennen kann, dass die verwendete Sprache nicht aktuell ist.

A) Egon war ein *Tausendsassa*. Innerhalb weniger Jahre war es ihm gelungen, ein riesiges Imperium aufzubauen und sich in der feineren Gesellschaft *allenthalben* zu etablieren. Seine Frau Elfriede, eine unfreundliche, behäbige *Wuchtbrumme*, *beluchste* ihn, weil sie wusste, dass ihr Mann ein *Schwerenöter* war.

B) Der Halbstarke mit seinem aufgeprotzten Mofa erzählte eine hanebüchene Geschichte, warum er dem Dreikäsehoch, der belämmert dreinschaute, seine ganzen Groschen abgenommen hatte.

C) Die drei Backfische kicherten, als sie behände zum Tanzcafé gingen. Die Kleider der anmutigen Mädchen waren eine Augenweide.

b) Im ersten Textauszug sind Begriffe kursiv gedruckt, die man heute kaum mehr verwendet. Umschreibt, was mit ihnen gemeint sein könnte.

c) Findet in den weiteren Textauszügen Beispiele für veraltete Begriffe und tauscht euch darüber aus, was sie bedeuten könnten. Versucht, sie zu „modernisieren".

d) Vergleicht eure Ergebnisse und beschreibt, wie sich die Wirkung der Sätze verändert.

e) Stellt Vermutungen an, weshalb manche Wörter aus unserem Sprachgebrauch verschwinden.

2 Während einerseits Begriffe in Vergessenheit geraten, entstehen andererseits neue, populäre Formulierungen. Besonders beliebte Wörter, die vor allem von Jugendlichen verwendet werden, finden sich auf der Liste zur Wahl des „Jugendwort des Jahres". Im Jahr 2020 haben es folgende Begriffe auf das „Siegertreppchen" geschafft:

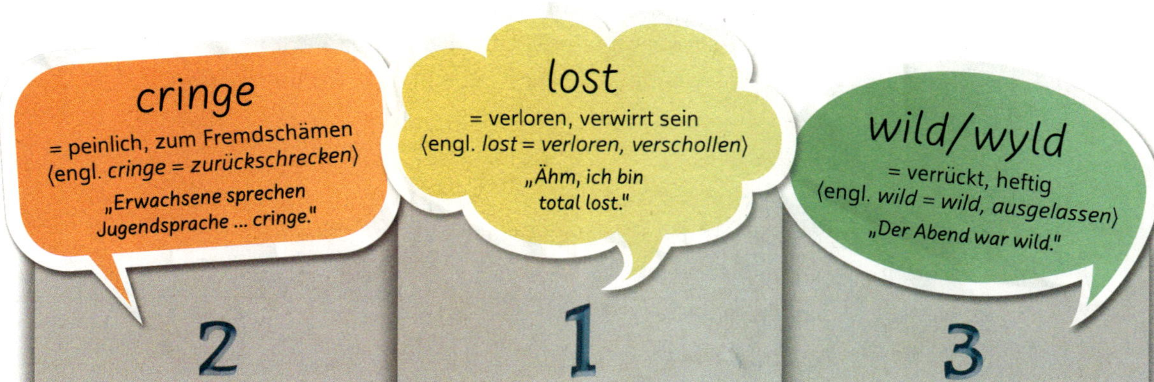

4.1 Sprachwandel und Sprachentwicklungen in ihrer spezifischen Funktion beschreiben und deren Wirkungen differenziert beurteilen; Wert, soziokulturelle Aufgabe [...] unterschiedlicher Sprachvarietäten beurteilen

Sprache und Sprachgebrauch

a) Die „Top 3" der Jugendwörter stammen alle aus einer Fremdsprache. Benenne, aus welcher Sprache sie übernommen wurden, und stelle Vermutungen an, warum Begriffe aus dieser Fremdsprache bei Jugendlichen offenbar besonders beliebt sind.

b) Begründe, wie du zu den aufgelisteten „Jugendwörtern" stehst, und erkläre, inwiefern du sie selbst einsetzt oder nicht.

✲ c) Sammelt Vorschläge, welche Begriffe eurer Meinung nach in diesem Jahr auf einer Liste der Jugendwörter stehen sollten.

d) Beurteilt, ob es sinnvoll ist, die jährlich aktuellen Jugendwörter zeitnah in ein Wörterbuch der deutschen Sprache zu übernehmen.

3 Dass sich die deutsche Sprache verändert, beobachten auch die Sprachforscher.

a) Lies dir folgenden Artikel zu dieser Entwicklung durch.

Das Deutsche befindet sich in einem stetigen Wandel. Kritiker sprechen gar von einer „Verhunzung des Deutschen" oder vom „Sprachzerfall". Englische Begriffe und eine krude Grammatik werden besonders bemängelt.

[...] Wer in den sozialen Medien unterwegs ist, stolpert vermutlich über noch ganz andere Formulierungen, wie zum Beispiel „Nicer tag vong Sonne her!". Nicht nur, dass hier englische und deutsche Wörter kombiniert werden und sich die Groß- und Kleinschreibung jenseits der Duden-Regeln befindet – es ist vor allem das kleine Wörtchen „vong", das für einen [...] Sprach-Hype steht. Dabei wird „vong" eingesetzt, um eine Anti-Rechtschreibung im Internet bewusst auf die Spitze zu treiben. Man kann das lustig finden oder nicht: Bei Twitter, Facebook und Co. finden sich dennoch zahlreiche Beispiele.

[...] Englische Begriffe, die Anglizismen, sind Sprachpflegern schon lange ein Dorn im Auge. Der Begriff wird von vielen allerdings inflationär verwendet – und ist inzwischen zu negativ besetzt. Anglizismen ergänzen unsere deutschen Begriffe oder vereinfachen sie: Ein „Event" ist etwas anderes als eine „Veranstaltung". „Selfies" machen ist einfacher und schneller gesagt als „ein Foto von sich selbst schießen".

[...] Die Forscher der Deutschen Akademie für Sprache und Dichtung sehen den Sprachwandel entgegen der Meinung vieler Kritiker als eine Bereicherung für die deutsche Sprache. Ihr Wortschatz ist in den letzten hundert Jahren um 1,6 Millionen Wörter gewachsen. Veraltete Grammatik- und Sprachregeln werden mit neuen spielerisch kombiniert. Wir haben mehr Möglichkeiten denn je, uns auszudrücken. Auch wenn man sich an einige Veränderungen erst einmal gewöhnen muss.

S. 314 *Sprachwandel*

b) Finde im Text Kritikpunkte für den Sprachwandel.

c) Erläutere, welche Vorteile Forscher aber auch darin sehen.

d) Stellt Vermutungen an, welchen Einfluss die Medien auf die zukünftige Sprachentwicklung des Deutschen haben könnten.

Sprache und Sprachgebrauch

Euphemismen verstehen

1 Maries Familie fährt in den Ferien gerne in den Urlaub. In diesem Jahr fällt ihre Wahl auf Mallorca. Auf einem Reiseportal stößt Maries Vater auf die Anzeige eines Hotels, die sich sehr vielversprechend anhört.

a) Lies dir den Werbetext durch.

www.hotel-paradiso.xy

Hotel Paradiso ***

In unserem nach einer umfassenden Renovierung kürzlich neu eröffneten Hotel in idyllischer, ruhiger Lage erwarten Sie 200 Betten, die Hälfte davon mit Meerblick. Einige Zimmer versprühen teilweise noch nostalgischen Charme. Unsere großzügige Lobby erstrahlt in einem stylishen, zurzeit angesagten Vintage-Look. Alle Apartments sind selbstverständlich mit Air-Condition und kostenlosem W-LAN und einem Zustellbett ausgestattet. Auf Wunsch bieten wir Ihnen auch einen kurzen Transfer vom Airport zum Hotel an. Bei der Buchung inbegriffen ist ein kontinentales Frühstück. Gegen Aufpreis erhalten Sie auch all-inclusive mit wechselndem Buffet voller regionaler Köstlichkeiten wie Schätzen aus dem Meer und andere Delikatessen. Genießen Sie Ihren Urlaub mit einem Cocktail an der beliebten Poolbar und nutzen Sie das vielseitige, hoteleigene Abendprogramm mit professionellem Karaoke. Checken Sie heute noch ein. Die mehrsprachig geschulten Mitarbeiter an unserer Rezeption lesen Ihnen jeden Wunsch von den Augen ab.

b) Dass die Beschreibung des Hotels und seiner Anlage in der Realität nicht ganz der Wahrheit entspricht, bemängeln zahlreiche Reisende auf einem Internetportal. Finde für die genannten Kritikpunkte die entsprechenden Beschreibungen im Werbetext.

www.hotelerfahrungen/hotel_paradiso.xy

„Nie wieder Hotel Paradiso!"
Kein Strand weit und breit. Das Hotel liegt mitten in der Pampa, bei Flut ist ein Stück Meer zwischen zwei Häuserreihen erkennbar. Zwei dünne Scheiben Brot, ein Butterwürfel, Marmeladebeutel und Wurstpaste als Frühstück. Enge und muffige Zimmer, in denen lediglich die Wand neu gestrichen wurde. Hotel liegt in der Einflugschneise.

„Vorsicht, Abzocke"
Mittags und abends das gleiche Buffet, morgens mit Resten von gestern, abends mit Resten vom Morgen. Wir freuten uns auf Meeresfrüchte, aber es gab nur Sardinen.

„Alte Bruchbude, neu gestrichen"
Es arbeiten überall noch Maurer, Maler, Elektriker. In der Lobby hat man den Sperrmüll vom alten Hotel aufgestellt und verkauft das als Style. Geschmacklose und billige Einrichtung.

„Ganz nett, aber …"
Die Leute an der Rezeption sprechen nur gebrochen Englisch, die Verständigung ist schwierig. Wünsche erfüllen sie nur gegen Trinkgeld. Die meiste Zeit ist tote Hose, außer an der Poolbar. Da grölen die Besoffenen Tag und Nacht. Das Abendprogramm besteht aus schräg singendem Hotelpersonal.

4.1 Sprachwandel und Sprachentwicklungen in ihrer spezifischen Funktion beschreiben und deren Wirkungen differenziert beurteilen

Sprache und Sprachgebrauch

c) Bei den im Werbetext verwendeten Formulierungen spricht man von Euphemismen. Informiere dich im Merkkasten, was man darunter versteht, und entscheide, mit welcher Absicht die Werbetexter dieses Stilmittel hier vermutlich eingesetzt haben.

S. 311
Euphemismus

2 Auch in anderen Bereichen werden bewusst euphemistische Formulierungen eingesetzt. Ordne mithilfe des Merkkastens jedem Euphemismus seine tatsächliche Bedeutung zu und bestimme, welche der drei Absichten von Euphemismen jeweils zutrifft.
z. B. *dritte Zähne – Gebiss, Rücksichtnahme …*

Facility Manager	unvernünftig
Preisanpassung	dick
bildungsfern	entlassen
kostenintensiv	ermorden
dritte Zähne	Hausmeister
liquidieren	dumm
Heimgang	Tod
stilles Örtchen	teuer
korpulent	künstliches Gebiss
unvorteilhaft	Preiserhöhung
Herausforderung	Pickel
einschläfern	Toilette
beratungsresistent	töten
freistellen	hässlich
Hautunreinheiten	Problem

3 Verfasse einen kurzen Text, in welchen du Euphemismen aus Aufgabe 2 sinnvoll einbaust.

ⓘ Euphemismus

Beschönigende, aufwertende oder verschleiernde Formulierungen nennt man Euphemismen. Wer Euphemismen verwendet, verfolgt damit meist eine oder mehrere dieser **Absichten**:

1. **Rücksichtnahme:** Der Sprecher / Schreiber möchte die Gefühle einer Person oder Personengruppe schonen: *Der Verstorbene ist sanft entschlafen* statt *Er ist gestorben.*
2. **Aufwertung:** Der Sprecher/ Schreiber möchte einer Person oder Personengruppe durch eine aufwertende Bezeichnung Anerkennung entgegenbringen: *Raumpflegerin* statt *Putzfrau.*
3. **Verschleierung:** Der Sprecher/Schreiber möchte unliebsame Maßnahmen durchsetzen oder werben, indem er die Nachteile gezielt durch Euphemismen verschleiert: *Personalfreistellung* statt *Entlassung.*

4.1 Sprachwandel und Sprachentwicklungen in ihrer spezifischen Funktion beschreiben und deren Wirkungen differenziert beurteilen

Sprache und Sprachgebrauch

Ironie erkennen und deuten

1 Kurz vor der Deutschschulaufgabe sind die Schülerinnen und Schüler der 10a nicht sonderlich motiviert, wenn es darum geht, einen weiteren Übungsaufsatz zu schreiben.

a) Lest euch ihre Aussagen bei der Schreibkonferenz laut vor.

b) Entscheide mithilfe des Merkkastens, bei welchen Aussagen das Stilmittel der Ironie zum Einsatz kommt und nenne entsprechende Textbeispiele.

c) Erläutere, was die Person mit ihrem ironischen Kommentar jeweils wirklich sagen möchte.

* d) Nicht bei jedem witzigen Kommentar handelt es sich automatisch um das Stilmittel der Ironie. Benenne die anderen, dir bereits bekannten Stilmittel, die in den Aussagen auftauchen.

S. 304 *sprachliches Mittel*

2 Formuliere nun selbst einen ironischen Kommentar zu folgenden Verhaltensweisen deiner Mitmenschen:

A) Deine Schwester hat sich beim Fernsehabend die große Chipsschüssel geschnappt und futtert alle Chips alleine auf, ohne dir welche anzubieten.

B) Versehentlich hat dir jemand beim Automaten ein Getränk auf dein T-Shirt geschüttet.

C) Beim Einsteigen in den Schulbus drängelt sich ein Fünftklässler vor.

S. 312 *Ironie*

Ironie

Der Begriff *Ironie* ist aus dem griechischen Wort *eironeia* abgeleitet, was so viel wie *Vortäuschung* oder *Verstellung* bedeutet. Als Ironie wird ein rhetorisches Stilmittel bezeichnet, bei dem es darum geht, das **Gegenteil von dem** zum Ausdruck zu bringen, **was tatsächlich gemeint ist**. Wichtig ist dabei aber, dass der Empfänger dies auch erkennt, da es ansonsten zu Missverständnissen kommen kann.
Eine ironische Wirkung kann auch durch das Stilmittel der Hyperbel erreicht werden, die der Ironie nahesteht, aber nicht identisch mit ihr ist.

S. 311 *Hyperbel*

4. 1 Wert, soziokulturelle Aufgabe und Verwendungsmöglichkeiten ausgewählter unterschiedlicher Sprachvarietäten beurteilen

Sprache und Sprachgebrauch

Sprache und Sprachgebrauch

Fremdwörter und Fachbegriffe unterscheiden

1 Im Werbetext „Hotel Paradiso“ (S. 245) findet sich eine Reihe von Fremd- und Fachwörtern.

a) Finde im Text die Entsprechungen für folgende Begriffserklärungen:

Klimaanlage — altmodisch — zu einem Playback singen

Portal WES-122966-092

b) Markiere im Werbetext mithilfe des Merkkastens unten weitere Begriffe auf der Vorlage im Portal oder einer Textkopie, bei denen es sich um Fremdwörter oder Fachbegriffe handelt.

c) Vergleicht eure Ergebnisse.

d) Entscheide, ob es sich bei den von dir markierten Wörtern um Fremdwörter oder Fachbegriffe handelt. Manche lassen sich auch zu beiden Bereichen zählen. Ordne die Begriffe in einer Tabelle nach folgendem Schema:

Fremdwort	**Fachbegriff**	**beides**
idyllisch	*Zustellbett*	*Lobby*

✲ e) Sammelt weitere Begriffe, die man zum Gebiet Tourismus/ Gastronomie/ Hotelgewerbe rechnen könnte, und ergänzt sie in der Tabelle.

S. 311 *Fremdwort*

S. 311 *Fachbegriff*

2 In folgenden *Wortspeichern* finden sich Fachbegriffe und Fremdwörter aus verschiedenen Bereichen sowie Wörter, die sich eingeschlichen haben.

a) Finde Oberbegriffe für die einzelnen Wissensgebiete.

b) Entscheide, welche Begriffe in den einzelnen Wortspeichern Fremd- oder Fachwörter sind und welche zu keinem dieser Bereiche zu rechnen sind.

Elfmeter – Trainer – Basketballkorb – Aus – surfen – Hattrick – Schläger – Beachvolleyball

Lidschatten – Vokuhila – Jeans – Makeup – Shampoo – Anorak – Hose – Hoodie

zocken – Smartphone – digital – Glasfaserkabel – Influencer – Modem – Akkuladekabel

c) Formuliere Sätze, in denen du die Fremdwörter und Fachbegriffe sinnvoll einsetzt.

ⓘ Fremdwörter und Fachbegriffe

Fremdwörter sind Wörter, die **aus anderen Sprachen** zu uns eingewandert sind: früher aus dem Lateinischen und Griechischen, heute vor allem aus dem Englischen, Französischen, Italienischen.
Viele von ihnen sind bereits so eingedeutscht, dass man sie als Fremdwörter kaum noch erkennt (demokratisch, tolerant ...). Bei vielen erkennt man aber noch an der Schreibung und/ oder der Aussprache und Betonung, dass sie aus anderen Sprachen stammen (Facebook, Niveau ...).
Ein **Fachbegriff** ist eine feste, **spezielle Bezeichnung**, die für etwas ganz Bestimmtes in einem **Wissensgebiet** verwendet wird. Fachbegriffe können Fremdwörter, (z. B. Akkusativ), deutsche Begriffe (z. B. Satzgefüge) oder Kombinationen von beidem (z. B. USB-Kabel) sein.

Sprache und Sprachgebrauch

Überprüfe dein Wissen und Können

1 Erstelle eine Mindmap zum Thema „Sprachwandel im Deutschen“. Beziehe auch Faktoren ein, die einen besonders großen Einfluss auf den Sprachwandel haben.

2 In Kontaktanzeigen werden die persönlichen Angaben gerne einmal beschönigt.

a) Lies dir folgende Annonce durch.

www.love-match.xy

Jung gebliebener, vollschlanker, vorzeigbarer Facility Manager mit geregeltem Einkommen sucht fürsorgliche Sie. Ich liebe gute Küche und häusliche Gemütlichkeit. Du solltest naturverbunden und Gartenliebhaberin sein und sportliche E-Rad-Touren mit mir machen. Außerdem solltest du kinderlieb sein und keine Angst vor einem putzigen Bernhardiner mit kindlichem Gemüt haben. Stell dich mit mir gemeinsam den Herausforderungen des Lebens und melde dich!

b) Notiere die Begriffe und Formulierungen, bei denen es sich um Euphemismen handelt.

c) Ordne diesen einen passenden Zweck zu (1. Rücksichtnahme, 2. Aufwertung, 3. Verschleierung).

3 Erkläre, inwiefern die fett gedruckten Aussagen von Kerims Mutter ironisch gemeint sind, und stelle Vermutungen an, was die Sprecherin damit aussagen möchte.

4 Im folgenden Text sind Fremdwörter und Fachbegriffe enthalten.

a) Lies den Text durch und schreibe die entsprechenden Begriffe heraus.

Die junge Mode zeichnet sich durch Looks aus, die authentisch sind und die Lebensfreude und den Spaß an Trends widerspiegeln. Young Fashion kombiniert Looks aus angesagten Fashion-Magazinen mit dem echten Streetstyle der Innenstädte. Trendige Labels haben die junge Mode geprägt. Dazu gehören Denim-Wear, Statement-Shirts oder auch gehypte Trends wie Colour-Blocking oder Skinny Jeans mit Destroyed-Effekten für sie und ihn. Young Fashion von heute ist angenehm unkonventionell und erhält sich dennoch ihren geschmackvollen Ausdruck. Dazu gehören Sportlichkeit, Raffinesse, Extravaganz und natürlich ganz viel Casual-Charme. Echte Must-haves sind dabei natürlich die Jeansmodelle im Boyfriend Style.

Text verändert

b) Führe den Text fort, indem du mit folgenden Fremdwörtern und Fachbegriffen sinnvolle Sätze bildest.

Outfit – Pullover – Jogginghose – chic – relaxen – Basics – Oversized Look

Portal
WES-122966-093

Richtig schreiben

1 Im Alltag begegnen uns immer wieder Rechtschreib- und Satzzeichenfehler.

a) Lies die folgenden Texte genau durch.

① *Vorsicht: In der Klasse 7b gibt es Kopfleuse.*

② *Das WC ist leider vorrübergehend gespeert.*

③ Hi Alex, nur zur Info. Für die Schulaufgabe stellte unser Lehrer zwei Themen zur Wal.

④ **Rentenkürzungen angekündigt:** Oma strickt dagegen.

⑤ „Heute koch ich Mama."

⑥ Mein Bruder ist der Meinung, dass man zum lernen keine Musik hören sollte.

⑦ Besuchen Sie unsere **RAUBTIERFÜTTERUNG**, dass ist ein Spaß für die ganze Familie.

b) In den Sätzen 1, 2, 5, 6 und 7 wurden Regeln der Rechtschreibung bzw. Kommasetzung nicht beachtet. Zeige auf, wo der Fehler liegt, und erkläre, wie dieser hätte vermieden werden können.

2 Bei den falsch geschrieben Wörtern in den Sätzen 3 und 4 handelt es sich um sogenannte Lernwörter. Sammelt in der Klasse Lernwörter, von denen ihr glaubt, dass sie häufig falsch geschrieben werden, und sprecht darüber.

In diesem Kapitel lernst du, …

- *die wichtigsten Regeln der Rechtschreibung und Zeichensetzung anhand eines Rechtschreibzirkels zu vertiefen.*

Richtig schreiben

Einen Rechtschreibzirkel bearbeiten

Auf den folgenden Seiten findest du einen Rechtschreibzirkel abgebildet. Dieser dient der Wiederholung der wichtigsten Regeln zur Rechtschreibung und Zeichensetzung.

Allgemeine Hinweise:

- Jede bzw. jeder arbeitet für sich allein, nur so können persönliche Fehlerschwerpunkte erkannt und verbessert werden.
- Jede bzw. jeder arbeitet an seinem Platz und in seinem Tempo. Es kommt nicht darauf an, möglichst schnell fertig zu sein, wichtiger ist es, genau zu arbeiten.
- In welcher Reihenfolge die Aufgaben bearbeitet werden, bleibt jeder bzw. jedem selbst überlassen.
- Alle Stationen sind auch als Arbeitsblätter im Portal verfügbar. Du kannst damit arbeiten, mit einer Kopie der Buchseite oder mit einem Blatt Papier.

Durchführung:

- Lies dir zunächst die einzelnen Stationen durch und entscheide dann, mit welcher Aufgabe du beginnen möchtest. Als Hilfe findest du im Buch nach jeder Station einen Merkkasten mit den entsprechenden Regeln.
- Arbeite selbstständig und überprüfe deine Ergebnisse nach jeder Station mit den jeweiligen Lösungen. Diese findest du im Portal.
- Trage nach jeder bearbeiteten Station auf dem Arbeitsblatt „Persönliche Auswertung" deine Fehler und Erkenntnisse ein.
- Überprüfe, nachdem du alle Aufgaben bearbeitet hast, deine persönliche Auswertung. So kannst du feststellen, wo du noch Schwierigkeiten hast und in welchen Bereichen du dich noch verbessern musst.

Portal
WES-122966-094

STATION 1
Die Zeichensetzung
S. 266

STATION 2
Die Groß- und Kleinschreibung
S. 268

STATION 3
Die Getrennt- und Zusammenschreibung
S. 270

STATION 4
Die das- und dass-Schreibung
S. 272

STATION 5
Die Zeichensetzung beim Zitieren
S. 273

STATION 6
Die Schreibung der s-Laute
S. 274

STATION 7
Die Schreibung von Fremdwörtern
S. 275

AUSWERTUNG
S. 276

4.3 Texte formal richtig verfassen; individuelle Fehlerschwerpunkte erkennen und mithilfe von Rechtschreibstrategien, grammatikalischem Wissen und Nachschlagewerken bzw. mit Internetunterstützung abbauen

Recht-schreibung und Zeichen-setzung

Portal
WES-122966-095

Der Postillon
eine Website, die täglich ironische Beiträge zu aktuellen Themen veröffentlicht

Station 1: Die Zeichensetzung

1 In folgendem ironischen Text „Asozial! Rettungskräfte behindern Gaffer beim Filmen von Unfallopfern“ aus dem Postillion vom 27. Juni 2019 müssen einige Satzzeichen (Kommas, Satzschlusszeichen, Satzzeichen der wörtlichen Rede) ergänzt werden.
a) Lies dir den Text zunächst aufmerksam durch.

Hannover (dpo) – Einfach nur asozial!

Als Günther Grebald (54) auf dem Rückweg von der Arbeit wegen eines schlimmen Unfalls im Stau steht verlässt er seinen Wagen und will die Szene selbstverständlich filmen Doch ständig versperren ihm Rettungskräfte die Sicht oder drängen ihn sogar zurück wenn er für einen besseren Blick auf die Opfer näherkommen will.

Für wen halten die sich wütet der 54-Jährige während er mit seinem Selfiestick verzweifelt einen Weg zwischen den Einsatzfahrzeugen und dem Absperrband hindurch sucht „Nicht einmal eine Gaffergasse haben sie freigelassen. Unmöglich

Grebald will einen Sanitäter zur Rede stellen, der gerade aus einem Krankenwagen steigt. Hallo! Ist Ihnen klar dass Sie hier gerade den Zugang zur Unfallstelle blockieren Wie soll ich denn da geile Aufnahmen von Verletzten oder Toten machen Mein Handy hat doch kein Teleobjektiv! Doch der Sanitäter ignoriert ihn einfach und schubst Grebald nur unsanft zur Seite während er mit einem Koffer zur Unfallstelle eilt.

Grebald läuft eine Träne über die Wange Einfach nur krass, wie manche Menschen drauf sind seufzt er. Haben die denn nichts Besseres zu tun Ich muss das als engagierter Gaffer leider immer wieder erleben. Auf eine Anzeige will Grebald jedoch verzichten. In die Polizei habe ich da leider wenig Vertrauen. Oft gehören die ja selbst zu den Blockierern dazu

b) Setze alle fehlenden Satzzeichen.

2 In folgendem Auszug aus der Textsortenbestimmung eines Schülers wurden einige Kommas falsch gesetzt. Streiche die falsch gesetzten Kommas durch und ergänze die fehlenden.

In dem ironischen Text „Asozial! Rettungskräfte behindern Gaffer beim Filmen von Unfallopfern" wird eine heutzutage immer häufiger, zu beobachtende menschliche Verhaltensweise kritisiert so bleiben zahlreiche Menschen auch Gaffer genannt an Unfällen stehen und blockieren, dabei die Rettungskräfte. Durch die für die Satire typische absurde Handlung, möchte der Autor auf dieses menschliche Fehlverhalten hinweisen. So wird der Gaffer in diesem Text statt zum Täter zum Opfer da er sich von den Rettungskräften behindert fühlt. In dem Text werden zahlreiche Übertreibungen wie „Nicht einmal eine Gaffergasse haben sie freigelassen … (Z. …)" verwendet um den Leser zum Nachdenken anzuregen und um ihm das eigentliche Verhalten der Gaffer zu verdeutlichen. …

4.3 Texte formal richtig verfassen; individuelle Fehlerschwerpunkte erkennen und mithilfe von Rechtschreibstrategien, grammatikalischem Wissen und Nachschlagewerken bzw. mit Internetunterstützung abbauen

Regeln zu Station 1: Die Zeichensetzung

Kommas in Satzgefügen

- **Haupt- und Nebensatz werden stets durch ein Komma getrennt.** Der **Nebensatz** kann **vor**, **nach** oder **zwischen** dem **Hauptsatz** stehen.
  - o *Ich bewerbe mich als Schreiner, weil ich gerne mit Holz arbeite.*
  - o *Weil ich gerne mit Holz arbeite, bewerbe ich mich als Schreiner.*
  - o *Ich bewerbe mich, weil ich gerne mit Holz arbeite, als Schreiner.*

Kommas in Satzreihen

- **Zwei Hauptsätze** werden **immer durch** ein **Komma getrennt**, wenn sie **nicht mit** den **Konjunktionen *und*, *oder* etc. verbunden** werden.
  - o *Ich kaufe ein Eis, meine Mutter gibt mir das Geld dafür.*
  - o *Ich kaufe ein Eis und meine Mutter gibt mir das Geld dafür.*

Kommas bei Appositionen

- Nachgestellte Appositionen, also Beifügungen, werden durch Kommas abgetrennt. Eingeschobene Beifügungen werden von Kommas eingeschlossen.
  - o *Das ist Herr Knuddel, der Lehrer meiner Tochter.*
  - o *Der Lehrer meiner Tochter, Herr Knuddel, ist wirklich sehr nett.*

Kommas bei Aufzählungen

- **Aufzählungen** werden **mit Kommas voneinander abgetrennt**, wenn diese nicht durch Konjunktionen wie und, oder etc. verbunden sind.
  - o *Morgen habe ich Mathe, Deutsch, Englisch und Sport.*

Kommas bei Partizipgruppen

- **Partizipgruppen** werden durch ein **Komma abgetrennt**, wenn …
  - → diese mit einem **hinweisenden Wort** angekündigt werden.
  - o *Den ganzen Tag nur schimpfend, so kenne ich meinen Chef.*
  - → diese einem **Nomen oder Pronomen als Zusatz** folgen.
  - o *Sie, äußerst gereizt, fuhr sofort zu ihrer Mutter.*
  - → diese als **Nachtrag am Satzende** stehen.
  - o *Sie fuhr sofort zu ihrer Mutter, äußerst gereizt.*

Kommas bei Infinitivgruppen

- In **drei Fällen** gilt es, **Infinitivgruppen** durch **Kommas abzutrennen**:
  - → Bei einer **Einleitung der Infinitivgruppe** mit ***um, anstatt, statt, ohne, als, außer***.
  - o *Ich gehe in die Badewanne, um zu entspannen.*
  - → Wenn die **Infinitivgruppe von** einem **Nomen abhängt**.
  - o *Mein Gefühl, für Mathe zu lernen, war genau richtig.*
  - → Wenn die **Infinitivgruppe mit einem hinweisenden Wort** wie ***daher, darauf, es*** etc. angekündigt wird.
  - o *Ich glaube daran, besser zu werden.*

4.3 Texte formal richtig verfassen; individuelle Fehlerschwerpunkte erkennen und mithilfe von Rechtschreibstrategien, grammatikalischem Wissen und Nachschlagewerken bzw. mit Internetunterstützung abbauen

Recht-
schreibung
und Zeichen-
setzung

Portal
WES-122966-096

Station 2: Die Groß-und Kleinschreibung

In der Schulaufgabe wird folgendes Erörterungsthema gestellt:

Warum ist es wichtig, als Jugendlicher Fremdsprachen zu erlernen?

1 Marcel hat folgende Einleitung verfasst. Lies diese aufmerksam durch.

DAS ERLERNEN VON FREMDSPRACHEN IST VIELEN JUGENDLICHEN BESONDERS WICHTIG. NACHDEM HEUTZUTAGE BEREITS IN DER GRUNDSCHULE DAS FACH ENGLICH UNTERRICHTET WIRD, GEWINNT DAS ERLERNEN EINER ZWEITEN FREMDSPRACHE IM LAUF DER SCHULZEIT IMMER MEHR AN BEDEUTUNG. BESUCHT MAN NACH DER GRUNDSCHULE EINE WEITERFÜHRENDE SCHULE WERDEN HÄUFIG ZUSÄTZLICHE FREMDSPRACHEN WIE FRANZÖSISCH, SPANISCH, LATEIN, RUSSISCH, ITALIENISCH ODER IN BESTIMMTEN REGIONEN BAYERNS AUCH TSCHECHISCH ANGEBOTEN. NEBEN DER SCHULE GIBT ES ABER AUCH IM PRIVATEN BEREICH IMMER MEHR HERANWACHSENDE, DIE ETWA MITHILFE DIVERSER APPS ODER MIT INTERNETPROGRAMMEN NACHMITTAGS SELBST-STÄNDIG EINE FREMDSPRACHE ERLERNEN WOLLEN. DAHER STELLT SICH MIR DIE FRAGE, WARUM ES ALS JUGENDLICHER WICHTIG IST, FREMDSPRACHEN ZU ERLERNEN.

2 Schreibe die Einleitung ab und achte dabei auf die richtige Groß- und Kleinschreibung.

3 Markiere die Signalwörter, welche auf die Großschreibung hinweisen, farbig.

4 Erkläre, warum die Schreibweise des fett gedruckten Wortes in den folgenden Sätzen falsch ist.

Beim **verfassen** der Einleitung einer Erörterung ist es wichtig, dass kein Argument vorweggenommen wird.

Der Aufbau einer Einleitung ist **Dreigeteilt**: Zunächst kommt der Einleitungs-gedanke, dann die Überleitung und schließlich die Themafrage.

Regeln zu Station 2: Die Groß- und Kleinschreibung

Nomen

- **Nomen werden immer großgeschrieben**. Man erkennt sie an der **Endung**:
  - o z. B.: *-heit, -keit, -schaft, -tum, -ung, -nis.*
- Oftmals erkennt man **Nomen** an ihrem **Artikel:**
  - o z. B.: *der, eine;*
  - o auch wenn dieser **häufig versteckt** ist: z. B. *beim, am, vom.*

Nominalisierungen

- **Verben, Adjektive oder Partizipien** können nominalisiert werden, dann werden sie **großgeschrieben**. Nominalisierungen erkennt man an bestimmten **Signalwörtern**.
  - o **Artikel**: *das Schreien, die Große*
  - o **Präposition + Artikel:** *ins Kalte, beim Schlafen …*
  - o **Pronomen:** *sein Auftreten, unser Zusammenhalt …*
  - o **unbestimmte Mengenangaben:** *etwas Schnelles, manch Gutes …*

Zeitangaben

- **Tageszeiten**, welche nach Adverbien wie ***heute*** oder ***gestern*** vorkommen, werden als Nomen **großgeschrieben**:
  - o *heute Abend, gestern Morgen, morgen Mittag …*
- **Zeitangaben**, die auf ***-s*** oder ***-lich*** enden, werden **kleingeschrieben:**
  - o *abends, täglich.*

Zahlen

- **Grundzahlen** werden dann **großgeschrieben**, wenn **die Zahl gemeint** wird.
  - o *Ich schrieb eine Eins.*
- **Ordnungszahlen** können **großgeschrieben** werden, wenn sie ein **Nomen ersetzen**.
  - o *Er steigt als Letzter in den Bus.*

Farb- und Sprachbezeichnungen

- **Farb- und Sprachbezeichnungen** werden **großgeschrieben**, wenn sie mit ***„Was?“*** erfragt werden.
  - o *Sie lernt jeden Tag Italienisch.*
  - o *Er trug einen Anzug in dunklem Rot.*

Wichtig: Alle Nomen, die Höflichkeitsanreden, Eigennamen und Satzanfänge werden immer großgeschrieben!

4.3 Texte formal richtig verfassen; individuelle Fehlerschwerpunkte erkennen und mithilfe von Rechtschreibstrategien, grammatikalischem Wissen und Nachschlagewerken bzw. mit Internetunterstützung abbauen

Recht-schreibung und Zeichen-setzung

Portal
WES-122966-097

Station 3: Die Getrennt- und Zusammenschreibung

1 In folgendem Ausschnitt aus einem Material zum Erörterungsthema „Warum ist es wichtig, als Jugendlicher Fremdsprachen zu erlernen?" gilt es zu entscheiden, ob die fett gedruckten Wörter getrennt oder zusammengeschrieben werden müssen.
a) Lies den Materialauszug genau durch.

M 1: Schüleraussage

[...] Ich denke, es ist wirklich an der Zeit, dass sich jeder darüber **klarwird / klar wird**, dass das Erlernen von Fremdsprachen für die berufliche Zukunft zwingend notwendig ist. Daher bieten auch **allgemein bildende / allgemeinbildende** Schulen Fremdsprachenunterricht an. Ich selbst habe nun seit fünf Jahren Englisch und seit drei Jahren Französisch. Nächstes Jahr möchte ich noch am Wahlfach Spanisch **teil nehmen/ teilnehmen**. Mein Lehrer sagt, dass meine Leistungen in Englisch tatsächlich **heraus ragend / herausragend** sind. Das liegt sicher auch daran, dass ich auch privat vor **englischsprachigen / englisch sprachigen** Büchern keinen **Halt mache / haltmache**. Klar fiel mir das am Anfang nicht leicht, aber **bleibenlassen / bleiben lassen** wollte ich es nicht. Wichtig ist: Man muss **hinterher sein/ hinterhersein**, denn nur mit Fleiß erreicht man seine Ziele. Heute fällt mir das Lesen von englischen Romanen fast so leicht wie **Radfahren / Rad fahren**.

b) Schreibe den Text ab und entscheide dich bei den fett gedruckten Wörtern für die richtige Schreibweise.

2 Erkläre, warum in folgenden Schüleraussagen das fett gedruckte Wort in der angegebenen Schreibweise geschrieben werden muss.

*Vor allem die Romane des britischen Autors Ken Follet haben es mir angetan. Auch wenn es diese in deutscher Übersetzung gibt, lese ich sie am liebsten im Original – er kann einfach **gut schreiben**.*

*Meine Mutter hat mir ein Buch von Follet geschenkt. Leider wusste sie nicht, dass ich das bereits habe. Glücklicherweise konnte ich es aber zurückgeben. Man wird mir den Betrag **gutschreiben**.*

4.3 Texte formal richtig verfassen; individuelle Fehlerschwerpunkte erkennen und mithilfe von Rechtschreibstrategien, grammatikalischem Wissen und Nachschlagewerken bzw. mit Internetunterstützung abbauen

ⓘ Regeln zu Station 3: Die Getrennt- und Zusammenschreibung

Nomen und Adjektiv

- **Nomen** in Verbindung mit **Adjektiven** werden **klein- und zusammengeschrieben**.
  - *bauernschlau, siegreich*

Verb und Verb/Partizip

- Zwei **aufeinanderfolgende Verben** (oder Verb und Partizip) schreibt man in der Regel **getrennt**.
  - *Ich werde **laufen gehen**.*
  - *Sie hat heute **lesen geübt**.*
- Werden die **Verben als Nomen** gebraucht, schreibt man sie hingegen **zusammen**.
  - *das **Spazierengehen**, das **Hausaufgabenmachen***

Adjektiv und Verb/Patizip

- **Adjektive in Verbindung mit Verben oder Partizipien** schreibt man **getrennt**, wenn der wörtliche Sinn erhalten bleibt.
  - *Der Sieg im Derby wird **groß geschrieben**.*
  - *Es ist kalt, wir müssen die Fenster **dicht halten**.*
- Im **übertragenen Sinn** werden sie hingegen **zusammengeschrieben**.
  - *Nomen werden **großgeschrieben**.*
  - *Das ist geheim, du musst **dichthalten**!*

Nomen und Verb

- **Nomen in Verbindung mit Verben** werden in der Regel getrennt geschrieben.
  - *Ich will **Gitarre spielen**.*
- **Nominalisierungen** schreibt man hingegen **zusammen**.
  - *Das **Schlagzeugspielen** ist verboten.*

Weitere Tipps:

- Wörter mit ***heim-, irre-, preis-, stand-, statt-, teil-, wett-*** schreibt man **zusammen**.
  - *heimgehen, stattgeben, irreführen*
- **Verbindungen** mit ***sein*** werden **immer getrennt geschrieben**.
  - *da sein, hinüber sein, dabei sein*
- **Nominalisierungen** schreibt man aber **zusammen**.
  - *das Dasein, das Dabeisein*
- Wörter wie ***dabei-, dafür-, gegen-, hinab-, hinauf-, um-, weiter-, zusammen-*** in **Verbindung mit einem Verb** schreibt man **zusammen**.
  - *hinauflaufen, umgehen, dabeistehen, weitermachen*

4.3 individuelle Fehlerschwerpunkte erkennen und mithilfe von Rechtschreibstrategien, grammatikalischem Wissen und Nachschlagewerken bzw. mit Internetunterstützung abbauen

Rechtschreibung und Zeichensetzung

Portal
WES-122966-098

Station 4: Die das- und dass-Schreibung

1 Fülle den Lückentext zum Thema „Informationen zu den Textsorten" mit der jeweils richtigen das-/dass-Schreibung aus und bestimme in Klammern die richtige Wortart. Verwende hierzu eine Kopie aus dem Portal oder schreibe den Text ab.

Für eine Reportage ist es wichtig, das/dass (?) der Autor sorgfältig recherchiert. So zeichnet sich die Reportage sowohl durch die sachlich-objektive Darstellung als auch durch das/dass (?) Wiedergeben persönlich-schildernder Eindrücke des Autors aus.

Ein Kommentar ist ein wertender, meinungsbetonender Text. Das/Dass (?) zeigt sich unter anderem dadurch, das/dass (?) die Meinung des Autors zu einem aktuellen Thema oder einer Nachricht im Vordergrund steht. So sollen die Leser überzeugt und in ihrer Meinung beeinflusst werden.

Die Glosse ist oftmals humorvoll und zugespitzt geschrieben. Sie ist nicht sachlich formuliert, so das/dass (?) die persönliche Meinungsäußerung des Autors dargestellt wird. Häufig enden Glossen mit einer überraschenden Wende. Das/Dass (?) nennt man auch Pointe. Glossen zeichnen sich durch Ironie, Wortspiele, sprachliche Bilder oder auch Anspielungen aus.

2 Verbessere in folgendem Text zur Kurzgeschichte die das-/dass-Schreibung. Achtung, nicht alle das/dass sind falsch geschrieben.

Das auch die Kurzgeschichte häufig als Textsorte in der Abschlussprüfung vorkommt, ist richtig. Daher ist es wichtig zu wissen, dass Kurzgeschichten häufig bestimmte Merkmale aufweisen. So sind etwa der unmittelbare Einstieg, dass Auftreten weniger Hauptpersonen, die Pointe und natürlich die Kürze des Textes zu nennen. Das sind natürlich bei Weitem nicht alle typischen Merkmale einer Kurzgesichte.

(!) Regeln zu Station 4: Die das- und dass-Schreibung

- In folgenden Fällen wird ***das*** geschrieben
  → als **bestimmter Artikel**
  o *das Haus, das Auto*
  → als **Relativpronomen**
  o *Er kauft nur ein Auto, das umweltfreundlich ist.*
  → als **Demonstrativpronomen**
  o *Gestern fiel die Schule aus. Das war schlimm.*
- Im folgenden Fall wird ***dass*** geschrieben:
  → als **Konjunktion**
  o *Es ist unglaublich, dass du mir nichts davon erzählt hast.*

4.3 Texte formal richtig verfassen; individuelle Fehlerschwerpunkte erkennen und mithilfe von Rechtschreibstrategien, grammatikalischem Wissen und Nachschlagewerken bzw. mit Internetunterstützung abbauen

Station 5: Die Zeichensetzung beim Zitieren

1 In folgendem Auszug aus einer Sprachanalyse wurden die Regeln der Zeichensetzung beim Zitieren nicht beachtet. Schreibe den Text verbessert auf.

Die Aufzählung „Er kaufte sich schon kurz nach dem Vertragsabschluss zwei Autos, mehrere teure Uhren, ein eigenes Boot und noch zahlreiche weitere Luxusartikel" (Z. 9 – 10) macht deutlich, wie verschwenderisch der junge Fußballspieler mit seinem Reichtum umging. Zudem enthält die Reportage zahlreiche Fachbegriffe aus dem Bereich des Fußballs, z. B. Tackling (Z. 13), Viererkette (Z. 34) oder Abseitsfalle (Z. 36). Des Weiteren finden sich in dem Text auch einige Vergleiche, siehe Z. 9. …

Portal
WES-122966-099

2 Zwei Schüler haben zum Thema „**Warum ist es wichtig, als Jugendlicher Fremdsprachen zu erlernen?**" ein Argument verfasst und aus folgendem Material zitiert. Begründe, in welchem Argument richtig, in welchem falsch zitiert wurde.

> Material 4: Jede neue Sprache ist wie ein offenes Fenster, das einen neuen Ausblick auf die Welt eröffnet und die Lebensauffassung weitet. (Frank Harris, amerikanischer Schriftsteller)

Julius: *Durch das Erlernen einer Fremdsprache erfährt man auch mehr über andere Länder und Kulturen. Die amerikanische Schriftsteller Frank Harris sagte einmal: „Jede neue Sprache ist wie ein offenes Fenster, das einen neuen Ausblick auf die Welt eröffnet und die Lebensauffassung weitet" (M4). …*

Lotte: *Das Erlernen einer Fremdsprache ist für Jugendliche auch wichtig, da sie so mehr über andere Regionen der Erde erfahren. So ist es z. B. so, dass „Jede neue Sprache ist wie ein offenes Fenster". In diesem Zitat wird deutlich, dass es …*

ⓘ Regeln zu Station 5: Die Zeichensetzung beim Zitieren

Zunächst gilt es, zwischen direkten Zitaten (wörtliche Übernahmen aus dem Text) und indirekten Zitaten (sinngemäße Wiedergabe eines Abschnitts) zu unterscheiden.

- Direkte Zitate:
  → **Zitat** folgt **nach** einem **Doppelpunkt, Zeilenangaben** stehen in **Klammern**.
  o *In der Glosse finden sich viele ausdrucksstarke Adjektive: „blitzschnell" (Z. 3).*
  → **Zitat** wird durch **„z. B."** **eingeleitet, Zeilenangaben** stehen **in Klammern**:
  o *Die Glosse enthält ausdrucksstarke Adjektive, z. B. „blitzschnell" (Z. 3).*
  → **Zitat** steht **in Klammern**, **Zeilenangaben** folgen **nach** einem **Komma**:
  o *Die Glosse enthält ausdrucksstarke Adjektive („blitzschnell", Z. 3.).*
- Indirekte Zitate:
  → **Zeilenangaben** stehen in **Klammern mit** dem Zusatz „**vgl.**" (vergleiche):
  o *In der Glosse finden sich zahlreiche ironische Anspielungen (vgl. Z. 6 ff.).*

4.3 Texte formal richtig verfassen; individuelle Fehlerschwerpunkte erkennen und mithilfe von Rechtschreibstrategien, grammatikalischem Wissen und Nachschlagewerken bzw. mit Internetunterstützung abbauen

Recht-schreibung und Zeichen-setzung

Portal
WES-122966-100

Station 6: Die Schreibung der s-Laute

1 In folgendem Schluss einer Erörterung zum Thema „Warum ist es wichtig, als Jugendlicher Fremdsprachen zu erlernen?" wurde bei einigen Wörtern die Schreibung der s-Laute nicht beachtet. Schreibe den Text verbessert auf.

Wie aus dem Vorangegangenen deutlich wird, ist das Erlernen von Fremdsprachen für Jugendliche in der heutigen Zeit von grosser Bedeutung. Meines Erachtens ist vor allem die berufliche Perspektive ein wichtiger Asspekt. Wer beruflich vorankommen möchte, sollte daher darauf achten, seine Fremdsprachenkenntnise stetig zu verbessern. Neben Masnahmen wie dem Lernen mit Apps oder Lernprogrammen ist es vor allem wichtig, fleissig zu sein. Ich selbst habe vor zwei Jahren beschlosen, bei uns in der Schule das Wahlfach Spanisch zu besuchen. Bei meinem Vorstellungsgespräch für eine Außbildungsstelle als Tourismuskaufmann war das ein rießen Vorteil. Ich würde mir daher wünschen, dass als Ergebniss dieser Überlegungen in Schulen noch häufiger Fremdsprachen als Wahlfach angeboten werden.

2 Erkläre die Schreibung der s-Laute im jeweils fett gedruckten Wort.

Mir hat der Text gut gefallen, da er die **Bedürfnisse** der Jugendlichen gut erläutert. **Abschließend** bleibt mir daher nur zu sagen, dass ich dem Autor vollkommen recht gebe.

Auch wenn die Autorin, wie aufgezeigt, einiges überspitzt ausdrückt, **muss** ich ihr recht geben.

Ich stimme der Autorin absolut zu, wenn sie sagt, dass man bei diesem Thema nicht übertreiben, sondern die „Kirche im Dorf **lassen** sollte" (Z. 55).

ⓘ Regeln zu Station 6: Die Schreibung der s-Laute

- Schreibung bei **Langvokalen**
  → **Nach Langvokalen** wird das stimmlose s zu einem **ß**.
  o *schießen, fließen, gießen*
  → **Achtung:** In **verwandten Wortformen** folgt nach dem **Kurzvokal** ein **ss**.
  o schließen – schloss; fließen – floss; gießen – goss
- Schreibung bei **Kurzvokalen**
  → Nach **kurzem Vokal** wird das **stimmlose s** zu **ss**.
  o *lassen, wissen, messen*
  → **Achtung:** In **verwandten Wortformen** folgt nach dem **Langvokal** ein **ß**.
  o *lassen – ließ, wissen – weiß, messen – das Maß*
  → Bei Wörtern, die nicht von solchen mit ß oder ss hergeleitet werden können, steht ein einfaches s.
  o *die Küste, das Gras*

4.3 Texte formal richtig verfassen; individuelle Fehlerschwerpunkte erkennen und mithilfe von Rechtschreibstrategien, grammatikalischem Wissen und Nachschlagewerken bzw. mit Internetunterstützung abbauen

Station 7: Die Schreibung von Fremdwörtern

1 Im folgenden Argument zum Thema „Warum ist es wichtig, als Jugendlicher Fremdsprachen zu erlernen?“ wurden 12 Fremdwörter falsch geschrieben.

a) Lies zunächst das Argument genau durch.

Portal
WES-122966-101

Ein zentraler Punkt, der deutlich macht, warum es für Jugendliche wichtig ist, eine Fremdsprache zu erlernen, ist die immer weiter fortschreitende Globaliesierung. Gerade für die berufliche Perspektieve ist das Beherrschen von Fremdsprachen esenziell. Die Welt ist heute immer mehr vernetzt. Nicht nur Staaten und einzelne Individueen korespondieren weltweit, sondern auch Institutieonen oder bereits kleinere Betriebe sind heutzutage global tätig und miteinander verbunden. Gerade für Jugendliche ist daher ein Faibl für Fremdsprachen ein großer Vorteil. Wirft man einen Blick in die Stellenanzeigen im Internet oder in den Prindmedien, zeigt sich, dass Sprachen wie Englisch oder Französisch in vielen Berufen mittlerweile als obligattorisch vorausgesetzt werden. Mein Bruder hat sich vor einigen Jahren bei einem örtlichen Unternehmen als Kaufmann für Spedition und Logistigdienstleistung beworben. Er hat die Stelle auch deshalb erhalten, da er sich auch eloquend auf Englisch verständigen konnte. Somit wird deutlich, dass adequate Fremdsprachenkenntnis für eine berufliche Zukunft von großer Bedeutung sind.

b) Unterstreiche die falsch geschriebenen Wörter. Nutze die Vorlage aus dem Portal oder eine Kopie der Buchseite.

c) Verbessere die falsch geschriebenen Wörter. Falls du Schwierigkeiten hast, kann dir ein Wörterbuch weiterhelfen.

2 In folgenden Bausteinen verstecken sich acht Fremdwörter.

a) Füge jeweils zwei Bausteine zu einem passenden Fremdwort zusammen, schlage gegebenenfalls die Bedeutung im Wörterbuch nach.

prag ambi dent anti deka valent

kret reso zipieren dis matisch

til tri sub vial lut

b) Bilde mit jedem Fremdwort jeweils einen sinnvollen Satz.

4.3 Texte formal richtig verfassen; individuelle Fehlerschwerpunkte erkennen und mithilfe von Rechtschreibstrategien, grammatikalischem Wissen und Nachschlagewerken bzw. mit Internetunterstützung abbauen

Recht-schreibung und Zeichensetzung

ⓘ Regeln zu Station 7: Die Schreibung von Fremdwörtern

- Oftmals **weichen Fremdwörter** in ihrer **Schreibung von den Regeln** der deutschen Aussprache und Rechtschreibung **ab**.
  o *fair* statt *fär*; *Clown* statt *Klaun*
- Es gibt **Signale**, an denen **Fremdwörter erkannt** werden können:
  → **Nomen enden** häufig auf ***-ion, -age, -eur, -ik***.
  o *Fiktion, Reportage, Ingenieur, Musik*
  → **Verben enden** oft auf ***-ieren***.
  o *rasieren, laminieren, flanieren*
  → **Adjektive enden** vermehrt auf ***-iell, -iv***.
  o *speziell, positiv*
  → Oft weisen **typische Wortbausteine** wie ***pro-, -graphie, re-*** auf Fremdwörter hin.
  o *produzieren, Geographie, reparieren*
  → Auch **selten vorkommende Buchstabenkombinationen** wie ***-us, -th-, -rh-, sym-, dis, sub-*** weisen auf Fremdwörter hin.
  o *Luxus, Theater, Rhythmus, sympathisch, Diskothek, Subjekt*

Auswertung

Portal
WES-122966-102

Um die Auswertung durchführen zu können, nutze das Portal oder schreibe folgende Tabelle ab.

Persönliche Auswertung		
Station	**Gesamte Fehleranzahl**	**Persönliche Bemerkung:** (fühle mich sicher, muss ich noch üben, großer Nachholbedarf ...)
1. Die Zeichensetzung		
2. Die Groß-und Kleinschreibung		
3. Die Getrennt- und Zusammenschreibung		
4. Die das- und dass-Schreibung		
5. Die Zeichensetzung beim Zitieren		
6. Die Schreibung der s-Laute		
7. Die Schreibung von Fremdwörtern		
Gesamtfazit In diesen Bereichen fühle ich mich sicher: Daran muss ich noch arbeiten:		

4.3 Texte formal richtig verfassen; individuelle Fehlerschwerpunkte erkennen und mithilfe von Rechtschreibstrategien, grammatikalischem Wissen und Nachschlagewerken bzw. mit Internetunterstützung abbauen

Richtig schreiben

Überprüfe dein Wissen und Können

1 Die folgenden Wortschlangen ergeben jeweils einen Satz.

a) Trenne die einzelnen Wörter durch / voneinander ab. Nutze die Vorlage aus dem Portal oder eine Kopie der Buchseite.

b) Schreibe anschließend den Satz noch einmal in der richtigen Schreibweise auf. Achte dabei auf die richtige Getrennt- und Zusammenschreibung sowie auf die richtige Groß- und Kleinschreibung der Wörter. Setze auch die entsprechenden Satzzeichen.

Portal
WES-122966-103

Mirhatdertextgutgefallendaderautormitseinemfachwissengezeigthatdassumwelt schutzinderheutigenzeiteineaufgabeistdiejedenetwasangeht.

Diesesatireistmeineserachtensgroßartiggelungendieautorinziehtdas verhalten dieserselbsteranntengutmenschendurchdiegekonnteingesetzte ironiebewusstinslächerliche.

Derkommentarsportistmordhatmeinengeschmacknichtgetroffensokannichmich dermeinungdesautorsinkeinerweiseanschließenmeineserachtensistesgeradefür kinderundjugendlicheäußerstwichtigregelmäßigsportzutreiben.

2 In folgenden Sätzen zur Textsortenbestimmung wurden jeweils zwei Wörter falsch geschrieben.

a) Lies den jeweiligen Satz aufmerksam durch und schreibe ihn anschließend verbessert auf.

Bereits der Aufbau des Textes mit der kurz und prägnant formulierten Überschrift „So nicht, Herr Präsident" lässt darauf schliesen, das es sich um einen Kommentar handelt.

[…] Ebenfalls typisch für die Gatung Kurzgeschichte ist das fehlen einer Einleitung und der damit verbundene unmittelbare Beginn der Handlung.

[…] Auch die zahlreichen lustig anmutenden Vergleiche („cooler als der Ötzi", Z. 3; „schneller müde als das Mittelfeld der Nationalmannschaft", Z. 7 – 8) lasen schnell erahnen, dass es sich hierbei um eine Sattire handelt. […]

b) Erkläre, wie du jeweils auf die richtige Schreibweise gekommen bist.

3 Beim Durchlesen seines Aufsatzes überlegt Max bei folgenden Wörtern, wie er diese Schreiben sollte. Begründe knapp, welche Schreibweise die Richtige ist:

Tip / Tipp   darüberhinaus / darüber hinaus   bakteriel / bakteriell

Portal
WES-122966-104

4.3 Texte formal richtig verfassen; individuelle Fehlerschwerpunkte erkennen und mithilfe von Rechtschreibstrategien, grammatikalischem Wissen und Nachschlagewerken bzw. mit Internetunterstützung abbauen

Arbeits-
tech-
niken

Arbeitstechniken

Statistiken verstehen und erschließen

Portal
WES-122966-105

1 Seht euch die folgende Statistik an. Ihr könnt auch die Vorlage aus dem Portal nutzen.
a) Überlegt, worüber sie Auskunft gibt, und haltet das Thema fest.
b) Gebt an, aus welcher Quelle die Statistik stammt.

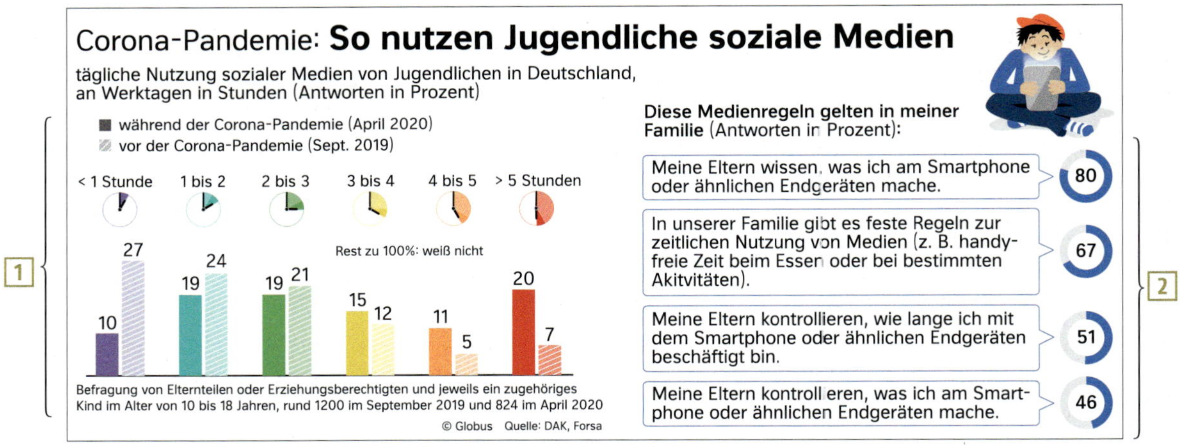

2 Die Statistik kann in zwei Hauptbestandteile gegliedert werden.
a) Erkläre, womit sich die beiden Teile jeweils beschäftigen.
b) In den Bereichen befinden sich verschiedene Diagrammtypen. Tauscht euch darüber aus, wie sie sich unterscheiden, und welche Aussagen sie enthalten.

3 Analysiere nun die Statistik. Nutze dazu den Merkkasten und deine Ergebnisse aus Aufgabe 1 und 2.

4 Ordnet euch selbst einem der Diagramme zu und tauscht euch über eure Ergebnisse aus.

ⓘ Eine Statistik auswerten

Eine Statistik ist eine grafische Darstellung von Daten, Ergebnissen und Informationen. Um eine solche Statistik auszuwerten, bieten sich die folgenden fünf Schritte an:

1. **Thema:** Nenne das Thema, mit dem sich die Statistik auseinandersetzt.
2. **Quelle:** Äußere dich dazu, wer die Statistik veröffentlicht hat, und aus welchem Zeitraum die Daten stammen.
3. **Art der Informationen:** Beschreibe, wie die Informationen dargestellt werden, was sie aussagen, und wie sie aufbereitet wurden.
4. **Beschreibung und Erklärung:** Erläutere die Angaben und gehe auf auffällige Zahlenwerte (z. B. Minimal- und Maximalwerte) und Entwicklungen ein.
5. **Kommentar und Schlussfolgerung:** Ziehe ein abschließendes Fazit und gehe auf eventuelle Auffälligkeiten ein.

Arbeitstechniken

Karikaturen verstehen und erschließen

1 Betrachte die nebenstehende Karikatur.

2 Beschreibe zunächst, was auf der Karikatur zu sehen ist. Äußere dich dabei zu folgenden Aspekten.
- Welche Figur(en) sind dargestellt?
- Wie sehen die Personen, Gegenstände etc. aus?
- Welche Szene bzw. Handlung ist abgebildet?
- Wie sind die einzelnen Bildelemente angeordnet?
- Wie kann man den Stil der Karikatur beschreiben? Die Adjektive aus dem *Wortspeicher* helfen dir bei der Beschreibung: *witzig – übertrieben – langweilig – komisch – überladen – comichaft – einseitig – realistisch – interessant – beleidigend*

3 Verfasse nun eine vollständige schriftliche Analyse der Karikatur. Du kannst folgende Formulierungshilfen dafür nutzen:
- *Im Vordergrund / Hintergrund / Mittelpunkt der Karikatur sieht man …*
- *Die abgebildete Person … / denkt … / macht …*
- *Der Stil der Karikatur ist …*
- *Aus … kann man schließen, dass …*
- *Die abgebildeten Figuren / Dinge stehen für … / symbolisieren …*
- *Der/Die Zeichner/-in will mit der Darstellung von … verdeutlichen / kritisieren / darauf aufmerksam machen, dass …*
- *Die Karikatur soll über … zum Nachdenken anregen. Das wird deutlich an …*

Karikaturen verstehen und erschließen

Eine Karikatur ist eine komische, oft übertriebene Zeichnung von Menschen, Ereignissen oder gesellschaftlichen Zuständen. Mit Karikaturen wollen Zeichner/-innen kritisieren, auf Probleme aufmerksam machen oder etwas bzw. jemanden lächerlich machen. Um eine Karikatur zu analysieren, helfen dir die folgenden drei Schritte:

1. **Beschreibung der Bildelemente:** Beschreibe Personen, Gegenstände, Ereignisse, die auf der Karikatur abgebildet sind; gehe auf deren Anordnung und eventuelle Besonderheiten ein; äußere dich zum Stil der Karikatur.
2. **Deutung der Karikatur:** Deute das Dargestellte mithilfe der folgenden Leitfragen: Wen stellen die Personen, Gegenstände etc. dar? Was ist die Hauptaussage der Karikatur? Welche Entwicklung, welches Problem wird dargestellt? Was will die Karikaturistin bzw. der Karikaturist kritisieren? Wofür ergreift die Zeichnerin bzw. der Zeichner Partei?
3. **Beurteilung der Karikatur:** Gib wieder, wie die Karikatur auf dich wirkt, ob du sie gerechtfertigt oder übertrieben findest.

2.3 Informationen aus dis- sowie kontinuierlichen Texten für begründete Schlussfolgerungen nutzen, vergleichen und bewerten

Arbeits-techniken

Arbeitstechniken

Zitieren

Vor allem bei der Textbeschreibung oder der materialgestützten Erörterung kommt es immer wieder vor, dass Sätze oder Einzelwörter wörtlich oder inhaltlich aus einem Text übernommen werden müssen. Man spricht in diesem Fall von einem Zitat. Textstellen bzw. Informationen aus Texten können direkt (wörtlich) oder indirekt (inhaltlich) in andere Texte übernommen werden.
Für solche Zitate gibt es Regeln.
Im Folgenden findest du eine Übersicht über die wichtigsten Regeln beim Zitieren.

Zitierregeln

1. Wörtlich aus einem Text zitieren

- Ein wörtliches Zitat muss in **Anführungszeichen** gesetzt werden.
- Das Zitat kann nach einem **Doppelpunkt** stehen, Zeilenangaben sind in Klammern angegeben.
  Der Kommentar enthält treffende Adjektive: „verführerisch" (Z. 4), „dramatisch" (Z. 47).
- Das Zitat kann nach dem Kürzel ***z. B.*** stehen, Zeilenangaben sind in Klammern angegeben.
  Der Kommentar enthält treffende Adjektive, z.B. „verführerisch" (Z. 4), „dramatisch" (Z. 47).
- Das Zitat kann in Klammern stehen, Zeilenangaben folgen dann nach einem Komma.
  Der Kommentar enthält mehrere treffende Adjektive („verführerisch", Z. 4; „dramatisch", Z. 47).

2. Indirekt aus einem Text zitieren

- Der Textinhalt wird in eigenen Worten umschrieben, deswegen werden keine Anführungszeichen verwendet.
- Die **Quellenangabe** steht in Klammern hinter dem indirekten Zitat mit dem Zusatz ***vgl.*** **(= vergleiche)**.
  Laut einer Statistik, die das Statistische Bundesamt (Destatis) im Jahr 2020 veröffentlicht hat, lebt mehr als jeder Vierte in Deutschland auch noch mit 25 Jahren bei den Eltern (vgl. M2)

1 In dem unten abgedruckten Anfang der Sprachanalyse zum Romanauszug „Weggesperrt" sind alle wörtlichen Zitate gelb markiert.
a) Lies dir den Text zunächst einmal durch.

Als Nächstes sollen die sprachlichen Besonderheiten im Romanauszug „Weggesperrt" analysiert werden. Bezüglich des Satzbaus und der Satzarten fällt auf, dass sehr viele Fragesätze enthalten sind, z. B. „Wer war dieser Mann?" (Z. 23) oder „Wohin? Was passierte hier mit ihr?" (Z. 41). Sie lassen Lesende an den Gedanken Anjas, als sie von dem fremden Mann weggebracht wird und nicht weiß, wohin er sie bringt, teilhaben.

3.1 zweckmäßige Textbelege zur Untermauerung und Veranschaulichung eigener Aussagen nutzen, diese in der erforderlichen sprachlichen Form und ggf. unter Angabe der Quelle in selbstverfasste Texte einfügen

Außerdem treten einige Ausrufesätze auf: „Gitter! Vor jedem Fenster Gitter!“ (Z. 34 f.). So gelingt es, Anjas Aufregung hervorzuheben, als der fremde Mann sie zu einem Backsteinbau mit vergitterten Fenstern bringt.
Zum Satzbau ist zu sagen, dass sowohl Satzreihen („Ihr Herz setzte einen Moment aus, dann schlug es in rasendem Tempo weiter.“, Z. 33 f.), als auch kurze Hauptsätze („Von dem Nagel war nicht mehr viel übrig. Trotzdem knabberte sie weiter.“, Z. 30 f.) vorkommen. Durch deren Verwendung sind Anjas Erlebnisse für die Leserin bzw. den Leser leicht zu verstehen.
Betrachtet man die Wortwahl, so fällt auf, dass die Autorin treffende Verben und Adjektive einsetzt: „nagte“ (Z. 3), „musterte“ (Z. 22 f.), „kräftigen“ (Z. 23), „strohblonden“ (Z. 47). So kann sich die Leserin bzw. der Leser Anjas Verhalten und das Aussehen der Personen im Romanauszug gut vorstellen. [...]

b) Schreibe auf einer Kopie der Buchseiten oder der Vorlage aus dem Portal neben die gelb markierten Zitate, welche Möglichkeit, wörtlich aus dem Text zu zitieren, jeweils eingesetzt wurde.

Portal
WES-122966-106

2 Für die Sprachanalyse zur Glosse „Stilbruch“ wurde eine Tabelle erstellt, in der einige sprachliche Mittel, die in der Glosse auftreten, abgedruckt sind.

a) Lies dir die Tabelle durch.

Hyperbel	„Trägt sie das nicht, wählt sie eine Jeans mit tausend Löchern.“ (Z. 10 f.) „vollständigen Verwüstung ihres Modegeschmacks“ (Z. 57 ff.)	der nachlässige Kleidungsstil der Tochter wird ins Lächerliche gezogen
	„An ihrer Schule gibt es nur die Auswahl zwischen Gangster und Gangsterbraut.“ (Z. 66 ff.)	übertreibt, wie wenig unterschiedliche Typen von Jugendlichen es gibt
Ellipsen	„Ach nee“ (Z. 41) „Hilft ja nichts.“ (Z. 2)	der Text wirkt alltagsnah und ähnelt dem mündlichen Sprachgebrauch.
Aufzählung	„Dazu kombiniert sie Jogginghose mit Joggingoberteil und weiten Sneakern, manchmal mit Baseballcap und Ketten.“ (Z. 7 ff.) „Hörte die „New Romantic“-Band Spandau Ballet, prügelte mich mit Rockern und redete absolut banales Zeug.“ (Z. 42 ff.)	geben Informationen, wie die Klei-dung der Tochter konkret aussieht informiert, was der Verfasser als Jugendlicher alles gemacht hat
Ironie	„So sehr, dass die Schule es für sinnvoll hielt, mir nach der neunten Klasse ein Zeugnis auszustellen, das mir das sofortige Verlassen der Schule ermöglichte.“ (Z. 27)	zieht ins Lächerliche, wie der Autor selbst als Schüler war.

b) Formuliere die in der Tabelle aufgeführten sprachlichen Mittel aus. Beachte dabei die Zitierregeln. Der Merkkasten hilft dir dabei.

3.1 zweckmäßige Textbelege zur Untermauerung und Veranschaulichung eigener Aussagen nutzen, diese in der erforderlichen sprachlichen Form und ggf. unter Angabe der Quelle in selbstverfasste Texte einfügen

Arbeitstechniken

3 Folgendes Material kann für eine Erörterung zum Thema **„Welche Gründe sprechen für und welche gegen Tierversuche?"** eingesetzt werden.

a) Lies dir das Material zunächst durch.

Material 5

Zahlen und Fakten zu Tierversuchen

- Weltweit sterben jährlich mehr als 115 Millionen Tiere in Tierversuchen. Die Dunkelziffer soll deutlich höher sein.
- Der Großteil der weltweit in Tierversuchen getöteten Tiere soll mit ca. 70 Millionen Tieren auf die USA zurückzuführen sein. In der EU seien es insgesamt ca. 11 Millionen Tiere pro Jahr.
- In Deutschland war die Zahl der Versuchstiere, die in der Forschung verwendet werden, im Jahr 2014 am höchsten. Sie lag bei 3,3 Millionen Tieren, wovon der Großteil (1,9 Millionen Tiere) Versuchsmäuse waren. In den darauffolgenden Jahren wurden 2,8 bis 2,9 Millionen Tiere als Versuchstiere eingesetzt, davon 2,0 bis 2,1 Millionen Versuchsmäuse.

Quelle: CareElite.de, 2020

b) Das Material eignet sich gut für den Einleitungsgedanken. Baue es in deine Einleitung ein, indem du indirekt daraus zitierst. Achte dabei auf die Zitierregeln.

4 Auch das unten abgedruckte Material zum Thema **„Was halten Sie davon, dass immer mehr junge Menschen Influencer werden wollen?"** kann für die Einleitung verwendet werden.

a) Sichte das Material zunächst.

Material 4

Die 10 erfolgreichsten Influencer 2021 auf Instagram	**Die 10 erfolgreichsten Influencer 2021 auf YouTube**
Platz 10: Bibis Beauty Palace	Platz 10: Gewitter im Kopf
Platz 9: Mario Götze	Platz 9: Dagi Bee
Platz 8: Marco Reus	Platz 8: Julienco
Platz 7: Bastian Schweinsteiger	Platz 7: Paluten
Platz 6: Manuel Neuer	Platz 6: Simon Desue
Platz 5: Pia Wurtzbach	Platz 5: LUCA
Platz 4: Marc-André Ter Stegen	Platz 4: Gronkh
Platz 3: Lisa und Lena	Platz 3: The Fat Rat
Platz 2: Mesut Özil	Platz 2: Bibis Beauty Palace
Platz 1: Toni Kroos	Platz 1: Pamela Reif

Quelle: gründer.de, 2021

b) Verfasse mithilfe des Materials eine Einleitung. Zitiere auch hier wieder indirekt aus dem Material. Beachte die Zitierregeln.

3.1 zweckmäßige Textbelege zur Untermauerung und Veranschaulichung eigener Aussagen nutzen, diese in der erforderlichen sprachlichen Form und ggf. unter Angabe der Quelle in selbstverfasste Texte einfügen

Vorbereitung auf die Abschlussprüfung

1 Vor der Abschlussprüfung machen sich alle in der Klasse verschiedene Gedanken.

a) Lest euch durch, was die Schülerinnen und Schüler beschäftigt.

b) Findet mögliche Antworten auf ihre Fragen.

c) Sammelt weitere Fragen, die ihr im Hinblick auf die Abschlussprüfung habt.

2 Tauscht euch darüber aus, wie ihr euch auf die Abschlussprüfung vorbereitet.

3.1 unterschiedliche Formen schriftlicher Darstellung routiniert und selbständig anwenden

Abschlussprüfung

Sich auf eine Abschlussprüfung vorbereiten

Dieses Training besteht aus zwei Teilen, die sich mit den Aufgabenformaten für die Realschule beschäftigen:

1. **Textbeschreibung**
   Zu folgenden Textsorten findet ihr in diesem Kapitel Aufgabenstellungen:

   Reportage | Glosse | Kommentar | Kurzgeschichte | Romanauszug

2. **Erörterung**
   Die Erörterungsaufgaben befassen sich mit folgenden Themen:

   Klassenfahrten ins Ausland | Herabsenkung des Wahlalters auf 16 Jahre | Junkfood

Es ist grundsätzlich ein zusammenhängender Text mit Einleitung, Hauptteil und Schluss zu schreiben. Zusätzlich ist bei einer Erörterung eine Gliederung Pflicht. Die Prüfungsdauer der Abschlussprüfung beträgt 240 Minuten. Beachte sowohl für die Übungsaufgaben hier als auch für die Abschlussprüfung folgende Tipps:

- Lege dich nicht schon im Vorfeld auf nur einen Aufgabentypen fest und bereite dich z.B. nicht nur auf die Textbeschreibung eines pragmatischen Texts vor. Du solltest immer eine Alternative haben, für den Fall, dass sich die von dir bevorzugte Aufsatzart im Prüfungsjahr als sehr schwierig entpuppt.
- Plane genug Zeit ein, um dir sämtliche Angaben durchzulesen. Nicht immer ist die erste Wahl die beste. Wäge ab, bei welchem Themenbereich du dich am sichersten fühlst.
- Verwende verschiedenfarbige Stifte für Markierungen und ein Extrablatt für Notizen.
- Markiere in der Aufgabenstellung Schlüsselbegriffe, damit du keinen Zusatz oder keine Einschränkung überliest.
- Lege auch für die Textbeschreibung eine einfache Gliederung an. Du kannst sie auch wie eine Art Checkliste abhaken. So vergisst du keine Teilaufgabe.
- Gliedere deinen Aufsatz durch Absätze und achte auf eine saubere Form. Nachträgliche Ergänzungen sollten durchnummeriert auf einem Extrablatt aufgelistet sein.
- Der Gebrauch eines Rechtschreibwörterbuchs ist in der Prüfung erlaubt. Nutze es, um unbekannte Wörter nachzuschlagen und mögliche Rechtschreibfehler zu korrigieren. Lies deinen Aufsatz am Ende mindestens noch einmal durch und setze fehlende Kommas.

3.1 Texte strukturieren und dem jeweiligen Schreibauftrag angemessen gliedern; unterschiedliche Formen schriftlicher Darstellung routiniert und selbständig anwenden

Abschlussprüfung

Eine Reportage beschreiben

1 **Lies dir den Text „Das reicht einfach nicht" auf Seite 145 f. sorgfältig durch.**

Portal
WES-122966-107

2 **Verfasse eine Textbeschreibung mit Einleitung, Hauptteil und Schluss. Bearbeite dabei im Hauptteil die nachfolgenden Aufgaben. Beachte: Du kannst für Markierungen die Textvorlage im Portal verwenden.**

S. 303
Reportage

1. Fasse den Inhalt des Textes so zusammen, dass dessen Aufbau erkennbar wird.
2. Beschreibe die sprachlichen Auffälligkeiten des Textes und ihre Wirkung.
3. Weise nach, um welche Textsorte es sich hier handelt.
4. Nimm Stellung zu folgender Aussage: „Besser für wenig Geld arbeiten, als vom Staat abhängig sein".
5. Verfasse einen Dialog zwischen den Eheleuten Plaumann, als sie am Monatsanfang am Küchentisch sitzen und ihre Ausgaben besprechen.

3 **Überprüfe mithilfe der Checkliste, was du an deiner Arbeit noch verbessern musst. Schreibe die Fehler, die dir aufgefallen sind, an den Rand.**

4 **Überarbeite mithilfe der Notizen am Rand deine Textbeschreibung.**

→ S. 178 ff.
Textbeschreibung

Einen Text beschreiben — Checkliste

Ich habe …

- … mir den Text zunächst mehrmals durchgelesen.
- … eine Gliederung erstellt.
- … in der Einleitung der Textbeschreibung Autorin, Titel, Textsorte und Quelle (Erscheinungsort und -datum) genannt und im Kernsatz das Wesentliche zusammengefasst.
- … den Inhalt strukturiert und mit meinen eigenen Worten wiedergegeben.
- … mich mit den sprachlichen Auffälligkeiten des Textes auseinandergesetzt, entsprechende Textbelege angeführt und die textbezogene Wirkung bestimmt.
- … die Textsorte bestimmt und meine Einschätzungen mit Textstellen belegt.
- … eine begründete Stellungnahme verfasst und dabei darauf geachtet, dass alle Argumente aus Behauptung, Begründung und Beispiel bestehen.
- … einen Dialog geschrieben, in dem die genannten Personen abwechselnd zu Wort kommen.
- … im Schlussteil meine eigene Meinung zum Text und zum Thema des Textes geäußert.
- … Zitate in Anführungszeichen gesetzt und mit der jeweiligen Zeilenangabe versehen.
- … zwischen den einzelnen Teilen der Textbeschreibung Überleitungen verwendet.
- … meinen Aufsatz auf Grammatik, Zeichensetzung und Rechtschreibung überprüft.

3.2 weitere Besonderheiten pragmatischer Texte ausgehend von textbezogenen Fragestellungen erschließen und die Ergebnisse strukturiert darstellen

Abschlussprüfung

Eine Glosse beschreiben

Portal
WES-122966-108

1 Lies dir den Text „Schluss mit dem Zwang zum ständigen Arbeiten“ auf Seite 156 f. sorgfältig durch.

S. 300
Glosse

2 Verfasse eine Textbeschreibung mit Einleitung, Hauptteil und Schluss. Bearbeite dabei im Hauptteil die nachfolgenden Aufgaben. Beachte: Du kannst für Markierungen die Textvorlage im Portal verwenden.

1. Fasse den Inhalt des Textes strukturiert zusammen.
2. Der Text wirkt witzig und unterhaltsam. Stelle die sprachlichen Mittel dar, mit denen diese Wirkung erzielt wird.
3. Erläutere, welche Absichten die Verfasserin mit ihrem Text verfolgt haben könnte.
4. Erörtere, welche Bedeutung Freizeit für Berufstätige hat.
5. Verfasse einen inneren Monolog eines „Workoholics“ (Arbeitssüchtigen) an einem Wochenendtag.

3 Überprüfe mithilfe der Checkliste, was du an deiner Arbeit noch verbessern musst. Schreibe die Fehler, die dir aufgefallen sind, an den Rand.

→ S. 178 ff.
Textbeschreibung

4 Überarbeite mithilfe der Notizen am Rand deine Textbeschreibung.

EINEN TEXT ERSCHLIESSEN — CHECKLISTE

Ich habe …

- ✔ … mir den Text zunächst mehrmals durchgelesen.
- ✔ … eine Gliederung erstellt.
- ✔ … in der Einleitung der Textbeschreibung Autorin, Titel, Textsorte und Quelle (Erscheinungsort und -datum) genannt und im Kernsatz das Wesentliche zusammengefasst.
- ✔ … den Inhalt strukturiert und mit meinen eigenen Worten wiedergegeben.
- ✔ … die Verfasserabsicht bestimmt und meine Einschätzungen mit Textstellen belegt.
- ✔ … mich mit den sprachlichen Auffälligkeiten des Textes auseinandergesetzt, entsprechende Textbelege angeführt und die textbezogene Wirkung bestimmt.
- ✔ … eine begründete Stellungnahme verfasst und dabei darauf geachtet, dass alle Argumente aus Behauptung, Begründung und Beispiel bestehen.
- ✔ … einen inneren Monolog aus der Ich-Perspektive im Präsens geschrieben und dabei Gedanken und Gefühle sowie Ellipsen, Frage- und Ausrufesätze eingebaut.
- ✔ … im Schlussteil meine eigene Meinung zum Text und zum Thema des Textes geäußert.
- ✔ … Zitate in Anführungszeichen gesetzt und mit der jeweiligen Zeilenangabe versehen.
- ✔ … zwischen den einzelnen Teilen der Textbeschreibung Überleitungen verwendet.
- ✔ … meinen Aufsatz auf Grammatik, Zeichensetzung und Rechtschreibung überprüft.

3.1 Texte strukturieren und dem jeweiligen Schreibauftrag angemessen gliedern; unterschiedliche Formen schriftlicher Darstellung routiniert und selbständig anwenden

Abschlussprüfung

Einen Kommentar beschreiben

1 **Lies dir den Text „Der Roboter wird den Menschen nie ersetzen" auf Seite 148 f. sorgfältig durch.**

Portal
WES-122966-055

2 **Verfasse eine Textbeschreibung mit Einleitung, Hauptteil und Schluss. Bearbeite dabei im Hauptteil die nachfolgenden Aufgaben. Beachte: Du kannst für Markierungen die Textvorlage im Portal verwenden.**

S. 301
Kommentar

1. Fasse den Inhalt des Textes so zusammen, dass dessen Aufbau erkennbar wird.
2. Beschreibe die sprachlichen Auffälligkeiten des Textes und ihre Wirkung.
3. Weise nach, dass es sich um einen meinungsbetonten, subjektiven Text handelt.
4. Nimm Stellung zu der These, dass der Roboter den Menschen nie ersetzen wird.
5. Schreibe eine Schilderung aus der Sicht eines Kfz-Mechanikers, der zum ersten Mal seinen volldigitalisierten Arbeitsplatz in einer Automobilfabrik betritt.

3 **Überprüfe mithilfe der Checkliste, was du an deiner Arbeit noch verbessern musst. Schreibe die Fehler, die dir aufgefallen sind, an den Rand.**

4 **Überarbeite mithilfe der Notizen am Rand deine Textbeschreibung.**

→ S. 178 ff.
Textbeschreibung

Einen Text erschliessen — Checkliste

Ich habe …

- … mir den Text zunächst mehrmals durchgelesen.
- … eine Gliederung erstellt.
- … in der Einleitung der Textbeschreibung Autorin, Titel, Textsorte und Quelle (Erscheinungsort und -datum) genannt und im Kernsatz das Wesentliche zusammengefasst.
- … den Inhalt strukturiert und mit meinen eigenen Worten wiedergegeben.
- … mich mit den sprachlichen Auffälligkeiten des Textes auseinandergesetzt, entsprechende Textbelege angeführt und die textbezogene Wirkung bestimmt.
- … nachgewiesen, dass es sich um einen meinungsbetonten, subjektiven Text handelt und meine Einschätzungen mit Textstellen belegt.
- … eine begründete Stellungnahme verfasst und dabei darauf geachtet, dass alle Argumente aus Behauptung, Begründung und Beispiel bestehen.
- … eine Schilderung aus der Ich-Perspektive im Präsens geschrieben, mich dabei auf einen kurzen Zeitraum beschränkt und Sinneseindrücke eingebaut (z. B. hören, sehen …).
- … im Schlussteil meine eigene Meinung zum Text und zum Thema des Textes geäußert.
- … Zitate in Anführungszeichen gesetzt und mit der jeweiligen Zeilenangabe versehen.
- … zwischen den einzelnen Teilen der Textbeschreibung Überleitungen verwendet.
- … meinen Aufsatz auf Grammatik, Zeichensetzung und Rechtschreibung überprüft.

3.2 weitere Besonderheiten pragmatischer Texte ausgehend von textbezogenen Fragestellungen erschließen und die Ergebnisse strukturiert darstellen

Abschlussprüfung

Eine Kurzgeschichte beschreiben

Portal
WES-122966-109

1 **Lies dir den Text „Anekdote zur Senkung der Arbeitsmoral" auf Seite 87–90 sorgfältig durch. Beachte: Du kannst dazu und für Markierungen die Textvorlage im Portal verwenden.**

S. 301
Kurzgeschichte

2 **Verfasse eine Textbeschreibung mit Einleitung, Hauptteil und Schluss. Bearbeite dabei im Hauptteil die nachfolgenden Aufgaben.**

1. Gib den Inhalt des Textes wieder.
2. Beschreibe die sprachlichen Auffälligkeiten des Textes und ihre Wirkung.
3. Weise die Textsorte nach und berücksichtige dabei insbesondere die Absichten des Verfassers.
4. Nimm Stellung zu der Frage, was dazu beitragen kann, dass ein Mensch zufrieden und glücklich ist.
5. Verfasse einen Dialog zwischen dem Touristen und seiner Frau, in dem er dieser von seiner Begegnung mit dem Fischer erzählt.

3 **Überprüfe mithilfe der Checkliste, was du an deiner Arbeit noch verbessern musst. Schreibe die Fehler, die dir aufgefallen sind, an den Rand.**

→ S. 178 ff.
Textbeschreibung

4 **Überarbeite mithilfe der Notizen am Rand deine Textbeschreibung.**

EINEN TEXT BESCHREIBEN — CHECKLISTE

Ich habe …
- ✓ … mir den Text zunächst mehrmals durchgelesen.
- ✓ … eine Gliederung erstellt.
- ✓ … in der Einleitung der Textbeschreibung Autor, Titel, Textsorte und Quelle (Erscheinungsort und -datum) genannt und im Kernsatz das Wesentliche zusammengefasst.
- ✓ … den Inhalt knapp und mit meinen eigenen Worten wiedergegeben.
- ✓ … mich mit den sprachlichen Auffälligkeiten des Textes auseinandergesetzt, entsprechende Textbelege angeführt und die textbezogene Wirkung bestimmt.
- ✓ … die Textsorte bestimmt und meine Einschätzungen mit Textstellen belegt.
- ✓ … eine textbezogene Frage beantwortet und meine Aussagen an Textstellen belegt.
- ✓ … eine begründete Stellungnahme verfasst.
- ✓ … einen Dialog verfasst, in dem die Hauptfigur und seine Frau abwechselnd zu Wort kommen.
- ✓ … im Schlussteil meine eigene Meinung zum Text und zum Thema geäußert.
- ✓ … Zitate in Anführungszeichen gesetzt und mit der jeweiligen Zeilenangabe versehen.
- ✓ … zwischen den einzelnen Teilen der Textbeschreibung Überleitungen verwendet.
- ✓ … meinen Aufsatz auf Grammatik, Zeichensetzung und Rechtschreibung überprüft.

3.1 Texte strukturieren und dem jeweiligen Schreibauftrag angemessen gliedern; unterschiedliche Formen schriftlicher Darstellung routiniert und selbständig anwenden

Abschlussprüfung

Einen Romanauszug beschreiben

1 **Lies dir den Textauszug aus dem Roman „Pampa Blues“ auf Seite 131–134 sorgfältig durch.**

Portal
WES-122966-052

2 **Verfasse eine Textbeschreibung mit Einleitung, Hauptteil und Schluss. Bearbeite dabei im Hauptteil die nachfolgenden Aufgaben. Beachte: Du kannst für Markierungen die Textvorlage im Portal verwenden.**

S. 303
Roman

1. Fasse den Textinhalt knapp zusammen.
2. Lesende können sich die erzählte Situation gut vorstellen. Stelle die sprachlichen Mittel dar, mit denen diese Wirkung erzielt wird.
3. Charakterisiere die Hauptfigur Ben.
4. Nimm Stellung zu der Frage, ob es für eine Liebesbeziehung wichtig ist, dass beide Personen im gleichen Alter sind.
5. Verfasse einen Tagebucheintrag von Lena, in dem sie von ihrer Begegnung mit Ben erzählt.

3 **Überprüfe mithilfe der Checkliste, was du an deiner Arbeit noch verbessern musst. Schreibe die Fehler, die dir aufgefallen sind, an den Rand.**

→ S. 178 ff.
Textbeschreibung

4 **Überarbeite mithilfe der Notizen am Rand deine Textbeschreibung.**

EINEN TEXT BESCHREIBEN — CHECKLISTE

Ich habe …

- … mir den Text zunächst mehrmals durchgelesen.
- … eine Gliederung erstellt.
- … in der Einleitung der Textbeschreibung Autor, Titel, Textsorte und Quelle (Erscheinungsort und -datum) genannt und im Kernsatz das Wesentliche zusammengefasst.
- … den Inhalt knapp und mit meinen eigenen Worten wiedergegeben.
- … mich mit den sprachlichen Auffälligkeiten des Textes und der textbezogenen Wirkung auseinandergesetzt.
- … eine Charakteristik zu einer literarischen Figur erstellt und meine Aussagen an Textstellen belegt.
- … eine begründete Stellungnahme verfasst.
- … einen Tagebucheintrag mit Anrede und eine Schlussformel verfasst, in dem ich aus der Ich-Perspektive der Romanfigur schreibe und zusammengefasst habe, was ich an einem Tag erlebt habe oder was mich beschäftigt hat.
- … im Schlussteil meine eigene Meinung zum Text und zum Thema geäußert.
- … Zitate in Anführungszeichen gesetzt und mit der jeweiligen Zeilenangabe versehen.
- … zwischen den einzelnen Teilen der Textbeschreibung Überleitungen verwendet.
- … meinen Aufsatz auf Grammatik, Zeichensetzung und Rechtschreibung überprüft.

3.2 weitere Besonderheiten pragmatischer Texte ausgehend von textbezogenen Fragestellungen erschließen und die Ergebnisse strukturiert darstellen

Abschlussprüfung

Eine materialgestützte Erörterung schreiben

S. 307
materialgestützte Erörterung

1 Schreibe zu einem der folgenden Themen eine vollständige Erörterung mit Gliederung, Einleitung, Hauptteil und Schluss und gehe dazu das angegebene Material sorgfältig durch. Beachte: Du kannst für Markierungen die Textvorlagen im Portal verwenden.

Portal
WES-122966-009

THEMA 1a: Welche Vor- und Nachteile haben Klassenfahrten ins Ausland? (Material siehe S. 26 – 28)
THEMA 1b: Was halten Sie von Klassenfahrten ins Ausland? (Material siehe S. 26 – 28)

Portal
WES-122966-110

THEMA 2a: Was spricht für, was gegen die Herabsenkung des Wahlalters auf 16 Jahre? (Material siehe S. 31)
THEMA 2b: Was halten Sie von der Herabsenkung des Wahlalters auf 16 Jahre? (Material siehe S. 31)

Portal
WES-122966-111

THEMA 3a: Warum ist Junkfood bei Jugendlichen so beliebt? Welche negativen Folgen können bei übermäßigem Konsum damit verbunden sein? (Material siehe S. 291 – 293)
THEMA 3b: Was halten Sie von Junkfood? (Material siehe S. 291 – 293)

2 Überprüfe mithilfe der Checkliste, was du an deiner Arbeit noch verbessern musst. Schreibe die Fehler, die dir aufgefallen sind, an den Rand.

→ S. 218 ff.
materialgestützte Erörterung

3 Überarbeite mithilfe der Notizen am Rand deine Textbeschreibung.

EINE ERÖRTERUNG ÜBERARBEITEN — CHECKLISTE

Ich habe …

- … eine vollständige, formal korrekte Gliederung verfasst, bei der alle Teile der Themafrage gleichermaßen berücksichtigt werden.
- … dabei auf die richtige Verwendung von Nominal- und Verbalstil geachtet.
- … in der Einleitung einen passenden Einleitungsgedanken, der zur Themafrage hinführt, ausgeführt und kein Argument vorweggenommen.
- … im Hauptteil der Erörterung darauf geachtet, dass alle Argumente logisch aufgebaut und überzeugend sind.
- … im Schluss das Wesentliche zusammengefasst und meine Meinung zum Thema ausführlich begründet.
- … das vorhandene Material des Öfteren verwendet und richtig zitiert.
- … darauf geachtet, passende Überleitungen zu verwenden und abwechslungsreich und sachlich zu schreiben.
- … auf richtige Rechtschreibung und Zeichensetzung geachtet.

2.3 kontinuierlichen und diskontinuierlichen Texten Informationen entnehmen und zur argumentativen Unterstützung und zur Verdeutlichung ihre Haltungen und Aussagen in eigenen Texten nutzen

Material 1

Junkfood

Material 2

Auswahl beliebter Snacks

Material 3

[…] Nahrungsmittel, welche einen geringen Nährwert besitzen und deshalb als ungesund angesehen werden, bezeichnet man als **Junkfood**.
[…] Junkfood ist gekennzeichnet durch zahlreiche sog. *leere Kalorien*. Diese leeren Kalorien unterscheiden sich nicht durch ihren Energiegehalt von normalen Kalorien, sondern dieser Begriff will ausdrücken, dass Junkfood wenige Vitamine, Mineralstoffe, Spurenelemente, Ballaststoffe und Aminosäuren enthält.
Ein weiteres Kennzeichen von Junkfood ist der hohe Gehalt an Zucker, Salz, Fett und oft auch chemischer Zusatzstoffe (z. B. Geschmacksverstärker).
[…] Als Junkfood bezeichnet man die verschiedensten Nahrungsmittel, auf die o. g. Kennzeichen zutreffen. Prominenteste Vertreter sind Hamburger, Pommes frites, Chips, Eis usw.
[…] Fast Food ist ebenfalls Junkfood mit dem Zusatz, dass die Nahrung, wie der Begriff suggeriert, schnell zubereitet wird und später auch relativ schnell gegessen werden kann. […]

Quelle: flexikon.doccheck.com

Material 4

Wenn ich Hunger hab, muss es mit dem Essen schnell gehen. Da möchte ich nicht lange kochen. Außerdem kann ich eh nicht viele Gerichte.

Ich liebe die Pommes bei Mäcki. Daheim schmecken sie bei Weitem nicht so gut. Ich hol mir da fast täglich eine Tüte von meinem Pausengeld. Das bekommt Mum gar nicht mit, weil ich die Pommes auf dem Heimweg snacke.

Wir waren in Paris auch immer beim Mac. Da weiß man wenigstens, was man bestellt und wie es schmeckt.

Also mein Vater kocht echt gut. Ich bekomm auch gar nicht so viel Pausengeld, dass ich mir jeden Tag einen Döner oder ein Burger-Menü kaufen könnte.

Quelle: gefragtget.an, 02.08.2021

3.1 Texte strukturieren und dem jeweiligen Schreibauftrag angemessen gliedern; unterschiedliche Formen schriftlicher Darstellung routiniert und selbständig anwenden

Material 5

Fast Food

Wie Körper und Gehirn unter Pizza, Burger und Co. leiden

[…] Das Hirn ist, was man isst: Unsere Ernährung wirkt sich nicht nur auf unsere Körperfülle, sondern auch auf die Leistungsfähigkeit und Gesundheit unseres Gehirns aus. In einer Studie haben Forscher neue Hinweise zu den Folgen von zu viel Fast Food gefunden.

Ein reichhaltiges Büffet oder eine hübsch angerichtete Mahlzeit auf dem Teller – oft erinnert uns schon der Anblick von schmackhaften Speisen daran, wie gut es tut, diese zu essen. Sind wir satt, unterdrückt ein bestimmter Teil unseres Gehirns – der Hippocampus – jene Erinnerung und reduziert entsprechend unser Verlangen danach. Im Fall von Junk Food wie Pommes, Pizza oder Burger scheint diese, von unserem Gehirn gesteuerte Appetitregulation nicht richtig zu funktionieren. Zu diesem Schluss kommen Forscher um Richard Stevenson von der Macquarie Universität in Sydney (Australien). Wie sie im Fachblatt „Royal Society Open Science" berichten, kann bereits eine Woche Junkfood-reiche Ernährung die Funktion des Hippocampus beeinträchtigen. […]

Die Studie reiht sich in eine Vielzahl von Untersuchungen ein, die Hinweise darauf liefern, dass sich zu viel Junkfood nicht nur ungünstig auf die Figur auswirkt, sondern auch dem Gehirn schadet. Beobachtet wurde unter anderem, dass Zucker die Vergesslichkeit fördern und zu viel ungesundes Essen Aggressivität, Depressionen und Stress steigern kann. Außerdem wurde das Schrumpfen bestimmter Hirnareale beobachtet.

Untersucht wurden 105 junge, gesunde Freiwillige, die sich normalerweise gesund ernährten. Diese wurden in zwei Gruppen eingeteilt. Die eine Gruppe aß acht Tage lang Junkfood, also Lebensmittel, die viel Zucker und gesättigte Fette enthielten. So gab es zum Frühstück etwa getoastete Sandwiches und Milchshakes und im weiteren Verlauf des Tages eine Hauptmahlzeit von einer Fast-Food-Kette. Die zweite Gruppe, die Kontrollgruppe, aß ihre üblichen Mahlzeiten. […]

Am ersten und am letzten Tag des Experiments wurden beiden Gruppen vor und nach dem Frühstück unterschiedliche ungesunde Snacks angeboten. Die Teilnehmer mussten angeben, wie groß ihr Verlangen danach war und – im Anschluss nach dem Probieren – bewerten, wie gut ihnen diese geschmeckt hatten.

Das Ergebnis: In der Gruppe, die sich von Waffeln, Burgern und Ähnlichem ernährt hatte, war die Selbstkontrolle nach einer Woche geringer ausgeprägt als in der Vergleichsgruppe. Der Appetit der Teilnehmer auf ungesunde Snacks war wesentlich größer, auch dann noch, wenn sie schon genug gegessen hatten. […]

Quelle: faz.net, 2020

2.3 kontinuierlichen und diskontinuierlichen Texten Informationen entnehmen und zur argumentativen Unterstützung und zur Verdeutlichung ihre Haltungen und Aussagen in eigenen Texten nutzen

Material 6

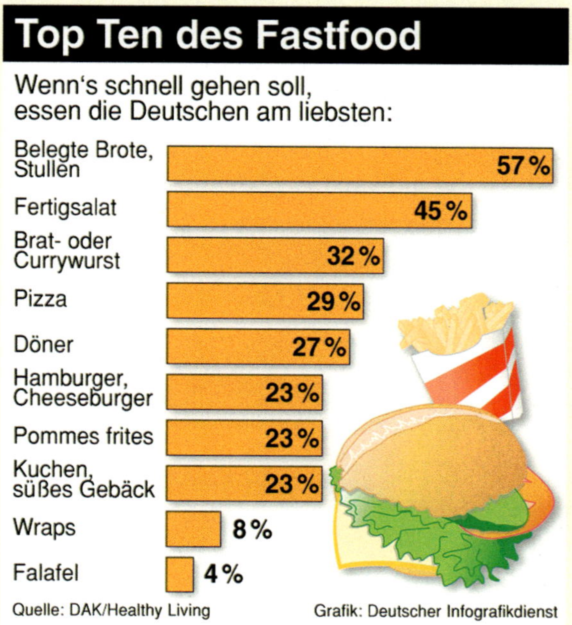

Quelle: Deutscher Infografikendienst

Material 7

Berlin – Fast jeder vierte Jugendliche in Deutschland hat einen hohen Konsum an Fast Food. Insgesamt 23 Prozent der 12- bis 17-Jährigen nehmen nach eigenen Angaben täglich mindestens 10 Prozent ihrer Gesamtenergie durch Fast Food wie Pizza, Döner oder Currywurst auf, wie neue, am Mittwoch veröffentlichte Daten des Robert Koch-Instituts (RKI) zeigen. Die Angaben stammen aus der sogenannten Eskimo-Studie, für die zwischen 2015 und 2017 zum zweiten Mal nach 2006 Kinder nach ihrem Ernährungsverhalten befragt wurden. Im Vergleich zur Studie von 2006 veränderte sich die tägliche Energiezufuhr durch Fast Food bei Mädchen kaum, bei Jungen sank sie hingegen deutlich. […]

Quelle: stuttgarter-zeitung.de, 2020

Material 8

Kalorien in Junkfood

3.1 Texte strukturieren und dem jeweiligen Schreibauftrag angemessen gliedern; unterschiedliche Formen schriftlicher Darstellung routiniert und selbständig anwenden

Abschlussprüfung

© Sich auf eine mündliche Prüfung vorbereiten

1 **Besprecht mit eurer Lehrkraft, welche der folgenden Bereiche für eine mündliche Prüfung relevant sein können.**

Textbeschreibung | Erörterung | Literaturgeschichte | Grammatik | Rechtschreibung | Referatthema | ?

2 **Formuliert mögliche Prüfungsfragen zu den verschiedenen Bereichen. Folgende W-Fragen können euch dabei helfen.**

Wo…
Wer …
Wann …
Wie …
Warum …
Was …
Welche …
…

3 **Vergleicht eure Ergebnisse.**

4 **Notiert Antworten zu den jeweiligen Fragen.**

5 **Tauscht euch darüber aus, wie ihr bei der Vorbereitung auf die Prüfung vorgehen würdet.**

✲ **6** **Stellt eine Prüfungssituation in Zweiergruppen im Rollenspiel nach. Greift dabei Fragen aus Aufgabe 2 auf.**

1.3 bewältigen Gesprächssituationen beruflicher Art gewandt, indem sie die jeweiligen Anforderungen bewusst analysieren und erfassen

7 Bei seiner mündlichen Prüfung bekam Hannes folgende Aufgaben gestellt.

a) Lies dir die Aufgaben zunächst einmal durch.

1. LITERATUR
   a) Welcher Schriftsteller ist auf diesem Bild dargestellt?
   b) Ordnen Sie ihn zeitlich ein.
   c) Erläutern Sie den Inhalt von einem Werk genauer. Gehen Sie dabei auch darauf ein, was die Besonderheiten des Schreibstils des Literaten sind.

2. ERÖRTERUNG
   a) Lesen Sie sich folgendes Argument zum Thema „Welche Vor- und Nachteile haben Klassenfahrten ins Ausland?“ genau durch.
   b) Grenzen Sie die Teilbereiche des Arguments ab.
   c) Formulieren Sie einen passenden Gliederungspunkt zu diesem Argument.
   d) Finden Sie ein weiteres Argument zu diesem Thema.

Ein wichtiger Aspekt, der dafür spricht, mit der Klasse ins Ausland zu reisen, ist, dass man vor Ort seine Fremdsprachenkenntnisse einsetzen kann. In der Schule lernen Jugendliche meist ab der fünften Klasse eine Fremdsprache, haben aber nur selten die Gelegenheit auszuprobieren, ob sie sich mit ihrem Wortschatz und den Grammatikkenntnissen im Ausland verständlich machen könnten. Da man in nur wenigen Ländern Europas davon ausgehen kann, dass vor Ort Deutsch gesprochen wird, ist man gezwungen, eine Fremdsprache zu sprechen. Klappt die Verständigung, ist das für die Schüler ein positives Erlebnis. An unserer Schule findet beispielsweise regelmäßig eine Englandfahrt statt. Diejenigen, die daran teilgenommen haben, berichten häufig, wie stolz sie gewesen wären, als sie das in Englisch Gelernte einmal erfolgreich anwenden konnten.

3. TEXTGEBUNDENER AUFSATZ
   a) Bestimmen Sie die Textsorte des Textes auf der Rückseite.
   b) Benennen Sie die folgenden rhetorischen Mittel:
      - *pseudobajuwarischer Neoseppilismus*
      - *Das Lachen blieb ihm im Hals stecken.*
      - *Wieso passiert so etwas immer mir?*

4. RECHTSCHREIBUNG
   Finden Sie in folgendem Text die Rechtschreib- und Kommafehler:
   Selina zeigte großes Interresse an fremden Ländern. Obwohl Sie nur ein paar Brocken englisch sprach hatte sie im Urlaub keine Schäu andere Menschen anzusprechen und mit ihnen zu kommuniziren. Eigendlich war sie ein eher ein schüchternes ängstliches Mädchen, dass Menschenansammlungen miet. Aber seltsamerweise viel es ihr in fremder Umgebung leichter, auf andere zu zugehen.

b) Bearbeite die Aufgaben. Du kannst dabei die Zeit stoppen, die du für die (mündliche) Beantwortung der Fragen benötigst.

c) Vergleicht eure Ergebnisse.

1.3 bewältigen Gesprächssituationen beruflicher Art gewandt, indem sie die jeweiligen Anforderungen bewusst analysieren und erfassen

Merkwissen LEXIKON

Sprechen und Zuhören

Argument
Mit Argumenten kann man u. a. in → Debatten oder → Erörterungen Meinungen überzeugend darstellen und vertreten. Ein Argument besteht aus **drei Teilen**: einer **Behauptung**, in der man in einem Satz seine Meinung ausdrückt, einer **Begründung**, in der man erklärt, warum man die Behauptung vertritt, und einem **Beispiel**, um die Behauptung zu veranschaulichen.

Debatte
Die Debatte ist eine Diskussionsform mit einem festen Ablauf. Vier Redner/-innen beziehen Stellung zu einer Themafrage. Je zwei Redner/-innen vertreten dabei die Pro- und die Kontra-Position. Es gibt drei Phasen:
Eröffnungsrunde: Die Debatte wird mit einem Einleitungsgedanken der Pro-Seite eröffnet. Alle Redner/-innen erläutern dann nacheinander in je 1–2 Min. ihre Meinung zum Thema. Dabei wechseln sich die verschiedenen Positionen ab, d. h., auf ein → Argument der Pro-Seite folgt die Antwort der Kontra-Seite und umgekehrt.
Freie Aussprache: Diese Phase folgt keiner festen Reihenfolge. Sie dauert 12 Min., in denen die Teilnehmer/-innen versuchen, die anderen durch Argumente von ihrer Meinung zu überzeugen.
Schlussrunde: Jede/-r Redner/-in fasst abschließend seine Meinung in einer Minute zusammen. Dabei kann die ursprünglich vertretene Meinung geändert werden, falls die Argumente der anderen überzeugend waren. In der Schlussrunde wiederholt jede/-r Redner/-in die Themafrage der Debatte, begründet seine/ihre finale Position anhand des überzeugendsten Arguments und beantwortet die Themafrage in eigenen Worten. Neue Argumente dürfen nicht angeführt werden. → 24 f.

Diskussion
Eine Diskussion ist ein Gespräch in Form einer **mündlichen Erörterung**. Die Meinungen zu einem bestimmten Thema werden ausgetauscht und Pro und Kontra erörtert. → 25 f.

↳ eine Diskussion führen
Haltet euch an die folgenden Schritte:
1. **Bildet** eine **Gruppe** mit zehn Schülern/Schülerinnen,
2. **Entscheidet** euch für ein **Thema**,
3. Fünf Schüler/-innen bilden die **Diskussionsgruppe**, vier die **Beobachtergruppe** und eine Person ist der/die **Diskussionsleiter/-in**.
   - Die Diskussionsgruppe **sucht Beispiele** und **formuliert** → **Argumente** zum Thema.
   - Der/Die Leiter/-in achtet auf die **Reihenfolge der Meldungen** und erteilt das Wort. Am Ende der Diskussion werden die **wichtigsten Argumente und Ergebnisse zusammengefasst**.
   - Die Beobachtergruppe legt eine Tabelle an, in der die **Beobachtungskriterien** eingetragen werden.

↳ eine Fishbowl-Diskussion führen
Haltet euch an die folgenden Schritte:
1. **Bildet** zwei **Sitzkreise**. Im äußeren Kreis sitzen die **Beobachter/-innen**, im inneren die **Teilnehmer/-innen**. Lasst im inneren Stuhlkreis einen Stuhl frei.
2. **Formuliert** einen **Beobachtungsauftrag** für die Schüler/-innen im äußeren Kreis. Sie beobachten während der Diskussion die Teilnehmer/-innen im inneren Kreis (als wären sie Fische in einem Glas).
3. Im Laufe der Diskussion können sich **interessierte Beobachter/-innen** auf den freien Stuhl setzen und vorübergehend **an der Diskussion teilnehmen**.

Feedback
Der → Anglizismus Feedback bedeutet Rückmeldung. Zu Präsentationen und Vorträgen gibt man oft Feedback, indem man der vortragenden Person sagt, was sie gut gemacht hat und was sie noch verbessern kann.

↳ Feedback geben
Halte dich an die folgenden Schritte:
1. *Was ist besonders gut gelungen?*
   Lobe die Person und den **Vortrag**.
2. *Wie haben einzelne Elemente auf mich gewirkt?*
   Beschreibe den Vortrag, das Verhalten der Person, die Gestaltung der Folien usw. in eigenen Worten. Bleibe dabei **sachlich** und **respektvoll**. Beschreibe möglichst, ohne zu werten.
3. *Welche Verbesserungsvorschläge gibt es?*
   Formuliere Kritik **konstruktiv**. Sage, was verbessert werden kann, und mache einen konkreten **Vorschlag**.

fünf Axiome der Kommunikation von Watzlawick
Der Kommunikationswissenschaftler, Psychotherapeut und Philosoph Paul Watzlawick entwickelte fünf Axiome der Kommunikation. Mit diesen beschreibt er, **welchen Bedingungen Kommunikation unterworfen** ist:
1. Man kann nicht nicht kommunizieren.

2. Jede Kommunikation hat einen Inhalts- und Beziehungsaspekt.
3. Kommunikation ist immer Ursache und Wirkung.
4. Kommunikation ist analog (verbal) und digital (nonverbal).
5. Kommunikation ist symmetrisch (auf Augenhöhe) oder komplementär (unterschiedlichen Rangs). → S. 11 f.

Handout
Auf einem Handout werden die wichtigsten Informationen einer → Präsentation übersichtlich zusammengefasst. Dem Publikum dient es als Leitfaden und zur Erinnerung.

↳ ***ein Handout gestalten***
Beachte bei der Gestaltung eines Handouts die folgenden Punkte:
- Nenne im Kopf deine **Schule**, **Klasse**, **Lehrkraft**, deinen **Namen** und das **Datum**.
- **Gliedere** die Inhalte mit Über- und Unterüberschriften.
- Gib die wichtigsten Informationen **stichpunktartig** wieder.
- Füge passende **Bilder** usw. zur Veranschaulichung ein.

Kommunikation
Kommunikation meint den Informationsaustausch bzw. die Verständigung zwischen Personen. Zu diesem Zweck können **verbale Mittel** (z. B. Sprache, Schrift), **paraverbale Mittel** (z. B. Tonfall, Lautstärke) und/oder **nonverbale Mittel** (z. B. Mimik, Gestik) eingesetzt werden. Um Kommunikation zu untersuchen, wird zwischen der **geäußerten Nachricht**, dem **Sender** (Sprecher/-in) und dem **Empfänger** (Hörer/-in) unterschieden. Kommunikationsmodelle, wie die → fünf Axiome der Kommunikation von Watzlawick erfassen, wie Äußerungen getätigt und gehört werden können und wie Verständigung dabei misslingen bzw. gelingen kann. → 10 f.

Portfolio
In einem Portfolio werden Materialien und Dokumente gesammelt, die während der Vorbereitung eines Vortrags bzw. einer Präsentation zusammengetragen wurden.

Präsentationsprogramm
Mit Präsentationsprogrammen kann man am Computer schnell und einfach Präsentationen erstellen. Bekannte Programme sind z. B. *PowerPoint* von Microsoft oder *Prezi*. Mit den digitalen Folien lassen sich Vorträge abwechslungsreich und informativ untermalen.

↳ ***Präsentationsprogramme für einen Vortrag nutzen***
Beachte die folgenden Punkte:
- Achte auf die **Abfolge** der Folien.
- Verwende auf allen Folien das gleiche **Design**.
- Achte auf gute **Lesbarkeit**.
- Schreibe nur das Wichtigste **stichpunktartig** auf.
- Gestalte die Folien übersichtlich. Hebe (Zwischen-) **Überschriften** hervor und verwende **Bilder**.
- Setze **Animationen** und **Toneffekte** nur sparsam ein.
- Gib die verwendeten → **Quellen** an.

Umfrage
Bei einer Umfrage werden Personen zu einem bestimmten Thema befragt. Die Antworten werden schriftlich (auch digital) festgehalten und später ausgewertet. Um die Ergebnisse der Umfrage zu visualisieren, können Diagramme oder eine → Statistik erstellt werden.

↳ ***eine Umfrage durchführen***
Halte dich beim Durchführen einer Umfrage an die folgenden Schritte:
1. Lege ein **Ziel** fest, indem du bestimmst, was du herausfinden möchtest und wie du mit den Ergebnissen weiterarbeitest. Lege die **Zielgruppe** fest, die befragt werden soll.
2. Erstelle einen **Fragebogen** mit unterschiedlichen Fragetypen, z. B. offene Fragen, Entscheidungs- oder Bewertungsfragen.
3. Lege **Zeitraum** und **Ort der Befragung** fest und führe sie durch.
4. Werte die **Umfrageergebnisse** aus, indem du die Antworten nach Häufigkeit gruppierst. Halte die Ergebnisse schriftlich fest.
5. **Präsentiere** die Ergebnisse, z. B. als Diagramm.

Vorstellungsgespräch
Das Vorstellungsgespräch (auch: Bewerbungsgespräch) ist eine besondere Situation, in der du dich einem/einer potenziellen Arbeitgeber/-in vorstellst, um dich für ein Praktikum, um eine Ausbildung oder einen Job zu bewerben.
So läuft ein Vorstellungsgespräch ab:
- Begrüßung und alltägliche Fragen (z. B. zur Anreise), um langsam einzusteigen
- Fragen zum → Lebenslauf, der Persönlichkeit (z. B. Interessen), der Motivation für die → Bewerbung und den Erwartungen an Praktikum/Ausbildung/Beruf.
- Möglichkeit für Rückfragen, z. B. zu Inhalten von Praktikum/Ausbildung, der Berufsschule oder dem Berufsalltag.

Bleib während eines Vorstellungsgesprächs **höflich**, **freundlich** und **natürlich**. Achte darauf, dass du dich **gepflegt** und der potenziellen Arbeitsstelle **entsprechend kleidest**. Wichtig ist auch, **pünktlich** zum Treffen zu erscheinen.

Merkwissen LEXIKON

Vortrag
Ein Vortrag (*auch*: Referat) ist eine Rede zu einem bestimmten Thema oder einer Fragestellung. Vorträge können von Einzelpersonen oder Gruppen gehalten werden. Ziel eines Vortrags ist es, den Zuhörern und Zuhörerinnen ein bestimmtes Thema näherzubringen oder sie über einen Sachverhalt zu informieren.

↳ ***erfolgreich vortragen und präsentieren***
Beachte die folgenden Punkte:
- Finde einen **Einstieg**, der das Interesse des Publikums weckt (z. B. Bild, Schlagzeile, Rollenspiel ...).
- Teile die Themen für den **Hauptteil** in Teilbereiche und finde eine sinnvolle Gliederung. Verwende ein → Präsentationsprogramm, um anschauliche Folien zu erstellen.
- Runde den Vortrag am **Schluss** ab, indem du wichtige Informationen noch mal zusammenfasst und einen Bezug zum Einstieg herstellst.
- Ermögliche es dem Publikum, Fragen zu stellen.
- Erstelle ein informatives → Handout.
- Dokumentiere den Arbeitsprozess in Form eines → Portfolios oder eines → Projekttagebuchs.

Lesen – Umgang mit Texten und Medien

Alliteration
Die Alliteration ist ein → sprachliches Mittel, bei dem zwei oder mehr aufeinanderfolgende Wörter mit demselben Buchstaben oder derselben Silbe anfangen. Alliterationen kommen häufig in der Werbung oder in Überschriften und Titeln zum Einsatz (*Gelb. Gut. Günstig.*). Sie wecken durch ihren besonderen Klang die Aufmerksamkeit und das Interesse der Leserinnen und Leser.

Anapher
Die Anapher ist ein → sprachliches Mittel, bei dem aufeinanderfolgende → Verse oder → Strophen mit denselben Wörtern oder Wortgruppen anfangen. In Gedichten erzeugen Anaphern meist einen besonderen Rhythmus oder Klang, der die Textwirkung beeinflusst. → 187

Aufklärung
Die Epoche der Aufklärung wird in Deutschland zwischen dem 17. und 18. Jahrhundert datiert. In diesem Zeitraum fand – ausgehend von England und Frankreich – eine Entwicklung statt, in deren Zuge die Menschen sich selbst als vernunftbegabte Wesen erkannten. Vertreter der Zeit wollten erreichen, dass alle Menschen erkannten, dass sie frei und gleich waren und allein durch ihren Verstand in der Lage waren, die Wahrheit zu erkennen. Die Bildung förderte dieses Umdenken. Schulen und öffentliche Bibliotheken schafften Zugang zu Büchern und zu den Erkenntnissen der Wissenschaft. Die Menschen konnten die Welt nun selbstständig verstehen. So gewann vor allem das Bürgertum an Selbstbewusstsein und wurde unabhängiger.

Aufzählung
Die Aufzählung ist ein → sprachliches Mittel, bei dem einzelne Wörter, Begriffe oder Satzteile aneinandergereiht werden. In einem Text heben Aufzählungen etwas hervor, betonen es oder erzeugen Spannung.

Cluster
In einem Cluster werden Ideen zu einem Thema gesammelt und zueinander in Beziehung gesetzt. Diese Methode ist besonders hilfreich, um einen Aufsatz vor dem Schreiben zu strukturieren.

↳ ***ein Cluster erstellen***
Halte dich an die folgenden Schritte:
1. Zeichne einen **Kreis in die Mitte** des Blattes und notiere darin das **Thema**.
2. Zeichne **rundherum weitere Kreise**, in die du **Schlagworte** schreibst, die dir zum Thema einfallen.
3. Schreibe zu allen Schlagworten **Stichwörter**.
4. **Verbinde** die Kreise zu einer Ideenkette.
5. **Streiche** die **Ideen**, die **nicht** in das Cluster **passen** und die du nicht in deinem Text erwähnen möchtest.

Diagramm
Diagramme sind eine bildliche Darstellungsform, mit der Zahlen und Informationen anschaulich abgebildet werden. Die Zahlen, die einem Diagramm zugrunde liegen, nennt man auch Werte oder Daten. In einem Balken-, Säulen- oder Liniendiagramm werden die Werte auf der x- und der y-Achse eingetragen. Die x-Achse ist die waagerechte Achse und die y-Achse die senkrechte.

Es gibt auch Formen von Diagrammen, die keine Achsen besitzen, z. B. Kreis- und Flussdiagramme. Hier hilft eine Legende bei der Zuordnung der Daten.

↳ein Diagramm auswerten
Halte dich an die folgenden Schritte:
1. **Beschreibe** das Diagramm kurz. Nenne das Thema, die Art des Diagramms (Säulen-, Balken- oder Kreisdiagramm), die →Quelle und den Zeitpunkt, zu dem die Daten erhoben worden sind.
2. **Erläutere** die Werte und erkläre sie anschaulich.
3. **Vergleiche** die Werte und Daten miteinander. Setze sie in Beziehung zueinander.
4. **Kommentiere** das Diagramm und bringe zum Ausdruck, welche Erkenntnisse du gewonnen hast.

Dialog
Dialoge können in epischen (→Epik) oder dramatischen Texten (→Drama) vorkommen. Sie zeichnen sich dadurch aus, dass mindestens zwei Personen beteiligt sind, die miteinander kommunizieren. Dialoge bestehen aus Rede und Gegenrede oder auch aus Frage und Antwort. Sie dienen dem Austausch von Meinungen oder Informationen.

Drama
Das Drama ist neben →Epik und →Lyrik eine der drei großen Gattungen der Literatur. Bei Dramen handelt es sich um Bühnenstücke, die vor Publikum aufgeführt werden. Der Text ist in →Dialogen oder →Monologen verfasst. →95 ff.

Epik
Epik ist neben dem →Drama und der →Lyrik eine der drei großen Gattungen der Literatur. Unter Epik werden alle Formen erzählender Literatur verstanden, wie z. B. →Erzählungen, →Kurzgeschichten oder →Romane. Epische Texte zeichnen sich durch eine bestimmte →Erzählperspektive aus, die eine gewisse Distanz zum Erzählten hat. →55

Erzählung
Erzählung ist ein Sammelbegriff für epische Textformen (→Epik). Als eigene Textsorte handelt es sich bei Erzählungen um kurze Texte, die sich in eine Einleitung (*auch:* Erzählanfang), einen Hauptteil (*auch:* Erzählkern) und einen Schluss (*auch:* Erzählende) einteilen lassen. Im Gegensatz zur →Kurzgeschichte haben Erzählungen also keinen unmittelbaren Einstieg. In Erzählungen liegt meist nur eine →Erzählperspektive vor.

↳zu einem Bild erzählen
Beachte die folgenden Punkte:
- **Betrachte** das Bild und die **dargestellte Situation** genau, um möglichst **detaillierte Informationen** zu sammeln (z. B. Ort, Tageszeit, Personen etc.).
- Berücksichtige **zentrale Bildelemente** (Ort, Personen etc.) in der gesamten Geschichte.
- Erfasse die **Stimmung** des Bildes **mit allen Sinnen** (Sehen, Hören, Riechen, Schmecken, Fühlen/Tasten).
- Stell dir vor, was die Personen auf dem Bild und in deiner Geschichte **denken** und **fühlen**. Bring die Gedanken und Gefühle mit **passenden →sprachlichen Mitteln** zum Ausdruck.
- Schreibe in →Kurzgeschichten und Erzählungen im **→Präteritum**.

Erzählperspektive
Man unterscheidet allgemein drei Erzählperspektiven: den Ich-Erzähler, der die Handlung aus seiner persönlichen Sicht wiedergibt, den Er/Sie-Erzähler, der die Sichtweise einer →Figur teilt und die Handlung aus ihrer Sicht wiedergibt, und den allwissender Erzähler, der theoretisch alles über jede Figur weiß und die Handlung aus unterschiedlichen Sichtweisen wiedergeben kann. Der Ich-Erzähler teilt seine eigenen Gefühle und Wahrnehmungen, der Er/Sie-Erzähler teilt die Gefühle und Wahrnehmungen der Figur, für die er spricht, und der allwissende Erzähler kann die Gefühle und Wahrnehmungen aller Figuren teilen.

Erzählzeit
Zeit, die zum Lesen einer Geschichte benötigt wird, im Unterschied zur **erzählten Zeit** (Zeitspanne, in der die Geschichte spielt).

Expressionismus
Der Expressionismus ist eine Strömung, die sich **Anfang des 20. Jahrhunderts** in **Literatur**, **Kunst**, **Musik** und dem frühen **Film** vollzieht. Die Epoche wird von etwa 1905 bis 1925 datiert. Künstler/-innen drücken in ihren Werken ihre Gefühle aus und machen sie deutlich spürbar. Zentrale Themen waren u. a. Krieg und Entwurzelung, der Zerfall der Gesellschaft sowie die Ängste des Einzelnen. →32, 35

Figur
Als Figuren bezeichnet man die handelnden Personen bzw. Charaktere in fiktionalen Texten.

↳einen Steckbrief zu einer Figur erstellen
Halte dich an die folgenden Schritte:
1. **Lies** den **Text** einmal **gründlich**. Lies ihn anschließend noch einmal und achte dabei besonders auf alle **Fakten, Informationen und Hinweise zur Figur** (→selektives Lesen).

Merkwissen
LEXIKON

2. **Markiere** wichtige Textstellen oder mache Notizen.
3. **Ordne** die markierten **Textstellen** bzw. deine Notizen **passenden Kategorien** (z. B. Aussehen etc.) zu.
4. **Bring** die **Kategorien** in eine **sinnvolle Reihenfolge**, lege den Steckbrief an und fülle ihn stichpunktartig aus. Schreibe, wenn möglich, **passende → Zitate** und **Textbelege** dazu.
5. **Kontrolliere** mithilfe des Textes und deiner Notizen, ob dein Steckbrief **vollständig** ist.

filmische Mittel
Die Wirkung von Filmen kann durch bestimmte Mittel beeinflusst werden. Die Einstellungsgröße bestimmt, welcher Bildausschnitt zu sehen ist. Man unterscheidet dabei zwischen Panorama, Totale, Halbtotale, Halbnahaufnahmen, Nahaufnahme, Großaufnahme und Detailaufnahme. Auch die Perspektive, also der Winkel, aus dem die Kamera das Geschehen filmt, beeinflusst die Wirkung. Hier wird grundsätzlich zwischen Normalsicht, Untersicht und Aufsicht unterschieden. Die Kameraführung ist ebenfalls ein filmisches Mittel. Hierzu zählen Kamerafahrten und Schwenks. In der Nachbearbeitung kann man mit Licht- und Farbgebung die Wirkung von Filmbildern beeinflussen. Bestimmte Schnitttechniken beeinflussen ebenfalls die Wahrnehmung des Geschehens. → 105 f.

Glosse
Die Glosse ist ein **kurzer Text**, in dem der/die Autor/-in auf **humorvolle Weise** eine **persönliche Meinung** äußert. Themen können **aktuelle Ereignisse** oder **alltägliche Begebenheiten** sein. Dabei werden diese **kritisiert** oder **ins Lächerliche gezogen**. Meist endet diese Textsorte mit einer Pointe, in der sich der/die Autor/-in z. B. widerspricht. Im Gegensatz zum → Kommentar ist eine Glosse **weniger sachlich** geschrieben und zeichnet sich durch einen **lockeren Erzählstil** aus. Der/Die Verfasser/-in schreibt dabei ironisch und humorvoll. Die wichtigsten Stilmittel der Glosse sind dementsprechend → **Ironie**, → **Metaphern**, **Wortspiele**, **Übertreibungen** und **rhetorische Fragen**. Begleitet wird sie oft von einem **lustigen Bild** (z. B. einer → Karikatur), das den Textinhalt illustriert. Auch ansonsten ist sie äußerlich oft aufwendiger gestaltet (z. B. durch verschiedene Schriftarten und -größen). Neben dem **Autorennamen** findet sich bei Glossen häufig auch ein **Autorenporträt**. Auf originelle Art will diese Textsorte zum Nachdenken anregen. → 152 f., 155

Informationsgrafik
Eine Informationsgrafik (*kurz:* Infografik) oder ein Schaubild ist eine Abbildung, in der z. B. Zusammenhänge, Abläufe oder Umfrageergebnisse bildlich dargestellt und veranschaulicht werden. Infografiken werden oft in journalistischen Texten eingesetzt.

↳ ***eine Informationsgrafik auswerten***
Halte dich an die folgenden Schritte:
1. **Thema:** Sieh dir den Titel und die Teilüberschriften an, um das Thema zu erfahren. Nenne das Thema zu Beginn deiner Auswertung.
2. **→ Quelle:** Sieh dir die Quellenangabe an und gib an, wer die Grafik herausgegeben hat, woher die Zahlen stammen und auf welchen Zeitraum sich die Daten beziehen.
3. **Art der Informationen:** Beschreibe, wie die Informationen in der Grafik aufbereitet werden. Gib die Bezugsgröße an, auf die sich die Zahlenwerte beziehen, benenne die Art des → Diagramms und beziehe gegebenenfalls die Illustration mit in deine Beschreibung ein.
4. **Beschreibung und Erklärung:** Erläutere die Angaben, nenne Prozentanteile, beschreibe Entwicklungen und stelle Vergleiche zwischen den Werten an. Du musst nicht alle Zahlen erklären. Dein Hauptaugenmerk sollte auf Maximal- und Minimalwerten liegen.
5. **Kommentar und Schlussfolgerung:** Ziehe am Ende deiner Auswertung ein Fazit und fasse die Erkenntnisse, die du anhand der Grafik gewinnen konntest, zusammen. Erläutere, was dich möglicherweise überrascht hat.

Interview
Das Interview ist eine Form der Befragung. Die Interviewfragen dienen dazu, mehr über ein Thema, einen Sachverhalt oder die Beweggründe für das Handeln einer Person zu erfahren. Prominente werden oft auch zu persönlichen Themen befragt. Der Begriff *Interview* ist ein → Anglizismus.

↳ ***ein Interview durchführen***
Halte dich an die folgenden Schritte:
1. **Begrüßung:** Begrüße dein Gegenüber und stelle dich vor. Erkläre den Grund bzw. Anlass für das Interview.
2. **Befragung:** Stelle deine Fragen. Formuliere deine Fragen möglichst offen, sodass sie nicht nur mit

Ja oder Nein beantwortet werden können. Höre aufmerksam zu und unterbrich dein Gegenüber nicht. Frage nach, falls du etwas nicht verstanden hast oder Genaueres wissen möchtest. Sei höflich und respektvoll, halte Augenkontakt und achte auf eine offene Körperhaltung.

3. **Verabschiedung:** Bedanke dich für das → Interview und dafür, dass sich dein Gegenüber die Zeit genommen hat, deine Fragen zu beantworten.

Karikatur
Karikaturen sind gezeichnete Bilder, deren Inhalt komisch und übertrieben dargestellt wird. Häufig werden mit diesen Zeichnungen aktuelle Themen oder politische und gesellschaftliche Zustände kritisch abgebildet und kommentiert. Karikaturen sollen unterhalten, aber auch auf Missstände hinweisen und zum Nachdenken anregen.

Klassik
Die literarische Epoche der Klassik wird von 1786 bis 1805 datiert. Die Autor/-innen der Klassik waren der Ansicht, dass gesellschaftliche Veränderungen nicht gewaltsam, sondern durch eine schrittweise Vervollkommnung des Menschen erreicht werden können. In ihren Werken behandeln sie daher oft die Erziehung des Menschen und die Frage nach tugendhaftem Handeln. Nach der vernunftbasierten Epoche der → Aufklärung und dem gefühlsbetonten → Sturm und Drang versuchte man in der literarischen Klassik, die Balance zwischen Vernunft und Gefühl zu erreichen. Die → Figuren der Klassik sollten den Leser/-innen Vorbilder sein, sie zu mehr Menschlichkeit erziehen und Tugenden wie Freundschaft, Treue, Toleranz und Nächstenliebe stärken.

Kommentar
Der Kommentar ist ein wertender Text, der sich meist auf einen anderen Zeitungsartikel bezieht. In dem Kommentar drückt ein/-e Autor/-in die eigene Meinung zum jeweiligen Thema aus. Der Sprachstil ist subjektv und kann reißerisch und provokant sein. → Sprachliche Mittel wie rethorische Fragen oder → Hyperbeln werden gezielt eingesetzt, um die Leser/-innen zu überzeugen. Die Textsortenbezeichnung „Kommentar" steht meist schon vor der Überschrift. Außerdem ist der Name der Autorin bzw. des Autors genannt, meist mit Porträt.

Kurzgeschichte
Die Kurzgeschichte ist eine epische Textform (→ Epik), die sich durch bestimmte Merkmale auszeichnet. Kurzgeschichten beginnen oft mit einem unmittelbaren Einstieg in die Handlung und haben ein offenes Ende. Es gibt nur wenige → Figuren, die zudem nicht ausführlich beschrieben und auf wenige Merkmale reduziert werden. Die Handlung ist oft alltäglich und wirkt wie eine Momentaufnahme aus dem Leben. Oft wird eine menschliche Schwäche einer Figur in das Zentrum der Handlung gerückt. Ort und Zeit sind nicht festgelegt, dadurch können die Leser/-innen die Handlung auf sich selbst übertragen.

Lektüreportfolio
Ein Lektüreportfolio ist eine Sammlung von Materialien zur Auseinandersetzung mit einem Text. In einem Notizheft, einem Ordner oder einer Blattsammlung werden Zusammenfassungen, Gedanken zur Lektüre und eigene Texte, z. B. → Tagebucheinträge aus der Sicht einer → Figur oder → innere Monologe, gesammelt. Auch passende Bilder, Skizzen oder Fotos können enthalten sein. Deckblatt und Inhaltsverzeichnis runden es ab.

Lyrik
Lyrik ist neben → Epik und → Drama eine der drei großen Gattungen der Literatur. Lyrische Textsorten sind z. B. Gedichte oder Balladen. Lyrische Texte bestehen aus → Versen und → Strophen und folgen meist einem bestimmten → Reimschema und Metrum. In lyrischen Texten werden oft zahlreiche → sprachliche Mittel verwendet. → 36 f., 39 f., 43, 49, 91–94

lyrisches Ich
Das lyrische Ich ist in Gedichten oder anderen lyrischen Texten (→ Lyrik) das erlebende, empfindende und aussagende Subjekt in der Sprecherperspektive. Es kann – muss aber nicht – mit dem/der Autor/-in des Gedichtes übereinstimmen. Nicht in allen Gedichten, in denen ein lyrisches Ich erkennbar wird, muss auch das Wort „ich" stehen. → 74

Metapher
Die Metapher ist ein → sprachliches Mittel. Es handelt sich um Wörter oder Sätze, die nicht in ihrer wörtlichen, sondern in einer übertragenen Bedeutung verstanden werden müssen. Metaphern verwenden eine bildhafte, anschauliche Sprache (z. B. *Wolkenkratzer, jmdm. auf den Zahn fühlen*).

Mindmap
In einer Mindmap werden Stichworte gesammelt, geordnet und in Ober- und Unterbegriffe unterteilt. Die Mindmap hilft bei der Gliederung von Ideen während der Vorbereitung einer Präsentation oder vor dem Schreiben eines Texts. Informationen, die man einem Text entnommen hat, lassen sich ebenfalls in einer Mindmap festhalten.

Merk-
wissen
LEXIKON

↳ eine Mindmap erstellen
Halte dich an die folgenden Schritte:
1. **Schreibe** das **Thema** in die **Mitte** des Blattes.
2. **Zeichne** von der Mitte aus **Äste**, die zu den **Oberbegriffen** führen.
3. **Zeichne** von den Oberbegriffen aus **weitere Äste** zu den **Unterbegriffen**.
4. **Fülle** deine Mindmap mit möglichst vielen **relevanten Informationen und Details**. Achte dabei darauf, dass die Mindmap **übersichtlich** bleibt.

(innerer) Monolog
Monologe können in epischen Texten (→ Epik) oder → Dramen vorkommen. Monologe sind längere Textpassagen oder Redebeiträge einer → Figur. In inneren Monologen gibt die Figur ihre Gedanken und Gefühle wieder; sie teilt sozusagen ihre Innensicht. → 82

↳ einen inneren Monolog aus Sicht einer → Figur verfassen
Beachte die folgenden Punkte:
- **Lies** den **Text**, auf dem der innere Monolog basiert, einmal **gründlich**. Lies ihn dann noch einmal und achte dabei besonders auf alle **Informationen zur Figur und ihrer Wahrnehmung** (→ selektives Lesen).
- **Markiere Textstellen**, in denen du etwas über die **Gedanken** und **Gefühle** der Figur erfährst.
- Stelle **W-Fragen** an den Text, um die **Figur besser zu verstehen** (z. B. *Welche Rolle hat die Figur? Wie verhält sie sich und warum? Was denkt/fühlt sie?* usw.).
- **Versetze dich** so gut wie möglich in die **Figur** und **ihre Situation hinein**.
- Verfasse den Text so, dass er **zum Textinhalt passt**.
- Schreibe in der **Ich-Form** und verwende eine **angemessene → Zeitform** (→ Präsens, wenn du dich auf die Gegenwart beziehst, und → Perfekt, wenn du über Vergangenes berichtest).
- Wähle einen **Schreibstil**, der **zur Figur passt**.

Motiv
Verschiedene literarische Epochen lassen sich anhand typischer Motive erkennen. Ein Motiv ist ein wiederkehrendes Element, Thema oder Symbol in einem Text. Texte der → Romantik behandeln z. B. häufig Reisen oder Naturerscheinungen, wie die Dämmerung oder den Wechsel der Jahreszeiten. Mit diesen Motiven werden der Übergang zwischen zwei Zuständen und die Sehnsucht nach Veränderung ausgedrückt. → 36

Naturalismus
Die Epoche des Naturalismus wird von ca. 1880 bis 1900 datiert und galt als Protestbewegung gegen die politischen und sozialen Verhältnisse der damaligen Zeit. In literarischen Werken wurde die Realität unverfälscht abgebildet. Auch auf Unschönes und Ekelerregendes wurde nicht verzichtet, um die Missstände der Zeit anzuprangern. Die Sprache wurde ebenfalls nicht verfälscht und gesprochene Dialekte in den Texten verschriftlicht.

Novelle
Die Novelle ist eine epische Textsorte (→ Epik) mit kurzem Umfang. Die Bezeichnung leitet sich von dem italienischen Wort *novella*, „Neuigkeit", ab. Goethe benannte 1827 eine „unerhörte Begebenheit" als wesentliches Merkmal einer Novelle. Tatsächlich erzählen Novellen häufig von unerhörten Neuigkeiten und ungewöhnlichen Ereignissen. Dieses Ereignis wird im Rahmen einer kurzen → Erzählung geradlinig erzählt. → 121

orientierendes Lesen
Beim orientierenden Lesen (*auch:* überfliegendes Lesen, Skimming) verschafft man sich einen Überblick über den Text und das Thema. Überschriften und Abbildungen sind nützliche Hinweise. Wichtige Schlagworte, anhand derer man das Thema erschließen kann, tauchen oft schon in der Überschrift auf und wiederholen sich innerhalb des Textes. Beim Überfliegen achtet man auf solche Schlagworte, die einem besonders auffallen. Anders als beim → selektiven Lesen weiß man beim orientierenden Lesen vorher nicht, wonach man im Text sucht. Das Überfliegen eines Textes hilft oft dabei, seinen Inhalt besser zu verstehen.

Oxymoron
Ein → sprachliches Mittel, das zwei Begriffe widersprüchlich miteinander verknüpft, um durch den Kontrast eine bestimmte Wirkung zu erzielen (z. B. *offenes Geheimnis:* Niemand darf es wissen, aber alle wissen es.).

Paralleltext
Der Paralleltext ist eine kreative Schreibform, bei der ausgehend von einer Textvorlage ein eigener Text verfasst wird. Dabei werden die wesentlichen Eigenschaften

und Merkmale der Textvorlage (z. B. Umfang, Inhalt, → Erzählperspektive) beibehalten. → 84

Personifikation
Eine Personifikation ist ein → sprachliches Mittel. Mit Personifikationen werden unbelebte Dinge (Lebewesen, Naturerscheinungen oder Objekte) mit menschlichen Eigenschaften versehen (z. B. *die Sonne lacht*). Sie dienen dazu, etwas lebendig und anschaulich darzustellen.

Podcast
Als Podcast wird eine Serie von Hörbeiträgen bezeichnet, die in einem festen Rhythmus online bzw. digital erscheint. Mittlerweile gibt es eine große Themenauswahl. Witzige Podcasts wie „Gemischtes Hack" oder „Fest und Flauschig" sind ebenso beliebt wie Krimi-Podcasts über reale Verbrechen oder Lifestyle-Podcasts, z. B. über Nachhaltigkeit oder mentale Gesundheit.

pragmatischer Text
Pragmatische Texte (*auch*: Sachtexte, Gebrauchstexte) sind Texte, deren Hauptanliegen es ist, Fakten und Informationen nachvollziehbar aufzubereiten. Pragmatische Texte sind z. B. → Berichte oder → Reportagen.

Realismus
Die literarische Epoche des Realismus (*auch*: poetischer Realismus) wird auf 1848 bis 1890 datiert. Ihre Autorinnen und Autoren wollten die Wirklichkeit sachlich und objektiv, aber dennoch kunstvoll abbilden. Auf Hässliches wird verzichtet. Werke des Realismus behandeln oft Konflikte des Einzelnen mit der Gesellschaft oder ihren Normen. Die Hauptfiguren stammen dabei aus dem Bürgertum. Die Handlung spielt an realen Orten.

Reimschema
Die einzelnen → Verse von Gedichten (→ Lyrik) können sich auf unterschiedliche Art und Weise miteinander reimen. Zur Bestimmung des Reimschemas werden → Verse, die sich reimen, mit demselben Kleinbuchstaben (*a, b, c …*) versehen. Die folgenden drei Reimschemata sind besonders gängig:

1. **Paarreim**: a – a – b – b
2. **Kreuzreim**: a – b – a – b
3. **Umarmender Reim**: a – b – b – a

Reportage
Die Reportage ist eine pragmatische Textsorte. In Reportagen informieren Journalist/-innen über einen bestimmten Sachverhalt bzw. ein bestimmtes Thema. Anders als der → Bericht werden in einer Reportage auch subjektive Eindrücke und Erfahrungen geschildert. Reportagen werden mit wörtlichen Reden, anschaulichen Beispielen und bildlichen Schilderungen ausgeschmückt. Typisch sind Perspektivwechsel und die Zoomtechnik , mit der an Personen und Ereignisse näher heran- bzw. weggezoomt wird. Oft beginnt eine Reportage mit einem szenischen Einstieg und endet mit einem Ausblick. Die → Zeitform kann zwischen → Präsens und → Präteritum wechseln. → *145 f.*

Roman
Der Roman ist eine epische Textform (→ Epik) und die Langform der → Erzählung. Romane zeichnen sich durch ihren Umfang, die meist hohe Anzahl an Haupt- und Nebenfiguren (→ Figur) sowie die Komplexität ihrer Handlung aus. Es gibt verschiedene Arten von Romanen, z. B. Kriminalromane oder Liebesromane. → 56 ff.

Romantik
Die literarische Epoche der Romantik wird heute vom Ende des 18. bis ins späte 19. Jahrhundert eingeordnet. Werke dieser Zeit sind geprägt von dem Wunsch, die Grenzen des Verstandes zu überwinden und zu sich selbst zu finden. Im Vordergrund stehen Themen wie Traum, Liebe und Natur. Zu den typischen→ Motiven zählt u. a. die Reise, in der Sehnsüchte deutlich werden, und Übergänge zwischen zwei Zuständen, wie z. B. die Dämmerung, das Zwielicht oder der Wechsel der Jahreszeiten. Gefühle, Hoffnungen und Träume werden durch eine bildhafte Sprache ausgedrückt.

Satire
Die Satire übt Kritik, indem sie diese auf indirekte, zumeist witzige oder ironische Weise ausspricht. Die Kritik richtet sich in der Regel auf politische Situationen, gesellschaftliche Verhältnisse und menschliche Schwächen. Sie übertreibt, untertreibt, ahmt auf komische Weise nach, kehrt Verhältnisse um und bringt damit die Leserschaft/das Publikum zum Schmunzeln oder Lachen. Das Ziel der Satire ist, mit den Mitteln der Komik aufzuklären. Hinter jeder Satire verbirgt sich eine Wahrheit, welche vom Publikum bzw. der Leserschaft erkannt werden soll. → 163 f.

Schaubild
Ein Schaubild ist eine Form der → Informationsgrafik. Schaubilder stellen mithilfe kleiner Symbole, Icons und Pfeilen Abläufe oder Prozesse dar. Durch die bildliche Darstellung können auch komplexe Inhalte schnell erfasst und verstanden werden. → 229

selektives Lesen
Beim selektiven Lesen (*auch:* Scanning) liest man den Text schnell und achtet gezielt auf bestimmte Informa-

Merk-
wissen
LEXIKON

tionen und Schlagwörter zu einem festgelegten Thema oder einer Frage. Auf diese Weise kann man relevante Textstellen schnell finden und zur Bearbeitung einer Aufgabe markieren. Im Gegensatz zum → orientierenden Lesen weiß man beim selektiven Lesen bereits vorher, wonach man im Text sucht.

sprachliches Mittel
Unter sprachlichen Mitteln (*auch:* Stilmittel, rhetorische Mittel) versteht man bestimmte Ausdrücke, Formulierungen oder sprachliche Gestaltungsformen, mit denen Texte ausgestattet werden. Einzelne sprachliche Mittel wie z. B. → Metaphern, → Personifikationen und → Vergleiche erfüllen dabei unterschiedliche Funktionen und beeinflussen die Textwirkung. Sprachliche Mittel werden im mündlichen wie im schriftlichen Sprachgebrauch verwendet. (Siehe dazu auch die Tabelle am Ende dieses Buches.)

Standbild
Das Standbild ist eine szenische Darstellungsform (→ szenisches Spiel), bei der eine Situation aus einem Text als unbewegtes Bild nach- bzw. dargestellt wird. Während ein Standbild präsentiert wird, dürfen sich die Darsteller/-innen nicht bewegen und nicht miteinander sprechen. Wie ein Foto zeigen sie eine Momentaufnahme. Dabei ist es wichtig, dass der/die Regisseur/-in genau auf Gestik und Mimik, Körperhaltung und die Position zu den anderen Darsteller/-innen achtet. Standbilder eigenen sich besonders gut, um Beziehungen zwischen → Figuren darzustellen.

Statistik
Die Statistik ist eine Form der → Informationsgrafik. Statistisch erhobene Daten, also Daten, die mithilfe von wissenschaftlichen Umfragen und Forschungsmethoden gewonnen wurden, werden in Statistiken bildlich dargestellt. Oft geschieht dies mithilfe von verschiedenen → Diagrammen, Zahlenwerten und Abbildungen. Komplexe Daten und Werte können auf diese Weise schnell erschlossen werden. → 278

↳ eine Statistik auswerten
Halte dich an die folgenden Schritte:
1. **Thema**: Nenne das Thema, mit dem sich die Statistik auseinandersetzt.
2. → **Quelle**: Bestimme, wer Urheber der Statistik ist und in welchem Zeitraum die Daten erhoben wurden.
3. **Art der Informationen**: Beschreibe die Art der Darstellung, die vorliegenden Informationen und deren Anordnung.
4. **Beschreibung und Erklärung**: Erläutere die Angaben, gehe auf auffällige Zahlenwerte (Minimal- und Maximalwerte) und Entwicklungen ein.
5. **Kommentar und Schlussfolgerung**: Ziehe ein abschließendes Fazit und gehe auf Auffälligkeiten ein.

Strophe
Als Strophen werden die einzelnen Absätze eines Gedichtes bzw. einer → Ballade bezeichnet. Mindestens zwei → Verse bilden eine Strophe.

Sturm und Drang
Die literarische Epoche des Sturm und Drang wird von 1765 bis 1785 datiert. Die oftmals jungen Autoren wollten mit ihren Werken einerseits ihr künstlerisches Genie zum Ausdruck bringen und andererseits gegen gesellschaftliche Regeln protestieren. Werke des Sturm und Drang drehen sich oft um Gefühle, Empfindungen und ausführliche Beschreibungen der Natur, die als Sinnbild der menschlichen Seele galt. Damit stehen sie den vernunftbasierten Texten der → Aufklärung gegenüber.

szenisches Spiel
In einem szenischen Spiel (*auch:* szenische Darstellung, Rollenspiel) werden Szenen schauspielerisch erarbeitet und vorgespielt. Ziel der Methode ist es, z. B. Szenen aus einem → Drama oder einem anderen Text praktisch zu erschließen. Auf diese Weise können das Verhalten einzelner → Figuren, Konflikte und Situationen aus dem Text besser nachempfunden werden. → 19

↳ eine Szene filmen
Beachte beim Filmen einer Szene die folgenden Punkte:
- Nimm die Szene beim Filmen mit dem Smartphone im Querformat auf.
- Nutze ein Stativ, damit das Bild nicht wackelt.
- Drehe an einem ruhigen Ort ohne störende Nebengeräusche.
- Nutze einen Green Screen (grüner Hintergrund), um

am PC passende Schauplätze einzufügen.
- Setze → filmische Mittel passend ein.

Vergleich
Der Vergleich ist ein → sprachliches Mittel, das zwei Elemente miteinander gleichsetzt. Häufige Vergleiche in der Literatur sind solche von Menschen mit Tieren (*Sie ist stark wie eine Löwin*) oder von Menschen mit Naturerscheinungen (*Er ist schön wie der junge Morgen*). Vergleiche dienen der Veranschaulichung.

Vers
Als Vers bezeichnet man die Zeile in einem Gedicht bzw. einer Ballade.

Weimarer Republik
Die Weimarer Republik wird von 1918 bis 1933 datiert. Auf die Gründung folgten die Krisenjahre (1919–1923), in denen die Folgen des Ersten Weltkrieges und die Hyperinflation (= Geldwertverlust) die Republik erschütterten. Darauf folgte eine Phase der Stabilität (1924–1929) und der wirtschaftlichen Erholung. Mit diesen „Goldenen Zwanzigern" wird die Weimarer Republik heute vorwiegend in Verbindung gebracht. In den 1920er-Jahren boomten Kunst und Kultur: Unterhaltungsmedien (z. B. Rundfunk, Kino) eroberten die Massen und neue Kunstströmungen (z. B. → Expressionismus, Neue Sachlichkeit) entstanden. Nach 1929 sorgte die Weltwirtschaftskrise für eine erneut steigende Arbeitslosigkeit und Massenarmut. Dies machten sich die Nationalsozialisten zunutze, was ihnen 1933 zum Wahlsieg verhalf. Am 30. Januar 1933 wird Adolf Hitler zum Reichskanzler ernannt. Damit endet die Weimarer Republik. Wegen der schrittweisen Erstarkung der Nationalsozialisten und dem folgenden Zweiten Weltkrieg wird diese Zeit auch als „Tanz auf dem Vulkan" bezeichnet. → 32 ff.

Schreiben

Anschreiben
Das Anschreiben ist die erste Seite einer → Bewerbung. Darin wendest du dich an den/die Ansprechpartner/-in im Unternehmen und erläuterst die Gründe für deine → Bewerbung. In der Regel folgt das Anschreiben dem folgenden Aufbau:
1. einleitender Satz (Um welche Stelle bewirbst du dich? Gab es eine Stellenanzeige?)
2. aktuelle persönliche Situation (Bist du Schüler/-in an einer Schule? In welcher Klasse?)
3. Begründung des Berufswunschs (Warum interessierst du dich für die Stelle?)
4. praktische Erfahrungen mit dem Beruf (Welche Fähigkeiten/Erfahrungen bringst du mit, die nützlich sein werden? Warum bist du eine gute Wahl für die Stelle?)
5. Bitte um Einladung zum → Vorstellungsgespräch
6. Unterschrift
7. Anlagen (Zähle unter deiner Unterschrift alle weiteren Dokumente auf, z. B. → Lebenslauf, Zeugnisse usw., die du der → Bewerbung beilegst bzw. anhängst).

Appell
Ein Appell (*auch*: Aufruf) ist ein kurzer, prägnanter Text, in dem Leser/-innen öffentlich zu einem bestimmten Handeln aufgerufen werden. Mit → Argumenten kann das jeweilige Anliegen untermauert werden. → 151, 191

↳ einen Appell verfassen
Beachte die folgenden Punkte:
- **Versieh** den Appell mit einer **auffälligen Überschrift**.
- **Schreibe** in **kurzen deutlichen Sätzen**, damit der Text schnell gelesen und verstanden werden kann.
- **Sprich** die Leser/-innen **direkt an**.
- **Bedenke** die **Zielgruppe**.
- **Wähle** ein **Bild aus**, das das **Interesse** weckt.
- **Nenne** und erläutere den **Anlass** des Appells.
- **Gib** den **Aktionszeitraum an**, z. B. für ein erstes Treffen, eine Demonstration oder eine → Diskussion.
- **Der/Die Verfasser/-in** sollte **genannt** werden.

Bewerbung
Man kann sich um ein Praktikum, eine Ausbildung oder einen (Mini-)Job bewerben. Meistens reagiert man mit einer Bewerbung auf eine Stellenausschreibung, in der Inhalte und Anforderung bereits genannt werden. Gibt es keine passenden Ausschreibungen, kann man sich auch initiativ bewerben. Zur Bewerbung gehören neben einem → Anschreiben, in dem man den Grund für die Bewerbung erläutert, wichtige Zeugnisse und der → Lebenslauf. Eine schriftliche Bewerbung per Post ist mittlerweile eher selten. Auch Bewerbungsmappen, in denen alle Unterlagen ausgedruckt enthalten sind, werden kaum noch gefordert. Stattdessen bewirbt man sich digital per E-Mail oder mittels Onlineformularen. Auf die erfolgreiche schriftliche Bewerbung (postalisch oder digital) folgt eine Einladung zum → Vorstellungsgespräch.

Merk-
wissen
LEXIKON

↳ ***sich per E-Mail bewerben***
Beachte bei einer digitalen Bewerbung die folgenden Punkte:
- Nutze ein gängiges E-Mail-Programm und eine seriöse Mailadresse.
- Formuliere einen eindeutigen Betreff und ein kurzes → Anschreiben, in dem du den/die Ansprechpartner/-in direkt ansprichst. Sollte niemand genannt sein, schreibe: Sehr geehrte Damen und Herren, …
- Unterzeichne die Mail mit deinem Namen und nenne deine Kontaktdaten (Adresse, Telefonnummer, E-Mail-Adresse).
- Lass zwischen Anrede, Text, Grußformel und deinem Namen je eine Zeile frei.
- Zähle am Ende alle Anlagen, also die angehängten Unterlagen, auf.
- Hänge deiner E-Mail alle geforderten Unterlagen als PDF-Datei an (Bewerbungsschreiben – Lebenslauf – Zeugnisse und Bescheinigungen). Mit einem kostenlosen Programm aus dem Internet kannst du einzelne Dateien zu einer Gesamt-PDF konvertieren. Die Datei sollte jedoch nicht größer als 3 MB sein.

Charakterisierung
Eine Charakterisierung beschreibt die Innenwelt einer → Figur, ihre Eigenschaften und Verhaltensweisen. Darum ist es wichtig, den Text vorab gründlich zu untersuchen. Zu diesem Zweck eignet sich die Figurine, da sie all die Bereiche, die für eine Charakterisierung notwendig sind, beleuchtet. Wie alle Aufsätze ist die Charakterisierung in drei Teile gegliedert:
Einleitung: Titel, Autor, Textart, Inhalt in einem Satz, Einordnung des Charakters in das Gesamtwerk (Beh ist die Protagonistin in Vierzehn, aus deren Sicht erzählt wird …), Beziehung der Figur zu anderen Figuren
Hauptteil: Hier werden die einzelnen Bereiche der Figurine beschrieben: Figur, Gedanken und Gefühle, innerer Konflikt, Beziehung zu anderen Figuren, Entwicklung. Hier ist es wichtig, alles mit → Zitaten und Zeilenangaben zu belegen. Am besten notiert man sich diese gleich in der Figurine.
Schluss: einen Ausblick geben → 125, 189, 190

↳ ***eine Figur charakterisieren***
Beachte die folgenden Punkte:
- Mache allgemeine Angaben zur Figur. Nenne z. B. Alter, Familienstand, Beruf, Hobbys usw.
- Beschreibe äußere Merkmale der Figur, wie z. B. Größe und Haarfarbe.
- Erläutere innere Merkmale. Dazu zählen z. B. Charaktereigenschaften, typische Verhaltensweisen oder Beziehungen zu anderen Figuren.
- Stelle dar, an welcher Textstelle du die jeweiligen Merkmale ablesen und herleiten kannst.
- Schreibe im → Präsens.

Inhaltszusammenfassung
Die Inhaltszusammenfassung ist eine Aufsatzform, in der literarische oder pragmatische Texte strukturiert zusammengefasst werden. → 185, 186

↳ ***eine Inhaltszusammenfassung verfassen***
Halte dich an die folgenden Schritte:
1. Gliedere den Text in Sinnabschnitte.
2. Markiere Schlüsselstellen.
3. Notiere den Inhalt stichpunktartig.
4. Formuliere die Stichpunkte aus.
5. Schreibe im → Präsens, Vorzeitiges im → Perfekt.
6. Wandle direkte Rede in → indirekte Rede um.
7. Schreibe in eigenen Worten.

Lebenslauf
Der Lebensaluf gehört zu den Anlagen des Bewerbungsschreibens. Knapp und übersichtlich wird er meist in tabellarischer Form dargestellt. Es gibt vier Teilabschnitte:
1. Angaben zur Person (Anschrift, Geburtsdatum, Kontaktdaten);
2. Schulbildung (voraussichtlicher Abschluss, dann zeitlich bis zur Grundschule zurückgehen);
3. Berufserfahrung (Ehrenamt, bereits absolviertes Praktikum);
4. Persönliche Fähigkeiten und Kompetenzen (Schlüsselkompetenzen, Sprachen, Computerkenntnisse usw.).

Mit der Unterschrift versichert man, dass die Angaben der Wahrheit entsprechen und aktuell sind.

Leserbrief
Ein Leserbrief nimmt Bezug auf den Inhalt bzw. das Thema eines Zeitungs- oder Zeitschriftenartikels. In dem Brief wird die eigene Meinung zum Thema ausgedrückt,

der Beitrag, auf den Bezug genommen wird, ergänzt oder Inhalte richtiggestellt. In manchen Zeitungen werden ausgewählte Leserbriefe in einer eigenen → Rubrik veröffentlicht. → 151

↳ ***einen Leserbrief verfassen***
Beachte die folgenden Punkte:
- **Notiere** im **Briefkopf** deine Adresse und die des Empfängers/der Empfängerin, den Ort und das Datum.
- Nenne in der **Betreffzeile** das **Thema** des Leserbriefs.
- Beginne deinen Brief mit der **Anrede**.
- Gehe in der **Einleitung** darauf ein, auf **welchen Artikel** du dich beziehst.
- Führe im **Hauptteil** deine **eigene Meinung** anhand überzeugender → Argumente aus.
- Formuliere im **Schlussteil** eine **Forderung** oder einen **Wunsch**.
- Beende deinen Brief mit einer **Grußformel** und **unterschreibe** ihn.

materialgestützte Erörterung
Die materialgestützte Erörterung ist eine Aufsatzform, in der → Argumente zu einer ein- oder zweigliedrigen Fragestellung dargelegt werden. Die Argumente werden dabei ausgehend von passenden Materialien erarbeitet. Eine weitere Form ist die Stellung nehmende materialgestützte Erörterung, in der du auf Grundlage der erarbeiteten Materialien Stellung zum Thema beziehst. → 218

↳ ***eine materialgestützte Erörterung verfassen***
Beachte beim Schreiben einer Erörterung die folgenden Punkte:
- Erschließe zunächst das Thema genau.
- Verfasse eine Gliederung und achte dabei auf die richtige Verwendung von → Nominal- und → Verbalstil.
- Formuliere einen Einleitungsgedanken, der zur Themafrage überleitet, ohne Argumente vorwegzunehmen.
- Argumentiere im Hauptteil schlüssig und nachvollziehbar, indem du neben eigenen Überlegungen das vorhandene Material nutzt und richtig zitierst (→ Zitat).
- Verfasse vollständige → Argumente aus Behauptung, Begründung und Beispiel.
- Fasse deine Argumentation im Schlussteil prägnant zusammen und stelle deine Meinung zum Thema dar, ohne neue Argumente anzuführen.
- Verwende passende Überleitungen und abwechslungsreiche Formulierungen.

Nominalstil
Schreibstil, bei dem in Sätzen überwiegend → Nomen und Nominalisierungen verwendet werden. In Gliederungen im Nominalstil, z. B. für schriftliche Erörterungen, werden die Gliederungspunkte oft in Form von Schlagworten und Nominalisierungen formuliert. → 183, 232

persönlicher Brief
Briefe dieser Art richten sich oft an Freunde, Bekannte oder Familienmitglieder – in jedem Fall an Personen, die man mehr oder weniger gut kennt. Die Sprache ist entsprechend persönlich und individuell.
Beachte die folgenden Punkte:
- Schreibe eine **passende Anrede** an den/die Empfänger/-in.
- **Erkläre**, **warum** du den Brief **schreibst**. Wenn sich dein Brief auf einen Text oder eine bestimmte **Textstelle** bezieht, **nutze die Informationen daraus**.
- **Beschreibe** dein **Anliegen** und bringe zum Ausdruck, was du mit deinem Brief **erreichen möchtest**.
- Schreibe möglichst **realistisch und ehrlich**.
- Halte dich an die **Regeln der Schriftsprache**.
- Beende deinen Brief mit einer **passenden Verabschiedung** und deinem **Namen**. → 183, 194, 213

Protokoll
Ein Protokoll ist eine sachliche Zusammenfassung eines Vorgangs, einer Sitzung oder eines Gesprächs. Man unterscheidet zwischen Verlaufs- und Ergebnisprotokollen. Verlaufsprotokolle werden im → Präsens verfasst. Die wichtigsten Gesprächsbeiträge werden zusammengefasst und in der → indirekten Rede wiedergegeben. Ergebnisprotokolle halten lediglich die Inhalte und Beschlüsse einer Sitzung fest. Einzelne Gesprächsbeiträge werden auf ihre Kerninhalte reduziert.

↳ ***ein Verlaufsprotokoll schreiben***
Beachte die folgenden Punkte:
- Nenne im **Protokollkopf** das Datum, den Ort, die Uhrzeit, anwesende und abwesende Personen und deinen Namen.
- Benenne kurz das **Gesprächsthema** und die **Tagesordnungspunkte** (TOPs).
- Schreibe zu jedem **TOP** einen kurzen zusammenhängenden Text, in dem du den **Gesprächsverlauf** und alle **Beschlüsse sachlich zusammenfasst**. Schreibe im → **Präsens** und fasse nur die wichtigsten Gesprächsbeiträge zusammen. Gib sie in der **indirekten Rede** wieder. Schreibe **sachlich** und **objektiv**.
- **Unterschreibe** das Protokoll und schreibe **Ort und Datum** daneben.

Quelle
Werden Informationen schriftlich in einem Text oder

mündlich, z. B. in einer → Debatte, wiedergegeben, muss die Quelle angegeben werden. Als Quelle für Informationen können mündliche Aussagen von Personen, → Reportagen oder andere Texte und auch → Informationsgrafiken dienen. Mit der Quellenangabe belegt man die Informationen und macht die eigene Aussage glaubwürdig. → 184, 203

↳ *zitierte Quellen richtig angeben*
Beachte die folgenden Punkte:
- Nenne den **Titel** und die **Textsorte**.
- Nenne den **Namen** des Autors/der Autorin bzw. der zitierten Person.
- Gib das **Datum** oder Jahr **der Veröffentlichung** an.
- Gib den **Ort der Veröffentlichung** an.
- Achte darauf, nur die Informationen zu nennen, die zur **Nachverfolgung der Quelle** relevant sind.

↳ *ein Quellenverzeichnis anlegen*
Abhängig von der Art deiner Quelle gibst du die Informationen dazu nach einem strikten Muster an. Beachte dabei die Reihenfolge und die spezielle Zeichensetzung. Da es unterschiedliche Wege gibt, eine Quellenangabe zu schreiben, ist es sehr wichtig, dass du dich für einen Weg entscheidest und diesen konstant beibehältst. Möglich sind folgende Muster:
- <u>Bücher</u>: *Nachname, Vorname: Titel. Ort: Verlag, Erscheinungsjahr, Seitenzahl.*
- <u>Zeitschriften</u>: *Nachname, Vorname: Beitragstitel, in: Zeitschriftentitel (Ausgabennummer/Datum oder Jahr), Seitenzahl.*
- <u>Internetseiten</u>: *Nachname, Vorname: Beitragstitel, in: Websitentitel, URL: <https://www...> [letzter Zugriff: Datum].*

Rechtschreibprüfung
Bei einer Rechtschreibprüfung (*auch*: orthografisches Lesen) untersucht man einen eigenen oder einen fremden Text gezielt nach Fehlern der Grammatik, Rechtschreibung oder Zeichensetzung. Der Text wird mehrere Male in Hinblick auf verschiedene Fehlerbereiche gelesen.

↳ *einen Text auf Rechtschreibfehler überprüfen*
Halte dich an folgende Schritte:
1. Korrigiere die **Groß- und Kleinschreibung**. Achte beim Lesen auf alle großgeschriebenen Wörter. Überprüfe die Schreibweise, indem du nach **Signalwörtern** suchst.
2. Überprüfe die → **Verben** des Textes. Wenn sie nominalisiert sind, müssen sie großgeschrieben werden. Ist das → Verb das → Prädikat des Satzes, wird es kleingeschrieben. Haupt- und Nebensätze enthalten Verben und Prädikate. Überprüfe und korrigiere in diesem Zuge auch die **Kommasetzung**.
3. **Lies** den Text **rückwärts**, von hinten nach vorne. Das kann besonders bei eigenen Texten hilfreich sein, um Fehler zu finden.
4. Schlage → **Fachbegriffe**, → **Fremdwörter** und **Wörter, bei denen du dir unsicher bist**, zur Sicherheit im **Wörterbuch** nach.

sachlicher Brief
Briefe dieser Art richten sich oft an Behörden oder offizielle Stellen bzw. an Personen, die man nicht (gut) kennt. Die Sprache ist entsprechend förmlich und unpersönlich.

↳ *einen sachlichen Brief schreiben*
Beachte die folgenden Punkte:
- Nenne im **Briefkopf** die Adresse des Absenders/der Absenderin und darunter die Adresse des Empfängers/der Empfängerin.
- Notiere am rechten Rand das **Datum**.
- Formuliere in der **Betreffzeile** das **Anliegen** deines Briefes in einem Satz
- Wähle eine passende, **höfliche Anrede** (z. B. *Sehr geehrte/-r Frau / Herr ...*).
- Erläutere im **Brieftext** dein **Anliegen**. Schreibe dabei höflich und förmlich. Denk daran, die Anredepronomen großzuschreiben (*Sie, Ihnen ...*).
- Ende mit einer passenden **Grußformel** (z. B. *Mit freundlichen Grüßen ...*) und **unterschreibe** mit deinem Namen.

Schildern
Mit einer Schilderung gelingt es, Eindrücke und Stimmungen anschaulich in Worte zu fassen. Die Schilderung ist in eine Einleitung, einen Hauptteil und einen Schluss gegliedert und verwendet lebendige und bildhafte Sprache. → 182, 194, 201, 213, 217, 287

↳ *eine Schilderung richtig aufbauen*
Beachte die folgenden Punkte:
Einleitung: in einem oder wenigen Sätzen angeben, in welcher Situation man sich befindet und zu dieser hinleiten (Ort, Tages-/Jahreszeit, anwesende Personen).
Hauptteil: möglichst viele Gedanken, Gefühle und Sinneseindrücke (sehen, hören, riechen, schmecken, fühlen) darstellen; eine kleine Handlung darf eingebaut werden, aber nicht im Vordergrund stehen.
Schluss: mit einer Folgerung, Feststellung oder einem Wunsch enden.

↳ *eine Schilderung anschaulich gestalten*
Um die Schilderung anschaulich zu gestalten, eignen sich bestimmte sprachliche Mittel:
- ausdrucksstarke → Verben (z. B. die Luft vibriert vom Bass)
- anschauliche → Adjektive und → Partizipien (z. B. *mitreißende Geschichte, eisgekühlte Limo*)
- → Vergleiche (z. B. *weich wie Samt*)
- → Metaphern (z. B. *Wolkenkratzer*)
- Ellipsen (z. B. *Bester Moment!*)
- → Personifikationen (z. B. *Grashalme tanzen, Wasser schmatzt*)
- → Aufzählungen (z. B. *Es ist heiß, laut, wuselig und bunt*)

Tagebucheintrag
Beachte beim Verfassen eines Tagebucheintrags die folgenden Punkte:
- **Lies** den **Text**, auf dem der Tagebucheintrag basiert, einmal **gründlich**. Lies ihn dann noch einmal und achte dabei besonders auf **alle Informationen, zur → Figur und ihrer Wahrnehmung** (→ selektives Lesen).
- **Markiere** Textstellen, in denen du etwas über die Gedanken und Gefühle der Figur erfährst.
- **Stelle W-Fragen** an den Text, um die **Figur besser zu verstehen** (z. B. *Wer ist die Figur? Was tut sie? Wie fühlt sich die Figur währenddessen und danach? Welche Beweggründe hat sie?* Usw.).
- Schreibe deinen **Eintrag in der Ich-Form** aus der Sicht der Figur. Wähle einen **Schreibstil**, der **zu ihr passt**. Du kannst auch → Jugend- und → Umgangssprache oder → sprachliche Mittel verwenden.
- Beschreibe am **Anfang** des Tagebucheintrags **kurz die Situation**, über die du schreiben wirst.
- Beschreibe **Gedanken und Gefühle** der Figur. Achte darauf, dass das, was du schreibst, auch **zum Textinhalt passt**.
- Formuliere am Ende des Eintrags **Hoffnungen oder Befürchtungen** der Figur.
- Schreibe in **eigenen Worten**. → 39, 84, 120, 181, 194

Textbeschreibung
Die Textbeschreibung (auch: textgebundener Aufsatz, kurz: TGA) ist eine Aufsatzform, in der literarische oder pragmatische Texte strukturiert erschlossen und analysiert werden → *178 ff.*

↳ *eine Textbeschreibung verfassen*
1 Bringe dein **Textverständnis** zum Ausdruck, indem du zum literarischen Text eine **einfache** und zum pragmatischen Text eine **strukturierte Inhaltszusammenfassung** schreibst.
2 **Untersuche** und **reflektiere** die **Sprache des Textes** anhand seiner **sprachlichen Mittel** oder **Auffälligkeiten**, **beschreibe** dabei auch deren **Wirkung**.
3 **Erschließe** je nach Aufgabenstellung eine **weitere Besonderheit des Textes** (z. B. Verfasserabsicht, Textsorte oder Zusammenhang zwischen Autorenbiografie, Entstehungszeit und Textinhalt). **Belege** deine Einschätzungen immer **mit Textstellen**.
4 Setze dich **argumentativ** mit einer **Fragestellung zum Thema** auseinander.
5 Bearbeite am Ende je nach Aufgabenstellung eine **kreative Scheibaufgabe** (z. B. Tagebucheintrag, Schilderung, innerer Monolog ...)

Die Textbeschreibung beginnt mit der **Einleitung** und endet mit dem **Schluss**.

Textverarbeitungsprogramm
Als Textverarbeitungsprogramme werden Computeranwendungen bezeichnet, mit denen man Texte verfassen, anpassen und überarbeiten kann. Bekannte Textverarbeitungsprogramme sind *Word* von Microsoft oder *Open Office Writer* von der Apache Software Foundation.

Verbalstil
Schreibstil, bei dem in Sätzen überwiegend → Verben verwendet werden. In Gliederungen im Verbalstil, z. B. für schriftliche Erörterungen, werden die Gliederungspunkte oft als Verbletztsätze formuliert. → 202, 233

Zitat
Ein Zitat ist eine wörtliche oder inhaltliche Übernahme aus einem Text. Textstellen bzw. Informationen aus Texten können direkt (wörtlich) oder indirekt (inhaltlich) in andere Texte übernommen werden. → 75, 237

↳ *indirekt zitieren*
Beachte die folgenden Punkte:
- Der Textinhalt wird **in eigenen Worten umschrieben**.

Merkwissen
LEXIKON

- Die **Zeilenangabe** steht in Klammern hinter dem indirekten Zitat.
- Vor der Zeilenangabe steht das Kürzel ***vgl.***

↳ *wörtlich zitieren*

Beachte die folgenden Punkte:

- Das Zitat wird **wörtlich aus dem Text** übernommen.
- Es steht in **Anführungszeichen**.
- Die **Zeilenangabe** steht dahinter in Klammern.
- Das Zitat kann als Beispiel nach einem **Doppelpunkt** oder dem Kürzel **z. B.** stehen, wenn es **vorher beschrieben und erläutert** wird.
- In Klammern folgt die Zeilenangabe nach einem **Komma** auf das Zitat.

Sprache und Sprachgebrauch Rechtschreibung und Zeichensetzung

Adjektiv

Das Adjektiv (*auch:* Eigenschaftswort) ist eine →Wortart. Adjektive beschreiben Dinge, Zustände und Tätigkeiten näher (z. B. *Das Haus ist <u>groß</u>, Ich laufe <u>schnell</u>, Es ist <u>kalt</u>*). Adjektive werden dekliniert (→Deklination), d. h., sie ändern ihre Form abhängig von den vier Fällen (→Nominativ, →Genitiv, →Dativ und →Akkusativ). Dabei richten sie sich nach dem Wort, auf das sie sich beziehen. Adjektive können attributiv (*Das <u>große</u> Haus*) und prädikativ (*Das Haus ist <u>groß</u>*) verwendet werden. → 141, 182, 187, 269, 271

adressatenbezogenes Sprechen

Abhängig von der Person, mit der man spricht, verändert man die Art und Weise, wie man spricht. Dieses Phänomen nennt man adressatenbezogenes Sprechen. In der Öffentlichkeit und in seriösen Situationen verwendet man →Standardsprache. Im privaten Umfeld und in eher ungezwungenen Situationen unterhält man sich in →Umgangssprache. Jugendliche unter sich verwenden eine Variante der →Umgangssprache, die →Jugendsprache.

Adverb

Das Adverb ist eine → Wortart. Adverbien geben an, wann (z. B. *gestern, jetzt*), wo (z. B. *hier, links*), wie (z. B. *vielleicht, glücklicherweise*) und warum (z. B. *deswegen, darum*) etwas passiert. Sie können →Verben, →Nomen, →Adjektive oder andere Adverbien näher beschreiben. Adverbien sind unflektierbar, d. h., sie ändern ihre Form nicht. → 269

Adverbial

Das Adverbial (*auch:* adverbiale Bestimmung) ist ein →Satzglied, das Kontextinformationen zur Aussage des Satzes liefert. →Adverbien, →Adjektive oder längere Konstruktionen können die Funktion von Adverbialen im Satz übernehmen.

Akkusativ

Der Akkusativ ist der 4. Fall. Wörter und →Satzglieder im Akkusativ lassen sich mit *Wen oder was?* erfragen (z. B. *Ich schreibe <u>den Brief</u> an <u>einen Freund</u>*). →Nomen, →Artikel, →Pronomen und →Adjektive werden dekliniert (→Deklination) und können im Akkusativ stehen.

Akkusativobjekt

Das Akkusativobjekt ist ein →Satzglied, das mit den Fragen *Wen?* oder *Was?* ermittelt werden kann (z. B. *Die Lehrerin kontrolliert <u>die Hausaufgaben</u> des Schülers*).

Anglizismus

Anglizismen sind sprachliche Ausdrücke, die aus dem Englischen in den aktiven Wortschatz einer anderen Sprache aufgenommen wurden. Im Deutschen findet man vor allem in den Bereichen Werbung, Wirtschaft, Politik, Mode, Lebensmittel und Technik eine Vielzahl von Anglizismen. Anglizismen und andere →Fremdwörter bereichern die Sprache und machen sie vielfältiger.

Apposition

Appositionen sind Einschübe und Satzteile, die dem →Nomen, auf das sie sich beziehen, nachgestellt werden. Sie werden durch Kommata abgetrennt (z. B. *Michael, <u>mein Bruder</u>, ist älter als ich*). → 267

Artikel
Der Artikel (*auch:* Begleitwort) ist eine → Wortart. Artikel sind die Begleiter von → Nomen. Man unterscheidet zwischen bestimmten (*der, die, das*) und unbestimmten (*ein, eine*) Artikeln. Die Artikel geben an, ob ein → Nomen Maskulinum (*der Löffel*), Femininum (*die Gabel*) oder Neutrum (*das Messer*) ist.

Dativ
Der Dativ ist der 3. Fall. Wörter und → Satzglieder im Dativ lassen sich mit *Wem?* erfragen (z. B. *Wir fahren mit dem Auto*). → Nomen, → Artikel, → Pronomen und → Adjektive werden dekliniert (→ Deklination) und können im Dativ stehen.

Dativobjekt
Das Dativobjekt ist ein → Satzglied, das mit der Frage Wem? ermittelt werden kann (z. B.: *Die Lehrerin hilft dem Schüler*).

Deklination
→ Nomen, → Adjektive, → Pronomen und → Artikel verändern ihre Formen abhängig von den vier Fällen (→ Nominativ, → Genitiv, → Dativ und → Akkusativ). Diese Veränderung der Form nennt man Deklination.

Euphemismus
Um einen Sachverhalt zu beschönigen, aufzuwerten oder zu verharmlosen, werden Euphemismen eingesetzt. Dabei wird der Sachverhalt nicht direkt benannt, sondern mit Wörtern, die eine positive Bedeutung (= positive Konnotation) haben, formuliert. Z. B.: Nullwachstum statt Stagnation, Seniorenresidenz statt Altenheim, Bettgeschichte statt Affäre, nicht auf der Höhe statt krank. → 45

Fachbegriff
Fachbegriffe bezeichnen meist komplexe Sachverhalte kurz und präzise. Sie können aus einem oder mehreren Worten bestehen. Gängige Fachbegriffe werden in der → Standardsprache gebraucht, die meisten gehören aber in den Bereich der Fachsprache. Manche Fachbegriffe sind auch → Fremdwörter. → 262

Fremdwort
Fremdwörter sind Wörter, die unverändert aus anderen Sprachen ins Deutsche übernommen worden sind. Anders als bei → Lehnwörtern werden Aussprache und Schreibweise nicht an deutsche Sprachregeln angepasst (z. B. *Camping, Dessert* etc.). Manche Fremdwörter sind auch → Fachbegriffe. → 262

Futur I
Das Futur I ist eine → Zeitform des → Verbs, mit der man Handlungen beschreibt, die in der Zukunft stattfinden oder deren Stattfinden unsicher ist (z. B. *Morgen werde ich mitspielen, Du wirst wohl recht haben*). Es wird mit dem → Hilfsverb *werden* gebildet.

Futur II
Das Futur II ist eine → Zeitform des → Verbs, mit der man auf etwas hinweist, das in der Zukunft abgeschlossen ist. Es handelt sich um eine zusammengesetzte Zeitform, die mit den → Hilfsverben *werden, sein* oder *haben* und dem → Partizip II gebildet wird (z. B. *Morgen werde ich das erledigt haben*). Das Futur II kann oft durch das → Perfekt ersetzt werden (*Morgen habe ich das erledigt*).

Genitiv
Der Genitiv ist der 2. Fall. Wörter und → Satzglieder im Genitiv lassen sich mit *Wessen?* erfragen (z. B. *Das Auto meines Vaters*). → Nomen, → Artikel, → Pronomen und → Adjektive werden dekliniert (→ Deklination) und können im Genitiv stehen.

Genitivobjekt
Das Genitivobjekt ist ein → Satzglied, das mit der Frage *Wessen?* ermittelt werden kann (z. B. *Die Lehrerin kontrolliert die Hausaufgaben des Schülers*).

Hauptsatz
Ein Hauptsatz ist ein Satz, der mindestens ein → Subjekt und ein → Prädikat enthält und der allein stehen kann. Anders als im → Nebensatz steht das → Verb in Hauptsätzen meist an zweiter Stelle. → 267

Hilfsverb
Die Wörter *haben, sein* und *werden* übernehmen bei der Bildung von → Zeitformen die Funktion von Hilfsverben. In den zusammengesetzten Zeitformen → Perfekt, → Plusquamperfekt, → Futur I und II oder dem → Passiv „helfen“ sie, die Form zu bilden.

Hyperbel
Die Hyperbel ist ein → sprachliches Mittel, das sowohl im schriftlichen als auch im mündlichen Sprachgebrauch vorkommt. Hyperbeln sind auffällige Übertreibungen (z. B. *Er war haushoch*), mit denen ein bestimmter Effekt, wie z. B. Betonung oder → Ironie, erzielt werden soll. → 36, 281

indirekte Rede
Die indirekte Rede dient dazu, etwas Gesagtes wiederzugeben, ohne den genauen Wortlaut der wörtlichen Rede

Merkwissen
LEXIKON

zu gebrauchen. Der Inhalt wird sinngemäß wiedergegeben. Die indirekte Rede steht im → Konjunktiv I oder II. Sie wird vor allem in journalistischen Textsorten verwendet, aber auch in → Protokollen.

Infinitivgruppe
Eine Infinitivgruppe ist ein verkürzter → Infinitivsatz, der von einem → Hauptsatz abhängt. Die Infinitivgruppe enthält ein → Verb im Infinitiv mit zu (z. B. *Sie weigerte sich[,] zu helfen*). Zwischen dem → Hauptsatz und der Infinitivgruppe kann ein Komma gesetzt werden. Ein Komma muss man setzen, wenn die Infinitivgruppe mit *als, anstatt, außer, ohne, statt* oder *um* eingeleitet wird (z. B. *Er kam, um zu helfen*). → 267

Infinitivsatz
Infinitivsätze sind Nebensätze und enthalten ein → Verb im Infinitiv mit *zu*. Sie werden vom → Hauptsatz, auf den sie sich beziehen, durch ein Komma abgetrennt (z. B. *Ich freue mich, dir helfen zu können*).
Durch Infinitivsätze können Nebensatzkonstruktionen mit *dass* ersetzt werden.

Interjektion
Interjektionen sind kurze, oft lautmalerische Ausrufe wie z. B. *oh, aha* oder *ey*. Sie können als → sprachliches Mittel in Texten vorkommen, sind aber auch fester Bestandteil des mündlichen Sprachgebrauchs, vor allem in der → Umgangs- und → Jugendsprache.

Ironie
Ironie ist ein → sprachliches Mittel, das sowohl im schriftlichen als auch im mündlichen Sprachgebrauch vorkommt. Ironische Äußerungen sind Bestandteil der → Umgangs- und → Jugendsprache und können auch in der → Standardsprache vorkommen. Normalerweise meint der Sprecher einer ironischen Äußerung das Gegenteil des wörtlich Gesagten. Oft wird Ironie eingesetzt, um einen humorvollen Effekt zu erzielen. → 47, 187, 272

Jugendsprache
Eine Variante der → Umgangssprache, die Jugendliche unter sich sprechen. Jugendsprache enthält oft → Neologismen und → Anglizismen oder Slang-Wörter. Weiterhin zeichnet sie sich durch einen eigenen Humor aus, der sich oft auf Insiderwitze und → Ironie stützt. Jugendsprache verbindet ihre Sprecher nach innen. → 177, 256

Konjugation
→ Verben verändern ihre Formen z. B. abhängig von den verschiedenen Zeiten, der Person oder dem Numerus (→ Singular und → Plural). Diese Veränderung der Form nennt man Konjugation.

Konjunktion
Die Konjunktion (*auch:* Bindewort) ist eine → Wortart. Konjunktionen (z. B. *und, aber, oder* etc.) verbinden Wörter, Satzteile und Sätze miteinander. Werden mehrere Sätze mit Konjunktionen verbunden, entstehen → Satzreihen oder → Satzgefüge. Je nachdem, ob zwei gleichrangige Sätze oder ein Haupt- und ein → Nebensatz miteinander verbunden werden, unterscheidet man zwischen nebenordnenden und unterordnenden Konjunktionen.

Konjunktiv
Der Konjunktiv ist eine der drei Modus-Formen des → Verbs. Er dient dem Ausdruck von Wahrscheinlichkeiten, Möglichkeiten und Wünschen oder kommt in Konditionalsätzen und der → indirekten Rede zum Einsatz. Unterschieden werden Konjunktiv I und Konjunktiv II. Der Konjunktiv I steht vor allem in der indirekten Rede und der Konjunktiv II dient dem Ausdruck von Wünschen und Vorstellungen.

Nebensatz
Ein Nebensatz ist ein Satz, der mindestens ein → Subjekt und ein → Prädikat enthält. Im Gegensatz zum → Hauptsatz steht das Prädikat im Nebensatz meist an letzter Stelle. Nebensätze werden in der Regel durch ein Verbindungswort wie eine → Konjunktion oder ein → Pronomen eingeleitet. Ein Nebensatz wird also am Anfang durch die Konjunktion und am Ende durch das Prädikat markiert. Ein Nebensatz kann vor, nach oder als Einschub in einem Hauptsatz stehen. → 267

Neologismus
Neologismen (*auch:* Wortneuschöpfungen) sind → sprachliche Mittel. Es handelt sich um Wörter, die es zuvor nicht gab. Neologismen können Neuwörter

sein (z. B. *nicenstein*), es kann sich bei Neologismen um Neubedeutungen handeln, also um bereits existierende Begriffe, die um eine neue Bedeutung erweitert werden (z. B. *Apfeltasche* als Bezeichnung für ein benutztes Taschentuch), oder um neue Kombinationen aus existierenden Begriffen, die im gemeinsamen Gebrauch eine neue Bedeutung erhalten (z. B. *Lungenbrötchen*). Auch in der → Jugendsprache werden Neologismen häufig verwendet. → 206

Nomen

Das Nomen (*auch:* Substantiv, Hauptwort) ist eine → Wortart. Nomen bezeichnen Lebewesen, Dinge, Gedanken, Gefühle oder Zeitangaben. Sie werden dekliniert (→ Deklination), d. h., sie ändern ihre Form abhängig von den vier Fällen (→ Nominativ, → Genitiv, → Dativ und → Akkusativ).

Nominativ

Der Nominativ ist der 1. Fall. → Subjekte eines Satzes stehen immer im Nominativ. Wörter und → Satzglieder im Nominativ lassen sich mit *Wer?* oder *Was?* erfragen (z. B. *Ich schreibe einen Brief*). → Nomen, → Artikel, → Pronomen und → Adjektive werden dekliniert und können im Nominativ stehen.

Numerale

Numeralia (*auch:* Zahlwörter) sind eine → Wortart. Als Numeralia gelten alle Wörter, die zum Zählen bzw. zum Ausdruck der Anzahl genutzt werden (z. B. *eins, einhundert, dritte*). Auch Indefinitpronomen (*viele, manche*) werden zu den Numeralia gezählt.

Objekt

Das Objekt ist ein → Satzglied, das eine Ergänzung zum → Prädikat darstellt. → Nomen oder → Pronomen und dazugehörige Bezugswörter können die Funktion von Objekten im Satz einnehmen. Man unterscheidet zwischen → Genitiv-, → Dativ-, → Akkusativ- und präpositionalen Objekten.

Parenthese

Unter Parenthese versteht man eine Unterbrechung eines Satzes durch einen Einschub. Die Parenthese wird durch Gedankenstriche, Kommata oder Klammern abgetrennt. (Z. B. *Mit der Parenthese – nur kurz erklärt – unterbricht man Sätze.*)

Partizip

Das Partizip ist eine Form des → Verbs, die eine Mittelstellung zwischen → Verb und → Adjektiv einnimmt (z. B. *Spielend gelingt Lena die Aufgabe*). Es gibt zwei Partizipien. Das Partizip I wird mit *-end* am Ende gebildet (z. B. *spielend*) und das Partizip II mit *-en* oder *-t* (z. B. *gespielt, gelaufen*). Das Partizip II dient der Bildung der zusammengesetzten → Zeitformen → Perfekt und → Plusquamperfekt. → 267, 269

Partizipgruppe

Wird ein → Partizip I oder II durch eine adverbiale Bestimmung (→ Adverbial) erweitert, spricht man von einer Partizipialgruppe.
Partizipialgruppen werden durch ein Komma vom restlichen Satz getrennt, wenn …

- mit einem Wort oder einer Wortgruppe vorher auf sie hingewiesen wird oder sie anschließend noch mal aufgegriffen werden.
- sie nachgestellte Zusätze oder Erläuterungen eines → Nomens oder → Pronomens sind.

Partizipialsatz

Partizipialsätze sind Nebensätze, die ein → Partizip I oder II enthalten. Sie können in → Satzgefügen vorkommen, bei denen Haupt- und → Nebensatz das gleiche → Subjekt haben. Partizipialsätze dienen der Kürzung langer Nebensätze und lenken die Aufmerksamkeit auf den Inhalt des → Hauptsatzes. Der Partizipialsatz wird von dem → Hauptsatz durch ein Komma getrennt.

Perfekt

Das Perfekt ist eine → Zeitform des → Verbs, mit der man vergangene Ereignisse beschreibt (z. B. *Ich bin gestern im Kino gewesen*). Es handelt sich um eine zusammengesetzte Zeitform, die mit den → Hilfsverben *haben* und *sein* im → Präsens und dem → Partizip II gebildet wird. Das Perfekt wird vor allem im mündlichen Sprachgebrauch benutzt.

Plural

Der Plural (*auch:* Mehrzahl) ist eine Anzahlform des → Nomens. Im Gegensatz zum → Singular gibt der Plural an, dass es sich um mehr als eins handelt (z. B. *die Kinder, die Autos, die Frauen, die Bäume*).

Plusquamperfekt

Das Plusquamperfekt (*auch*: Vorvergangenheit) ist eine → Zeitform des → Verbs. Mit dem Plusquamperfekt drückt man aus, dass eine vergangene Handlung bereits abgeschlossen wurde, bevor eine andere Handlung in der Vergangenheit stattgefunden hat (z. B. *Als ich zur Haltestelle kam, war der Bus schon abgefahren*).
Das Plusquamperfekt ist eine zusammengesetzte Zeit-

Merkwissen
LEXIKON

form und wird mit den → Hilfsverben *sein* und *haben* im → Präteritum und dem → Partizip II gebildet.

Prädikat
Das Prädikat ist ein → Satzglied, das die Satzaussage wiedergibt. Es bildet den Kern eines Satzes. Verben können die Funktion des Prädikats im Satz übernehmen.

Präposition
Die Präposition ist eine → Wortart, die Sachverhalte in Sätzen zueinander in Beziehung setzt (z. B. *an, auf, durch* etc.). Manche Präpositionen fordern bestimmte Fälle, weshalb das → Nomen, auf das sie sich beziehen, seine Form anpasst (→ Deklination). → 269

Präsens
Das Präsens (*auch:* Gegenwartsform) ist eine → Zeitform des → Verbs, mit der man auf etwas hinweist, das in der Gegenwart geschieht (z. B. *Ich lese gerade*). Mit dem Präsens können auch Ereignisse beschrieben werden, die in der Zukunft liegen. (z. B. *Morgen habe ich Geburtstag*).

Präteritum
Das Präteritum (*auch:* einfache Vergangenheit) ist eine → Zeitform des → Verbs, mit der man vergangene Ereignisse beschreibt (z. B. *Sie fuhr Rad*). Das Präteritum wird vor allem in geschriebener Sprache gebraucht.

Pronomen
Das Pronomen (*auch*: Fürwort) ist eine → Wortart. Es kann anstelle eines → Nomens stehen oder diese näher bestimmen. Pronomen werden dekliniert (→ Deklination), d. h., sie ändern ihre Form abhängig von den vier Fällen (→ Nominativ, → Genitiv, → Dativ und → Akkusativ). Es gibt verschiedene Arten von Pronomen, die je unterschiedliche Funktionen erfüllen (z. B. Demonstrativpronomen, Personalpronomen oder Relativpronomen). → 267, 269, 272

Satzgefüge
Ein Satzgefüge ist eine Kombination aus einem → Hauptsatz und einem → Nebensatz, die mit einer → Konjunktion eingeleitet wird. → 262, 267

Satzglied
Als Satzglieder bezeichnet man die Teile eines Satzes abhängig von ihrer Funktion im Satz. Ein Satzglied kann aus einem oder aus mehreren Wörtern bestehen. Innerhalb eines Satzes lassen sich die verschiedenen Satzglieder umstellen. Man unterscheidet vier verschiedene Arten von Satzgliedern: → Subjekt, → Prädikat, → Objekt und → Adverbial.

Satzreihe
Eine Satzreihe ist eine Aneinanderreihung von Hauptsätzen. Satzreihen werden mit nebenordnenden → Konjunktionen (z. B. *und, oder* etc.) verbunden. → 187, 267

Singular
Der Singular (*auch:* Einzahl) ist eine Anzahlform des → Nomens. Im Gegensatz zum → Plural gibt der Singular an, dass es sich um etwas Einzelnes handelt (z. B. *ein Kind, das Auto, die Frau, ein Baum*).

sprachliche Diskriminierung
Diskriminierung ist das bewusste oder unbewusste Benachteiligen oder Herabwürdigen einer Person aufgrund eigener (Wert-)Vorstellungen, Ansichten oder Vorurteile. Auch mit Sprache können Menschen diskriminiert werden. Bestimmte Formulierungen schließen Personen(-gruppen) durch Nichtnennung aus, wie z. B. das generische Maskulinum. Andere Begriffe sind von rassistischen Strukturen geprägt (z. B. das I-Wort, Ind*aner oder die Bezeichnung M*hrenkopf). Sie sollten durch die korrekte Bezeichnung ersetzt werden (z. B. People of Colour, kurz: PoC oder Schaumkuss). Rassistische Bezeichnungen und Beleidigungen, wie das N-Wort (N*g*r) oder das K-Wort (K*n*ake), sollten immer vermieden werden. Gleiches gilt für sexistische, homo- und transphobe Ausdrücke. In sprachlichen Äußerungen können zudem diskriminierende Stereotype und Vorurteile reproduziert werden. So unterstellt die Frage nach der Herkunft einer Person dieser, dass sie eine Migrationsgeschichte hat und „fremd“ ist.

sprachlicher Rollenwechsel
Beim → adressatenbezogenen Sprechen vollziehen Sprecher/-innen einen sprachlichen Rollenwechsel. Sie verändern die Art, wie sie sprechen, und die Sprache,

die sie verwenden (→ Standard, → Umgangs- oder → Jugendsprache). Abhängig von ihrem Gegenüber, mit dem sie eine gemeinsame Wissensgrundlage teilen, passen Sprecher/-innen z. B. auch den Einsatz von → Ironie und anderen (Insider-)Witzen an.

Sprachwandel
Darunter versteht man die stete Veränderung oder Entwicklung von Sprache. Sprachwandel wird durch unterschiedliche Faktoren angetrieben, zum Beispiel der Innovation, das heißt Neuerungen, die z. B. der technische Fortschritt mit sich bringt. Das Wort Smartphone beispielsweise ist eine Neuschöpfung, weil es bisher kein Wort gab für ein Telefon, das gleichzeitig ein Computer ist. Sprache passt sich immer den Erfordernissen der Sprechenden an. So kann sie komplexer werden, wenn ein Sachverhalt kompliziert ist (*Bruttoinlandsprodukt*) oder auch kürzer werden, wenn bestehende Formulierungen zu lang erscheinen (*Bestes!* statt *Ach, ist das schön!*). → 258

Standardsprache
Die Standardsprache (*auch:* Hochsprache oder Hochdeutsch) gilt als allgemeingültige und verständliche Form einer Sprache. Sie unterliegt den Regeln der Rechtschreibung und Grammatik. Abweichungen der Standardsprache werden als Varietäten bezeichnet und sind z. B. Dialekte oder → Umgangs- und → Jugendsprache.

Subjekt
Das Subjekt ist ein → Satzglied, das meistens am Satzanfang steht. → Nomen oder → Pronomen und dazugehörige Bezugswörter können die Funktion von Subjekten im Satz einnehmen. Das Subjekt eines Satzes steht immer im → Nominativ.

Umgangssprache
Die Umgangssprache ist die Sprache, die wir im täglichen Umgang mit anderen Menschen mündlich verwenden. Bestimmte umgangssprachliche Ausdrücke werden in der → Standardsprache nicht gebraucht und vor allem schriftlich oftmals nicht akzeptiert und in Wörterbüchern mit dem Vermerk ugs. versehen (z. B.: *klauen* statt *stehlen* oder *runtermachen* statt *schlechtmachen*).
→ 94, 165, 176

Verb
Das Verb (*auch:* Zeitwort, Tätigkeitswort) ist eine → Wortart. Mit Verben können Tätigkeiten oder Zustände beschrieben werden. Verben werden konjugiert, d. h., sie ändern ihre Form abhängig von Tempus (→ Zeitformen), Person (Personalformen) und Numerus (→ Singular und → Plural). Sie besitzen zudem unterschiedliche Modusformen (Imperativ, Indikativ und → Konjunktiv) und können → Aktiv und → Passiv ausdrücken. Auf der Ebene der → Satzglieder übernehmen Verben die Funktion des → Prädikats.

Wortart
Worte werden abhängig von ihren Eigenschaften in verschiedene Arten unterschieden. Im Deutschen gibt es sieben Wortarten: → Nomen, → Pronomen und → Artikel, → Adjektive, → Verben, → Adverbien, → Konjunktionen und → Präpositionen. Die einzelnen Wortarten können weiter in unterschiedliche Untergruppen differenziert werden. Auf der Ebene der → Satzglieder übernehmen Wortarten bestimmte Funktionen innerhalb eines Satzes oder einer Äußerung.

Zeitform
→ Verben werden konjugiert (→ Konjugation), d. h., sie verändern ihre Form u. a. abhängig von der gebrauchten Zeit (*auch:* Tempus).
Das Deutsche kennt sechs Zeitformen:
1. → Präsens (*du schläfst*),
2. → Präteritum (*du schliefst*),
3. → Perfekt (*du hast geschlafen*),
4. → Plusquamperfekt (*du hattest geschlafen*),
5. → Futur I (*du wirst schlafen*),
6. → Futur II (*du wirst geschlafen haben*).

Quellen

Texte

Seite 9 f.: Namika alias Hanan Hamdi/Simon Triebel/Hannes Büscher/David Vogt/Philip Böllhoff/Sipho Sililo/Simon Müller-Lerch (2018): Je ne parle pas francais. © Edition Guerilla Entertainment/Universal Music Publishing GmbH, Berlin; BMG Rights Management GmbH, Berlin; Triebel Musikverlag Simon Triebel/Budde Music Publishing GmbH; Beatgees Publishing GbR, Berlin

Seite 11: Paul Watzlawick/Janet H. Beavin/Don D. Jackson: Menschliche Kommunikation. Formen, Störungen, Paradoxien. Bern/Stuttgart/Wien, Hans Huber: 1974.

Seite 20: Volker Krischel: Textanalyse und Interpretation zu Franz Kafka Die Verwandlung. Aus: Königs Erläuterungen Band 432, 4. Auflage, Hollfeld, Bange Verlag: 2014, S. 70 – 72. *Text gekürzt.*

Seite 23: Volker Krischel: Textanalyse und Interpretation zu Franz Kafka Die Verwandlung. Aus: Königs Erläuterungen Band 432, 4. Auflage, Hollfeld, Bange Verlag: 2014, S. 74 – 75. *Text gekürzt.*

Seite 26: *Abgedruckt als Material 2:* o. A.: Klassenfahrten ins Ausland. Aus: Klassenfahrt.de, bitbox GmbH & Co. KG, Lüneburg (Stand: 2021), URL: <https://www.klassenfahrt.de/blog/tipp/klassenfahrten-ins-ausland/> [letzter Zugriff: 07.04.2021]. *Text verändert.*

Abgedruckt als Material 3 (v. o. n. u.): thba: Trotz Fridays for Future. Umfrage an Hamburger Schulen: Jede vierte Klassenfahrt ist eine Flugzeugreise. Aus: FOCUS online (05.11.2019), URL: <https://www.focus.de/familie/eltern/84-von-370-ausfluegen-trotz-fridays-for-future-fast-jede-vierte-klassenfahrt-in-hamburg-ist-eine-flugzeugreise_id_11311466.html> [letzter Zugriff: 07.04.2021].

Abgedruckt als Material 3 (v. o. n. u.): o. A.: Trotz aller Klima-Diskussionen – Klassen-fahrt mit Kreuzfahrtschiff. Aus: BILD.de (17.09.2019), URL: <https://www.bild.de/regional/frankfurt/frankfurt-aktuell/frankfurt-trotz-klima-diskussionen-klassenfahrt-mit-kreuzfahrtschiff-64757870.bild.html> [letzter Zugriff: 09.04.2021].

Abgedruckt als Material 3 (v. o. n. u.): Julia Köppe: Angst vor Terror Dürfen Eltern die Klassenfahrt nach London absagen? Aus: SPIEGEL online (14.06.2017), URL: <https://www.spiegel.de/lebenundlernen/schule/angst-vor-terror-wann-eltern-klassenfahrten-absagen-duerfen-a-1152147.html> [letzter Zugriff: 09.04.2021].

Abgedruckt als Material 3 (v. o. n. u.): o. A.: Wohin die Reise geht. Machen Klassen-fahrten einen Bogen um die Bildung? Aus: Deutschlandfunk.de (28.09.2019), URL: <https://www.deutschlandfunk.de/wohin-die-reise-geht-machen-klassenfahrten-einen-bogen-um.680.de.html?dram:article_id=459794> [letzter Zugriff: 09.04.2021].

Seite 31: Jonas Schaible: Studie über Wahlrecht ab 16. So reif wie Erwachsene. Aus: SPIEGEL online (30.07.2020), URL: <https://www.spiegel.de/politik/deutschland/studie-zur-wahl-mit-16-jugendliche-sind-so-muendig-wie-junge-erwachsene-a-0b68fb08-3088-420e-ad7a-799fd828ef91> [letzter Zugriff: 09.04.2021]. *Text gekürzt.*

Seite 33 f.: Kurt Pinthus: Die Überfülle des Erlebens (1925). Zitiert nach: Friedrich Luft (Hrsg.): Facsimile Querschnitt durch die Berliner Illustrierte. Bern u. München, Scherz Verlag: 1965, S. 130 ff. *Text gekürzt.*

Seite 34 f.: Georg Heym: Drittes Tagebuch. 17. Juni bis 7. Dezember 1910. Aus: Karl Ludwig Schneider (Hrsg.): Dichtung und Schriften. Tagebücher, Träume, Briefe. Bd. 3, Hamburg, Ellermann: 1960, S. 138 – 139. *Text gekürzt.*

Seite 35: Georg Heym: Drittes Tagebuch. 17. Juni bis 7. Dezember 1910. Aus: Karl Ludwig Schneider (Hrsg.): Dichtung und Schriften. Tagebücher, Träume, Briefe. Bd. 3, Hamburg, Ellermann: 1960, S. 139.

Seite 36 f.: Georg Heym: Der Krieg (I). Lyrik. Aus: Georg Heym: Dichtungen und Schriften: Gesamtausgabe. Hrsg. v. Karl Ludwig Schneider. Bd. 1, Hamburg, Ellermann: 1964, S. 346 – 347.

Seite 39: August Stramm: Patrouille. Aus: Projekt Gutenberg. o. ED., URL: <https://www.projekt-gutenberg.org/stramm/gedichte/chap059.html> [letzter Zugriff: 06.04.2021].

August Stramm: Angststurm. Aus: Projekt Gutenberg. o. ED., URL: <https://www.projekt-gutenberg.org/stramm/gedichte/chap070.html> [letzter Zugriff: 06.04.2021].

Seite 40: Gottfried Benn: Kleine Aster. Zitiert nach: U. Barwanietz/D. Michalik: Gottfried Benn – „Kleine Aster" und andere Gedichte, 16.01.2019, URL: <https://www.swr.de/swr2/literatur/broadcastcontrib-swr-31204.html> [letzter Zugriff: 06.04.2021].

Seite 43: Alfred Wolfenstein: Städter (1914). Aus: Kurt Pinthus (Hrsg.): Menschheitsdämmerung. Berlin, Rowohlt: 1959, S. 45.

Seite 44: Redaktion damals.de: 19.05.1910: Halley'scher Komet im Anflug. In: damals.de (01.05.2020), URL: <https://www.wissenschaft.de/zeitpunkte/19-maihalleyscher-komet-im-anflug/> [letzter Zugriff: 06.04.2021].

Jakob van Hoddis: Weltende (1910). Aus: Projekt Gutenberg. o. ED., URL: <https://www.projekt-gutenberg.org/hoddis/gedichte/chap001.html> [letzter Zugriff: 06.04.2021].

Seite 45 f.: o. A.: Interpretation: Weltende – Jakob van Hoddis. Aus: Antikörperchen. Lyrik-Datenbank. o. ED., URL: <https://lyrik.antikoerperchen.de/jakob-van-hoddis-weltende,textbearbeitung,149.html> [letzter Zugriff: 06.04.2021]. *Text verändert.*

Seite 46 f.: Friedemann Weise (2020): Apokalypso. © Friedemann Weise.

Seite 49: Georg Trakl: Verfall. Aus: Projekt Gutenberg. o. ED., URL: <https://www.projekt-gutenberg.org/trakl/gedichte/chap041.html> [letzter Zugriff: 06.04.2021].

Seite 56 – 59, 61 – 70: Anna Seghers: Das siebte Kreuz. Ein Roman aus Hitlerdeutschland. 22. Aufl., Berlin, Aufbau Taschenbuch Verlag: 2003, S. 22 – 26, 97 – 101, 269 – 272, 359, 359 – 362.

Seite 60: Johanna Lutteroth: „Sind beim Antreffen sofort umzulegen". Aus: SPIEGEL online (02.02.2015), URL: <https://www.spiegel.de/geschichte/kz-mauthausen-ss-und-zivilisten-ermordeten-geflohene-kz-haeftlinge-a-1015250.html> [letzter Zugriff: 22.04.2021]. *Text verändert.*

Seite 72 f.: Thomas Mann: Okt 40. Aus: Deutsche Hörer! Radiosendungen nach Deutschland aus den Jahren 1940 – 1945. 4. Aufl., o. O., Fischer: September 2004. S. 7, 11 – 13. © Mit freundlicher Genehmigung der S. Fischer Verlag GmbH.

Seite 74: Bertolt Brecht: Gedanken über die Dauer des Exils. In: Svendborger Gedichte. Aus: Gesammelte Werke. Bd 9. Herausgegeben mit Elisabeth Hauptmann. Frankfurt/Main, Suhrkamp Verlag: 1967, S. 719 f.

Seite 76: Andreas Unger: Ein fremder Mann in abgerissener Kleidung – das sollte mein Vater sein? Aus: SPIEGEL online (16.03.2018), URL: <https://www.spiegel.de/spiegelgeschichte/deutschen-kriegsgefangene-besiegt-verwundet-traumatisiert-a-1192237.html> [letzter Zugriff: 06.07.2021]. *Text gekürzt.*

Seite 77 – 81: Luise Rinser: Die rote Katze. In: Erzählte Zeit. 50 deutsche Kurzgeschichten der Gegenwart, Hg. V. Manfred Durzak, Reclam 1980. © Mit freundlicher Genehmigung der S. Fischer Verlag GmbH. *Text gekürzt.*

Seite 83: Günter Eich: Inventur. Aus: ders.: Sämtliche Gedichte. Auf der Grundlage der Ausg. von Axel Vieregg. Hrsg. v. Jörg Drews. Frankfurt/Main, Suhrkamp: 2006.

Seite 84: Karl Hauger: Eine Kriegsgefangenschaft in Rußland. Rastatt, Selbstverlag Karl Hauger: 1997, URL: <https://www.hauraton.com/media/Uber_uns/History/Eine-Kriegsgefangenschaft-in-Russland.pdf> [letzter Zugriff: 06.07.2021]. *Text gekürzt.*

Seite 85: Nelly Sachs: Chor der Geretteten. In: dies.: Fahrt ins Staublose: Die Gedichte. Frankfurt/Main, Suhrkamp: 1966.

Seite 87 f.: Heinrich Böll: Anekdote zur Senkung der Arbeitsmoral (1963). Aus: ders.: Werke: Band Romane und Erzählungen 4. 1961 – 1970. Köln, Kiepenheuer & Witsch: 1994, S. 267 – 269.

Seite 89 f.: o. A.: Warum Wachstum problematisch ist. Aus: Lexikon der Nachhaltigkeit, Aachener Stiftung Kathy Beys (30.09.2015), URL: <https://www.nachhaltigkeit.info/artikel/warum_wachstum_problematisch_ist_1825.htm> [letzter Zugriff: 06.07.2021]. *Text gekürzt.*

Seite 91: Wolf Biermann: Ermutigung. 1968. Text und Copyright: Biermann, Wolf.

Seite 92: Bertolt Brecht: Gegen Verführung. In: Die Gedichte. Verbesserte Neuausgabe. Hrsg. v. Jan Knopf. Berlin, Suhrkamp: 2007.

Seite 93 f.: Udo Lindenberg: Wozu sind Kriege da? Text (OT): Lindenberg, Udo. Copyright: Universal Music Publishing GmbH, Berlin.

Seite 95 – 105: Friedrich Dürrenmatt: Der Besuch der alten Dame. Zürich, Diogenes: 1999.

Seite 106: Christian Richter: Die Kritiker: «Der Besuch der alten Dame». Aus: Quotenmeter.de (12.10.2008), URL: <https://www.quotenmeter.de/n/30310/die-kritiker-der-besuch-der-alten-dame> [letzter Zugriff: 06.07.2021]. *Text gekürzt.*

Seite 107: Sebastian Madsen/Johannes Madsen/ Sascha Madsen: Wenn du am Boden liegst. © Madsen Band Edition/Festland Musikverlag OHG, Hamburg: 2020.

Seite 108: *Zitate von oben nach unten:* Günter Grass: Katz und Maus. Lizenzausgabe der Süddeutschen Zeitung GmbH für die Süddeutsche Zeitung Bibliothek, München, 2004. *Text gekürzt.*

Hermann Hesse: Unterm Rad. Frankfurt/Main, Suhrkamp Taschenbuch: 1972.

Wilfried N'Sondé: Das Herz der Leopardenkinder. München, Verlag Antje Kunstmann GmbH: 2008. *Text gekürzt.*

Franz Kafka: Die Verwandlung. 17. Aufl. Berlin, Suhrkamp: 2019.

Seite 109 – 114: Hermann Hesse: Unterm Rad. Frankfurt/Main, Suhrkamp Taschenbuch: 1972, S. 41 – 52. *Text gekürzt.*

Seite 114 f.: Sonja Fröhlich/RND RedaktionsNetzwerk Deutschland GmbH: Alarmierende Studie: Immer mehr Jugendliche sind psychisch krank. Aus: maz-online.de (24.10.2018), URL: <https://www.maz-online.de/Nachrichten/Wissen/Alarmierende-Studie-Immer-mehr-Jugendliche-sind-psychisch-krank> [letzter Zugriff: 19.05.2021].

Seite 116 – 119: Franz Kafka: Die Verwandlung. 17. Aufl. Berlin, Suhrkamp: 2019.

Seite 121 – 125: Günter Grass: Katz und Maus. Lizenzausgabe der Süddeutschen Zeitung GmbH für die Süddeutsche Zeitung Bibliothek, München, 2004, S. 9 – 16. *Text gekürzt.*

Seite 124: Katrin Zeug: Süchtig nach Anerkennung. Aus: ZEIT Wissen Nr. 4/2013, ZEIT ONLINE (11.06.2013), URL: <https://www.zeit.de/zeit-wissen/2013/04/psychologie-soziale-anerkennung> [letzter Zugriff: 04.05.2021]. *Text gekürzt.*

Seite 126 – 128: Wilfried N'Sondé: Das Herz der Leopardenkinder. München, Verlag Antje Kunstmann GmbH: 2008, S. 75 – 96. *Text gekürzt.*

Seite 129 f.: Simona Gnade: Problemgebiet Banlieue: Konflikte und Ausgrenzung in den französischen Vorstädten. Bundeszentrale für politische Bildung, Bonn (21.01.2013), URL: <https://www.bpb.de/internationales/europa/frankreich/152511/problemgebiet-banlieue> [letzter Zugriff: 04.05.2021]. *Text gekürzt.*

Seite 130: Julia Belke: Das Herz der Leopardenkinder. Deutsche Welle, Intendant: Peter Limbourg, Bonn (05.03.2010), URL: https://www.dw.com/de/das-herz-der-leopardenkinder/a-5286024 [letzter Zugriff: 04.05.2021].

Seite 131 – 134: Rolf Lappert: Pampa Blues. 6. Aufl., München, dtv Verlagsgesellschaft GmbH & Co KG: 2018, S. 168 – 177. *Text gekürzt.*

Seite 136 – 140: Tamara Bach: Vierzehn. Hamburg, Carlsen Verlag GmbH: 2016, S. 76 – 82.

Seite 141 f.: dpa: Studie stellt klar. Kinder leiden bei Scheidung gesundheitlich. Aus: Nordwest-Zeitung (20.01.2020), URL: <https://www.nwzonline.de/familie-meldungen/studie-stellt-klar-kinder-leiden-bei-scheidung-gesundheitlich_a_50,7,169861910.html> [letzter Zugriff: 04.05.2021.] *Text gekürzt.*

Seite 142: Ulf Cronenberg: Buchbesprechung: Tamara Bach „Vierzehn". Aus: Jugendbuchtipps.de (09.10.2016), URL: <https://www.jugendbuchtipps.de/2016/10/09/buchbesprechung-tamara-bach-vierzehn/> [letzter Zugriff: 04.05.2021]. *Text gekürzt.*

Seite 143: Anders Österlin: Laudatio (de) Der Nobelpreis für Literatur – 1946. Verleihungsrede von Anders Österlin, ständiger Sekretär der schwedischen Akademie. Aus: Nobel Lectures, Literature 1901 – 1967. (revidierte Fassung), URL: <https://www.hermann-hesse.de/biografie/nobelpreis/laudatio-de> [letzter Zugriff: 26.07.2021]. *Text verändert.*

Horace Engdahl: Die Laudatio in Auszügen. Aus: SPIEGEL online (10.12.1999), URL: <https://www.spiegel.de/kultur/gesellschaft/dokumentation-die-laudatio-in-auszuegen-a-56011.html> [letzter Zugriff: 26.07.2021]. *Text verändert.*

Seite 145 f.: Imke Emmerich: „Das reicht einfach nicht". Aus: fluter. Heft Nr. 45 (20.12.2012), URL: <https://www.fluter.de/das-reicht-einfach-nicht> [letzter Zugriff: 22.04.2021]. *Text verändert.*

Seite 148 f.: Ulrich Schäfer: Der Roboter wird den Menschen nie ersetzen. Aus: SZ.de (31.05.2018), URL: <https://www.sueddeutsche.de/wirtschaft/zukunft-der-arbeit-der-roboter-wird-den-mensch-nie-ersetzen-1.3996002> [letzter Zugriff: 22.04.2021]. *Text gekürzt.*

Seite 152 f.: Petra Koruhn: Homeoffice: Man sieht was, das nicht für einen bestimmt ist. Aus: morgenpost.de (01.04.2020), URL: <https://www.morgenpost.de/vermischtes/article228821091/Homeoffice-Man-sieht-was-das-nicht-fuer-einen-bestimmt-ist.html> [letzter Zugriff: 22.04.2021]. *Text gekürzt.*

Seite 156 f.: Hazel Brugger: Schluss mit dem Zwang zum ständigen Arbeiten. Aus: jetzt.de (27.03.2017), URL: <https://www.jetzt.de/arbeitsleben/zwang-zum-staendigen-arbeiten> [letzter Zugriff: 22.04.2021]. *Text gekürzt.*

Seite 159 – 161: Siegfried Lenz: Die Nacht im Hotel. Aus: Werner Bellmann (Hrsg.): Klassische deutsche Kurzgeschichten, Stuttgart, Reclam: 2003, S. 69 – 74.

Seite 163 f.: Ephraim Kishon: Ein lieber Besuch. Aus: Ephraim Kishon (Hrsg.): Paradies neu zu vermieten: Satiren. Übersetzt von Friedrich Torberg, Bergisch Gladbach, Lübbe: 1998.

Seite 166: WDR-Kinderchor: Meine Oma ist 'ne alte Umweltsau. Aus: Bedeutung Online (27.12.2019), URL: <https://www.bedeutungonline.de/meine-oma-ist-ne-alte-umweltsau-lied-text-inhalt/> [letzter Zugriff: 19.05.2021].

Seite 167 f.: Katrin Nussmayr: „Oma ist 'ne alte Umweltsau": Chronologie einer Empörung. Aus: Die Presse (07.01.2020), URL: https://www.diepresse.com/5748305/oma-ist-ne-alte-umweltsau-chronologie-einer-emporung> [letzter Zugriff: 07.05.2021]. *Text gekürzt.*

Seite 168: Grundgesetz für die Bundesrepublik Deutschland Art 1. u. Art 5. Aus: URL: <https://www.gesetze-im-internet.de/gg/BJNR000010949.html> [letzter Zugriff: 07.05.2021].

Seite 169 f.: Igor Irtenjew: Der Zettel. Aus: Valentina Bally (Hrsg.): Nieder mit der Mafia! Neue russische Kurzprosa. Russisch/Deutsch. Übersetzt von Valentina Bally. Stuttgart, Reclam Verlag: 2000, S. 114 – 119.

Seite 172: Bertolt Brecht: Herr Keuner und die Flut. Zitiert nach: Chen Yung-yu: … nur ein Tier, das spricht. Der homo loquens – Überlegungen zu einer „Gestalt-Linguistik", Münster u. a., Waxmann: 1998, S. 74.

Seite 173: Bertolt Brecht: Der hilflose Knabe. Aus: Gesammelte Werke Bd. 12. Herausgegeben mit Elisabeth Hauptmann, Frankfurt/Main, Suhrkamp: 1967, S. 381.

Seite 174: Erich Kästner: Das Eisenbahngleichnis. Aus: Deutsche Lyrik (2013), URL: <https://www.deutschelyrik.de/das-eisenbahngleichnis.html> [letzter Zugriff: 07.05.2021].

Seite 177: Menenius Agrippa: Das Gleichnis vom Körper und vom Magen. Zitiert nach: Armin Burkhardt: Systemrelevanz? Nein danke! Aus: Aptum. Zeitschrift für Sprachkritik und Sprachkultur. 16. Jahrgang, 2020, Heft 02/03, S. 120, URL: <https://www.google.de/url?sa=t&rct=j&q=&esrc=s&source=web&cd=&cad=rja&uact=8&ved=2ahUKEwjYluz-1LfwAhXI_rsIHYTaDhkQFjAEegQIAxAD&url=http%3A%2F%2Fwww.hempen-ver-lag.de%2Fproductattachments%2Findex%2Fdownload%3Fid%3D355&usg=AOvVaw3t28756Upxqug_qB419TPX> [letzter Zugriff: 07.05.2021].

Seite 179 – 181: Grit Poppe: Weggesperrt, Hamburg, Oetinger: 2011, S. 28 – 31.

Seite 196 – 198: Karin Kaçi und Jan Braren: Homevideo. Hamburg, Carlsen: 2016.

Seite 199 f.: Philipp Kohlhöfer: Allein unter Frauen: Stilbruch. Aus: GUIDO, Dez. 2020 / Jan. 2021, Hamburg, Gruner + Jahr GmbH.

Seite 215 f.: Meike Winnemuth: Kolumne: Schrecklich, die anderen. Aus: stern.de (26.06.2017), URL: <https://www.stern.de/panorama/winnemuth-kolumne/meike-winnemuth--schrecklich--diese-anderen-touristen-7503566.html> [letzter Zugriff: 15.06.2021].

Seite 219: *Abgedruckt als Material 2:* idowa/dpa: „Statistik zu „Nesthockern". Mit 25 noch im „Hotel Mama"? Gar nicht selten!" Aus: idowa.de (05.08.2020), URL: <https://www.idowa.de/inhalt.statistik-zu-nesthockern-mit-25-noch-im-hotel-mama-gar-nicht-selten.149c1e96-4c71-487e-90b2-074e6e05a200.html> [letzter Zugriff: 02.07.2021]. *Text verändert.*

Seite 221: *Abgedruckt als Material 6:* Louis Groß: Was ist dran am Mythos „Hotel Mama"? Aus: SZ.de (21.05.2019), URL: <https://www.sueddeutsche.de/wirtschaft/studie-was-ist-dran-am-mythos-hotel-mama-1.4454521> [letzter Zugriff: 02.07.2021]. *Text gekürzt.*

Seite 226: *Abgedruckt als Material 1:* Ralf-Ingo S: Digitales Lernen: Methoden, Vorteile und Nachteile digitaler Bildung in der Schule. Aus: kita.de (25.05.2021), URL: <https://www.kita.de/wissen/digitales-lernen> [letzter Zugriff: 02.07.2021]. *Text verändert.*
Abgedruckt als Material 3:
o. A.: Corona: Schub bei Digitalisierung in Schulen. NDR.de, 14.08.2020). URL: < https://www.ndr.de/nachrichten/mecklenburg-vorpommern/Corona-Schub-bei-Digitalisierung-in-Schulen,coronavirus2894.html> letzter Zugriff: 10.02.2021].
Alexander Eydlin: Digitalisierung an Schulen: Schulausstattung international zurück. Aus: Zeit ONLINE (29.09.2020). URL: < https://www.zeit.de/gesellschaft/schule/2020-09/digitalisierung-schulen-schlechte-ausstattung-deutschland-osze-internationaler-vergleich?utm_referrer=https%3A%2F%2Fwww.bing.com%2F> [letzter Zugriff: 10.08.2021].
Diana Künstler: Bitkom-Umfrage – Eltern geben Digitalisierung an Schulen Note „mittelmäßig". Aus: funkschau.de (29.04.2021). URL: < https://www.funkschau.de/markt-trends/eltern-geben-digitalisierung-an-schulen-note-mittelmaessig.185898.3.html> [letzter Zugriff: 10.08.2021].

Seite 227: *Abgedruckt als Material 4:* Oliver Kreutz: So ruinieren wir unsere Augen. Aus: WELT.de (06.05.2015), URL: <https://www.welt.de/gesundheit/article140587561/So-ruinieren-wir-unsere-Augen-vor-dem-Bildschirm.html> [letzter Zugriff: 02.07.2021]. *Text gekürzt.*

Seite 239: *Abgedruckt als Material 1:* Simon Böcher: Tierversuche: Alle Pro- und Contra- Argumente. Aus: prüfung-ratgeber.de (Stand: 2020), URL: <https://www.xn--prfung-ratgeber-0vb.de/2019/01/tierversuche-alle-pro-und-contra-argumente/> [letzter Zugriff: 02.07.2021]. *Text gekürzt.*

Seite 240: *Abgedruckt als Material 3:* o. A. Was ist ein Tierversuch? Aus: Tierversuche verstehen (Stand: 2018), URL: <https://www.tierversuche-verstehen.de/faq/> [letzter Zugriff: 02.07.2021].

Abgedruckt als Material 5: Christoph Schulz: TIERVERSUCHE STATISTIKEN, ZAHLEN UND FAKTEN 2020/2021, Aus: CareElite.de (01.04.2020), URL: < https://www.careelite.de/tierversuche-statistiken-zahlen-fakten/#allgemein> [letzter Zugriff: 02.07.2021]. *Text verändert.*

Seite 245: *Abgedruckt als Material 1:* Lisa Goldner: Die 20 erfolgreichsten Influencer 2021: Diese Personen solltest du kennen. Aus: Gründer.de (30.04.2021), URL: <https://www.gruender.de/online-marketing/erfolgreichste-influencer/> [letzter Zugriff: 02.07.2021]. *Text gekürzt.*

Seite 245 f.: *Abgedruckt als Material 3:* Nikola Endlich: Wie Influencer Kinder und Jugendliche umgarnen. Aus: Tagesspiegel online (05.06.2018), URL: <https://www.tagesspiegel.de/berlin/die-influencer-industrie-wie-influencer-kinder-und-jugendliche-umgarnen/22601924.html> [letzter Zugriff: 02.07.2021]. *Text gekürzt.*

Seite 246: *Abgedruckt als Material 4:* Lisa Goldner: Die 20 erfolgreichsten Influencer 2021: Diese Personen solltest du kennen. Aus: Gründer.de (30.04.2021), URL: <https://www.gruender.de/online-marketing/erfolgreichste-influencer/> [letzter Zugriff: 02.07.2021]. *Text gekürzt.*

Seite 247: *Abgedruckt als Material 6:* o. A.: Als Influencer angestellt oder selbstständig arbeiten? Aus: suchhelden.de (Stand: 2021), URL: <https://www.suchhelden.de/influencer.php> [letzter Zugriff: 02.08.2021].

Abgedruckt als Material 7: „Definitiv die Negativkommentare."… als auf Instagram.", URL: <https://www.styleranking.de/magazine/lifestyle/hass-im-netz-das-sollten-influencer-beachten> [letzter Zugriff: 02.08.2021].

Abgedruckt als Material 8: Kinder als Influencer: Jung und einflussreich – Kinder als Influencer auf Youtube, TikTok und Instagram: Jung und einflussreich – DER SPIEGEL.

Seite 248: *Abgedruckt als Material 9:* Alina Kühnel: Sarah Lombardi & Co. Wieso sind diese Influencer Zielscheibe der Hater? Aus: klatsch-tratsch.de (11.01.2021), URL: < https://www.klatsch-tratsch.de/aktuelles/sarah-lombardi-co-wieso-sind-diese-influencer-zielscheibe-der-hater-703420/> [letzter Zugriff: 10.08.2021].

Seite 254 f.: *Abgedruckt als Material 5:* Was tun nach der Schule? Ist eine Ausbildung besser als Schule? Aus: Prozubi.de, URL: < https://prozubi.de/blog/2014/07/25/hallo-ausbildung> [letzter Zugriff: 10.08.2021].

Seite 258: Das Deutsche befindet … einmal gewöhnen muss. Aus: t-online.de (07.04.2018), URL: < https://www.t-online.de/nachrichten/wissen/id_83494838/sprachwandel-das-haette-man-frueher-so-nicht-sagen-koennen.html > [letzter Zugriff: 10.08.2021]. *Text gekürzt.*

Seite 263: o. A.: Young Fashion – angenehm unkonventionell und authentisch. Aus: Peek-Cloppenburg.de, URL: <https://www.peek-cloppenburg.de/young-fashion/> [letzter Zugriff: 18.06.2021].

Seite 266: dan/ssi: Asozial! Rettungskräfte behindern Gaffer beim Filmen von Unfallopfern. Aus: Der Postillion (27.06.2019), URL: <https://www.der-postillon.com/2019/06/gaffer-filmen.html> [letzter Zugriff: 02.08.2021]. *Text verändert.*

Seite 291: o. A.: Junk Food. Aus: DocCheck Flexikon (27.04.2012), URL: <https://flexikon.doccheck.com/de/Junk_Food> [letzter Zugriff: 16.07.2021]. *Text gekürzt.*

Seite 292: *Abgedruckt als Material 5:* dpa: Wie Körper und Gehirn unter Pizza, Burger und Co. leiden. Aus: faz.net, (19.02.2020), URL: <https://www.faz.net/aktuell/gesellschaft/gesundheit/fast-food-konsum-schaedlich-fuer-koerper-und-gehirn-16641576.html> [letzter Zugriff: 16.07.2021]. *Text gekürzt.*

Seite 293: *Abgedruckt als Material 7:* red/afp: Studie des Robert-Koch-Instituts. So viel Fastfood konsumieren Jugendliche am Tag. Aus: Stuttgarter Zeitung (04.03.2020), URL: <https://www.stuttgarter-zeitung.de/inhalt.studie-des-robert-koch-instituts-so-viel-fastfood-konsumieren-jugendliche-am-tag.7e6e1ce0-5d1b-44a5-b848-5915366e2665.html> [letzter Zugriff: 02.08.2021].

Quellen

Bilder

|123RF.com, Hong Kong: Scanrail 18.4. |akg-images GmbH, Berlin: 18.13, 32.1, 44.3, 49.1, 52.1, 95.1; Archiv K. Wagenbach 18.1, 18.6, 18.9, 18.10, 18.12, 23.1, 116.2, 295.1; Bildarchiv Pisarek 43.2; Fototeca Gilardi 17.1. |Alamy Stock Photo, Abingdon/Oxfordshire: Angela Serena Gilmour 50.2; Djomas 291.5; United Archives GmbH 77.1. |Alamy Stock Photo (RMB), Abingdon/Oxfordshire: The History Collection 34.1. |Art © Peter Kuper, New York: 17.2. |Axel Springer Syndication GmbH, Berlin: 245.1. |Baaske Cartoons, Müllheim: Thomas Plaßmann 144.1. |Bach, Tamara, Berlin: 136.2. |Bexte, Bettina, Bremen: 144.2. |bpk-Bildagentur, Berlin: 18.14; Staatsbibliothek zu Berlin 39.1. |Carlsen Verlag GmbH, München: Jan Braren, Autor des Werks: Homevideo, Carlsen Verlag, 2016 196.2; Karin Kaçi, Autorin des Werks: Homevideo, Carlsen Verlag, 2016 196.1. |Deutscher Infografikdienst, Dortmund: 293.1. |Die Presse Verlags-Gesellschaft m.b.H. & Co KG, Wien: Clemens Fabry 167.1. |Diogenes Verlag AG, Zürich: Friedrich Dürrenmatt: Der Richter und sein Henker Copyright © 1998 Diogenes Verlag AG Zürich 16.1. |ETH Zürich, Thomas-Mann-Archiv, Zürich: Fotograf: Unbekannt 53.1. |Feldhaus, Hans-Jürgen, Münster: 5.2, 6.3, 7.1, 7.2, 7.3, 7.5, 7.6, 7.7, 7.8, 146.1, 154.1, 154.2, 155.1, 157.1, 228.1, 228.2, 233.1, 236.1, 241.2, 241.3, 242.1, 252.1, 264.1, 268.1, 270.1, 270.2, 275.1, 276.1, 277.1, 284.1, 284.2, 284.3, 284.4, 286.1, 289.1. |fotolia.com, New York: [c] Vincent 18.8; Bernd Kröger 18.11; Engel, Jan 30.1, 30.3; Jan Engel 30.2. |Fredrich, Volker, Hamburg: 3.1, 3.4, 4.2, 4.4, 7.4, 35.1, 36.1, 37.1, 38.1, 39.2, 43.1, 44.1, 44.2, 46.2, 47.1, 53.2, 54.1, 55.1, 59.1, 62.1, 65.1, 66.1, 69.1, 70.1, 71.1, 72.1, 74.1, 81.1, 81.2, 82.1, 84.1, 88.1, 92.1, 96.1, 99.1, 104.1, 107.1. |Getty Images, München: Abrahams, Horace 76.2; Maskot 220.1. |Imago, Berlin: STAR-MEDIA 93.1. |Interfoto, München: Felicitas 40.1. |iStockphoto.com, Calgary: DMEPhotography 291.7; LeoPatrizi 26.1; MangoStar_Studio 291.3; sturti Titel. |Mithoff, Stephanie, Gehrden: 3.2, 3.5, 3.6, 9.2, 21.1, 21.2, 22.1, 24.1, 25.1, 28.1, 28.2, 29.1. |Multhaupt, Achim, Hamburg: 199.1. |NEL, Erfurt: 246.1. |Nikol Verlagsgesellschaft mbH & Co. KG, Hamburg: 16.5. |NovaLanaLove, Köln: 247.1. |Penguin Group (USA) Inc., New York: Berlin Alexanderplatz by Alfred Döblin. Translated by Michael Hofmann. Used by permission of Penguin Group (USA) Inc.All Rights reserved. 16.4. |Penguin Random House, New York: 16.3. |Picture-Alliance GmbH, Frankfurt a. M.: 46.1; akg-images 76.3; Arkivi/akpool GmbH 42.1; Bernd Settnik 91.1; Christoph Hardt/Geisler-Fotopress 215.1; Clemens Niehaus/Geisler-Fotopress 9.1; Deutsche Fotothek/Morgenstern 56.1; dpa 85.1, 109.1; dpa-infografik GmbH 253.1, 278.1; dpa/Beck, Markus 159.1; dpa/DB Beck 11.1; dpa/Maucher, Jörg-Peter 83.1; dpa/Steinberg, Wolfram 173.3; Eisenbahnstiftung 76.1; Frank Mächler 163.1; Hans Leitner / First Look / picturedesk.com 156.1; Hollemann, Holger 221.2; imageBROKER/Lothar Steiner 50.1; IMAGNO/Schostal Archiv/Anonym 51.1; IMAGNO/Votava 18.15; Jeff Mangione 18.3; KEYSTONE/GAETAN BALLY 131.1; Murat, Marijan 240.1; Nestor Bachmann 184.1; Oliver Kern/Geisler-Fotopress 126.2; Rainer Oettel 18.7; REUTERS 31.1; Ulrich Baumgarten 121.1; Westend61/zerocreatives 221.1. |plainpicture, Hamburg: DEEPOL/Gerdehag, Peter Titel. |PRONG PRESS, Embrach: Anaëlle Clot 16.2. |Reimers, Silke, Mainz: 280.1, 281.1. |Schäfer, Anke, Laubach: 4.1, 4.3, 5.1, 5.3, 6.1, 6.2, 109.2, 110.1, 111.1, 111.2, 112.1, 112.2, 113.1, 115.1, 116.1, 117.1, 117.2, 118.1, 118.2, 119.1, 119.2, 119.3, 121.2, 122.1, 122.2, 122.3, 123.1, 125.1, 126.1, 126.3, 126.4, 127.1, 127.2, 127.3, 127.4, 128.1, 129.1, 129.2, 130.1, 132.1, 132.2, 133.1, 134.1, 136.1, 136.3, 137.1, 138.1, 138.2, 139.1, 139.2, 140.1, 141.1, 159.2, 160.1, 161.1, 162.1, 164.1, 167.2, 169.1, 169.2, 170.1, 171.1, 174.1, 175.1, 177.1, 179.1, 179.2, 180.1, 181.1, 182.1, 186.1, 191.1, 192.1, 195.1, 196.3, 197.1, 197.2, 199.2, 201.1, 207.1, 208.1, 210.1, 211.1, 212.1, 212.2, 213.1, 214.1, 215.2, 216.1. |Senn, Martin, Neuenhof: Rainer Wolfsberger 17.3. |Shutterstock.com, New York: New Africa 176.4. |Speth, Frank, Quickborn: 90.1. |Spring, Max, Bern: 219.1.|satock.adobe.com, Dublin: alotofpeople 3.3, 14.1; Andriy Nekrasov 176.1; cervo, diego 247.2; contrastwerkstatt 8.5; Elnur 8.6; Ernst, Daniel 261.1; fizkes 12.1, 254.1; grandfailure 48.3; hammann1982 40.2; HERRNDORFF_ images 176.3; highwaystarz 218.1; ikonoklast_hh 12.2; j-mel 230.1; JustLife 12.4; kaninstudio 48.1; Kneschke, Robert 8.4; Kurhan 259.1; Love You Stock 90.2; LStockStudio 226.1; Masson 291.4; Matthias Stolt 173.2; motortion 8.1; olly 263.1; Patryssia 291.6; Phil, Marian 8.3; Rawpixel.com 173.1, 176.2; Rosanova, Alina 8.2; Sam Edwards/Caia Image 283.1; Solid photos 48.4; Sondem 294.1; Svitlana 13.1; Syda Productions 291.2; William Perugini 12.3; zephyr_p 48.2. |Süddeutsche Zeitung - Photo, München: Friedrich Bungert 148.1. |Thinkstock, Sandyford/Dublin: QQ7 18.2. |toonpool.com, Berlin, Castrop-Rauxel: Hannes 227.1; Marcus Gottfried 279.1; rodrigo 291.1; Schwarwel 256.1. |ullstein bild, Berlin: 18.5; Atelier Jacobi 33.1; dpa 87.1. |Universum Film GmbH, München: sonjarennings/Ziegler Film 105.1. |Wiechmann, Heike, Lübeck: 153.1. |www.tierversuche-verstehen.de, Münster: 239.1, 239.2, 241.1. |© Editions DELCOURT, Paris: Originally published in French under the following title: La Métamorphose, from the novel of Franz Kafka by Eric Corbeyran & Richard Horne © Editions DELCOURT. 2009/deutsche Fassung: Knesebeck Verlag. 2010 120.1, 120.2.

sprachliches Mittel	Beschreibung	Beispiele	Wirkung
Alliteration	gleicher Anfangsbuchstabe bei aufeinanderfolgenden Wörtern	• bei Wind und Wetter • gut und gern • Morgens mache ich mir meistens Müsli.	macht Leser/-innen aufmerksam, wirkt interessant, prägt sich gut ein
Anapher	Wiederholung von Worten am Satz- oder Versanfang	• Das Wasser rauscht', das Wasser schwoll (Goethe: *Der Fischer*) • Will dich fassen, will dich halten (Goethe: *Der Zauberlehrling*)	besondere Betonung des wiederholten Wortes
Ellipse	unvollständiger, verkürzter Satz	• Je schneller, desto besser. • Und jetzt? • Na sicher!	Beschränkung auf das Wesentliche, erzeugt mündliche Wirkung in geschrieben Texten, wirkt eindringlich
Euphemismus	beschönigende, verharmlosende Bezeichnung	• Seniorenresidenz (*statt:* Altenheim) • Sonderaufgabe (*statt:* Strafarbeit) • abdanken (*statt:* ein Amt abgeben)	etwas Negatives wird positiver dargestellt, als es tatsächlich ist, wird abgeschwächt
Hyperbel	Übertreibung	• Der Kerl war haushoch! • Ich habe stundenlang gewartet. • Wir haben wieder tausend Hausaufgaben zu erledigen.	hebt etwas besonders hervor, oft, um Kritik zu äußern oder sich lustig zu machen
Ironie	Aussage, mit der man das Gegenteil des eigentlich Gemeinten ausdrückt	• Das hast du ja mal wieder toll gemacht! • Na, du bist ja der reinste Sonnenschein! • Ich hab' ja nichts Besseres zu tun.	will sich über etwas lustig machen, etwas kritisieren
Metapher	bildhafter Ausdruck mit übertragener Bedeutung, kann nicht wörtlich verstanden werden	• Lebensuhr • Flussbett • Mauer des Schweigens	einfache Metaphern erhöhen die Anschaulichkeit, schwierige Metaphern regen zum Nachdenken an
Personifikation	unbelebten Objekten, Tieren oder Naturerscheinungen werden menschliche Eigenschaften zugeschrieben	• Die Sonne lacht vom Himmel! • Der Schnee setzt sich auf die Dächer. • Die Wandfarbe blickt mir traurig entgegen.	stellt anschaulich und lebendig dar, regt Vorstellungskraft an